Engpassorientierte Analyse der Ver- und Entsorgungslogistik von Steinkohlekraftwerken

Maritime Logistik

Herausgegeben von
Frank Arendt, Hans-Dietrich Haasis
und Burkhard Lemper

Band 3

PETER LANG
Frankfurt am Main · Berlin · Bern · Bruxelles · New York · Oxford · Wien

Kerstin Lange

Engpassorientierte Analyse der Ver- und Entsorgungslogistik von Steinkohlekraftwerken

Unter besonderer Beachtung der maritimen Logistik

PETER LANG
Internationaler Verlag der Wissenschaften

Bibliografische Information der Deutschen Nationalbibliothek
Die Deutsche Nationalbibliothek verzeichnet diese Publikation in der Deutschen Nationalbibliografie; detaillierte bibliografische Daten sind im Internet über http://dnb.d-nb.de abrufbar.

Zugl.: Bremen, Univ., Diss., 2010

Der Druck dieser Arbeit wurde unterstützt vom Verein „wiwib e.V. – Verein zur Förderung des Fachbereichs Wirtschaftswissenschaft der Universität Bremen und dessen Zusammenarbeit mit der Bremer Wirtschaft".

Gedruckt auf alterungsbeständigem, säurefreiem Papier.

D 46
ISSN 1868-369X
ISBN 978-3-631-62090-8

www.peterlang.de

Geleitwort

Vor dem Hintergrund der aktuellen Energiepolitik, der zu berücksichtigenden energiewirtschaftlichen Randbedingungen und der infrastrukturellen Kapazitätsengpässe greift Frau Lange eine sowohl wissenschaftlich als auch praktisch sehr relevante Forschungsaufgabe auf. Die Entwicklungen im globalen Energiemarkt sowie die Ausstattung und Auslastung der europäischen Verkehrsinfrastrukturen führen zu der Fragestellung, ob die Kapazitäten der Verkehrswege für die erwarteten Güter- und Kohleströme auch künftig noch ausreichen.

Funktionierende Energiemärkte sind von hoher Bedeutung für die Wettbewerbsfähigkeit der europäischen Länder, weshalb der Analyse von Engpässen auf allen Stufen der energetischen Wertschöpfungskette viel Aufmerksamkeit geschenkt wird. Aufgrund der nachteiligen Abbaubedingungen ist in Europa der Steinkohlebergbau bisher staatlich gefördert worden, diese Subventionen werden aber in absehbarer Zeit eingestellt. Selbst wenn in Zukunft kein weiterer Zubau von großen Steinkohlekraftwerken mehr realisiert würde, wird der Ausstieg aus der deutschen Steinkohle sowie eine absehbare erhebliche Reduzierung der Förderung in den osteuropäischen Ländern schon kurzfristig zu einem erheblichen Anstieg der Importströme von Steinkohle aus Übersee führen.

Diese Verlagerung der Transportströme erfordert, insbesondere für küstenferne Kraftwerke, eine Überprüfung der logistischen Versorgungssicherheit. Statt regionalen Bezugsquellen und kurzen Transportwegen wird es für einige Kraftwerksstandorte künftig noch mehr notwendig sein, auf globale, verkehrsträgerübergreifende Transportketten umzusteigen. Insoweit zeigt sich in der Arbeit, dass bei energiewirtschaftlichen Ausbau- oder Abbauplanungen nicht allein das Energienetz und dessen Kapazitätsobergrenzen, sondern vielmehr gerade die Ver- und Entsorgungslogistik und das dahinterliegende Transportnetz als Engpass anzusehen sind.

In richtiger Einschätzung der Aktualität dieser Thematik hat es sich Frau Lange zur Aufgabe gemacht, Modelle zur verkehrsträgerübergreifenden Engpassermittlung vorhandener Trasseninfrastrukturen und zur Engpassgestaltung beeinflussbarer Umschlaginfrastrukturen und Verkehrsträger im Bereich der Kohleversorgung zu entwickeln und anzuwenden. Hierbei werden gleich drei Themenbereiche aufgegriffen: engpassorientierte vektorielle Kapazitätsermittlung, energiewirtschaftliche Produktionsplanung sowie maritim geprägtes Supply Chain Management. Aus wissenschaftlicher Sicht lässt das Zusammenführen dieser drei Themenbereiche wesentliche Erkenntnisse zur Weiterentwicklung des Fachgebietes erwarten.

Prof. Dr. Hans-Dietrich Haasis

Vorwort

Im Rahmen meiner Tätigkeit am ISL habe ich an mehreren Projekten an der Schnittstelle Energiewirtschaft/maritime Logistik gearbeitet. Die immer wieder auftretende Frage nach den Auswirkungen von Kapazitätsrestriktionen bei der Ver- und Entsorgung von Steinkohlekraftwerken führte letztendlich zu der Entscheidung, mich mit diesem Thema vertieft zu beschäftigen und in diesem Bereich zu promovieren. Gerade in der wasserseitigen Anbindung von Kraftwerken gibt es viele Fragestellungen, die es ausführlich zu untersuchen gilt.

Aber nicht nur im Bereich der Kraftwerkslogistik – auch im Bereich der Offshore Windindustrie, meinem derzeitigen Arbeitsschwerpunkt – sind logistische Herausforderungen zu bewältigen. Die Konzeptionierung von maritimen Supply Chains wird sicherlich Thema meiner weiteren Forschungsaktivitäten bleiben. Auch diese Thematik zeigt, dass logistische Fragestellungen in der Energiewirtschaft nur interdisziplinär, also mit betriebswirtschaftlichem *und* ingenieurwissenschaftlichem Knowhow gelöst werden können.

Diese Doktorarbeit ist ein großes persönliches Projekt gewesen, das viel Ausdauer und Disziplin erfordert hat, das aber ohne die Unterstützung und das Verständnis der Menschen, die mich in diesem Lebensabschnitt begleitet haben, nicht zum Erfolg hätte führen können. Neben meinen Eltern, meiner Oma, meinem Bruder Florian und meiner Freundin Susanne, die immer für mich da gewesen sind, bin ich Herrn Prof. Hilfrich sehr dankbar für die Zeit, die er sich für mich genommen hat.

In meiner akademischen Laufbahn haben mich insbesondere mein Doktorvater, Herr Prof. Haasis sowie Herr Prof. Zachcial und Frau Prof. Schimmelpfeng bei der wissenschaftlichen Arbeit und meinem Ziel der Promotion unterstützt – auch hier möchte ich mich neben der fachlichen Unterstützung auch für die motivierenden persönlichen Worte bedanken. Ebenfalls sind Herr Prof. Fichtner und Herr Dr. Jörn Schönberger zu nennen, die meine Promotion begleitet haben.

Letztendlich ist natürlich auch ein gutes Arbeitsklima unabdingbar, um sich mit seinen Aufgaben zu identifizieren und gute Leistungen erbringen zu können. Mit vielen lieben Kollegen im ISL sind mir neben einer guten beruflichen Zusammenarbeit auch die persönlichen Momente wichtig – sei es ein ernstes Gespräch, ein lustiger Abend oder das Hubschrauberfliegen im Besprechungsraum.

Bremen, im Mai 2011

Kerstin Lange

für Annabelle

Inhaltsverzeichnis

Abbildungsverzeichnis

Tabellenverzeichnis

Abkürzungsverzeichnis

A

a	anno
ABS	Ausbaustrecke
ADR	Accord européen relatif au transport international des marchandises Dangereuses par Route (Europäisches Übereinkommen über die Beförderung gefährlicher Güter auf der Straße)
AG	Aktiengesellschaft
AGEB	Arbeitsgemeinschaft Energiebilanzen e.V.
ARA	Amsterdam-Rotterdam-Antwerpen

B

BAFA	Bundesamt für Wirtschaft und Ausfuhrkontrolle
BAG	Bundesamt für Güterverkehr
BAG-SPNV	Bundesarbeitsgemeinschaft Schienenpersonennahverkehr
BASt	Bundesanstalt für Straßenwesen
BDB	Bundesverband der Deutschen Binnenschifffahrt
BDEW	Bundesverband der Energie- und Wasserwirtschaft e.V.
BDI	Bundesverband der Deutschen Industrie e.V.
BET	Büro für Energiewirtschaft und Technische Planung GmbH
BfG	Bundesanstalt für Gewässerkunde
BfS	Bundesamt für Strahlenschutz
BGL	Bundesverband Güterkraftverkehr Logistik und Entsorgung e.V.
BGR	Bundesanstalt für Geowissenschaften und Rohstoffe
BinSchStrO	Binnenschiffahrtsstraßen-Ordnung
BMBF	Bundesministerium für Bildung und Forschung
BMFT	Bundesministerium für Forschung und Technologie
BMJ	Bundesministerium der Justiz
BMU	Bundesministerium für Umwelt, Naturschutz und Reaktorsicherheit

BMVBS	Bundesministerium für Verkehr, Bau- und Stadtentwicklung
BMVBW	Bundesministerium für Verkehr, Bau- und Wohnungswesen
BMWA	Bundesministerium für Wirtschaft und Arbeit (jetzt BMWi)
BMWi	Bundesministerium für Wirtschaft und Technologie
bne	Bundesverband Neuer Energieanbieter
BÖB	Bundesverband öffentlicher Binnenhäfen e.V.
BSH	Bundesamt für Seeschifffahrt und Hydrographie
BüA	Breite über Alles
BVL	Bundesvereinigung Logistik e.V.
BVWP	Bundesverkehrswegeplan

C

$CaCO_3$	Calciumcarbonat (Kalk)
$CaSO_4 * 2H_2O$	Calciumsulfat (Gips)
CCS	Carbon Dioxide Capture and Storage
cif	INCONTERM: cost-insurance-freight
CO_2	Kohlendioxid

D

d	day(s)
DB	Deutsche Bahn
DEK	Dortmund-Ems-Kanal
dena	Deutsche Energie-Agentur GmbH
DHK	Datteln-Hamm-Kanal
DIN	Deutsches Institut für Normung/Deutsche Industrie Norm
DOE	US-Department of Energy
DSK	Deutsche Steinkohle
DVWG	Deutsche Verkehrswissenschaftliche Gesellschaft e. V.
DVZ	Deutsche Verkehrs-Zeitung
DW_{at}	deadweight all told
DW_{CC}	deadweight cargo capacity

DWR	Dynamische Wertregel

E

EEG	Erneuerbare Energien Gesetz
EEWärmeG	Gesetz zur Förderung Erneuerbarer Energien im Wärmebereich
EIA	Energy Information Administration
EICIS	European Infrastructure Charging Information
EIU	Eisenbahninfrastrukturunternehmen
EJ	Exa-Joule (1EJ = 10^{18} J)
ELWIS	Elektronisches Wasserstraßen-Informations-System
EMO	Europees Massagoed Overslagbedrijf
EnBW	Energie Baden-Württemberg AG
ETCS	European Train Control System
ETR	Eisenbahntechnische Rundschau
EVU	Eisenbahnverkehrsunternehmen (Hinweis: Hier wird die Abkürzung EVU nicht, wie in der Energiewirtschaft üblich, für den Begriff Energieversorgungsunternehmen verwendet.)
EWI	Energiewirtschaftliches Institut an der Universität zu Köln

F

FCFS	First-Come-First-Served
FdW	Fahrt durchs Wasser
FFT	Frühester Fertigstellungstermin
fob	INCOTERM: free on bord, method of selling cargo excluding ocean freight and insurance, but including loading costs
FRZ	Frühester Fertigstellungstermin
FT	Fertigstellungstermin
FüG	Fahrt über Grund

G

GGB	Größte Gesamtbearbeitungszeit
GMS	Großmotorgüterschiff

GPS	Global Positioning System (satellitengestütztes Positionierungsverfahren)
GSM-R	Global System for Mobile Communications – Railways (digitales Mobilfunkkommunikationsnetz)
Gt	Gigatonne
gt	Gross Tonnage
GUS	Gemeinschaft unabhängiger Staaten
GVSt	Gesamtverband Steinkohle

H

h	Stunden
H_2O	Wasser
HAZ	Hannoversche Allgemeine Zeitung
HbR	Havenbedrijf Rotterdam (Hafenbetrieb Rotterdam)

I

IBM	International Business Machines Corporation
IEA	International Energy Agency
IER	Institut für Energiewirtschaft und Rationelle Energieanwendung
IGCC	Integrated Gasification Combined Cycle
IKO	Importkohle
IMO	International Maritime Organization
IPCC	Intergovernmental Panel on Climate Change
IRP	Investitionsrahmenplan
ISL	Institut für Seeverkehrswirtschaft und Logistik
IVTB	Internationale Verlade- und Transportbedingungen für die Binnenschifffahrt

K

KGB	Kürzeste Gesamtbearbeitungszeit
KK	Küstenkanal
KOZ	Kürzeste Operationszeit

KWh	Kilowattstunde
KWK	Kraft-Wärme-Kopplung
L	
LAH	Look Ahead
LAT	Lowest Astronomical Tide
LCFS	Last-Come-First-Served
Lkw	Lastkraftwagen
LNC	Logistic Network Consultants
LNG	Liquified Natural Gas
LOZ	Längste Operationszeit
LPG	Liquified Petrol Gas
LR	Lloyds Register
LT	Liefertermin
LüA	Länge über Alles
LuFV	Leistungs- und Finanzierungsvereinbarung
LWKR	Least Work Remaining
M	
MHWH	Mittlere Hochwasserhöhe
MHz	Megahertz
min	Minute(n)
MK	Mittellandkanal
MNWH	Mittlere Niedrigwasserhöhe
MSpNWH	Mittlere Springniedrigwasserhöhe
Mt	Megatonne
MW	Ministerium für Wirtschaft, Arbeit und Verkehr des Landes Niedersachsen
MW	Megawatt
MWKR	Most Work Remaining

N

N_2	Stickstoff
NAP	Nationaler Allokationsplan
NBS	Neubaustrecke
NH_3	Ammoniak
NN	Normal-Null
NOK	Nord-Ostsee-Kanal
NO_x	Stickoxide
NW	Niedrigwasser

O

O_2	Sauerstoff
OBO	Ore/Bulk/Oil Multi-purpose Carrier
OECD	Organisation for Economic Co-operation and Development
OTS	On Time Shipping GmbH

P

PatV-Rhein	Patentverordnung Rhein
PCI	Pulverized Coal Injection (Hochofeneinblaskohle)
Pkw	Personenkraftwagen
PV	Polizeiverordnung

R

REA	Rauchgas-Entschwefelungsanlage
REFA	Verband für Arbeitsgestaltung, Betriebsorganisation und Unternehmensentwicklung
RheinSchPV	Rheinschifffahrtspolizeiverordnung
RheinSchUO	Rheinschiffsuntersuchungsordnung
RHK	Rhein-Herne-Kanal
RNE	RailNetEurope
RWE	Rheinisch-Westfälische Elektrizitätswerke

S

SKE	Steinkohleeinheit (Maßeinheit für den Energiegehalt von Brennstoffen; 1 SKE entspricht der Energiemenge, die beim Verbrennen von 1 kg Steinkohle freigesetzt wird)
SKN	Seekartennull
SO_2	Schwefeldioxid
SO_x	Schwefeloxide
SSC	Smallest Set-up Costs
StVO	Straßenverkehrsordnung

T

t	Tonne(n)
tdw	tons dead weight
TEN	Transeuropäisches Verkehrswegenetz
TERFN	Trans-European Rail Freight Network
TEU	Twenty-foot Equivalent Unit (20-Fuß-Container)
tkm	Tonnenkilometer
TPC	Taiwan Power Company
TRIPS	Round Trip Simulation System
TWh	Terawattstunden
t/a	Tonnen per Annum

U

ÜGMS	Übergroßes Großmotorgüterschiff
UIRR	International Union of combined transport Road-Rail transport companies

V

VBW	Verein für europäische Binnenschiffahrt und Wasserstraßen e.V. (ehem. Verein für Binnenschiffahrt und Wasserstraßen e.V.)
VBZ	Verkehrsbezirk
VDKI	Verband der Kohlenimporteure
VDV	Verband Deutscher Verkehrsunternehmen

W

WaStrG	Bundeswasserstraßengesetz
WCI	World Coal Institute
WDK	Wesel-Datteln-Kanal
WESKA	(West-) Europäischer Schiffahrts- und Hafenkalender
WSA	Wasser- und Schifffahrtsamt
WSD	Wasser- und Schifffahrtsdirektion
WSV	Wasser- und Schifffahrtsverwaltung (des Bundes)

Y

y	year

Z

ZDS	Zentralverband der Deutschen Seehafenbetriebe
ZfB	Zeitschrift für Binnenschifffahrt
ZKR	Zentralkommission der Rheinschifffahrt

Verzeichnis der maritimen Begriffe

Abladetiefgang: Eintauchtiefe eines Schiffs in Ruhelage vom tiefsten Punkt des Schiffs bis zur aktuellen Wasserlinie in Abhängigkeit von der aktuellen Zuladung

Absunk: Maß, um das ein fahrendes Schiff gegenüber seiner Ruhelage einsinkt (fahrdynamisches Einsinken)

Angeleichtert: Bei einem angeleichterten Schiff ist ein Teil der Ladung entnommen worden.

Ballastierung: Reduktion der Schiffshöhe über dem Wasserspiegel durch Aufnahme von Ballastwasser (zur Verbesserung der Manövriereigenschaften oder zur Passage von Brücken)

Bergfahrt: Fahrt eines Schiffs auf Flüssen in Richtung zur Quelle, auf Kanälen nach den Festlegungen in der Binnenschiffahrtsstraßenordnung

Capesize: Größenbezeichnung für Massengutschiffe (mehr als 100.000 tdw), die zu groß für den Panamakanal sind und um das Kap (Cape) herumfahren müssen.

Chartern: Anmieten von Schiffen

GMS: Großmotorgüterschiff, auch: Großmotorschiff (Länge 110 m, Tiefgang 2,80 m, Breite 11,40 m, Tragfähigkeit ca. 2.100 t)

Gross Tonnage: Die Bruttoraumzahl (BRZ) ist ein dimensionsloses Größenmaß für Schiffe (Gesamtheit aller geschlossener Räume multipliziert mit einem Faktor K, $0{,}22 < K < 0{,}32$), das das veraltete Raummaß der Bruttoregistertonne (1 BRT = 2,832 m³) ablöst. In den verwendeten Datenbanken von Lloyd´s Register/Fairplay werden Schiffe ab 300 gt erfasst.

HSW: Höchster Schifffahrtswasserstand (wird dieser erreicht, ruft das verantwortliche Amt eine Schifffahrtssperre aus)

Hub: Zentraler Umschlagplatz zur Bündelung und Distribution von Warenströmen, z.T. unter Nutzung verschiedener Verkehrsträger

Konstruktionstiefgang: Tiefgang gemäß Konstruktionsplan. Der tatsächliche Eintauchtiefgang ist in der Regel geringer.

Ladezeit: Zeit, die vom Frachtführer ohne Anspruch auf gesonderte Vergütung zu gewähren ist, um die Güter in das Schiff einladen zu können

Länge über Alles: Länge eines Schiffs, gemessen zwischen dem hintersten und vordersten festen Punkt des Schiffs

Lowest Astronomical Tide: Dieser Wasserstand bezeichnet in Tidengewässern die Höhe des örtlichen mittleren Springniedrigwassers (MSpNW) und ist in Deutschland seit 2005 der Bezugspunkt für das Seekarten-Null.

Liegegeld: Anspruch des Frachtführers für jeden Tag (inkl. Sonn- und Feiertrage) der Überschreitung der vereinbarten Ladezeit, d.h. den Zeitraum der Überliegezeit

Niederwasser: Der Wasserstand fällt geringer aus als in den Gezeitentabellen angegeben.

Öffentlicher Hafen: Hafen im Eigentum der öffentlichen Hand; Hafenbenutzbarkeit für alle Schifffahrtsunternehmen zu gleichen Bedingungen

Panamax: Größenbezeichnung für Massengutschiffe (50.000-90.000 tdw), die den Panamakanal noch passieren können.

Partikulier: Selbstständiger Binnenschiffer mit höchstens drei Schiffen ohne landgestützte Organisation; häufig Schiffseigner und Schiffsführer in einer Person

Pegel: Einrichtung zur Messung des Wasserstands

Reede: Ein meist vor dem Hafen gelegener Liegeplatz für Schiffe, bei dem es kapazitativ kaum Beschränkungen gibt.

Revierfahrt: Schifffahrt in beengenden und/oder flachen Gewässern

Seekarten-Null: Im Gegensatz zu Landkarten, die bei Höhenangaben den Abstand des Bodens von einer Niveaufläche (Normalnull, NN) angeben, werden in Seekarten von Gezeitengebieten die Wassertiefen, die bei einem besonders niedrigen Niedrigwasser noch verbleiben, ausgezeichnet. Je größer der örtliche mittlere Tidenhub ausfällt, desto tiefer liegt das Bezugsniedrigwasser unterhalb des mittleren Wasserstands (bzw. des Landesvermessungsnulls an der Küste). Dieses Niedrigwasser, auf das sich die Tiefenangaben in den Seekarten beziehen, wird als Seekartennull (SKN) bezeichnet und in fast allen europäischen Staaten unterschiedlich definiert (vgl. www.bsh.de).

Talfahrt: Fahrt stromab, d.h. in Fließrichtung des Gewässers (Gegenrichtung zur Bergfahrt)

Tauchtiefe: Summe aus Abladetiefe und Absunk

TEU: Einheitliche Maßeinheit zur Erfassung von Containern nach ihrer Größe und zur Beschreibung von Kapazitäten der Containerschiffe oder Terminals. Ein 20-Fuß ISO-Container (20 Fuß Länge und 8 Fuß Breite) entspricht 1 TEU.

tons deadweight: Maßeinheit für die Tragfähigkeit eines Schiffs (maximales Zuladegewicht an Nutzladung, Treib- und Schmierstoffen, Speise- und Frischwasser, Besatzung und Fahrgästen in Tonnen)

Überliegezeit: Zeitraum, der die vereinbarte Ladezeit überschreitet.

ÜGMS: Übergroßes Motorschiff (Länge 135 m, Tiefgang 2,80 m, Breite 11,45 m, Tragfähigkeit ca. 2.600 t)

Voll abgeladen: Ein voll abgeladenes Schiff ist voll mit Ladung befüllt.

Wasserführung: Maß des Wasserstands eines Stroms oder eines Kanals in cm

WSD: Wasser- und Schifffahrtsdirektion (nachgeordnete Behörde der Wasser- und Schifffahrtsverwaltung des Bundes)

1 Einleitung

1.1 Motivation

Rund ein Viertel des globalen Energiebedarfs wird durch Kohle gedeckt; auch in den nächsten Jahrzehnten wird sie eine Schlüsselrolle im Energiemix vieler Regionen ausmachen.[1] Deutschland ist in hohem Maße von Energieimporten abhängig.[2] Steinkohle, Kernbrennstoffe, Öl und Gas beziehen wir auf internationalen Beschaffungsmärkten, die sich zum Teil aus wenigen – politisch teilweise instabilen – Förderregionen zusammensetzen und sich ändernden Nachfragestrukturen unterworfen sind. Der **Kohlenmarkt** befindet sich durch die Globalisierung und die wirtschaftlich schnell wachsenden Schwellenländer Asiens in einem Strukturwandel. Dieser ist geprägt durch eine Konzentration des Angebots in den Exportländern Australien, Indonesien und Russland, bei einer steigenden Bedeutung der Transformations- und Schwellenländer Südafrika und Kolumbien.[3] Auf der Nachfrageseite ist in den letzten Jahren ein stark ansteigender Bedarf an Energierohstoffen, insbesondere in den Ländern Südostasiens, zu verzeichnen. „Wenn die Menschen in Südostasien dieselben Rohstoffbedarfe wie wir entwickeln, wird Rohstoffknappheit auf Dauer kaum zu vermeiden sein. Deshalb kommen grundsätzliche Probleme auf Europa und insbesondere auf die führenden Industrienationen in Europa zu.“[4]

Das rasche Wachstum der Massenguttransporte insgesamt, aber auch der Kohle, führte in den letzten Jahren zu **Engpässen in der Infrastruktur**. Sowohl in Be- und Entladehäfen und im Seetransport als auch bei den relevanten Eisenbahnlinien zeigten sich gravierende Unterkapazitäten.[5]

Auch die **nationale Stromversorgung** steht vor einem **Strukturwandel**. Mittel- bis langfristig besteht ein erheblicher Investitions- und Modernisierungsbedarf; bis 2020 muss ein großer Teil der bestehenden Kraftwerkskapazität ersetzt werden. Ein großer Teil der fossilen Kraftwerke ist älter als 25 Jahre, einige Anlagen sind seit mehr als 50 Jahren in Betrieb. Aufgrund der langen Planungs- und Bauzeiten von Kraftwerken besteht bereits heute ein Handlungsbedarf.[6] Auch aus der nach dem Atomgesetz vorgesehenen Abschaltung von Kernkraftwerken ergibt sich ein Investitionsbedarf in alternative Ersatzkapazitäten.[7]

---

1 Vgl. Meister, U. (2008), S. 70 und Mélanie, J. et al. (2002), S. 1.
2 Vgl. BMWi/BMU (2006), S. I.
3 Vgl. Rempel, H. (2008), S. 22-31.
4 Müller, W. (2005), S. 26.
5 Vgl. VDKI (2008), S. 44.
6 Vgl. Tietze-Stöckinger, I./Fichtner, W./Rentz, O. (2004), S. 202.
7 Vgl. BMWi/BMU (2006), S. VIII ff. und Groschke, M. et al. (2009), S. 14.

Die deutsche Steinkohleproduktion wird sich bis zum Jahr 2018 erheblich reduzieren. Dem gegenüber wird sich die Nachfrage nach diesem Gut im gleichen Zeitraum, zum Teil sprunghaft, erhöhen. Bei einer Schließung der Deutschen Steinkohlebergwerke ist ein **Strukturwechsel bei der Kohlebeschaffung** für die deutschen Steinkohlekraftwerke unausweichlich. Der Umstieg von deutscher Steinkohle auf Importkohle führt zu einer strukturellen Verlagerung der Transportströme und erfordert, insbesondere für küstenferne Kraftwerke, eine Überprüfung der **logistischen Versorgungssicherheit**. Statt einer regionalen Bezugsquelle und kurzen Transportwegen wird es für einige Kraftwerksstandorte in Deutschland zukünftig notwendig sein, auf globale, verkehrsträgerübergreifende Transportketten umzusteigen. Aber auch küstennahe Kraftwerke im Ostseeraum ändern ihre Beschaffungsquellen. Stellten damals hauptsächlich die Ostseeanrainerstaaten Russland oder Polen Kohlelieferländer dar, wird auch hier zum Teil auf Kohleimporte aus Übersee umgestiegen. Bei einer Umstellung der Importstruktur muss sowohl bei neu projektierten Kraftwerken als auch beim Weiterbetrieb oder dem Ausbau bestehender Kraftwerke die logistische Versorgung sichergestellt sein.

Der Wechsel von regionalen auf globale Transportketten impliziert, dass in naher Zukunft große Volumina an Steinkohle durch die deutsche Verkehrsinfrastruktur zu bewältigen sind. Bei einer Reduzierung des Anteils der Energiegewinnung aus Kernenergie und einer gleichzeitig abnehmenden nationalen Steinkohleförderung wird der **Bedarf an Importkohle** und somit der **notwendigen Verkehrs- und Umschlaginfrastruktur** für den Massenguttransport in den nächsten Jahren zunehmend steigen.

Die für die deutsche Außenwirtschaft wichtigen Seehäfen sowie ihre Hinterlandanbindungen stoßen jedoch bereits heute an **Kapazitätsgrenzen**.[8] Durch die fortschreitende Globalisierung mit einhergehenden steigenden Export- und Importvolumina, insbesondere im Containerbereich, sind die Seehäfen als Schnittstellen zwischen land- und seeseitigen Verkehrsträgern in besonderem Maße betroffen.[9] Bretzke geht davon aus, dass die Nachfrage und das Angebot an Verkehrsinfrastruktur in den nächsten Jahren erheblich auseinandergehen wird.[10] Sowohl in großen nordeuropäischen Containerhäfen als auch im Hinterland dieser Häfen bestehen Kapazitätsengpässe, die eine reibungslose und damit zuverlässige Ver- und Entsorgung der Häfen behindern. Hiervon sind mithin jene Verkehrsträger, die die Hauptlast im Hinterlandverkehr der deutschen Containerhäfen zu tragen haben, betroffen.[11]

---

8 Vgl. BAG (2007), S. 2 und Siefer, T./Kollenberg, C. (2007), S. 1.

9 Vgl. Aden, D. (2008), S. 398 f., BAG (2007), S. 2 und Jung, C. (2005), S. 395 f.

10 Vgl. BVL (2008b), S. 6 f.

11 In Hamburg bestehen beispielswiese Engpässe in der Hinterlandanbindung sowohl im Schienen- als auch im Straßengüterverkehr, wohingegen sich in Rotterdam und Antwerpen Engpässe vorrangig in den Häfen zeigen.

Aufgrund begrenzter Umschlagkapazitäten führt das überdurchschnittliche Wachstum der Containerverkehre zu Verzögerungen bei der Schiffsabfertigung, von denen vor allem Binnenschiffe betroffen sind. Zu Engpässen im Hinterland der Westhäfen kommt es insbesondere dann, wenn die Kapazitäten der Binnenschifffahrt infolge wasserstands- oder witterungsbedingter Einflüsse deutlich eingeschränkt sind. „In der Vergangenheit waren die Kapazitäten auf der Schiene regelmäßig nicht ausreichend, um die zu diesen Zeiten entstehenden Kapazitätslücken auszufüllen."[12] **Hierbei wird in der Öffentlichkeit und in der Forschung das Augenmerk i.d.R. auf Containerverkehre gelegt, mögliche Engpässe im Bereich der Massengutverkehre finden kaum Erwähnung.**[13]

Die Schieneninfrastruktur Deutschlands stößt nicht nur in den Häfen, sondern auch im Hinterland schon teilweise an Kapazitätsgrenzen.[14] Die Konkurrenz bei der Nutzung der Schieneninfrastruktur besteht einerseits zwischen Gütertransporten und dem vorrangig behandelten Personenverkehr und andererseits zwischen Container- und Massenguttransporten. Konsequenzen für den Gütertransport sind Verspätungen oder die Nichtverfügbarkeit von Trassen, welche in der Literatur für den Transport von Containern und hochwertigen Gütern thematisiert werden, nicht jedoch für den Massengutverkehr.[15] Kapazitätsengpässe in der Infrastruktur der Binnenwasserstraßen finden in der Literatur und der Presse kaum Beachtung; vielmehr werden immer wieder die reichlich vorhandenen Kapazitätsreserven propagiert.[16]

Kritiker gehen davon aus, dass die geplanten Investitionen in die Infrastruktur bei weitem nicht ausreichen, um den wachsenden Güterverkehr zu bewältigen. Die Prognosen, nach denen der Bundesverkehrswegeplan (BVWP) für 2015 in den 90er Jahren aufgestellt wurde, stimmen schon jetzt nicht mehr.[17] Die Langwierigkeit und Kapitalintensität von Infrastrukturinvestitionen stellen einen rechtzeitigen Infrastrukturausbau in naher Zukunft in Frage; zwischen Planung und Entstehung können mehr als zehn Jahre vergehen.[18]

Zwar gibt es derzeit aufgrund der globalen Finanzkrise eine temporäre Entspannung auf den Transportmärkten, diese wird aber von vielen Seiten als vorübergehender Effekt aufgefasst, der die grundsätzliche Entwicklung der Globalisierung

---

12 BAG (2007), S. 4.

13 Vgl. z.B. Böse, J. W./Daduna, J. R. (2008), S. 413 f., Schönknecht, A. (2009) und Schwarz, F. (2009), S. 381 ff.

14 Viele Studien kommen zu dem Ergebnis, dass die vorhandene Infrastruktur erhebliche Kapazitätsmängel aufweist und ein Ausbau erforderlich ist. Vgl. z.B. Siefer, T./Kollenberg, C. (2007), S. 1, Maak, H. (2010), S. 10 und Planco/BfG (2007).

15 Vgl. z.B. Planco/BfG (2007), S. 5 und Siefer, T. (2008).

16 Sowohl für den gegenwärtigen Stand als auch unter Berücksichtigung prognostizierter Aufkommenszuwächse im Jahr 2015 verfügen sie nach Planco/BfG über erhebliche Kapazitätsreserven. Vgl. Planco/BfG (2007), S. 7.

17 Vgl. z.B. acatech (2006).

18 Vgl. Polatschek, K. (2008), S. 70 f.

und ihren Einfluss auf die Verkehrsinfrastruktur nicht umkehren wird.[19] Auch die nationale und globale Rohstoffnachfrage ist aufgrund der Rezession rückläufig.[20] Die Entspannung der sich an der Kapazitätsgrenze befindlichen Märkte hat zu rückläufigen Rohstoffpreisen und Frachtraten geführt. Experten gehen aber davon aus, dass bereits auf mittlere Sicht der Energieverbrauch wieder dem Trend folgen wird. Bei der Kraftwerkskohle wird schon kurzfristig eine trendmäßige Entwicklung erwartet.[21] Diese wird mit einer wieder ansteigenden Nachfrage nach Logistikleistungen einhergehen.

Vor dem Hintergrund eines weiteren Wachstums der Verkehrsleistung aller Verkehrsträger stellt sich die **Frage, inwieweit die Verkehrsinfrastruktur mit der Steigerung der Verkehrsleistung mithalten kann**. Hierbei ist sowohl der Status Quo und der Wachstum der derzeitigen Verkehrsströme als auch die Entwicklung der zukünftig zu erwartenden Transportströme derzeitiger und potenzieller Akteure im Kohlenmarkt zu berücksichtigen.

Eine eingehende Literaturrecherche und Analyse der bisherigen Forschungsbeiträge zeigt, dass es eine steigende Zahl an Veröffentlichungen über die unzureichenden Kapazitäten der deutschen Infrastruktur gibt. **Jedoch ist ein Mangel an strukturierten, systematischen Ansätzen zu verzeichnen, die neben den Konsequenzen des globalen Containertransports auch auf die sich ändernden Strukturen im Massenguttransport und den hierdurch induzierten Folgen eingehen.** Bezüglich des Ausstiegs aus der deutschen Steinkohleförderung werden insbesondere die sozialen Folgen, wie der Verlust an Arbeitsplätzen, erörtert, die logistischen Konsequenzen, die sich aus einer globalen Brennstoffbeschaffung ergeben, finden keine vertiefende Beachtung. Weitere Studien haben die Umweltverträglichkeit der Energieerzeugung, die CO_2-Problematik, alternative Energien, Energieeffizienz und den globalen Klimawandel zum Thema.

Ein oft übersehener Effekt des steigenden Kohleimports ist die zusätzliche Belastung der Verkehrsinfrastruktur durch die wachsenden Importmengen im Massengutbereich. Die logistischen Konsequenzen einer notwendigen Umstellung auf komplexe Transportketten für die Versorgung heimischer Kraftwerke findet in vorhandenen Studien kaum Erwähnung. Eine Analyse internationaler Kohle-Supply Chains, die auf den in dieser Arbeit entwickelten Modellen basiert, zeigt, dass die Beherrschung der Komplexität, die sich aus begrenzten Infrastrukturkapazitäten ergibt, einen wesentlichen Erfolgsfaktor darstellt, der in der wissenschaftlichen Literatur noch nicht betrachtet worden ist.

---

19 Vgl. z.B. Aberle, G. (2009), S. 3, Schiffer, E. (2009) und Teurelincx, D. (2008), S. 18.

20 Vgl. AGEB (2009a) und AGEB (2009b).

21 Trotz Wirtschaftskrise wird in 2009 z.B. für China mit einem wirtschaftlichen Wachstum von 8 %, für Indien von 7 % ausgegangen. Beim Kokskohlenmarkt wird eine Erholung erst mit einer Erholung auf den Produktenmärkten und einer steigenden Nachfrage nach Stahlprodukten vermutet. Vgl. Wodopia, F.-J. (2009b), S. 4.

1.2 Zielsetzung der Arbeit

Die Entwicklungen im globalen Energiemarkt und in der deutschen Verkehrsinfrastrukturausstattung und -auslastung betonen die Relevanz des Themas und bilden den Rahmen der Arbeit. **Das Ziel besteht in der problemorientierten, theoretisch fundierten Entwicklung zweier Modelle zur verkehrsträgerübergreifenden Engpass*ermittlung vorhandener* Trasseninfrastrukturen (Makromodell) und Engpass*gestaltung beeinflussbarer* Umschlaginfrastrukturen und Verkehrsträger (Mikromodell) dargestellt am Beispiel der Coal Supply Chain.**

Im **Makromodell** wird untersucht, ob ein Kohlekraftwerk mittels der vorhandenen Infrastrukturen hinreichend mit Brennstoffen versorgt werden kann. Hierbei sind neben den durch das Kraftwerk induzierten Stoffströmen auch die aktuellen und zukünftigen Transportvolumina anderer Akteure zu berücksichtigen, die zu einer in dieser Arbeit als „Basislast" bezeichneten Auslastung führen. Mit diesem Modell kann aufgezeigt werden, inwiefern es zu Engpässen auf den geplanten Transportwegen kommen kann.

Im **Mikromodell** erfolgt eine Betrachtung der Umschlagaktivitäten unter Berücksichtigung restringierter Ressourcen an der kraftwerkseigenen Kaje. Hierbei ist zwischen endogenen und exogenen Randbedingungen sowie Logistikstrategien zu unterscheiden. Endogene Randbedingungen sind beispielsweise die Leistungen der kraftwerkseigenen Umschlageinrichtungen. Varianzen in den Ankunftszeiten der Schiffe oder Schwankungen von Wasserständen stellen exogene Parameter dar. Silobestandsverläufe und Schiffswartezeiten hängen zudem von den Verkehrsträgerzusammensetzungen ab, die sich aus den gewählten Logistikstrategien des Kraftwerksbetriebs ergeben. Ein zentraler Untersuchungsbereich ist die Wahl der Schiffsgröße, die sowohl einen Einfluss auf die Umschlagdauern an der Kaje als auch auf die Länge der zugelassenen Zeitfenster für das Anlaufen tideabhängiger Häfen hat.

1.3 Struktur der Arbeit

Die vorliegende Arbeit untergliedert sich in fünf Kapitel. Die Struktur der Arbeit zeigt Abbildung 1. Im einleitenden ersten Kapitel werden zunächst Hintergrund und Motivation erläutert, um anschließend auf die darauf basierende Zielsetzung und den Aufbau der Arbeit einzugehen.

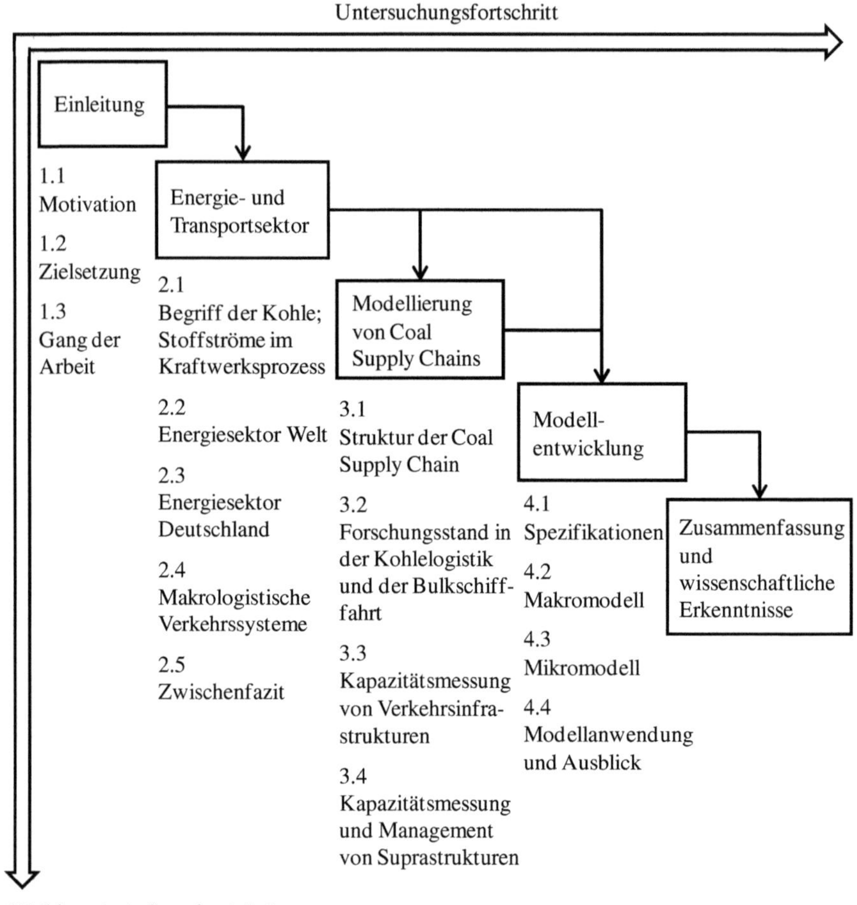

Abbildung 1: Aufbau der Arbeit

In Kapitel 2 wird zunächst auf die Spezifika der Kohle und die transporttechnologischen Kennzahlen von Schüttgütern eingegangen. Anschließend erfolgt eine Darstellung der wesentlichen logistisch relevanten Stoffströme im Kraftwerksprozess sowie der globalen Entwicklungen am Energiemarkt und der sich daraus für Deutschland ergebenden Konsequenzen. Nach einer Beschreibung der deutschen Situation im Sektor der Steinkohleförderung und -nutzung wird auf die makrologistischen Verkehrssysteme eingegangen. Neben den wesentlichen Leistungsfaktoren werden die vorhandenen Infrastrukturen und Engpässe sowie Regulierungen, die zu einer eingeschränkten Nutzung vorhandener Kapazitäten führen, beschrieben.

In Kapitel 3 werden bisher in der Literatur vorgeschlagene Modellierungsansätze und deren Annahmen und Anwendungsgebiete im Bereich der Untersuchung von Coal Supply Chains erläutert. Es wird aufgezeigt, warum diese für die Entwicklung eines Supply Chain Designs für Kohlekraftwerke nicht hinreichend sind. Weiterhin erfolgt eine Darstellung und eine kritische Bewertung vorhandener Konzepte zur Messung der Kapazitäten von Infrastrukturen sowie zur Messung und zum Management von Suprastrukturen. Hierbei wird insbesondere auf Lagerhaltungsstrategien sowie auf Prioritätsregeln eingegangen, da beide bei der Modellierung im Rahmen der zu wählenden Logistikstrategien im Mikromodell von Relevanz sind.

Hierauf aufbauend werden in Kapitel 4 ein Makromodell zur verkehrsträgerübergreifenden Engpass*ermittlung vorhandener* Trasseninfrastrukturen und ein Mikromodell zur Engpass*gestaltung beeinflussbarer* Umschlaginfrastrukturen und Verkehrsträger entwickelt. Relevante Randbedingungen, die bei der Logistikplanung einer Kraftwerksver- und -entsorgung zu berücksichtigen sind, werden ausführlich beschrieben. Zudem wird auf mögliche Strategien bei der Planung der Schiffsankünfte und der Umschlagprozesse an der Kaje eingegangen. Das Kapitel endet mit der kurzen Beschreibung zweier Fallbeispiele; darauf aufbauend werden Felder des möglichen weiteren Forschungsbedarfs skizziert.

In Kapitel 5 werden die Ergebnisse der Arbeit sowie die wissenschaftlichen Erkenntnisse, die sich aus dem Modellierungsansatz für die Entwicklung eines Supply Chain Designs für Steinkohlekraftwerke ableiten lassen, zusammengefasst.

2 Status Quo und Perspektiven des Kohlenmarktes und der Verkehrssysteme

Im ersten Teil dieses Kapitels werden die Spezifika des Brennstoffs Kohle dargestellt, die die **Grundlage für die Planung eines Supply Chain Designs für die Kraftwerkslogistik** darstellen. Unter Supply Chain Design wird dabei nach Haasis die „Wahl bzw. Ausgestaltung der Struktur und der Prozesse der Supply Chain" bezeichnet.[22]

Nach der Erklärung des Begriffes Kohle und der Darstellung ausgewählter transsporttechnologischer Kennzahlen werden die Stoffströme des Kraftwerksprozesses erläutert. Anschließend erfolgt die Beschreibung des globalen und nationalen Energie- und Kohlesektors mit dem Fokus auf die Märkte der Stein- bzw. Kraftwerkskohle (vgl. Abbildung 2). Ziel dieses Abschnitts ist nicht die Diskussion über alternative Energieträger. Es erfolgt lediglich ein Überblick, um die globale Energiesituation sowie die Herausforderungen im Transportsektor einordnen zu können.

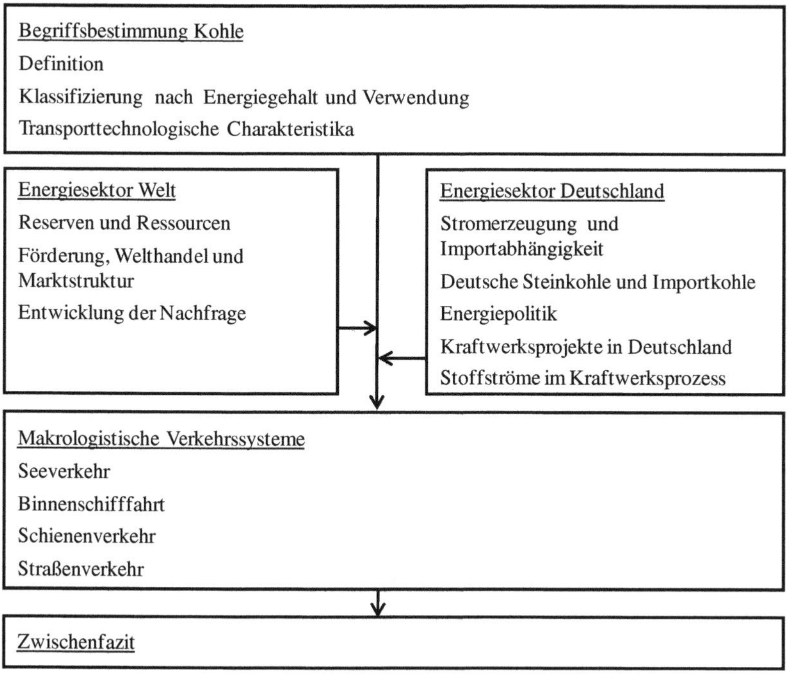

Abbildung 2: Struktur Kapitel 2

22 Haasis, H.-D. (2008), S. 63.

Abschließend wird auf die makrologistischen Verkehrssysteme, die im Bereich der Kraftwerkslogistik relevant sein können, eingegangen.

2.1 Grundlagen

2.1.1 Begriffsbestimmung Kohle

Unter dem Begriff Kohle werden diverse Kohlearten mit unterschiedlichen Stoffeigenschaften subsummiert. Nach dem Kohlenstoff- und Energiegehalt (Inkohlungsgrad) kann eine grobe Einteilung in Braunkohle und Steinkohle erfolgen (vgl. Abbildung 3).[23]

Deutschland ist weltweit bedeutendstes Braunkohleförderland. Aufgrund der bergwerksnahen Nutzung der Braunkohle wird die öffentliche Infrastruktur nicht durch Transporte belastet.[24] Größter Abnehmer der Steinkohle sind Kraftwerke, in denen Kessel- oder Kraftwerkskohle (steam coal) überwiegend zur Stromerzeugung eingesetzt wird. Weitere Verbraucher sind die Stahlindustrie, in der die Kokskohle (coking coal)[25] zur Roheisenproduktion eingesetzt wird und der Wärmemarkt.[26]

Für die Untersuchungen in dieser Arbeit ist die Steinkohle von Bedeutung, die in abnehmendem Maße aus heimischer Produktion stammt und mit steigendem Anteil über globale Beschaffungsmärkte importiert werden muss.

---

23 Für eine detaillierte Klassifikation der einzelnen Kohlearten vgl. World Coal Institute (2006), S. 4.

24 Aufgrund des geringeren Heizwerts ist ein Transport über große Distanzen von Braunkohle nicht sinnvoll. Sie wird meist in unmittelbarer Nähe der Förderung verbrannt. Vgl. Fichtner, W./Pforte, R. (2008b), S. 121 und Schiffer, H.-W. (2004), S. 192.

25 Hier gibt es jedoch Interdependenzen. So können bestimmte Kokskohlen auch als Kraftwerkskohle eingesetzt werden und vice versa. Vgl. Ritschel, W./Schiffer, H.-W. (2007), S. 38.

26 Der Wärmemarkt setzt sich aus industriellen Abnehmern außerhalb der Elektrizitäts- und der Stahlindustrie zusammen, wie z.B. Zementwerken, Papierfabriken und anderen gewerblichen Verbrauchern. Vgl. Schiffer, H.-W./Kopal, C. (2005), S. 171.

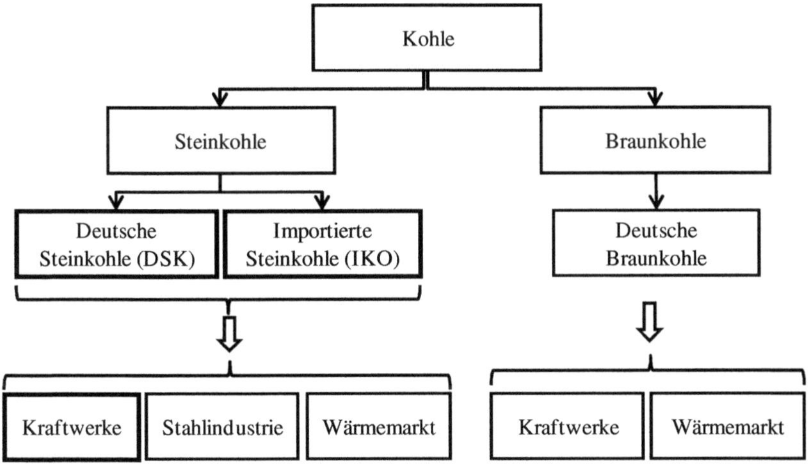

Abbildung 3: Kohle in Deutschland – Begriffsabgrenzung[27]

Die Qualität der Kohle wird durch die Zusammensetzung des Rohstoffs bestimmt, welche je nach Bezugsquelle differiert. Wichtige Differenzierungsmerkmale sind u.a. der Heizwert, der Anteil an inerten Bestandteilen, der Schwefelgehalt sowie der Gehalt an Asche und Wasser. **Aufbereitete Kohle hat zwar einen höheren Preis pro Tonne, die Logistikkosten können aber durch ihren Einsatz erheblich reduziert werden.** So kann der Einsatz von aufbereiteter Kohle anstatt von minderwertiger Kohle z.B. zu einer **Mengenreduktion des Transportvolumens** an Brennstoffen um bis zu 37 % führen; zu entsorgende Aschemengen verringern sich hierdurch um bis zu 55 %.[28] Durch einen höheren Heizwert pro Tonne ergeben **sich reduzierte spezifische Transport-, Lager- und Umschlagskosten je Energieeinheit.** Je nach Art der Feuerung im Kraftwerk werden auch besondere Anforderungen an die Korngröße, die Mahlbarkeit und das Ascheschmelzverhalten gestellt.[29] Diese Kriterien sind im Rahmen der Beschaffungslogistik zu berücksichtigen.[30]

---

27 Lübke, R. (2006), S. 406.

28 Diese Zahlen beziehen sich auf die in Indien geförderte Kohle. Zur Kohleaufbereitung und erforderlicher Transportketten vgl. ausführlich Osborne, D. G./Hughes-Narborough, C. (1998), S. 483 ff.

29 Nach der Körnung wird zwischen Feinkohle und Grobkohle differenziert; beim Härtegrad wird zwischen Hart- und Weichkohle unterschieden. Vgl. http://www.steinkohleportal.de/lexikon.php?letter=k, Stand 21.06.2010.

30 Einen Überblick über ausgewählte Kohlenutzungstechnologien und ihre jeweiligen Anforderungen an die Qualität der einsetzbaren Kohle findet sich bei Osborne, D. G./Graham, J. M./Elliott, L. K. (1996), S. 215 ff.

2.1.1 Transporttechnologische Kennzahlen von Schüttgütern

Kohle, sowie auch Gips und Asche, sind Massengüter. In der Logistik wird bekanntlich zwischen festen Massengütern (Schüttgüter wie Erze, Kohle und Getreide) und flüssigen (Öl und Ölprodukte) unterscheiden.[31] Aus (transport-) technologischer Sicht können folgende Kriterien bei der Entwicklung des Supply Chain Designs von Bedeutung sein:

- *Stückigkeit oder Körnung:* Sie ist für die einzusetzenden Umschlag- und Fördertechnologien relevant. In Abhängigkeit von der Körnung sind das Förderprinzip (z.B. pneumatische oder mechanische Förderung) und die Fördermittel (mechanische Stetigförderer oder Greiferkrane) festzulegen. Grob- und mittelstückige Schüttgüter wie Kohle werden mit Greifern umgeschlagen, wohingegen staubförmige Schüttgüter wie Asche und Gips mit pneumatischen Anlagen befördert werden.[32]
- *Schüttdichte:* Die Schüttdichte bestimmt das Volumen, das eine bestimmte Masse an Schüttgut einnimmt. Sie ist maßgebend für die benötigten Laderäume in See- und Binnenschiffen, in Waggons und Lkw. Auch die Greiferauswahl von Kränen sowie der Leistungsbedarf bei Stetigförderern ist auf die Schüttdichte abzustimmen. Auf dem Kraftwerksgelände sind die Lagerräume bzw. -flächen entsprechend zu dimensionieren.[33] Die Schüttdichte wird in t/m^3 angegeben (vgl. Tabelle 1).

Tabelle 1: Schüttdichten ausgewählter Schüttgüter[34]

Bezeichnung	Schüttdichte [t/m^3]	Beispiel
Leichtes Schüttgut	bis 0,6	Asche
Mittelschweres Schüttgut	0,6 bis 1,1	Kohle, Weizen
Schweres Schüttgut	1,1 bis 2,0	Sand, Gestein
Sehr schweres Schüttgut	über 2,0	Eisenerz

31 Stückgüter hingegen sind nach Schieck neben konventionellen Stückgütern, die unmittelbar in die Laderäume eingebracht werden, Paletten- oder Containerfracht. Vgl. Schieck, A. (2008), S. 119 ff.

32 Vgl. Schönknecht, R. (1985), S. 49.

33 Die Schüttdichte ist i.d.R. nicht mit dem physikalischen Begriff der Dichte identisch, welche für Normbedingungen gilt. Durch die Hohlräume in geschüttetem Gut ist die Schüttdichte geringer als die physikalische Dichte.

34 Schönknecht, R. (1985), S. 49.

Asche ist ein leichtes Schüttgut; sie wird i.d.R. pneumatisch befördert. Kohle zählt zu der Gruppe der mittelschweren Schüttgüter. Erze haben eine viel höhere Schüttdichte als Kohle; dies ist der Grund dafür, dass in einem Erzcarrier aufgrund der kleineren Laderäume nur geringere Mengen an Kohle als an Erz transportiert werden können (vgl. Kapitel 2.4.2.1).
Die Schüttdichte kann bei Kohle z.B. in Abhängigkeit vom Feuchtigkeitsgehalt variieren, so dass die Masse und der Inhalt eines Greifers, eines Schiffsraums, eines Lagers oder eines anderen Transportmittels hiervon abhängen.

- *Schüttmaß (Staufaktor):* Das Schüttmaß ist der reziproke Wert der Schüttdichte zuzüglich eines Stauverlustes. Die Einheit ist m^3/t. Das Schüttmaß *s* der in Massengutschiffen zu transportierenden Schüttgutarten reicht von 0,4 bis 2,5 m^3/t. Aus dieser Varianz können sich beim Transport wechselnder Gutarten Probleme bei der Ladungsverteilung in Bulk Carriern ergeben.[35]
- *Schüttwinkel/Böschungswinkel:* Der notwendige Trimmaufwand beim Laden und Löschen sowie der Flächenbedarf auf Freilagern hängt vom Schüttwinkel ab.[36]
- *Wassergehalt:* Der Wassergehalt kann nicht nur Einfluss auf das Schüttmaß, sondern bei einigen Gutarten wie Kohle oder Getreide auch auf eine mögliche Selbstentzündung, eine Veränderung der Wareneigenschaften sowie der Netto-Menge haben.[37]

Schüttgutanlagen sind i.d.R. auf eine bestimmte Schüttgutsorte bzw. auf Schüttgüter mit ähnlichen Eigenschaften spezialisiert. **So sind für die Ver- und Entsorgung eines Kraftwerks für alle Transportgüter (Kohle, Asche, Gips, Kalk etc.) getrennte Transport- und Umschlagtechnologien vorzuhalten und kapazitativ auszulegen.** Obige Kenndaten sind bei der transporttechnologischen Betrachtung und der Dimensionierung von Transport- und Lagerräumen von Bedeutung.

35 Vgl. Stopford, M. (2009), S. 575 f. sowie Kapitel 2.4.2.1.

36 Der Trimmaufwand nimmt mit steigendem Böschungswinkel zu, wohingegen der Lagerflächenbedarf für ein gegebenes Volumen für größere Böschungswinkel kleiner wird. Vgl. Schönknecht, R. (1985), S. 48 ff.

37 Während der Schiffsreise kann sich Kohle erwärmen, Methan emittieren oder Schwefelsäuren produzieren, die zu einer Selbstentzündung oder einer verstärkten Korrosion des Schiffsrumpfs führen. Vgl. Rogers, P./Strange, J./Studd, B. (1997), S. 134 ff.

2.1.3 Stoffströme im Kraftwerksprozess

Bei der Stromerzeugung in einem Steinkohlekraftwerk wird die in der Kohle chemisch gebundene Energie im Kraftwerksprozess zu elektrischer Energie umgewandelt. Aus produktionstheoretischer Sicht stellt die Erzeugung elektrischer Energie eine Kuppelproduktion dar, bei der neben dem Hauptprodukt (Strom) Neben- und Abfallprodukte erzeugt werden.[38] Bei der Verbrennung von Kohle werden neben Partikeln wie Staub und Ruß Oxide des Stickstoffs (NO_x), des Schwefels (SO_x) und Kohlendioxid (CO_2) in verschieden hohem Grad emittiert. Die emittierten Volumina entstehen in Abhängigkeit von der Zusammensetzung der Kohle. Folgende Prozesse und Stoffströme sind aus logistischer Sicht derzeit von Relevanz:

- ***Steinkohle:*** Sie ist der Rohstoff, dessen chemisch gebundene Energie durch Verbrennung in elektrische Energie umgewandelt wird. Die Steinkohle stellt den größten Stoffstrom im Kraftwerksprozess dar.
- ***Ersatzbrennstoffe:*** Moderne Technologien ermöglichen es, Kohle zu gewissen Anteilen durch andere Brennstoffe, wie beispielsweise Klärschlamm oder Biomasse, zu substituieren.[39] Aus produktionstechnischer Sicht wird hierbei von einer einseitig begrenzten Faktorsubstitution (partiell-totalen Faktorsubstitution) ausgegangen, da die Ersatzbrennstoffe vollständig durch den Faktor Kohle ersetzt werden können, die Kohle aber nicht vollständig durch andere Brennstoffe zu ersetzen ist. Eine totale (unbegrenzte) Faktorsubstitution, bei der die Möglichkeit des vollständigen gegenseitigen Ersatzes der beiden betrachteten Einsatzfaktoren bestünde, wird aus technischen und wirtschaftlichen Gründen in der Regel nicht angestrebt.[40]
- ***Asche:*** Die inerten Bestandteile der Kohle fallen bei der Verbrennung als Stäube und als Asche an. Diese Partikel werden bei der Entstaubung in elektrostatischen Staubabscheidern oder Faserfiltern abgefangen und müssen entsorgt werden. Je nach Aschetyp, der sich aus der Verbrennung und den eingesetzten Technologien ergibt, kann die Asche im Bereich der Bauwirtschaft als Bauersatzstoff, z.B. für Zement-, Beton- und Mörtelmischungen, eingesetzt werden. Da hier die Nachfrage in den Wintermonaten erheblich geringer als in den Sommermonaten ist,[41] **sind entsprechende Lagerstrategien im Rahmen der Planung der Entsorgungslogistik zu analysieren.** Hierbei können zur qualitätsmäßigen Trennung unterschiedliche Lager z.B. für Trocken-, Nass- oder Verwerfasche eingesetzt werden.

---

38 Vgl. Steffen, R./Schimmelpfeng, K. (2002), S. 22 f. Der Stromtransport über die (kapazitativ ebenfalls beschränkten) Elektrizitätsnetze ist nicht Bestandteil dieser Arbeit. Vgl. hierzu z.B. Groschke, M. et al. (2009), S. 14 ff.

39 Vgl. z.B. Böhmer, S. et al. (2001), S. 5 ff.

40 Zu Substitutionsbedingungen zwischen Einsatzfaktoren untereinander bzw. zwischen Input und Output vgl. ausführlich Corsten, H./Gössinger, R. (2009), S. 53 ff.

41 Vgl. World Coal Institute (2006), S. 31 ff.

- ***Kalk/Kalkstein:*** Schwefel ist eine Verunreinigung der Kohle und in unterschiedlichen Anteilen im Brennstoff enthalten. Er reagiert bei der Verbrennung mit Sauerstoff und bildet SO_x. Bei der Entschwefelung der Rauchgase in der Rauchgasentschwefelungsanlage (REA) reagieren die SO_x-haltigen Gase mit dem zugesetzten *Kalk* ($CaCO_3$). Über einen mehrstufigen chemischen Prozess entsteht ***Gips*** ($CaSO_4 * 2\ H_2O$).[42] Die Emission von SO_x bzw. die anfallenden Mengen an Gips können durch den Einsatz schwefelarmer Kohle verringert werden. Der Schwefelanteil in der Kohle variiert je nach Herkunftsland und ist ein Kriterium bei der Beschaffungs- und Entsorgungslogistik.
- Ammoniak: Die Entstickung der Rauchgase erfolgt durch selektive katalytische Reduktion mit Ammoniak (NH_3). Hierbei werden die Stickoxide in die klimaunschädlichen Gase Stickstoff (N_2) und Wasser (H_2O) umgewandelt.[43] Bei der Beförderung von Ammoniak sind gegebenenfalls Bestimmungen bezüglich des Gefahrguttransports zu beachten.
- Weitere ***Hilfsstoffe*** sind Salzsäure, Eisenchlorid, Natronlauge und Schwefelsäure.
- ***Schlacke:*** Schlacke ist ein Verbrennungsrückstand, der im Kessel zurückbleibt und ebenfalls zu entsorgen ist.

Abbildung 4 stellt beispielhaft die Stoffströme eines steinkohlegefeuerten Kraftwerks mit einer Leistung von 740 MW dar.[44] Luft und Wasser für den Verbrennungs- und den Kühlungsprozess werden (unter Einhaltung diverser Auflagen) direkt aus der Umgebung entnommen. Der aus logistischer Sicht bedeutendste Faktor auf der Inputseite ist die **Kohle**, von der etwa 240 t in der Stunde benötigt werden. Logistisch bedeutend sind bei der Versorgung zudem **Kalk**, **Ammoniak** und weitere **Hilfsstoffe**.

---

42 Im ersten Schritt reagieren Schwefeldioxid und Kalk: $SO_2 + CaCO_3 \rightarrow CaSO_3 + CO_2 \uparrow$. Bei der Aufoxidation des Calciumsulfits entsteht Gips: $2\ CaSO_3 + 4\ H_2O + O2 \rightarrow 2\ (CaSO_4 * 2\ H_2O)$. Zur Rauchgasentschwefelung vgl. Böhmer, S. et al. (2001), S. 63.

43 $NO_x + NH_3 + O_2 \xrightarrow{Kat.} N_2 + H_2O \uparrow$. Stickstoffoxid wird mit Ammoniak in der $DeNO_x$-Anlage (Katalysator) zu Stickstoff reduziert. Zur Rauchgasentstickung vgl. Konstantin, P. (2009), S. 256 f.

44 Die Stromproduktion kann nach Corsten/Gössinger als „austauschende oder umgruppierende Stoffverwertung" bezeichnet werden. Chemisch-technologische Prozesse sind dadurch gekennzeichnet, dass mehrere Inputs im Produktionssystem zu mehreren Outputs führen. Vgl. Corsten, H./Gössinger, R. (2009), S. 38.

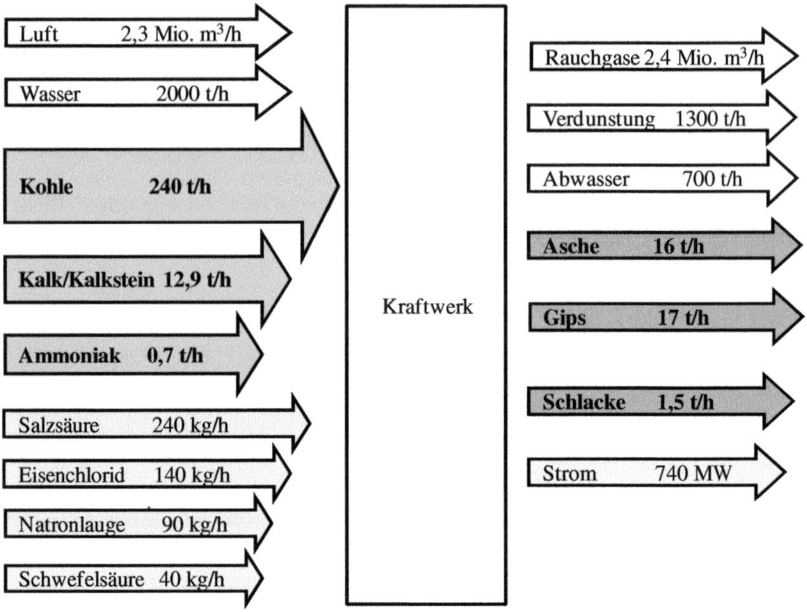

Abbildung 4: Mengenströme bei einem steinkohlegefeuerten 740 MW-Kraftwerk[45]

Für die Entsorgungslogistik[46] relevante Ströme sind die Kohleverbrennungsprodukte **Gips**, **Asche** und **Schlacke**, die am Kraftwerksstandort zwischengelagert und in der Bauindustrie weiterverwendet und verarbeitet werden können.[47] Diese Stoffe finden in beiden Modellen unter dem Aspekt der Entsorgungslogistik Berücksichtigung.

Der Verdunstungsstrom sowie auch der größte Teil des Abwassers entstehen im Nasskühlturm. Es wird unter Beachtung rechtlicher Auflagen in die Gewässer, aus denen es genommen wurde, zurückgeführt.

Die entstaubten und entschwefelten Abgase, die einen beträchtlichen Massenstrom darstellen, sind derzeit aus logistischer Sicht derzeit noch nicht relevant. Zukünftig könnten Kohlendioxidemissionen eine logistische Rolle spielen, wenn sich

45 In Anlehnung an Strauß, K. (2006), S. 19.

46 Die Entsorgungslogistik ist nach Isermann und Houtman ein Teilgebiet der Unternehmenslogistik. Gewinnsteigernde Outputs werden als Produkte bezeichnet, gewinnsenkende Outputs als Rückstände. Vgl. Isermann, H./Houtman, J. (1998), S. 305.

47 Nahezu 100 % der in Deutschland produzierten Steinkohleflugaschen werden als Betonzusatzstoff eingesetzt; in westdeutschen Kraftwerken entstehende Flugaschen werden aufgrund günstiger Transportwege auch in die Beneluxländer exportiert. Vgl. World Coal Institute (2006), S. 24 f. sowie Backes, H.-P./Brandenburger, D./Meißner, M. (2005), S. 1 ff.

CO_2-Abscheidungstechnologien am Markt etablieren würden.[48] Nach der Trennung des Kohlendioxids aus dem Verbrennungsprozess müsste der langfristige Transport des abgeschiedenen CO_2 sichergestellt werden; nur selten bestünde die Möglichkeit der Lagerung vor Ort.[49] Kosten- und Kapazitätsanalysen zeigen, dass für einen wirtschaftlichen Transport von CO_2 insbesondere Pipelines und speziell ausgerüstete Schiffe eingesetzt werden können, wohingegen Schienen- und Straßentransport zu höheren spezifischen Transportkosten (Euro/t) führen.[50] Ein stetiger Transport über Pipelines hat den Vorteil, dass keine Lagerkapazitäten zur Zwischenspeicherung des CO_2 vorgehalten werden müssen.[51] Mit zunehmender Entfernung des Einlagerungsortes von der CO_2-Abscheidungsstätte wird eine Verschiffung von Kohlendioxid bedeutender, jedoch sind auch für den Schiffstransport umfangreiche Investitionen in Infrastrukturen notwendig (CO_2-Verflüssigungsstationen[52], Stahltanks zur Zwischenspeicherung, CO_2-Verladestationen zur Befüllung der Tanker, Tankschiffe sowie CO_2-Entladestationen am Zielhafen).[53] Zu prüfen wäre, ob die Kapazitäten der Seehafenhinterlandverbindungen der Binnenschifffahrt und gegebenenfalls auch der Schiene für diese zusätzlich auftretenden Transporte ausreichend wären. Bei Einlagerungsorten auf See oder in entfernten Regionen sind Küstenstandorte wegen ihrer räumlichen Nähe zu Seehäfen bevorteilt, da für „den Transport von CO_2 in den Größenordnungen, wie sie bei Kraftwerken anfallen (...) die Transportkapazitäten von Lkw und Eisenbahn nicht ausreichend“[54] sind. Ein Transport mit Binnenschiffen ist ebenfalls denkbar.[55]

---

48 Die CO_2-Emissionen betragen bei einem 200 MW-Kraftwerk etwa 1 Mt. CO_2/Jahr; bei einem 1 GW-Kraftwerk sind es etwa 5 Mt. CO_2/Jahr. Vgl. Mayer-Spohn, O. et al. (2006), S. 441.

49 Vgl. Prognos (2006), S. 31. Für eine Übersicht über diese Technologien vgl. Seefeldt, F./ Wünsch, M./Schlesinger, M. (2007a), S. 63 ff.

50 Die Transportbedingungen für CO_2 ähneln denen für LPG, welches in großem Umfang per Seeschiff, Schiene und Straße transportiert wird, so dass eine technische Übertragbarkeit der Technologien überprüft wird. Vgl. Doctor, R. et al. (2005), S. 179 ff., Mayer-Spohn, O. et al. (2006), S. 435 ff. und Svensson, R. et al. (2004), S. 2343 ff. Der Transport über Rohrleitungen wird von der Geographie des Transportwegs beeinflusst, die maßgeblich die Transportkosten bestimmt. Die Möglichkeit der Nutzung bestehender Erdgas-Leitungsnetze ist heute nicht absehbar.

51 Vgl. Svensson, R. et al. (2004), S. 2343 ff.

52 Für den Transport von CO_2 ist sowohl beim Pipeline- als auch beim Schiffstransport eine Gaskonditionierung erforderlich, um CO_2 in kompakter Form transportieren zu können. Vgl. Wissel, S. et al. (2008), S. 9.

53 Vgl. hierzu ausführlich Mayer-Spohn, O. et al. (2006), S. 440 f., Barrio, M. et al. (2004) und Bakken, B. H./Streng Velken, I. von (2008), S. 824 ff.

54 Mayer-Spohn, O. et al. (2006), S. 441. Allein bei einem kleineren 200 MW-Kraftwerk wären 200.000 Lkw-Fahrten zum Abtransport der jährlich anfallenden CO_2-Menge erforderlich, die zusätzliche CO_2-Emissionen verursachen.

55 Vgl. Mayer-Spohn, O. et al. (2006), S. 443.

2.2 Energiesektor Welt

2.2.1 Stromversorgung, Reserven und Ressourcen der Kohle

Kohle ist, wie die meisten anthropogen genutzten Energiequellen, solaren Ursprungs.[56] Sie stellt eine Form „gespeicherter Solarenergie"[57] dar und steht nur für einen begrenzten Zeitraum zur Verfügung.[58] Derzeit trägt die Kohle zu über 40 % zu der weltweiten Stromversorgung bei (vgl. Abbildung 5).

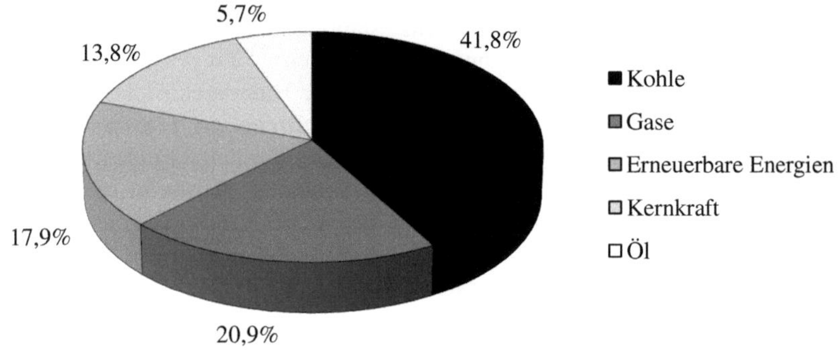

Abbildung 5: Anteile der Primärenergieträger an der globalen Stromerzeugung (2007)[59]

Bei der Einschätzung dieser Rohstoffvorkommen sind die Begriffe Reserven und Ressourcen zu unterscheiden. Als Reserven werden „die sicher nachgewiesenen und mit bekannter Technologie wirtschaftlich gewinnbaren Vorkommen"[60] bezeichnet.[61] Ressourcen umfassen Vorkommen, die entweder noch nicht wirtschaftlich zu fördern sind oder die noch nicht sicher nachgewiesen, aber aufgrund geologischer Indikatoren erwartet werden.[62] Die Gesamtressourcen ergeben sich

56 Vgl. Zahoransky, R. (2007), S. 20.

57 Müller, U./Pasche, M./Irrek, W. (1992), S. 9.

58 Zwar bilden sich auch heute noch fossile Energieträger. Diese werden aber schneller verbraucht als sie neu entstehen. Deswegen werden sie nicht zu den erneuerbaren Energiequellen gezählt. Vgl. Zahoransky, R. (2007), S. 20.

59 Eigene Darstellung, Daten aus BMU (2010), S. 58.

60 BMWi/BMU (2006), S. I.

61 Synonym werden z.B. die Begriffe „bauwürdig ausbringbare Reserven", „sicher (und wahrscheinlich) gewinnbare Vorräte" verwendet. Vgl. Rempel, H./Schmidt, S./ Schwarz-Schampera, U. (2008), S. 37.

62 Vgl. BMWi (2009), S. 8, BMWi/BMU (2006), S. I sowie Kleinwächter, L. (2007).

aus der Summe von Reserven und Ressourcen.[63] Für die Bewertung des Gesamtpotenzials (Estimated Ultimate Recovery) gibt es unterschiedliche Definitionen und Messkonzepte.[64] Nach Rempel, Schmidt und Schwarz-Schampara schließt das Gesamtpotenzial neben den Reserven und Ressourcen die bisherige kumulierte Förderung ein.[65]

Der Begriff der Reserve lässt keine Rückschlüsse auf die endliche geologische Verfügbarkeit eines Rohstoffs zu, er ist vielmehr ökonomischer Natur: Bei Erschöpfung der Reserven wird auf Ressourcen zurückgegriffen, die geographisch oder geologisch schwieriger zu erschließen sind.[66] Höhere Gewinnungskosten und ein höherer technischer Aufwand werden bei steigender Nachfrage bzw. steigenden Weltmarktpreisen wirtschaftlich, so dass Lagerstätten aus dem Ressourcenbereich zunehmend in den Reservenbereich „verschoben“ werden. Dies impliziert, dass der Umfang der Reserven keine einmalig festgelegte Größe ist. Er ergibt sich im Zeitablauf aus den Marktbedingungen und den daraus resultierenden Bewertungsmethoden.[67] Fortschritte bei der Bergbautechnik, durch die bisher unerreichbare Ressourcen gewonnen werden können, führen zu einer Zunahme der Reserven.[68] Ein Sinken des Kohlepreises führt zu einer Abnahme der wirtschaftlich förderbaren Kohlemengen.[69] Auch eine Einstellung von staatlichen Subventionszahlungen kann zu einer Herabstufung der Reservemengen führen; dies ist insbesondere in den ehemaligen Ostblockländern der Fall. Aus diesem Grund **befindet sich das Supply Chain Design diverser deutscher Steinkohlekraftwerke derzeit in einem strukturellen Wandel**; anstatt der bisherigen europäischen Versorgung mit Kohle wird zunehmend auf globale Quellen zurückgegriffen.

---

63 Zu beachten ist, dass Reserven nicht in den Ressourcen enthalten sind. Vgl. Rempel, H./ Schmidt, S./Schwarz-Schampera, U. (2008), S. 37.

64 Vgl. BMWi/BMU (2006), S. 1 ff. Ein Problem stellt die Vergleichbarkeit der Daten zu den Kohlereserven und -ressourcen unterschiedlicher Länder aufgrund abweichender Parametergrenzen dar.

65 Vgl. Rempel, H./Schmidt, S./Schwarz-Schampera, U. (2008), S. 37.

66 Kostensteigerungen ergeben sich beispielsweise aus größeren Entfernungen zur Küste, schlechteren Verhältnissen Abraum/Kohle, schlechteren Qualitäten (niedrigerer Heizwert, höhere Aschegehalte) oder dünneren Flözen.

67 So werden z.B. die deutschen Stein- und Braunkohlevorräte im Statusbericht des BMWi (2002) aufgrund geänderter internationaler Konventionen über die wirtschaftliche Gewinnbarkeit auf weniger als ein Siebtel im Vergleich zu früheren offiziellen eigenen Angaben veranschlagt. Infolge eines neuen methodischen Ansatzes wurden über 20 Mrd. t Steinkohlereserven in Deutschland, die bis dahin als technisch sicher gewinnbar galten auf unter 200 Mio. t reduziert, ohne dass sich an den tatsächlich vorhandenen Vorkommen und Abbaumöglichkeiten wesentliche Änderungen ergeben hätten. Die größte deutsche Energiereserve, die Steinkohle, wurde auf diese Weise rechnerisch eliminiert. Vgl. Wodopia, F.-J. (2006), S. 33 ff.

68 Vgl. BMWi (2009), S. 8 f.

69 Vgl. World Coal Institute (2006), S. 2 ff.

Nach Einschätzungen aus dem Jahr 2009 lagen die weltweiten Hartkohlereserven im Jahr 2008 bei 729 Gt (vgl. Abbildung 6).[70] Diese sind noch stärker konzentriert als die Reserven an Öl und Gas; die Regionen Asien, Nordamerika und die GUS vereinen 86 % der Reserven. Auf die drei rohstoffreichsten Länder USA, China und Indien entfallen mit 489 Gt mehr als zwei Drittel der derzeitigen Kohlereserven.[71]

Die Ressourcen an Hartkohle werden auf mehr als 15.000 Gt geschätzt. Hier dominieren die USA mit ca. 6.500 Gt über 41 % der weltweiten Hartkohleressourcen. Weitere bedeutende Länder sind China mit ca. 5.000 Gt (32 %) und Russland mit ca. 2.700 Gt (17 %).[72]

China verfügt zwar über große Kohlevorkommen, dennoch geht die Internationale Energie Agentur (IEA) davon aus, dass diese zukünftig nicht zur Deckung des wachsenden Energieverbrauchs des Landes ausreichen werden und China selbst zum Nettoimporteur wird.[73]

---

70 Unter dem Begriff Hartkohle werden die Hartbraunkohlen, Steinkohlen und der Anthrazit zusammengefasst; diese finden insbesondere zur Verstromung Verwendung.

71 Vgl. Rempel, H./Schmidt, S./Schwarz-Schampera, U. (2009), S. 56.

72 Vgl. Rempel, H./Schmidt, S./Schwarz-Schampera, U. (2009), S. 56.

73 Vgl. OECD/IEA (2007), S. 6 sowie Wodopia, F.-J. (2008), S. 1. Zu Beginn 2008 setzte China, bedingt durch den harten Winter, den Export von Kohle und Koks zeitweilig aus, um die heimische Versorgung zu gewährleisten. Vgl. Wodopia, F.-J. et al. (2008), S. 64. Ball et al. gehen hingegen davon aus, dass Chinas Kohleexporte auch langfristig aufrecht zu erhalten sind, vgl. Ball, A. et al. (2003), S. 70.

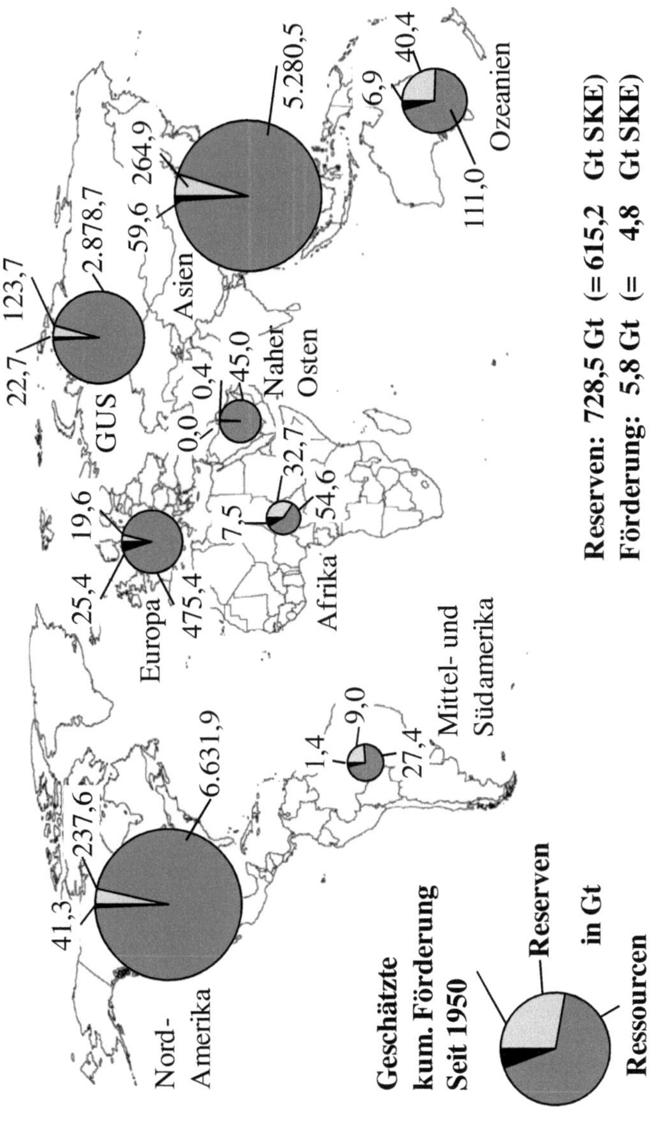

Abbildung 6: Weltweite Verteilung der Reserven, Ressourcen und kumulierter Förderung von Hartkohle (2008)[74]

74 Rempel, H./Schmidt, S./Schwarz-Schampera, U. (2009), S. 23.

Ein Maßstab für die Verfügbarkeit ist die statische Reichweite, die auf dem aktuellen Jahresverbrauch basiert.[75] Die statische Reichweite der derzeitig nachgewiesenen Kohlereserven wird je nach Studie mit Zeiträumen zwischen 95 und 150 Jahren angegeben,[76] die der Ressourcen auf etwa 470 Jahre.[77] Diese hypothetischen Betrachtungen beziehen sich auf den gegenwärtigen Jahresverbrauch ohne Berücksichtigung von möglichen Zunahmen in der Verbrauchsentwicklung. Die tatsächliche Reichweite wird jedoch durch die wachsende globale Energienachfrage, die Effizienz der Rohstoffnutzung, den Umfang der Explorationstätigkeit und technologische Entwicklungen (z.B. bei Förder- oder Kraftwerkstechnologien) beeinflusst. Heutzutage werden pro Jahr global soviel fossile Energieträger verbraucht wie in 500.000 Jahren während der Evolution durch die Sonneneinstrahlung gebildet wurden. Die zunehmende Geschwindigkeit des Verbrauchs und die damit einhergehende beschleunigte Erschließung von Ressourcen wird von Müller et al. als „Bankräuberverhalten“ und als eine „Selbstzerstörung mit streng wissenschaftlichen Methoden“ bezeichnet.[78] Heutige Produktions- und Konsumptionsprozesse werden aufgrund begrenzter Ressourcen auch in der Energieproduktion nicht unbegrenzt aufrecht erhalten werden können.[79] **Auch die Strukturen der Versorgungslogistik der Steinkohlekraftwerke haben sich den weltweit schwankenden Angebots- und Nachfragemengen anzupassen.**

2.2.2 Förderung, Welthandel und Marktstruktur

Für die Entwicklung eines Supply Chain Designs der Kohleströme ist die Kenntnis der Marktstrukturen von Bedeutung, um diese bei der Modellierung geeignet berücksichtigen zu können. Von den 6,1 Mrd. t Steinkohlen, die im Jahr 2009 gefördert wurden, wurden lediglich 15 % (916 Mio. t) gehandelt. Der Anteil der seewärtigen Exporte an der Weltsteinkohleförderung nahm in den letzten beiden Jahrzehnten stark zu und betrug in 2009 14 %, der Binnenhandel etwa 1 % (vgl. Abbil-

---

75 Vgl. BMWi/BMU (2006), S. 2 ff.

76 Im Vergleich hierzu entsprechen die ausgewiesenen Reserven an konventionellem Erdöl lediglich 42 gegenwärtigen Jahresverbräuchen, die Ressourcen weiteren 21 Jahresverbräuchen. Vgl. BMWi/BMU (2006), S. III; Ritschel, W./Schiffer, H.-W. (2007), S. 11.

77 Bei diesen Angaben ist zu berücksichtigen, dass die erste Kohle während der Karbonzeit vor 360 bis 290 Millionen Jahren entstand. Vgl. World Coal Institute (2006), S. 2 ff.

78 Im Gegensatz zur Biosphäre, die von ihrem „Energie-Einkommen“ aus der Sonne lebt und sogar einen Energieanteil in Form von Biomasse, Kohle, Öl oder Erdgas speichert, glaubt der Mensch, sich von der sich verschärfenden Energieknappheit emanzipieren zu können, indem durch technischen Fortschritt auf immer schwerer zugängliche Rohstoffvorkommen mit geringerer Energiedichte zurückgegriffen wird. Vgl. Müller, U./Pasche, M./Irrek, W. (1992), S. 12.

79 Ein nachhaltiges Wirtschaften zählt zu den wesentlichen heutigen und zukünftigen Herausforderungen produzierender Unternehmen. Vgl. Haasis, H.-D. (2004), S. 107.

dung 7).[80] Aufgrund des geringen Energiegehaltes der Kohle (im Vergleich zu Öl oder Gas) wird diese hauptsächlich in der Nähe ihrer Gewinnung verbraucht. Transporte belasten die Wirtschaftlichkeit eines Einsatzes in großer Entfernung von der Lagerstätte.[81]

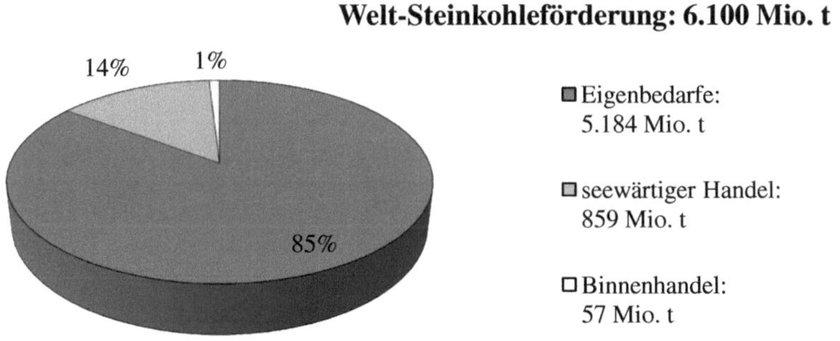

Abbildung 7: Weltsteinkohleförderung und Seehandel (2009)[82]

Förderungsstärkstes Land ist China, hier wurde im Jahr 2009 mit 2.910 Mio. t fast dreimal soviel Steinkohle gefördert wie in den USA (983 Mio. t).[83] Beide Länder benötigen einen Großteil der Steinkohle für den Eigenbedarf. Auch Indien, Australien, Russland, Indonesien und Südafrika verfügen über bedeutende Fördermengen (vgl. Abbildung 8).

Der Exportmarkt wird von Australien mit 28 % des Exportvolumens dominiert, gefolgt von Indonesien (22 %) und Russland (11 %). Für die Betrachtung der Kohlenmärkte sind somit nicht die Länder mit der größten Steinkohleförderung, sondern vielmehr die Länder mit hohen Exportvolumina von Bedeutung. Länder, die viel fördern, exportieren nicht zwangsläufig große Mengen, wenn sie einen hohen Eigenbedarf haben.[84]

---

80 Vgl. VDKI (2008), S. 8 sowie Helfer, M. (2008), S. 36.

81 Vgl. Koerner, R. J. (1998), S. 168 und Schiffer, H.-W./Kopal, C. (2005), S. 172.

82 Eigene Darstellung, Daten aus VDKI (2010), S. 3. Zahlen enthalten sowohl Kraftwerks- als auch Kokskohle.

83 Diese Angaben geben einen guten Überblick über die geförderten Mengen. Sie sagen jedoch nichts über die Qualität und die Zusammensetzung der Kohle aus, welche zwischen den verschiedenen Lagerstätten und innerhalb einzelner Kohleflöze erheblich variiert.

84 Zudem kann es aufgrund logistischer Restriktionen sowie des Bedarfs an bestimmten Kohlequalitäten wirtschaftlich sinnvoll sein, aus einer Region eines Landes Kohle zu exportieren und in einer anderen Region Kohle zu importieren.

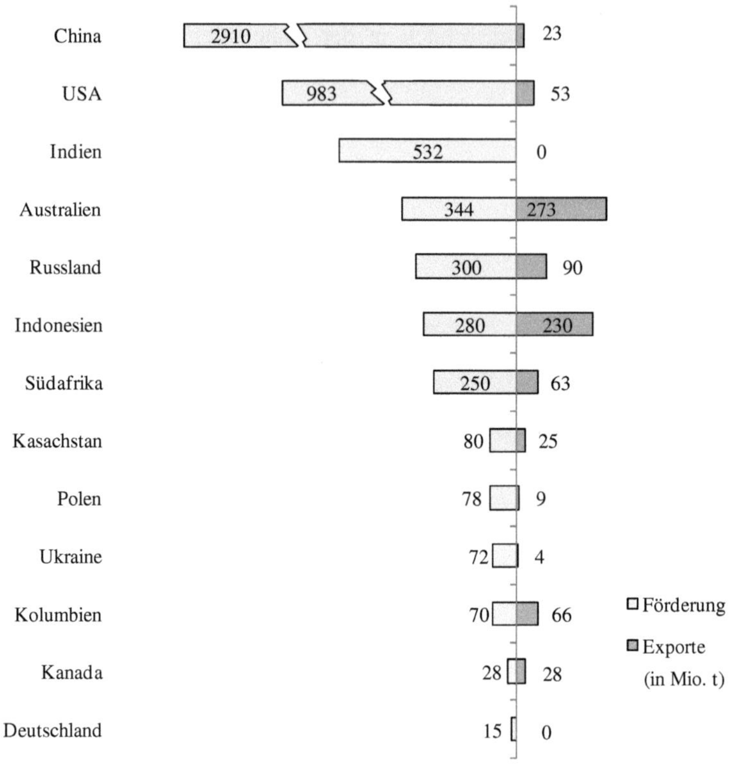

Abbildung 8: Förderung und Exporte von Steinkohle ausgewählter Länder (2009)[85]

Die Haupthandelsströme im Steinkohlenseeverkehr zeigt Abbildung 9. Bei der Marktstruktur des seewärtigen Handelsvolumens ist in einen Kokskohlen- und einen Kesselkohlenmarkt zu differenzieren.[86]

---

85 Eigene Darstellung, Daten aus Rempel, H./Schmidt, S./Schwarz-Schampera, U. (2009), S. 55 ff.

86 Vgl. VDKI (2006), S. 9 sowie Stopford, M. (2009), S. 450 f.

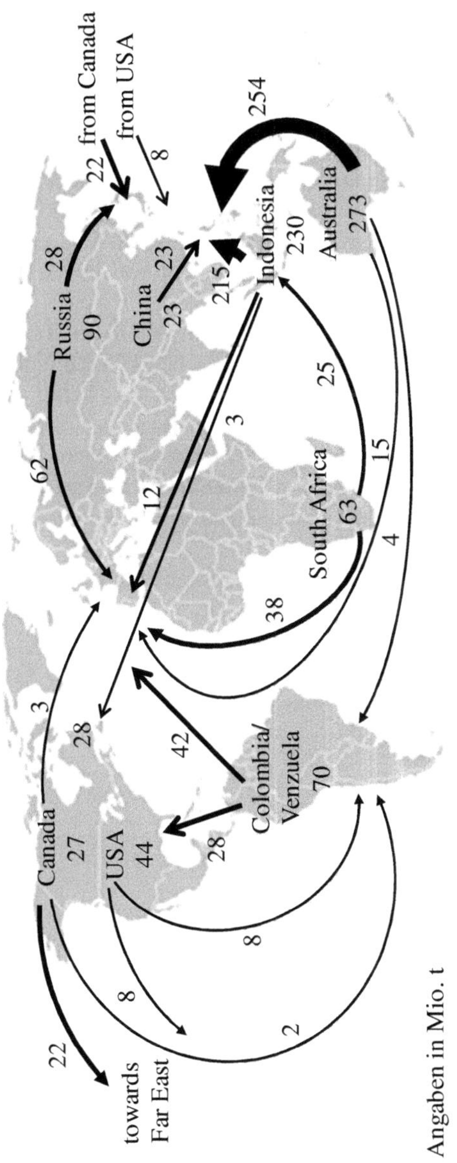

Abbildung 9: Haupthandelsströme im Steinkohlenseeverkehr (2009)[87]

87 Eigene Darstellung, Daten aus VDKI (2010), S. 19.

Der Kokskohlenmarkt ist aufgrund einer geringen Anzahl von Anbietern weltweit ein einheitlicher Markt, wohingegen der seewärtige Steinkohlenweltmarkt für Kesselkohle in zwei Teilmärkte unterteilt wird (vgl. Abbildung 10). Der atlantische Markt umfasst auf der Nachfrageseite die europäischen Importländer, den Mittelmeerraum und Nord-, Mittel- und Südamerika. Anbieterländer sind u.a. Kolumbien, Südafrika und Russland. Wesentliche Exportländer im pazifischen Kesselkohlenmarkt sind u.a. Australien, Indonesien und China. Die weltweit größten Hartkohleimportländer sind die asiatischen Länder Japan (186 Mio. t), Südkorea (100 Mio. t) und Taiwan (66 Mio. t), gefolgt von Indien (60 Mio. t) und Deutschland (44 Mio. t).

Diese Zweiteilung ist auf den hohen Anteil der Transportkosten, die bis zu 70 % des Lieferpreises von Kohle ausmachen können, und unterschiedliche Preisbildungsmechanismen zurückzuführen.[88] Nur ein geringer Prozentsatz (9 %) der seewärtigen Kohletransporte erfolgt zwischen diesen Teilmärkten. Bei hohen Kohlepreisen tendieren die Märkte zu Überschneidungen; Südafrika ist ein Konvergenzpunkt zwischen den beiden Märkten.[89] Auch Australien, weltweit größter Exporteur von Kohle, exportiert einen Teil seiner Kohle nach Europa und Amerika (vgl. Abbildung 10).[90]

Der internationale Handel mit Kokskohle (201 Mio. t) ist im Vergleich zum Kesselkohlenhandel (658 Mio. t) erheblich kleiner. Auch hier ist Australien der größte Exporteur (67 % des Weltexports), gefolgt von den USA (16 %) und Kanada (10 %). Aufgrund des höheren Preises für Kokskohle im Vergleich zur Kesselkohle sind für Australien trotz der hohen Frachtkosten weltweite Exporte von Kokskohle attraktiv.

---

88 Vgl. Helfer, M. (2008), S. 36.

89 Vgl. World Coal Institute (2006), S. 13 ff.

90 Vgl. World Coal Institute (2006), S. 13 ff.

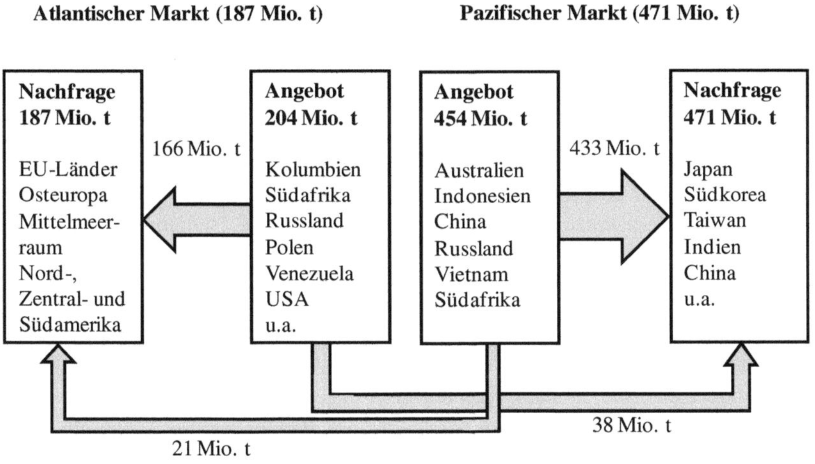

Abbildung 10: Marktstruktur für Kesselkohle (2009)[91]

Langfristig wird mit einem **Wandel in den Import- und Exportstrukturen** gerechnet, welcher zu einer Anpassung des Supply Chain Designs der Kohlelogistik führen wird. Gemäß des Referenz-Szenarios des International Energy Outlook 2008 wird sich der Weltkohleverbrauch in dem Zeitraum von 2005 bis 2030 um etwa 65 % erhöhen.[92] Im Jahr 2030 wird die internationale Kohleproduktion ca. 7 Milliarden Tonnen betragen.[93] Dieser Anstieg ist insbesondere auf eine Verdopplung des Kohleverbrauchs der asiatischen Länder zurückzuführen.[94] So sind allein in China in 2006 174 Kraftwerke der 500 MW-Klasse in Betrieb genommen worden; in Russland sollen bis 2011 mehr als 30 neue Kraftwerke fertig gestellt werden. Es ist davon auszugehen, dass Indien und China die wichtigsten Importeure für Steinkohle werden und die aktuelle Marktstruktur stark beeinflussen.[95] **Aus logistischer Sicht wird sich die bereits bestehende Lieferengpass Situation, die sich**

91 VDKI (2010), S. 21.

92 Annahme des Referenz-Szenarios ist, dass die derzeit gültigen Gesetze und Politiken innerhalb des Prognosehorizonts unverändert bleiben. Vgl. hierzu ausführlich DOE/EIA (2008).

93 Für Kesselkohle werden für diesen Zeitraum rund 5,2 Milliarden Tonnen, für Kokskohle 624 Millionen Tonnen und für Braunkohle 1,2 Milliarden Tonnen erwartet. Vgl. World Coal Institute (2006), S. 13 ff.

94 Weltweit haben 1,6 Milliarden Menschen noch keinen Zugang zu Strom. Vgl. VDKI (2007), S. 7 und World Coal Institute (2006), S. 13 ff.

95 Die Deckung von nur 2 % bis 3 % des chinesischen Kohleverbrauchs über Importe entspräche etwa 6 % bis 8 % des weltweit gehandelten Hartkohlevolumens. Zur Bedarfsentwicklung Chinas an Energieressourcen vgl. u.a. Schneider, K. (2004), S. 299 ff.

insbesondere aus den begrenzten Kapazitäten für den Kohleumschlag in den Häfen und den begrenzten Frachtkapazitäten ergibt, verschärfen.[96]

Exportseitig wird in Australien, Indonesien und Kolumbien ein großes Potenzial aufgrund kostengünstig produzierender Gruben, ausreichender Lagerstättenvorräte sowie eines relativ geringen Eigenbedarfs gesehen.[97] Ebenso könnten China und Russland ihre Position auf dem Kohlenmarkt ausbauen, wohingegen den USA, Kanada und Polen aufgrund hoher Eigenbedarfe oder ungünstiger Produktionsbedingungen auf dem Weltmarkt in Zukunft eine geringere Bedeutung prognostiziert wird.[98]

2.2.3 Marktstörungen

Bedeutende Einflüsse auf den Kohlenmarkt ergeben sich aus Angebotskonzentrationen auf Länder- und Unternehmensebene im Bergbausektor sowie aus Investitionsdefiziten im Bergbau- und Transportsektor.

Insbesondere am Kesselkohlenmarkt werden angebotsseitige Verknappungen erwartet.[99] Nach einer Hochrechnung von e.on wird um das Jahr 2012 mit einem Angebotsengpass an Kraftwerkskohle aufgrund der begrenzten Kapazität der Exportgruben auf dem Weltmarkt gerechnet. Der erhebliche Rückgang der Energiepreise hat zu einem Stopp vieler Projekte in der Energiewirtschaft geführt. Aufgeschobene Minenprojekte, die in ihrer gesamten Tragweite eher langfristiger Natur sind, verschärfen die erwarteten Angebotsengpässe langfristig und können zu steigenden Weltmarktpreisen führen.[100] Auch wenn rezessive weltwirtschaftliche Tendenzen vorübergehend wieder Druck auf die Preise ausüben, erwartet der Gesamtverband Steinkohle (GVSt) mittelfristig wieder Anspannungen auf dem Weltsteinkohlenmarkt.[101]

In der Literatur wird die Frage diskutiert, ob die mangelnde Verfügbarkeit an Kohle auf das Vorhandensein von **Machtstrukturen am Kohlenmarkt** zurückzuführen ist.[102] Im Steinkohlenweltmarkt liegt eine Angebotskonzentration auf Länderebene vor. Im seewärtigen Kraftwerkskohlenmarkt deckten im Jahr 2009 die drei größten Lieferländer Australien (28 %), Indonesien (22 %) und Russland

---

96 Vgl. Rempel, H./Schmidt, S./Schwarz-Schampera, U. (2008), S. 22 f.

97 Vgl. BMWi (2002), S. 25 sowie Rempel, H./Schmidt, S./Schwarz-Schampera, U. (2008), S. 22 f.

98 Vgl. BMWi (2002), S. 25.

99 Vgl. Kopal, C. (2007), S. 15.

100 Kohleproduzenten begegnen den erforderlichen Investitionen im Kesselkohlenmarkt zurückhaltend und wenden sich bevorzugt dem ertragsreicheren Kokskohlesektor zu. Vgl. Kopal, C. (2007), S. 15.

101 Vgl. Wodopia, F.-J. et al. (2008), S. 64.

102 Vgl. Rademacher, M. (2008), S. 72 ff., Wodopia, F.-J. et al. (2008), S. 65, Kopal, C. (2007), S. 15.

(11 %) zusammen rund 60 % des Marktes ab. Beim seewärtigen Kokskohlenhandel betrug die Marktabdeckung der drei bedeutendsten Herkunftsländer Australien (67 %), USA (16 %) und Kanada (10 %) zusammen rund 93 %.[103]

Auf die Unternehmensebene bezogen wird die Marktmacht der vier privatwirtschaftlichen Branchenriesen, der sogenannten „Big Four", kritisiert. Dies sind die Kohleproduzenten BHP Billiton, Rio Tinto, Xstrata-Glencore und Anglo Coal. Diese nahmen im Jahr 2007 eine dominierende Marktposition mit rund 30 % des Kraftwerkskohlenmarktes und einem Anteil von 47 % am weltweiten seewärtigen Kokskohlenmarkt ein.[104] Marktverzerrungen durch oligopolistisches Marktverhalten, Kartellbildungen und zunehmende Unternehmenskonzentrationen im Rohstoffsektor können ein „wirtschaftliches und politisches Gefahrenpotenzial"[105] bergen, da neben der Lieferfähigkeit auch die Lieferwilligkeit ein wichtiger Faktor ist.[106] Müller kritisiert die weitläufige Annahme eines fairen Wettbewerbsmarktes bei den international gehandelten Energieträgern.[107]

Nach Rademacher kann ein großes Potenzial bestehender Produktionskapazitäten der Minen aufgrund beschränkter Hafenkapazitäten und inländischer Verkehrsinfrastrukturen nicht genutzt werden.[108] Im Bereich des Transportsektors können sich, wie z.B. in China, aufgrund stark ausgeprägter Monopolstrukturen Abhängigkeiten von den Explorations- und Transportunternehmen (insbesondere im Schienenverkehr) verschärfen.[109] Auch in den USA werden Studien zu kapazitativen Engpässen in der für die Kohle benötigten Schieneninfrastrukturen durchgeführt.[110] Das starke Wachstum des seewärtigen Eisenerz- und Kohlenhandels, längere Fahrrouten und Engpässe in Export- und Importhäfen hatten in den letzten Jahren eine Verknappung des Seefrachtangebots zur Folge. Dies führte immer wieder zu erheb-

---

103 Vgl. Wodopia, F.-J. et al. (2008), S. 65.

104 Durch eine mögliche Verschmelzung von Rio Tinto mit BHP Billiton würde der entstehende Konzern die Kontrolle über fast 40 % der australischen Kokskohlen- und rund 15 % der australischen Kraftwerkskohlen-Exportkapazitäten erlangen. Vgl. Wodopia, F.-J. et al. (2008), S. 65.

105 BDI (2007), S. 53 f.

106 Ziel der Unternehmen kann die Vermeidung eines Überangebots am Markt und die Optimierung möglichst geringer Investitionen gegenüber hohen Gewinnen sein. Vgl. Kopal, C. (2007), S. 15.

107 Vgl. Müller, F. (2005), S. 197. Der Spotmarkt bildet nur einen sehr begrenzten Teil des Gesamtmarktes ab und legt nach Müller keine Wettbewerbseinschränkungen offen. Der Spotmarkt sagt nur über Angebot und Nachfrage frei verfügbarer Mengen etwas aus, nicht aber über das Zustandekommen des Angebots.

108 Vgl. Rademacher, M. (2008), S. 68.

109 Vgl. Jiang, H./Zhou, M./Meng, J. (2007) und Guanghua Liu, G. (2005), S. 42.

110 Diese führen bereits dazu, dass einige Regionen auf Importe angewiesen sind, da die heimische Kohle aufgrund mangelnder Infrastruktur nicht an die Nachfrager geliefert werden kann. Vgl. Brady, T. F./Pfitzer, C. M. (2007), S. 6. McCollum und Ogden gehen von einer Zunahme der nationalen Kohletransporte auf der Schiene um bis zu 90 % bis zum Jahr 2050 aus. Vgl. McCollum, D. L./Ogden, J. M. (2009), S. 460 ff.

lichen Preisaufschlägen. Die starke Expansion des Welthandels wird auf die erforderliche Deckung eines wachsenden Rohstoff- und Energiebedarfs sowie den Ersatz unwirtschaftlicher Fördermenge vor allem in Europa zurückgeführt.[111] **Erhebliche Investitionsdefizite können sich kurz- oder langfristig durch Engpässe in der gesamten Kohlelieferkette auswirken – von der Förderung und Aufbereitung über den Binnentransport und Umschlag bis hin zur Seefracht und Anlandung.**[112]

2.3 Energiesektor Deutschland

2.3.1 Entwicklung der Importabhängigkeit

Strom wird gegenwärtig in Deutschland zu 25 % aus Braunkohle und zu 18 % aus Steinkohle gewonnen.[113] **Damit basiert die Stromerzeugung in Deutschland zu 43 % auf Kohle** (vgl. Abbildung 11). Ein robustes Supply Chain Design der Kraftwerkslogistik ist unabdingbar, um eine zuverlässige Stromversorgung sicherzustellen. Mit 23 % nimmt die Kernenergie derzeit die zweitwichtigste Position ein. Somit beruhen fast drei Viertel der deutschen Stromerzeugung auf den drei Energieträgern Braunkohle, Steinkohle und Kernenergie. Bei einem Ausstieg aus der Kernenergie muss dieser Anteil (unter Berücksichtigung möglicher Einsparpotenziale künftiger Energieeffizienzmaßnahmen) durch andere Energieträger, u.a. auch die Kohle, aufgefangen werden. Erneuerbare Energien (16 %), übrige Energieträger (4 %) und Mineralöl (2 %) spielen derzeit noch eine eher untergeordnete Rolle.

---

111 Vgl. Ritschel, W./Schiffer, H.-W. (2007), S. 13 f. und 26.

112 Vgl. GVSt (2008), S. 64.

113 Im Jahr 2006 betrug der Steinkohleverbrauch Deutschlands 70,1 Mio. t. Vgl. VDKI (2008), S. 2.

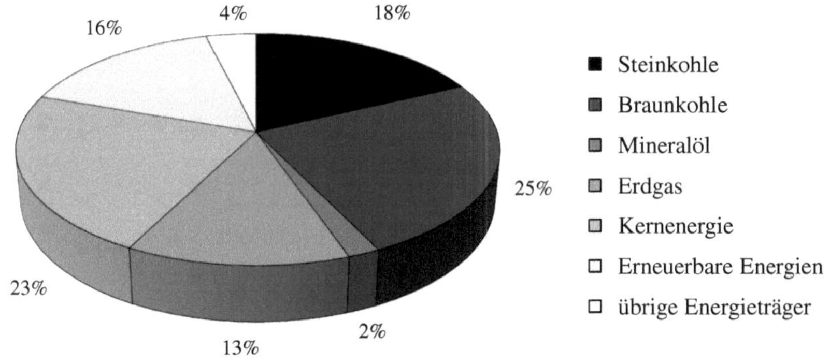

Abbildung 11: Bruttostromerzeugung in Deutschland nach Energieträgern (2009)[114]

Die Energieversorgung Deutschlands ist durch eine hohe und zudem **steigende Importabhängigkeit** gekennzeichnet.[115] Abbildung 12 stellt die Importabhängigkeit bei der Primärenergiegewinnung für den Zeitraum von 1990 bis 2009 dar.[116] Im Gegensatz zur Braunkohle, bei der vollständig auf eine einheimische Energieproduktion zurückgegriffen werden kann, ist bei der Steinkohle ein steigender Importanteil von 8 % auf 72 % im betrachteten Zeitraum zu verzeichnen. In Zukunft kann dieser auf 100 % ansteigen. Die Brennstoffe für die Kernenergie werden zu 100 % importiert. Bei den Naturgasen erfolgte eine Steigerung der Importabhängigkeit von 75 % auf 96 %. Abgesehen von der Braunkohle ist der Selbstversorgungsgrad Deutschlands relativ gering. Auch zukünftig ist, angesichts der geringen eigenen Reservenbasis, von einer hohen Importabhängigkeit Deutschlands bei Energieressourcen auszugehen.[117]

114 Eigene Darstellung, Daten aus AGEB (2010), Stand 13.09.2010 (vorläufige Angaben).

115 Vgl. BMWi/BMU (2006), S. II.

116 Vgl. World Coal Institute (2006), S. 19.

117 Die steigende Importabhängigkeit von Energierohstoffen hat der EU, auch vor dem Hintergrund des Gasstreits zwischen Russland und seinen Nachbarländern, ihre mögliche Erpressbarkeit gezeigt. Zwar gab es in Deutschland bisher keine dramatischen Engpässe, jedoch wird das Land immer stärker von Russland abhängig. In 2007 betrug der Anteil Russlands an den deutschen Importen von Erdgas 43 %, von Rohöl 32 % und bei Steinkohle 18 %. Vgl. Lübke, R. (2006), S. 408, Wodopia, F.-J. (2009a), S. 1 f. und Europäische Kommission (2006), S. 3.

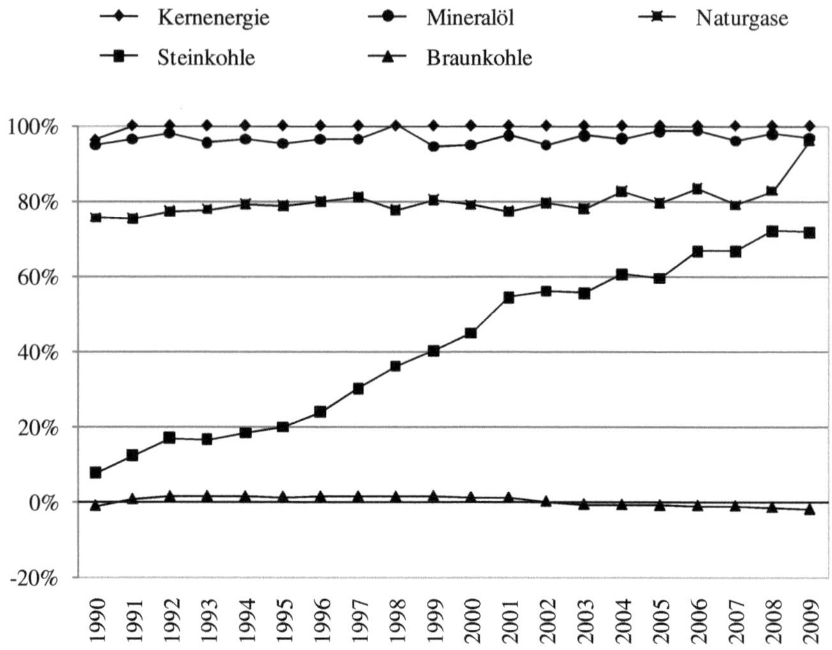

Abbildung 12: Importabhängigkeit Deutschlands bei der Primärenergiegewinnung (1990-2009)[118]

Die Entwicklung des Importpreises frei deutsche Grenze ist Abbildung 13 zu entnehmen. Der vom Bundesamt für Wirtschaft und Ausfuhrkontrolle (BAFA) notierte Durchschnittspreis frei deutsche Grenze repräsentiert das gewichtete Mittel aus allen Lieferungen von Kesselkohle und enthält zudem die Binnentransportkosten von den ARA-Häfen zur deutschen Grenze (Emmerich).[119] In den Jahren 2003 bis 2008 ist ein starker Anstieg in der Preisentwicklung zu erkennen; von Anfang 2007 bis Ende 2008 hatte sich der Preis für die importierte Tonne Kraftwerkskohle von 63 Euro auf fast 120 Euro nahezu verdoppelt. Im Jahr 2009 ist der Einfluss der Wirtschaftskrise auf die Importmengen zu erkennen. Aufgrund der rückläufigen Nachfrage nach Transportkapazitäten ist ein erheblicher Preisrückgang zu ver-

118 Anteile der Einfuhr minus Ausfuhr minus Bunker am Primärenergieverbrauch. Eigene Darstellung, Daten aus BMWi (2010), Tabelle 3.

119 Neben Lieferverträgen mit langfristiger Preisbindung werden zunehmend längerfristige Mengenabsprachen getroffen, die dann zum Spotpreis abgewickelt werden. Im Gegensatz zu den Durchschnittspreisen frei deutsche Grenze ist die an den Weltrohstoffbörsen gehandelte Kohle durch sehr volatile Preise gekennzeichnet. Vgl. Schiffer, H.-W./Kopal, C. (2005), S. 178.

zeichnen.[120] Bis zum Jahr 2008 hatte eine weltweit schnell steigende Nachfrage zu Erhöhungen der Preise geführt, da das **Angebot an Rohstoffen sowie an Transportkapazitäten kurzfristig wenig flexibel** ist.[121]

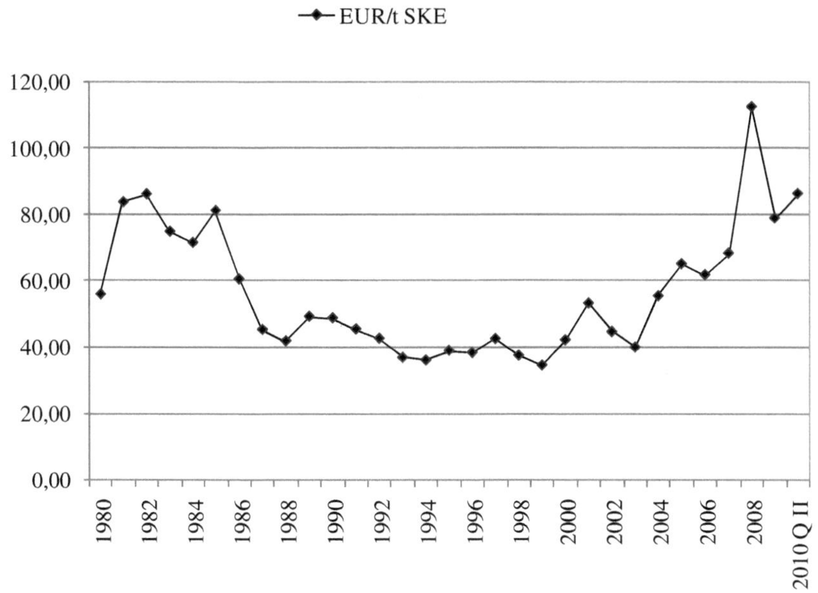

Abbildung 13: Durchschnittliche Drittlandspreise frei deutsche Grenze für Kraftwerkssteinkohle[122]

Im Jahr 2009 deckte die Importkohle mit 40 Mio. t etwa 71 % des deutschen Bedarfs von 56 Mio. t ab. **Maßgebliche Lieferländer für Kraftwerkskohle in Deutschland** zeigt Abbildung 14. Neben **Russland** (18 %) und **Kolumbien** (15 %) sind **Südafrika**, **Australien** und die **USA** (je 14 %) und **Polen** (10 %) wichtige Kohlelieferländer für Deutschland.[123]

---

120 Der deutsche Bergbau hat laut Evonik-Chef Werner Müller Förderkosten (für die Kraftwerkskohle) von 110 Euro. Vgl. Knebel, B. (2008), S. 13.

121 Zudem ist die kapitalintensive Rohstoffproduktion abhängig von den technischen Gegebenheiten im Bergbau.Von der Entdeckung eines Rohstoffvorkommens bis zur Gewinnung können 8 bis 10 Jahre vergehen. Vgl. Thumann, J. R. (2005), S.10 ff.

122 Eigene Darstellung, Daten aus BAFA (2010).

123 Kokskohle wird in Deutschland insbesondere aus Australien, Kanada und den USA importiert.

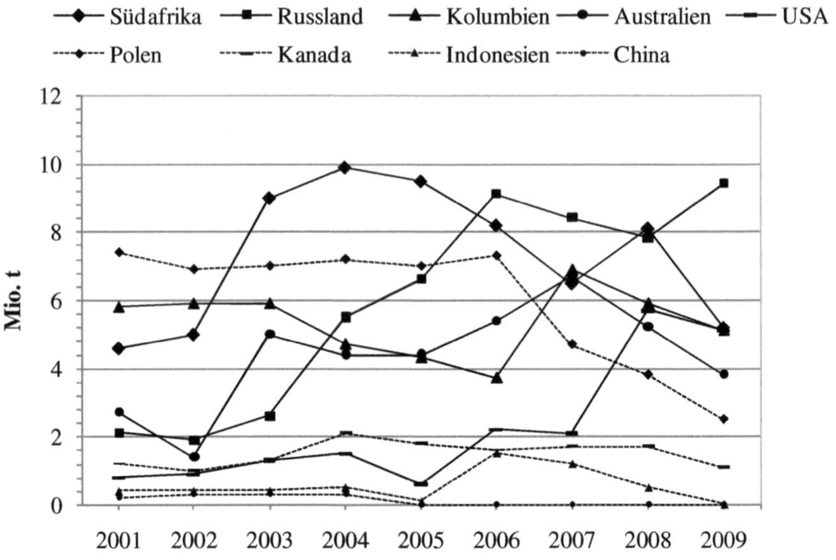

Abbildung 14: Versorgungsrelevante Kohleexportländer für Deutschland (2009)[124]

Für das **zukünftige Supply Chain Design der deutschen Kraftwerkslogistik** ist davon auszugehen, dass das Exportpotenzial **Südafrikas** weiter ansteigen wird.[125] Es wird erwartet, dass sich **Polen** aufgrund von Zechenstilllegungen, der Erschöpfung von Lagerstätten oder unwirtschaftlich zu fördernden Kohlevorkommen vom seewärtigen Export zunehmend zurückziehen wird.[126] Durch den kontinuierlichen Ausbau der Produktionskapazitäten in Kolumbien und einen gleichzeitig geringen Eigenbedarf wird vermutet, dass **Kolumbien** mittelfristig der größte Anbieter von Kesselkohle im atlantischen Raum werden könnte.

In **Russland** wirken sich die langen Transportwege und Unstimmigkeiten zwischen den russischen und baltischen Eisenbahngesellschaften, die zu einer Verknappung von Transportwaggons geführt hat, dämpfend auf eine Exportsteigerung

124 Eigene Darstellung, Daten aus VDKI (2010), S. 102 ff.

125 Schätzungen der Rheinisch-Westfälischen Elektrizitätswerke (RWE) und des Verbands der Kohlenimporteure (VDKI). Vgl. zudem Kopal, C. (2007), S. 27.

126 Durch den EU-Beitritt Tschechiens und Polens müssen dort die Bergbausubventionen zurückgefahren werden. Das wird in diesen Ländern zu einer deutlichen Preissteigerung für Kohle und einem Wechsel der deutschen Kohlenachfrage auf Importkohle aus den Seehäfen führen. Vgl. u.a. VDKI (2007), S. 20 und S. 38 ff., Helfer, M. (2008), S. 34, Kopal, C. (2007), S. 16 und Planco (2006b), S. 16.

über die Nord- und Ostseehäfen aus.[127] **Indonesien** wird trotz eines steigenden Eigenbedarfs seine Exporte weiter ausbauen können.[128] Dieses Land könnte langfristig eine zunehmende Rolle im Kraftwerkskohleimport werden, hier ist jedoch von leicht sinkenden Heizwerten auszugehen, was tendenziell steigende Transportvolumina impliziert.

Die verwertbare Menge der **deutschen** Steinkohle betrug im Jahr 2007 ca. 21 Mio. t.[129] Wegen der rückläufigen deutschen Kohleförderung sowie der Reduzierung des Anteils der Energiegewinnung aus Kernenergie wird der Bedarf an Importkohle in den nächsten Jahren weiter steigen. Zudem rechnet EnBW aufgrund der schlechteren Qualität der Importkohle bis 2025 mit einem Anstieg des Bedarfs um 5 %.[130] **Die Steigerung der in Deutschland benötigten Mengen an Importkohle wird zu einer zusätzlichen Belastung der Verkehrsinfrastrukturen führen.**

2.3.2 Politische Rahmenbedingungen für die deutsche Energiepolitik

Die Energiewirtschaft eines Landes wird durch staatliche Eingriffe direkt oder indirekt beeinflusst. Die deutsche Energiepolitik agiert vor dem Hintergrund des Zielkonflikts einer sicheren, wirtschaftlichen und umweltverträglichen Energieversorgung, welcher durch ein magisches Dreieck dargestellt wird (vgl. Abbildung 15).[131] Magisch ist dieses Dreieck deshalb, weil zwischen den einzelnen Zielen Konflikte bestehen und diese miteinander abgeglichen werden müssen.[132]

Das Ziel der *Umweltverträglichkeit* verlangt einen umweltschonenden Einsatz der verfügbaren Ressourcen. Im Bereich des Klimaschutzes sind wesentliche Punkte die Förderung erneuerbarer Energien und einer umweltfreundlichen Kohletechnologie sowie der CO_2-Emissionshandel.

---

127 Vgl. Kopal, C. (2007), S. 24 f. Der Ausbau der russischen Fernost-Häfen kann jedoch zu einer Steigerung der Exporte führen, die insbesondere für den asiatischen Markt Chancen bieten.

128 Vgl. Ritschel, W./Schiffer, H.-W. (2007), S. 27 ff.

129 Vgl. VDKI (2008), S. 2. Hiervon kamen 17 Mio. t aus den Bergbaubetrieben des Ruhrgebiets und Ibbenbühren, 3,8 Mio. t aus dem Saarland sowie 0,2 Mio. t aus diversen Kleinzechen. (Angaben zu Mengenangaben können voneinander abweichen, je nachdem, ob geförderte oder verwertbare Mengen ausgewiesen werden). Vgl. BMWi (2007), S. 50.

130 Vgl. Planco (2006b), S. 16.

131 Vgl. Schröer, S. (2008), S. 7.

132 Vgl. hierzu z.B. Maichel, G./Drasdo, P. (2004), S. 42 f. oder Schulten, R. (2004), S. 68 f.

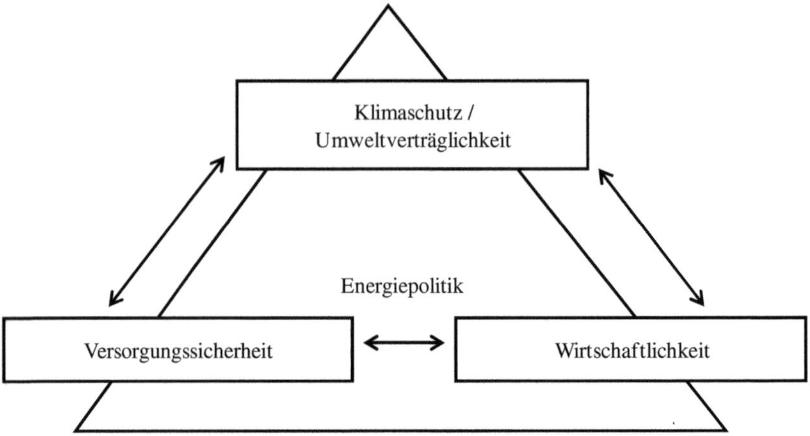

Abbildung 15: Magisches Zieldreieck der Energiepolitik

Wirtschaftlichkeit bezeichnet die Versorgung zu einem angemessenen Preis. Die deutschen Stromerzeuger befinden sich hier in einem Spannungsfeld: Einerseits wirken sich zunehmende staatliche Belastungen der Stromproduktion sowie die weltweit steigende Nachfrage nach Primärenergien negativ auf das Energiepreisniveau in Deutschland aus. Andererseits führt der liberalisierte europäische Elektrizitätsbinnenmarkt zu einem stärkeren Marktdruck.

Versorgungssicherheit bezeichnet eine verlässliche Stromversorgung und beinhaltet eine sichere Verfügbarkeit von Brennstoffen, eine leistungsfähige Netzinfrastruktur und ausreichende Erzeugungskapazitäten.[133] Bei der Verfügbarkeit von Brennstoffen wird jedoch lediglich auf die geopolitische Verfügbarkeit verwiesen. **Die Verkehrsinfrastruktur als ein wesentlicher Faktor für die Versorgungssicherheit der deutschen Kraftwerke findet keine explizite Beachtung.**

Anzumerken ist, dass es bis heute keine einheitliche Definition gibt, mit der die Versorgungssicherheit eines Landes bewertet werden könnte. Wichtige Begriffe der Ressourcenökonomik sind die absolute und relative Knappheit sowie die Zuverlässigkeit der Versorgung:[134]

- Unter der *absoluten Knappheit* wird die potenzielle Erschöpfung eines Rohstoffs verstanden.
- Die *relative Knappheit* bezeichnet vorübergehende Engpasssituationen, bei der ein Rohstoff in ausreichender Menge vorhanden, aber die Nachfrage z.B. aufgrund fehlender Kapazitäten auf der Angebotsseite nicht unmittelbar und in erforderlichem Umfang bedient werden kann.

133 Vgl. Elsässer, R. F. (2006), S. 6 f.

134 Vgl. Frondel, M./Schmidt, C. M. (2008a), S. 8.

- Unter der *Zuverlässigkeit* der Versorgung werden kurzfristig entstehende Lieferunterbrechungen verstanden, „die auf politischen, logistischen oder infrastrukturellen Schwierigkeiten“[135] beruhen.

Zur Messung der relativen Knappheit und der Zuverlässigkeit der Versorgung haben Frondel und Schmidt ein **Konzept zur Messung der Versorgungssicherheit** erstellt. Dieses berücksichtigt die Diversifikation des internationalen Rohstoffbezugs eines Landes mittels des Konzentrationsmaßes des Herfindahlindexes[136], die wirtschaftliche und politische Stabilität der Bezugsländer unter Beachtung der Hermesklassifizierung[137] sowie den Anteil der heimischen Produktion.[138] **Auf logistische und infrastrukturelle Restriktionen wird nicht eingegangen, obwohl die Verkehrsinfrastrukturen Deutschlands Engpässe aufweisen.** In anderen Quellen wird die Versorgungssicherheit in physische, geopolitische und ökonomische Aspekte untergliedert; auch hier finden die Verkehrswege und -mittel keine tiefer gehende Beachtung.[139] **Daher wird in den in dieser Arbeit entwickelten Modellen auf die Verkehrsinfrastrukturen als wesentlicher Faktor bei der Gestaltung eines Supply Chain Designs für die Kraftwerkslogistik eingegangen.**

Politisch gewollte strukturelle Veränderungen im deutschen Elektrizitätssektor führen dazu, dass der Ausgleich zwischen den Zielen Wirtschaftlichkeit, Sicherheit und Umweltverträglichkeit der Stromerzeugung immer schwieriger wird.[140] Investitions- und Betriebsentscheidungen von Energieversorgungsunternehmen werden in hohem Grade politisch beeinflusst. Im Folgenden werden politisch relevante Rahmenbedingungen kurz erläutert.

---

135 Frondel, M./Schmidt, C. M. (2008a), S. 8.

136 Der Herfindahlindex ergibt sich aus der Summe der Anteile sj der Bezugsländer j an der gesamten importierten Rohstoffmenge. ($H = (s_1)^2 + (s_2)^2 + ... + (s_n)^2$). Der mögliche Wertebereich reicht von 0 bis 1.

137 Die Hermesklassifizierung wird von der „Euler Hermes Kreditversicherungs-AG“ veröffentlicht; auf einer Skala von 1 bis 7 werden stabile Länder (1) und instabile Länder (7) bewertet.

138 So ist das steigende Versorgungsrisiko bei der Steinkohle insbesondere auf die Importe aus Russland (Hermeskategorie 4) zurückzuführen. Vgl. Frondel, M./Schmidt, C. M. (2008a), S. 8 ff. Für die ausführliche Beschreibung des mathematischen Modells vgl. Frondel, M./ Schmidt, C. M. (2008b).

139 Vgl. z.B. Freischlad, H. et al. (2008), S. 16 f. oder Strecker, E. (2007), S. 49.

140 Vgl. EWI/Prognos (2005), S. 5.

Beendigung der deutschen Steinkohleförderung

Die Subventionen der Steinkohleförderung in Deutschland werden zum Ende des Jahres 2018, vorbehaltlich einer Überprüfung der Beschlüsse durch die deutsche Bundesregierung im Jahr 2012, beendet.[141] Sicher ist, dass die Förderung deutscher Kohle bis zum Jahr 2012 auf 12 Mio. t. reduziert wird. **Dieser Rückgang wird zu einer entsprechenden Erhöhung der Nachfrage nach Importkohle führen. Das BMWi ist der Auffassung, dass der Versorgungsbeitrag der deutschen Steinkohle problemlos durch Importe ersetzt werden kann.**[142] **Diese Aussage wird jedoch nicht belegt; ein entsprechendes Modell für die Untermauerung dieser Annahme wird nicht erwähnt. Mit dem in dieser Arbeit entwickelten Makromodell konnte diese These widerlegt werden.**

Anfang 2010 gab es noch sechs Steinkohlebergwerke in Deutschland. Neben vier Bergwerken im Ruhrgebiet liegt noch ein Bergwerk bei Osnabrück und eines im Saarland (vgl. Tabelle 2 und Abbildung 16). Angaben zu den geplanten Terminen der Schließung der einzelnen Bergwerke variieren je nach Quelle. Für den Zeitraum 2013 bis 2018 wurden offiziell noch keine Stilllegungstermine festgelegt; **spätestens 2018 ist jedoch mit der endgültigen Beendigung der deutschen Steinkohleförderung zu rechnen.**[143] **Somit sind in den Jahren 2012 und 2018 sprunghafte Anstiege an erforderlichen Verkehrsinfrastrukturen sowie benötigten Verkehrsmittelkapazitäten absehbar.**

Tabelle 2: Deutsche Steinkohlebergwerke und ihre Stilllegungstermine[144]

Nr.	Standort	Region	Schließung	Bemerkung
1	Bergwerk Ost	Ruhrgebiet	30.09.2010	
2	Saar	Saarland	01.07.2012	Vorzeitige Teilstilllegung in 2008 wg. eines Bergbaubebens
3	West	Ruhrgebiet	31.12.2012	
4	Auguste Victoria	Ruhrgebiet	2016?	Entscheidung 2012
5	Prosper-Haniel	Ruhrgebiet	2018?	Entscheidung 2012
6	Ibbenbühren	Osnabrück	2018?	Entscheidung 2012

141 Vgl. BMJ/juris (2007). Bis Ende Juni 2012 soll die Bundesregierung dem Bundestag einen Bericht über die Wirtschaftlichkeit, die Sicherung der Energieversorgung und der anderen energiepolitischen Ziele zuleiten, auf dessen Grundlage überprüft werden soll, ob der Steinkohlebergbau weiter gefördert werden soll.

142 Vgl. BMWi (2008).

143 Vgl. GVSt (2008), S. 21.

144 Eigene Darstellung, Daten aus GVSt (2008), S. 5 und 18 ff. sowie für die voraussichtlichen Schließungen ab 2012 Lamprecht, P. (2008).

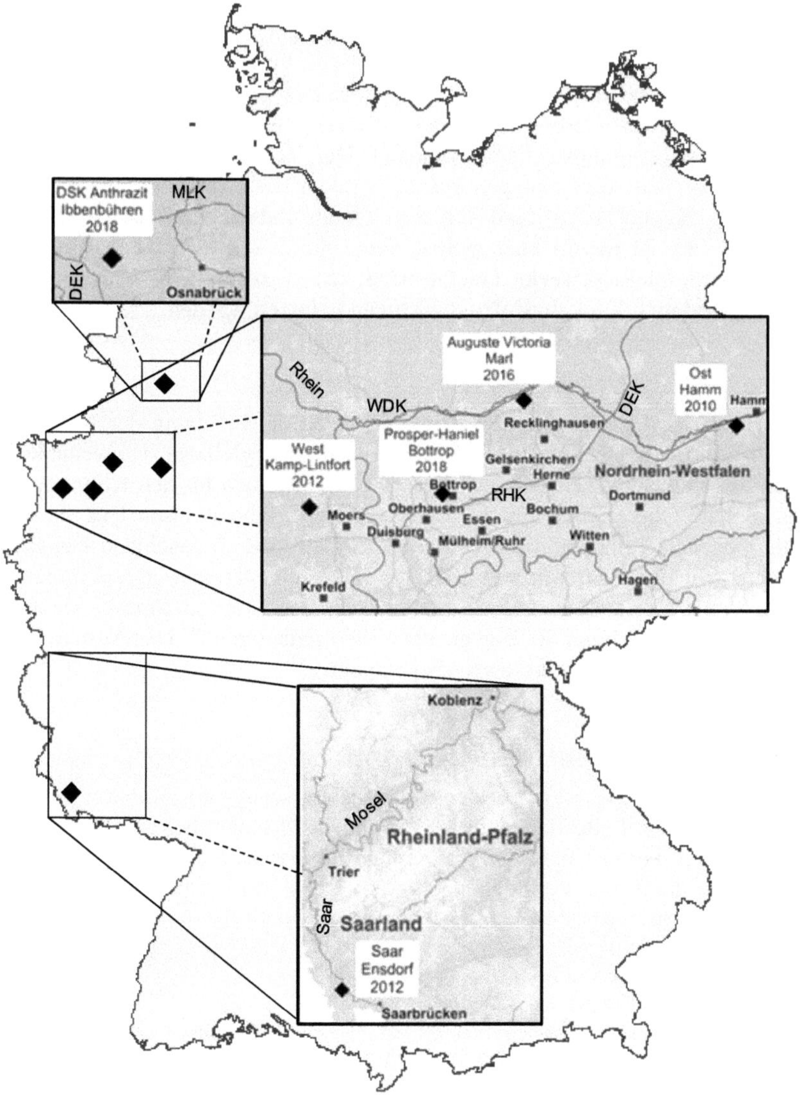

Abbildung 16: Deutsche Steinkohlebergwerke und ihre Stilllegungstermine[145]

145 Eigene Darstellung in Anlehnung an Lübke, R. (2006), S. 407.

Ausstieg aus der Stromerzeugung aus Kernenergie

Die Stromerzeugung aus Kernenergie ist gemäß dem „Gesetz zur geordneten Beendigung der Kernenergienutzung zur gewerblichen Erzeugung von Elektrizität" vom 22. April 2002 beschränkt.[146] Dieser so genannte „Atomkonsens" beinhaltet ein gesetzliches Neubauverbot für Kernkraftwerke; für bereits bestehende Anlagen wurden Resterzeugungsmengen festgelegt. Der Verzicht auf die Kernenergie als Energieträger hat Auswirkungen auf die Struktur des Kraftwerkparks in Deutschland (vgl. Kapitel 2.3.3) und führt zu einem Zubaubedarf an Grundlastkraftwerken.[147] **Es ist davon auszugehen, dass ein Teil dieser Kapazitäten durch neue Steinkohlekraftwerke ersetzt wird, deren zusätzliche Transportströme die vorhandenen Verkehrsinfrastrukturen belasten werden.**

Verbesserter Klima- und Umweltschutz (Kyoto-Protokoll)

Das Hauptziel der europäischen Klimapolitik ist die Erfüllung der Vorgaben des Kyoto-Protokolls, welches als das wichtigste der globalen Umweltabkommen gilt.[148] Es beinhaltet verbindliche Ziele und Maßnahmen für den Klimaschutz und legt globale Obergrenzen für die Emission von Treibhausgasen fest, die für den anthropogenen Temperaturanstieg verantwortlich sind. Deutschland hat sich verpflichtet, für den Zeitraum von 2008 bis 2012 seine Treibhausgasemissionen um 21 % gegenüber dem Niveau von 1990 zu reduzieren. Bis 2020 muss Deutschland seine Treibhausgase um 40 % gegenüber 1990 reduzieren.[149] Der Ausbau des Sektors der Kohleenergie läuft diesem Ziel entgegen.[150]

Zertifikatehandel (Handel mit Emissionsrechten)

Der Emissionshandel ist eines der wesentlichen im Kyoto-Protokoll verankerten Übereinkommen. Leitgedanke dieses Instruments der marktwirtschaftlichen Steuerung ist die kosteneffiziente Vermeidung klimaschädlicher Treibhausgasemissionen, die durch die Verbrennung fossiler Rohstoffe entstehen. Der Anreiz zur Reduzierung der ausgestoßenen Treibhausgase besteht für die Unternehmen darin,

146 Vgl. Bundestag (2002) und BfS (2008).

147 Es ist zu vermuten, dass neue Steinkohlekraftwerke zur Grundlastdeckung genutzt werden. Vgl. Prognos (2006), S. 8 und BMWA (2003), S. 13. Eine Vielzahl an Studien beschäftigt sich mit möglichen Szenarien der deutschen Energieversorgung nach der Stilllegung der heimischen Atomkraftwerke. Vgl. z.B. Kriedel, N./Schröer, S. (2008), S. 50 ff., Loreck, C. (2008), Bräuninger, M./Kiedel, N./Schröer, S. (2007) und Enzensberger, N./Fichtner, W./ Rentz, O. (2004), S. 66 ff.

148 Vgl. BMWA (2003), S. 10, Auswärtiges Amt (2006) sowie BMWi/BMU (2006), S. 38 ff.

149 Vgl. Strecker, E. (2007), S. 60 f.

150 Kohle ist der fossile Energierohstoff mit den höchsten spezifischen CO2-Emissionen. Vgl. Ernst, S. (2008).

die Kosten für die Zertifikate einzusparen und in energieeffizientere Produktionsverfahren zu investieren.[151]

Durch die Errichtung von Kraftwerken, die anstatt Steinkohle auch Biomasse verfeuern, könnten sich Einsparungen aufgrund vermiedener CO_2-Emissionen durch die Verbrennung fossiler Rohstoffe ergeben. Neben technischen Problemen bei der Verbrennung von Biomasse stellt hier insbesondere die Bereitstellung der Biomasse (Lagerung und Transport) eine große logistische Herausforderung dar.[152] Ein geringerer Heizwert und die geringere Schüttdichte von Biomassen führen zu **größeren erforderlichen Volumenströmen, die die Verkehrsinfrastrukturen erheblich belasten.**[153]

Energieforschung zu Carbon Capture and Storage-Technologien (CCS)

Eine Möglichkeit der Emissionsreduzierung stellen Technologien zur Reduzierung und Speicherung von CO_2-Emissionen (Carbon Dioxide Capture and Storage-Technologien, CCS) dar, durch deren Einsatz zukünftig eine Abscheidung und Speicherung von CO_2 möglich sein soll.[154] Diese befinden sich in der Entwicklungsphase; ein wirtschaftlicher Einsatz und die längerfristige internationale Wettbewerbsfähigkeit ist noch nicht absehbar.

Zwar plant die Bundesregierung, die CO_2-Speicherung zu einem Schwerpunkt ihrer künftigen Energieforschung machen, derzeit gibt es aber weder auf nationaler noch auf internationaler Ebene einen Rechtsrahmen und somit eine belastbare Planungsgrundlage für Kraftwerksbetreiber bezüglich CCS.

Energiepolitisch besteht bei der CCS-Technologie ein Zielkonflikt zwischen der CO_2-Reduzierung einerseits und einer zusätzlichen Kostenbelastung und abnehmender Wettbewerbsfähigkeit der Kohlekraftwerke andererseits.[155] Aufgrund des Wirkungsgradverlustes führt CCS zudem zu einem verstärkten Verbrauch von Kohle, welches den Zielen der Ressourcenschonung und Versorgungssicherung entgegensteht. **Wenn für eine gleich bleibende Menge an produziertem Strom bis zu 40 % mehr Kohle benötigt wird, heißt dies für ein zu planendes Supply**

---

151 Vgl. Fichtner, W. (2005) und (2007), S. 149 ff., Fichtner, W./Rentz, O. (2004), S. 203 ff., Pehnt, M. et al. (2007) oder Seefeldt, F./Wünsch, M./Schlesinger, M. (2007a) und (2007b).

152 Vgl. z.B. Freischlad, H. et al. (2008) und Kaltschmitt, M./Thrän, D. (2006), S. 247 ff. Für eine Reduzierung der Brandlast der leicht entzündlichen Biomasse und wegen des großen Flächenbedarfs ist in der Regel eine dezentrale Lagerung bei den Erzeugern erforderlich, so dass die Versorgung eines Kraftwerks aus mehr als einem Lager zu erfolgen hat.

153 So ist der erforderliche Volumenstrom bei Stroh etwa 10- bis 15-mal höher als für Steinkohle. Vgl. Hein, K. R. G. et al. (1996).

154 Hinsichtlich der CCS-Technologie sind drei Technologieschritte zu unterscheiden: die Abtrennung des CO_2 aus dem Abgasstrom bzw. die entsprechende Aufbereitung der Brennstoffe; der Abtransport des CO_2; die Ablagerung des CO_2 und der Nachbetrieb der Ablagerungsanlage. Vgl. hierzu ausführlich Freischlad, H. et. al. (2008), S. 42 ff.

155 Anzumerken ist, dass auch die Abscheidung von CO_2 keine CO_2-freie Technik ist, da ein Teil des Kohlendioxids weiterhin emittiert wird.

Chain Design, dass diese Mengen zusätzlich über die vorhandenen Verkehrsinfrastrukturen transportiert werden müssen.[156]

Ausbau der erneuerbaren Energien (Emissionsreduzierung)

Inhalt des Gesetzes für den Vorrang erneuerbarer Energien (Erneuerbare-Energien-Gesetz, EEG) ist die Förderung der Erzeugung von Strom aus erneuerbaren Energien wie z.B. Wasserkraft, Biomasse, Wind- und Solarenergie.[157] Grundidee ist, neu installierte Anlagen über einen festgelegten Zeitraum durch Vergütungssätze für den erzeugten Strom zu fördern, die sich an den Erzeugungskosten orientieren und einen wirtschaftlichen Betrieb der Anlagen ermöglichen sollen. Leistungsschwankungen der mit Vorrangrecht einspeisenden regenerativen Anlagen sind durch konventionelle Kraftwerke und entsprechende Kapazitätsreserven auszugleichen.[158] Dieses Gesetz hat zur Folge, dass erneuerbare Energien im Verhältnis zur Kohle relativ preisgünstiger werden.

2.3.3 Kraftwerksprojekte in Deutschland

Die Struktur des deutschen Kraftwerksparks wird sich in den kommenden Jahren grundlegend verändern. Die installierte Gesamtkapazität deutscher Kraftwerke betrug im Jahr 2008 etwa 147.000 MW, wobei Steinkohle mit 19 % den größten Anteil hatte.[159] Die Struktur der Stromerzeugung unterscheidet sich von der Kapazitätsstruktur, da die Kraftwerkstypen unterschiedlich ausgelastet werden. Grundlastkraftwerke, wie Atom- und Braunkohlekraftwerke, erzeugen bei gleicher installierter Kapazität mehr Strom als Mittel- und Spitzenlastkraftwerke.[160] Mittel- bis langfristig besteht in Deutschland ein erheblicher Investitions- und Modernisierungsbedarf. Bis 2030 muss mehr als die Hälfte der bestehenden Kraftwerkskapazität ersetzt werden, hiervon ein großer Teil schon bis 2020.[161] Das Büro für Energiewirtschaft und Technische Planung (BET) geht in einer Studie für das Jahr 2015 davon aus, dass die installierte Kapazität in konventionellen Kraftwerken

156 Zu den Wirkungsgradverlusten vgl. Schappei, A. (2008).

157 Zielsetzung des EEG 2009 ist, den Anteil erneuerbarer Energien an der Stromproduktion bis 2020 auf 25 % bis 30 % zu erhöhen.

158 Vgl. BMWA (2003), S. 13.

159 Vgl. Nickel, M. (2009), S. 6.

160 Steinkohlekraftwerke, Gas-und-Dampf-Kraftwerke sowie konventionelle Gas- und Ölkraftwerke können sowohl als Grundlast- als auch als Mittellastkraftwerke betrieben werden; in der Spitzenlast kommen schnellstartbare Gasturbinen und Pumpspeicherwerke zum Einsatz.

161 Ein großer Teil der fossilen Kraftwerke ist älter als 25 Jahre, einige sind älter als 50 Jahre. Vgl. BMWi/BMU (2006), S. 49 ff. sowie S. VIII ff.

(Kohle, Gas, Biomasse und Pumpspeicher) insbesondere durch den Neubau von Steinkohlekraftwerken zunehmen wird.[162]

Mehr als zwei Drittel der projektierten Kraftwerke der deutschen Energiewirtschaft sind Kohlekraftwerke.[163] In Abbildung 17 sind ausgewählte geplante Braun- und Steinkohlekraftwerke dargestellt.[164]

---

162 Vgl. BET (2006). Zitiert nach Prognos (2006), S. 7.

163 Vgl. Wodopia, F.-J. (2006), S. 33 ff.

164 Seitens des BMWi gibt es keine allgemeingültige Übersicht über bestehende und projektierte Kraftwerke in Deutschland, da nach eigenen Angaben seit der Liberalisierung des Marktes bei leitungsgebundenen Energien im Jahr 1998 keine eigenen Erhebungen zum Kraftwerksbestand in Deutschland mehr durchführt werden. (Anfrage beim BMWi am 28.07.2008.) Neben kostenpflichtigen Kraftwerksdatenbanken (z.B. Weltweite Datenbank: UDI World Electric Power Plants Database (WEPP)) ist auch eine umfassende Beschreibung sämtlicher fossiler Kraftwerke in Meller, E. et al. (2008), S. 392 ff. enthalten.

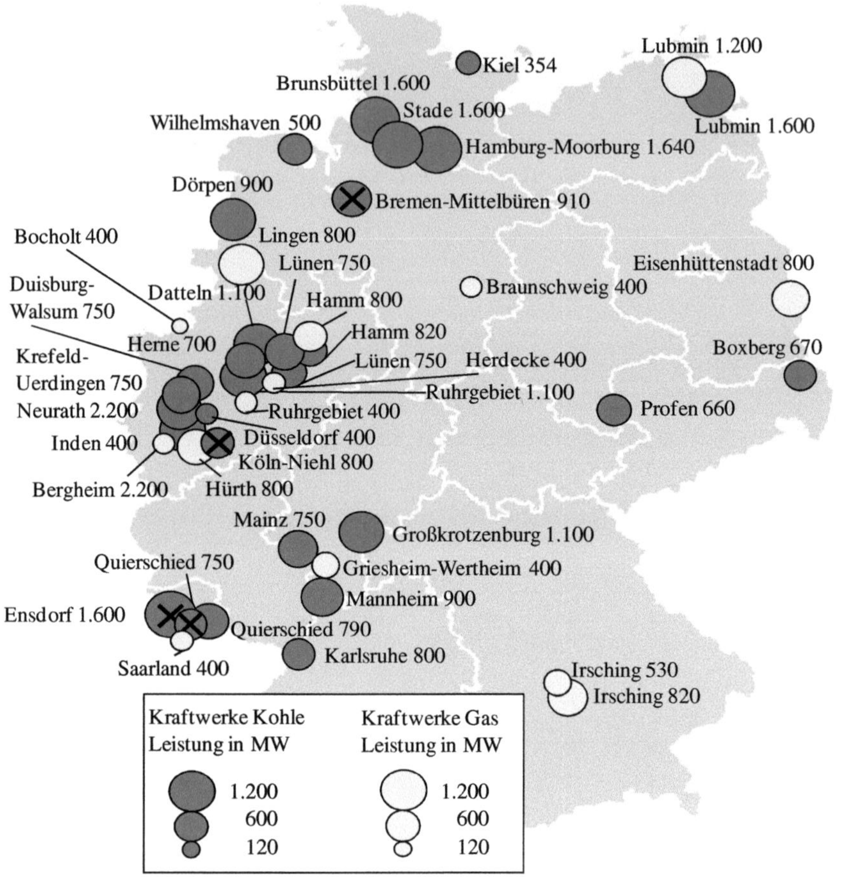

Abbildung 17: Kraftwerksprojekte in Deutschland[165]

Ein Vergleich der geplanten Inbetriebnahmetermine neuer Kraftwerke von 2004 bis 2012 zeigt, dass bis zum Jahr 2008 hauptsächlich Gaskraftwerke neu errichtet wurden (vgl. Abbildung 18). Der Trend weist zukünftig jedoch in Richtung Kohle, wobei die Zahl der Steinkohlekraftwerke die Zahl der Braunkohlekraftwerke klar dominiert. Dies ist einerseits auf einen hohen Ersatzbedarf im Bereich der bestehenden Steinkohlekraftwerke, die sich größtenteils in der zweiten Hälfte der Nutzungsdauer befinden, und andererseits auf Veränderungen am Gasmarkt, die einen wirtschaftlichen und preisstabilen Betrieb großer Gaskraftwerke erschweren, zurückzuführen.[166]

165 Stand Ende 2007. Freischlad, H. et al. (2008), S. 14.

166 Vgl. Freischlad, H. et al. (2008), S. 15.

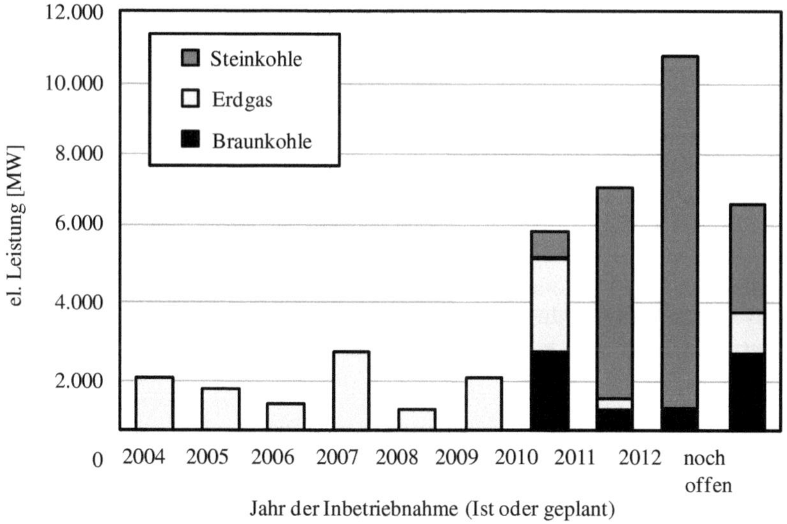

Abbildung 18: Inbetriebnahme von neuen Kraftwerken >200 MW in Deutschland (2004-2012)[167]

Der Kraftwerksbau und erforderliche Modernisierungen verzögern sich jedoch häufig. Neben einer fehlenden Akzeptanz in der Öffentlichkeit und lang andauernden Genehmigungsverfahren liegen Hemmnisse in Planungsunsicherheiten, die sich aus der Klima- und Energiepolitik und geplanter Verkehrsinfrastrukturmaßnahmen des Staates ergeben.[168] **Aufgrund der Unsicherheiten über die künftigen Rahmenbedingungen des Emissionshandels sowie weiterer Regulierungen zögern Energieversorgungsunternehmen ihre Investitionsentscheidungen hinaus, um sich vor Fehlinvestitionen abzusichern.**[169] Eine verschärfte Klimapolitik könnte zu hohen CO_2-Preisen oder zu ordnungsrechtlichen Vorschriften zum Einbau bzw. der Nachrüstung von CCS-Technologien führen, welche Investitionsentscheidungen und den wirtschaftlichen Betrieb von Kohlekraftwerken beeinflussen.[170] Es könnte zu Außerbetriebnahmen von Kraftwerken kommen, wenn die Wirtschaft-

167 Ist bis 2007 und Planungen, Freischlad, H. et al. (2008), S. 15.

168 So wurden in den letzten Jahren diverse Kraftwerksprojekte aufgegeben oder verschoben. Vgl. Suntum, U. van et al. (2008), S. 23 ff.

169 Vgl. Schulten, R., S. 72, Brunekreeft, G./Twelemann, S. (2004), S. 164, dena (2008), S.1. Zur Komplexität der Investitions- und (langfristigen) Produktionsplanung unter Unsicherheiten vgl. ausführlich Fichtner, W./Göbelt, M./Rentz, O. (2002), S. 181 ff.

170 Überlegungen sahen vor, schon ab 2020 Neuanlagen nur noch mit CCS zuzulassen und zuvor geplante Anlagen nur dann zu genehmigen, wenn sie mit CCS nachgerüstet werden können (sog. "Capture-Readiness"); vgl. GVSt (2007). Derzeit gibt es jedoch noch keine verbindlich vorgeschriebene Zertifizierung.

lichkeit des Betriebs mit einer Nachrüstung nicht mehr gegeben ist.[171] Eine Neuerrichtung einer Anlage mit CCS-Technologie wird zu deutlich geringeren Mehrkosten führen als die Nachrüstung eines bestehenden Kraftwerks.[172] Jedoch stellt diese Technologie derzeit noch keine Lösung dar; Experten rechnen frühestens um 2020 mit einer kommerziellen Verfügbarkeit.[173] Bei einer durchschnittlichen Laufzeit eines Steinkohlekraftwerks in Deutschland von 45 Jahren sind die zukünftig möglichen gesetzlichen Bestimmungen allerdings schon heute von Bedeutung.[174]

Zusammenfassend zeigt sich, dass für Deutschland in naher Zukunft ein steigender Bedarf an Steinkohlekraftwerken absehbar ist. In der Praxis zeigt sich aber, dass es bei den Kraftwerksplanungen z.T. zu erheblichen Verzögerungen in der Realisierung der Projekte kommt. **Umso wichtiger ist die frühzeitige Planung eines Supply Chain Designs, damit mögliche Engpässe in den Verkehrsinfrastrukturen berücksichtigt bzw. rechtzeitig behoben werden können.**

2.4 Makrologistische Verkehrssysteme zur Ver- und Entsorgung

Für die Ver- und Entsorgung von Kohlekraftwerken ist die Verkehrsinfrastruktur von herausragender Bedeutung. Sie umfasst „die Gesamtheit aller ortsfesten Anlagen, die der Beförderung von Gütern und/oder Personen dienen."[175] Die durch die Verknüpfung von Verkehrswegen und Knotenpunkten entstehenden Verkehrsnetze gleicher oder unterschiedlicher Technik ermöglichen den räumlichen Güteraustausch und bilden die Basis für die Entwicklung eines geeigneten Supply Chain Designs. **Mit dem Begriff der logistischen Infrastruktur soll nach Pfohl das Netz eines Wirtschaftsraums im materiellen Sinne verstanden werden.**[176] Sie bestimmt sowohl die **raumzeitliche Erreichbarkeit von Standorten als auch die Zuverlässigkeit der Transporte**. „Dabei spielt die zur Verfügung stehende Kapazität der Verkehrsinfrastruktur die entscheidende Rolle."[177] **Der Produktions-**

171 Eine Nachrüstung mit CO_2-Abscheidungs- und -Speicherungstechnologien führt zu zusätzlichen Investitions-, Betriebs-, Instandhaltungs- und Brennstoffkosten. Diese ergeben sich aus einer Verringerung des Wirkungsgrads, zusätzlichen Energiebedarfen im Abscheidungsprozess und Ausfallzeiten des Kraftwerksbetriebs während der Nachrüstung.

172 Vgl. Freischlad, H. et al. (2008), S. 15.

173 Vgl. EurActiv (2008).

174 Vgl. dena (2008), S. 3, Fichtner, W./Pforte, R. (2008a), S. 18 f. sowie Kohler, S. (2008). Eine durchschnittliche Laufzeit von 45 Jahren entspricht dem Durchschnittswert aus der Praxis. Dieser liegt z.T. höher als die angegebenen technischen Lebensdauern der Kraftwerke. Prognos geht von einer Betriebsdauer eines Steinkohlekraftwerkes von 40 Jahren aus. Vgl. Prognos (2006), S. 17.

175 Ihde, G. B. (2001), S. 111.

176 Vgl. Pfohl, H.-C. (2004), S. 345.

177 Ihde, G. B. (2001), S. 112.

faktor Verkehrsinfrastruktur ist ein limitationaler Einsatzfaktor, der nicht (oder nur sehr begrenzt) durch andere Produktionsfaktoren substituiert werden kann. Dies ist im Falle der Ver- und Entsorgung von Steinkohlekraftwerken evident. Hinreichende Kapazitäten sind hier eine conditio sine qua non für den Kraftwerksbetrieb. „Wegen des eingeleiteten schrittweisen Ausstiegs aus der deutschen Steinkohleförderung kommt *der Transportinfrastruktur für importierte Kohle* besondere Bedeutung zu, sofern nicht unmittelbar an Küstenstandorten neue Kraftwerke errichtet werden."[178]

Der Umfang der Verkehrsinfrastrukturausstattung einer Region kann durch Ausstattungsindizes der verkehrlichen Erschließung dargestellt werden.[179] Ausstattungs- und Dichtekoeffizienten [km/km^2] oder das Verhältnis von effektiver Entfernung zur Luftlinienentfernung zwischen ausgewählten Orten sagen jedoch nichts über die tatsächliche Aus- bzw. Überlastung der Verkehrswege aus. Sie sind für die **Bewertung zur Verfügung stehender freier Kapazitäten** nur wenig hilfreich. **Gerade diese sind aber bei der Planung des Supply Chain Designs der Kraftwerkslogistik aufgrund begrenzter Substitutionsmöglichkeiten durch alternative Verkehrsträger von großer Bedeutung,** da eine **konkurrierende Nutzung** durch eine Vielzahl von Akteuren zu einer übermäßigen Nachfrage führen kann.

Nach Aberle setzen sich Verkehrssysteme, respektive Verkehrsträger, aus der Verkehrsinfrastruktur (z.B. Binnenwasserstraßen, Schienen, Straßen) und aus den Verkehrsmitteln (z.B. Binnenschiffen, Eisenbahnen, Lkw) zusammen.[180] Zur Produktion von Transportleistungen müssen beide Faktoren gemeinsam in ausreichender Kapazität verfügbar sein.[181] Das für das Supply Chain Design für Kraftwerke relevante Verkehrssystem besteht aus der Seeschifffahrt und der Binnenschifffahrt sowie dem Eisenbahn- und dem Straßenverkehr. **Diese makrologistischen Systeme bilden den elementaren Produktionsfaktor für Verkehrsleistungen und bestimmen durch ihre natürlichen, technischen und ökonomischen Merkmale wesentlich den Charakter eines Logistiksystems.** Die Verknüpfung mehrerer Verkehrssysteme zu einer intramodalen oder einer intermodalen Transportkette setzt die infrastrukturelle Verknotung von Verkehrswegen voraus. Über die Knotenpunkte wie Bahnhöfe, See- und Binnenhäfen erfolgt die Vernetzung der beteiligten Verkehrsmittel.

Für die Gestaltung eines Supply Chain Designs für die Kraftwerksver- und -entsorgung ist es unabdingbar, die Einflussfaktoren, Restriktionen und Eigenschaften der einzelnen Verkehrsträger zu kennen, um ein zulässiges System zu erstellen und sein Verhalten in einer Simulation realitätsgetreu abbilden zu können. Eine Beachtung lediglich einzelner Teilaspekte zulasten weiterer relevanter Faktoren kann zu einem Supply Chain Design führen, welches

---

178 Suntum, U. van et al. (2008), S. 45.

179 Vgl. Ihde, G. B. (2001), S. 113.

180 Vgl. Aberle, G. (2003), S. 18 f.

181 Vgl. Halsband, E./Hofmann, E. (2008), S. 380.

in der Realität nicht umsetzbar ist. Aus diesem Grund wird in den folgenden Kapiteln ausführlich auf die Eigenschaften der Verkehrssysteme eingegangen. Sämtliche Aspekte sind bei der Entwicklung eines Logistiksystems für Kohlekraftweke zu berücksichtigen.

2.4.1 Formulierung der Transportaufgabe

Ein Transport hat die Veränderung des „örtlichen Daseins“ von Transportobjekten zum Ziel. Hierbei kann es sich um einzelne Güter, Güterströme oder das Transportaufkommen in einem Wirtschaftsgebiet handeln. Die allgemeine Formulierung der Transportaufgabe lautet:[182] In m Ausgangsorten (Quellen) A_1, A_2, ..., A_m befinden sich die Güterversandmengen a_1, a_2, ..., a_m, die zu n Empfangsorten (Senken) E_1, E_2, ..., E_n mit den Güterempfangsmengen e_1, e_2, ..., e_n zu transportieren sind. Bei einem geschlossenen System ist die Summe der Versandmengen der Quellen A_i für die Senken E_j gleich der Summe der Empfangsmengen aus den Quellen A_i zu den Senken E_j:

$$\sum_{i=1}^{m} a_i = \sum_{j=1}^{n} e_j$$

Auf die Versorgung deutscher Kraftwerke übertragen entsprechen die Quellen je nach Festlegung der Systemgrenzen den Bergwerken oder den Seehäfen der Kohleexportländer oder einer Gruppe von Seehäfen, von denen Kohlelieferungen auf eine festgelegte Anzahl von Steinkohlekraftwerken aufzuteilen sind. Bei der Entsorgungslogistik stellen die Kraftwerke die Quellen dar; die Senken sind dann die Abnehmer der Entsorgungsprodukte. Aufgabe ist es, eine Lösung zu finden, so dass alle Gütermengen in zulässiger oder optimaler Weise transportiert werden. Hierbei sind nach Schönknecht Umstände, Forderungen und Nebenwirkungen zu beachten, **auf begrenzte Kapazitäten in den Infrastrukturen wird in seinem Modell nicht explizit eingegangen.**

Umstände sind, bezogen auf die Kraftwerkslogistik, die Transportbedingungen sowie die bestehenden und verfügbaren Transportsysteme. Zu den *Transportbedingungen* zählen die Umweltbedingungen, unter denen ein Transportprozess realisiert wird (natürliche, technische und organisatorische Restriktionen) sowie gesellschaftliche Bedingungen, denen dieser Prozess unterliegt (politische, ökonomische, soziale Restriktionen). *Bestehende und verfügbare Transportsysteme* sind nach ihren charakteristischen Merkmalen und ihrer Eignung sowie den Bedingungen durch die Infrastruktur zu untersuchen. Für jede konkrete Transportaufgabe sind nach Schönknecht diese Umstände speziell zu untersuchen und hinsichtlich ihrer Relevanz auszuwerten.

182 Vgl. Schönknecht, R. (1985), S. 22 ff.

Forderungen bezeichnen die **Kriterien, die in die Modellierung eingehen**. Allgemeine Forderungen, die für jeden Transportprozess gleichermaßen zutreffen, verlangen z.B. die Beachtung rechtlicher und sicherheitstechnischer Bestimmungen und die Einhaltung von Restriktionen. Spezielle Forderungen sind die für jede Transportaufgabe gesondert zu formulierenden Kriterien für die Lösungsfindung. Dies können in der Kraftwerkslogistik zu minimierende Kriterien (Wartezeiten, Transportkosten) oder zu maximierende Kriterien (Auslastung der Kaje) sein.

Unter **Nebenwirkungen** werden „alle Erscheinungen, die im Verlaufe der Erfüllung der Transportaufgabe zusätzlich und nicht ursächlich beabsichtigt auftreten" verstanden.[183] Dies können z.B. externe Effekte sein, die durch die Transporte entstehen.

Unter Beachtung dieser Aspekte ist die transporttechnologische Aufgabe zu lösen.

In den folgenden Kapiteln wird ausführlich auf die Umstände, Forderungen und Nebenwirkungen, die bei dem Einsatz der Verkehrsmittel Seeschiff, Binnenschiff, Güterzug und LKW zu berücksichtigen sind, eingegangen. Diese Kenntnisse sind bei der Modellierung eines Supply Chain Designs für die Kraftwerkslogistik unabdingbar, da eine Vielzahl dieser Restriktionen einen erheblichen Einfluss auf die Logistikplanung hat. **Genau hier besteht der Schwachpunkt existierender Modelle, die sich nur auf ausgewählte Aspekte beziehen und unter Berücksichtigung lediglich einiger weniger Restriktionen eine Optimierung eines Logistiksystems anstreben.** Dieses Vorgehen ist aber für die Kraftwerksplanung nicht hinreichend, wenn wesentliche Einflussfaktoren ignoriert oder wegdefiniert werden. Aus diesem Grund werden die für die Ver- und Entsorgung eines Kraftwerks einsetzbaren Verkehrsträger unter besonderer Beachtung ihrer technischen, grenzüberschreitenden, organisatorischen Bedingungen dargestellt. Neben einer Beschreibung der Leistungs- und Kostenfaktoren wird insbesondere auf Engpässe eingegangen, die angedachte Logistikstrategien negativ beeinflussen können.

2.4.2 Seeverkehr

2.4.2.1 Seeschifffahrt

Die Seeschifffahrt ist, gemessen an den beförderten Mengen, die wichtigste Transportart im internationalen Handel.[184] Sie ist kostengünstig und geeignet für Massengüter, gefährliche Güter und große Transportvolumina. Für den Kohletransport aus Übersee ist sie unverzichtbar. Mit dem offenen Meer und seinen Schifffahrts-

---

183 Schönknecht, R. (1985), S. 24. Nebenwirkungen sind z.B. Aufwendungen für Verschleiß oder Beeinträchtigungen der Umwelt.

184 Vgl. Hoffmann, J./Kumar, S. (2010), S. 36.

wegen stützt sich die Seeschifffahrt auf das neben dem überwachten Luftraum umfassendste Infrastrukturangebot.

Charakteristika von Seeschiffen

Die Größe eines Schiffs wird durch seine Tragfähigkeit und seine Vermessung bestimmt. Die Gesamttragfähigkeit bezeichnet die „im Höchstfall aufzunehmende Masse an Ladung, Betriebsvorräten, Besatzung und Ballast“[185]; sie wird als deadweight all told (DW_{at}) bezeichnet. Für die Beladung relevant ist nur die Nutzladefähigkeit, die als deadweight cargo capacity (DW_{CC}) bezeichnet wird und sich aus der Tragfähigkeit durch Abzug der Massen an Betriebsvorräten, Besatzung und Ballast errechnet.[186] Trockenmassengutschiffe, auch Bulker genannt, können nach ihrer Gesamttragfähigkeit in tons deadweight (tdw) in vier Typen eingeteilt werden:[187]

- Handysize: 10.000-39.999 tdw
- Handymax: 40.000-59.999 tdw
- Panamax: 60.000-99.999 tdw
- Capesize: über 100.000 tdw

Je nach den Restriktionen des Kraftwerksstandortes und des Kohleexporthafens können unterschiedliche Schiffstypen und -größen für den Brennstofftransport eingesetzt werden. **Für die Entwicklung eines Supply Chain Designs ist die Kenntnis dieser Größenklassen und der wesentlichen Abmessungen wichtig, da zu untersuchen ist, welcher Schiffstyp einen Kraftwerkshafen anlaufen kann.** Aus logistischer Sicht sind insbesondere folgende Kennzahlen von Bedeutung:

- *Länge über Alles* (LüA, wichtig für das Anlegen an der Kaje oder bei Schleusen),
- *Breite über Alles* (BüA, wichtig für das Passieren von Schleusen, Brücken und anderen engen Durchfahrten),
- *Tiefgang:* Der Tiefgang eines Schiffs ist die „entsprechend der Belastung des Schiffs jeweils erreichte Eintauchtiefe“[188], welche am Bug und am Heck abgelesen werden kann. Der Tiefgang ändert sich einerseits mit der Abladung, andererseits sind, je nach Fahrtgebiet, die Eintauchtiefen bei Süß- bzw. Salzwasser

185 Laue, U. (1985), S. 61.

186 Vgl. Rogers, P./Strange, J./Studd, B. (1997), S. 120. Eine nicht mehr so geläufige Kennzahl ist die Bruttoraumzahl, die eine Raumgröße für das Schiff ist. Auf deren Basis werden z.T. Gebühren wie Hafenkosten, Kanalgebühren usw. berechnet.

187 Vgl. Stopford, M. (2009), S. 590. Auch andere Gruppierungen sind gebräuchlich, vgl. z.B. ISL (2010), S.6.

188 Laue, U. (1985), S. 57. Der Unterschied zwischen dem vorderen und dem hinteren Tiefgang ist der Trimm; dieser kann buglastig oder hecklastig sein und ist gegebenenfalls bei der Be- und Entladung eines Schiffs zu beachten.

zu ermitteln. Hiervon ist der Konstruktionstiefgang zu unterscheiden, welcher die Eintauchtiefe bei maximaler Beladung angibt.
- *Höhe (Air draught):* Vertikaler Abstand von der Wasseroberfläche bis zum höchsten Punkt des Schiffs; wichtig für Höhenrestriktionen und Brückendurchfahrten.[189]

Diese Hauptabmessungen eines Schiffs sind für das Zusammenwirken von Schiff und Wasserstraßen sowie Schiff und Hafengestaltung relevant und bestimmen im Wesentlichen die geographischen Einsatzmöglichkeiten des Fahrzeugs.[190] In der Revierfahrt sowie beim Ein- und Auslaufen sind die Abmessungen im Hinblick auf **Fahrwassertiefen, -breiten und -krümmungen, Durchmesser von Wendeplatten, Hafenbeckenabmessungen, die seitliche Abdrift**[191] und die **Anzahl und Stärke benötigter Bugsierschlepper** zu berücksichtigen. Für den **Umschlagprozess** sind sie ebenfalls von Bedeutung, da von der Schiffslänge die benötigte **Kailiegeplatzlänge** abhängt. Die Schiffsbreite gibt zudem die geforderte **Kranausladung** vor.[192] **Eine wesentliche Aufgabe bei der Entwicklung des Supply Chain Designs für ein Kraftwerk besteht in der Untersuchung dieser infrastrukturellen Restriktionen in Bezug auf die Abmessungen der geplanten Bemessungsschiffe.**

Für die Versorgung von Kohlekraftwerken werden, je nach Tiefgangsrestriktionen (in den Ausgangs- und Zielhäfen) und Beschaffungsstrategie (Beschaffung aus Osteuropa und Russland oder aus Übersee), unterschiedliche Bulkergrößen eingesetzt. So werden im Ostseeraum eher Handysize-, und Handymax-Schiffe für den Kohletransport genutzt; in den Überseeverkehren ist eine klare Tendenz zu größeren Schiffen, wie den Panamax- und insbesondere den Capesize-Schiffen zu erkennen. Aufgrund der Größenentwicklung der Bulker kann ein zunehmender Teil der Häfen, meist aufgrund von Tiefenbeschränkungen, von einem Großteil der Schiffe nicht mehr angelaufen werden. Auch setzen Produktions- und Lagerkapazitäten der Verfrachter und Empfänger dem ökonomischen Einsatz von immer größeren Schiffen Grenzen. So ist es üblich, Kraftwerke sowohl mit voll abgeladenen kleineren Schiffen als auch mit größeren Schiffen, die nur teilbeladen sind, anzulaufen.[193] Diese werden vor der Küste oder in Leichterhäfen teilentladen, damit sich der Eintauchtiefgang reduziert. **Für die Planung der kapitalintensiven langlebigen Umschlaganlagen an der Kraftwerkskaje bedeutet dies, dass bei**

189 Vgl. IMO (2008), S. 3.

190 Es gibt eine Vielzahl von Längen-, Breiten- und Tiefenabmessungen. Vgl. hierzu z.B. Sakautzky, D. (2008), S. 63 ff. In dieser Arbeit ist bei der Länge die Länge über Alles und bei der Breite die Breite über Alles gemeint.

191 Die Seitenhöhe bietet bei großräumigen Schiffen dem Wind eine beträchtliche Angriffsfläche, so dass Schlepper mit entsprechender Leistung vorhanden sein müssen.

192 Vgl. hierzu ausführlich Kapitel 4.3.2.3.

193 Der Begriff „voll abgeladen" ist irreführend; er bezeichnet ein Schiff, welches voll beladen ist.

der Dimensionierung der Kranauslegung die Schiffsgrößenentwicklung zu berücksichtigen ist.[194] Zwar können in dem Modell Chargen festgeglegter Größe definiert werden; diese werden aber in der Praxis bei Kohleimporten aus Übersee mit unterschiedlich großen Schiffen zum Kraftwerk geliefert.[195]

Diverse Massengutschiffe (Bulk Carrier) sind je nach Typ für den Kohletransport spezialisiert oder bedingt geeignet. Zu den Bulk Carriern werden universelle Bulk Carrier (UBC), Ore Carrier, Ore Bulk Oil Carrier (OBO), Spezialschüttgutfrachter und selbstentladende Schiffe (Self Discharging Bulk Carrier) gezählt (vgl. Abbildung 19).[196]

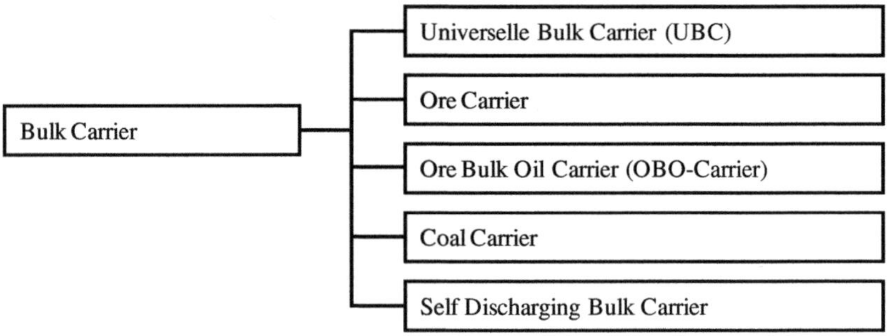

Abbildung 19: Systematik der für den Kohletransport geeigneten Massengutschiffe

Universelle Bulk Carrier (UBC) sind Frachtschiffe, die für den Transport vielfältiger Massengüter mit unterschiedlichen Staukoeffizienten (von 0,4 m^3/t bei Erzen bis 1,6 m^3/t bei Getreide) ausgelegt sind.[197] Trockenes oder festes Massengut ist "any material, other than liquid or gas, consisting of a combination of particles, granules, or any larger pieces of material, generally uniform in composition, which is loaded directly into the cargo spaces of a ship without any intermediate form of containment."[198] Diese Schiffe sind als Eindeckschiffe konstruiert, d.h. die Laderäume haben keine Zwischendecks, daher sind diese Schiffe besonders umschlagfreundlich.[199]

194 Vgl. hierzu ausführlich Kapitel 4.2.2.3.

195 Vgl. den Abschnitt „Betriebsformen" in diesem Kapitel.

196 Zu Zeiten teurer Ölpreise in den achtziger Jahren wurden einige Massengutschiffe auf eine Kohlefeuerung umgestellt, um die Transportkosten zu reduzieren. Diese Technik hat sich aber nicht durchsetzen können. Vgl. OECD/IEA (1985), S. 155 ff.

197 Bei der baulichen Gestaltung ist die Räumte des Schiffs dem Staukoeffizienten von Getreide anzupassen; die Festigkeit der Schiffe ist nach den Forderungen der Erzfahrt auszulegen. Bei der Erzfahrt wird ein Teil der Laderäume nicht gefüllt. Vgl. Schönknecht, R./Laue, U. (1988), S. 67 ff.

198 IMO (2008), S. 2.

199 Vgl. IMO (2008), S. 2.

Ore Carrier: Erzcarrier sind Schüttgutfrachter, die hauptsächlich zum Transport von Erzen eingesetzt werden, mit denen aber auch Kohle transportiert wird.

Ore Bulk Oil Carrier (OBO-Carrier): Erz-Schüttgut-Öl-Schiffe, im deutschen auch Erztankschiffe genannt, bezeichnen einen speziellen, kombinierten Schiffstyp, der nahezu alle festen und flüssigen Rohstoffe befördern kann. Diese Schiffe müssen sowohl den robusten Bedingungen des Schüttgutumschlags als auch den Forderungen des Öltransports (Öl- und Gasdichtheit, Pipelines und Pumpen) gerecht werden.[200]

Coal Carrier: Bei Spezialschüttgutfrachtern wie Coal Carriern sind die Staukoeffizienten der Ladung und die Räumte des Schiffs zu beachten. Die Räumte r ist der Quotient aus Laderaumvolumen V_{LR} und der Tragfähigkeit bezogen auf den Laderaum DW.[201]

$$r = \frac{V_{LR}}{DW} \quad [m^3/t]$$

Die Räumte r ist das zum Staufaktor s korrespondierende Maß, wobei folgende Beziehungen gelten:[202]

- $\frac{r}{s} > 1$ Auslastung der Tragfähigkeit aber nicht des Laderaums (typisch für Schüttgutschiffe)[203]
- $\frac{r}{s} = 1$ Auslastung von Tragfähigkeit und Laderaum (Spezialschüttgutfrachter)
- $\frac{r}{s} < 1$ Nichtauslastung der Tragfähigkeit, aber Auslastung des Laderaumvolumens (Dies ist z.B. der Fall, wenn Kohle in einem Erzfrachter transportiert wird.)

Bei der Wahl eines Schiffs ist es wichtig, den Staufaktor der Kohle zu berücksichtigen, um sicherzustellen, dass das voll abgeladene Schiff angemessen befüllt ist.[204] Zur Berücksichtigung differierender Staufaktoren der Schüttgüter können

200 Die Idee dieses Schiffstyps ist es, Kosten generierende Ballastfahrten (Leerfahrten) zu verhindern, da gleichartige Rohstoffe i.d.R. nur in einer Richtung über See transportiert werden und sich so Ladungs- und Ballastreisen abwechseln. Der angestrebte Effekt der Vermeidung von Leerfahrten konnte nur in seltenen Fällen realisiert werden, da die Erz- und Erdölströme meistens in annähernd gleichen Richtungen verlaufen. Vgl. IMO (2008), S. 3 sowie Schönknecht, R./Laue, U. (1988), S. 100 ff. Dieser Schiffstyp ist nicht mehr sehr gebräuchlich.

201 Vgl. Laue, U. (1985), S. 60 ff. Laderäume sind unter Berücksichtigung des Staufaktors der Ladung vollständig zu befüllen, um der Gefahr des Verrutschens der Ladung während des Seetransports zu begegnen. Vgl. Sakautzky, D. (2008), S. 194 sowie IMO (2008), S. 2.

202 Vgl. Laue, U. (1985), S. 62.

203 Z.B. Transport von Eisenerz in Coal Carriern; vgl. Stopford, M. (2009), S. 420.

204 Vgl. Rogers, P./Strange, J./Studd, B. (1997), S. 147 ff.

universelle Bulk Carrier (UBC) mit abwechselnd angeordneten, unterschiedlich großen Laderäumen ausgerüstet sein. Die Querschnitte eines Erzcarriers und eines UBC zeigt Abbildung 20.

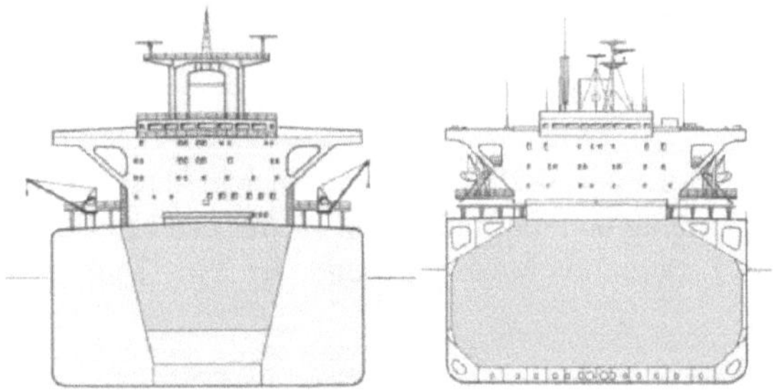

Abbildung 20: Querschnitte Erzfrachter und universeller Bulk Carrier[205]

Die relativ kleinen Laderäume des Erzcarriers liegen höher als bei anderen Schiffstypen.[206] Entspricht die Räumte eines Schiffs genau dem Staukoeffizienten der hauptsächlich beförderten Ladung wird von Spezialschüttgutfrachtern gesprochen.[207] Bei einer Betrachtung der Konstruktionstiefgänge in folgenden Kapiteln ist zu bedenken, dass die Schüttdichten von Erz und Kohle stark differieren.[208] Ein mit Kohle voll abgeladener Erzcarrier wird deswegen nicht so tief eintauchen wie ein mit Erz beladenes Schiff.

Self Discharging Bulk Carrier: Selbstentladende Bulker sind Schiffe mit integrierten Förderbändern, Becherwerken, Schneckenanlagen oder Deckskranen, die eine schnelle und effiziente Entladung ermöglichen.[209] In der Regel sind Bulk Carrier aber ohne eigene Umschlaganlagen ausgerüstet und nutzen die spezialisierten und leistungsfähigen Be- bzw. Entladeeinrichtungen der Seehäfen.[210]

205 Schönknecht, R./Laue, U. (1988), S. 76 und S. 82.

206 Zur Gewährleistung guter Trimmeigenschaften werden die Laderäume von großen Seiten- und Bodentanks zur Aufnahme von Ballastwasser umgeben, um eine den Stabilitätsanforderungen angemessene Höhenlage des Massenschwerpunkts des voll abgeladenen Schiffs zu ermöglichen. Dies ist die für die Gewährleistung eines guten Seeverhaltens der Schiffe von großer Bedeutung. Eine Anschrägung der Laderäume oben und unten zur Bordwand hin führt zu einer höheren Stabilität, da die Ladung aufgrund ihrer Schwerkraft von selbst in eine stabile Lage rutscht. Vgl. Alderton, P. M./Rowlinson, M. (2010), S. 194 sowie Stopford, M. (2009), S. 592.

207 Vgl. Schönknecht, R./Laue, U. (1988), S. 83 ff.

208 Vgl. Kapitel 2.1.1

209 Die Installation der kosten- und platzaufwendigen Entladeanlagen geht zu Lasten des Laderaums.

210 Vgl. Sakautzky, D. (2008), S. 79 ff.

Betriebsformen im Seetransport

Bei Transportleistungen in der Seeschifffahrt wird generell zwischen Linien- und Charterfahrt sowie Werkschifffahrt unterschieden (vgl. Tabelle 3).[211]

In der *Linienschifffahrt* werden im Voraus festgelegte Routen eines geographisch abgegrenzten Fahrtgebiets unter Einhaltung eines Fahrplans regelmäßig bedient. Die gesamte Transportmenge setzt sich aus vielen Einzelladungen zusammen, die kleiner sind als die Ladefähigkeit des Schiffs, so dass in der Regel eine große Anzahl von Verladern bei jeder Abfahrt existiert (z.B. Containerschifffahrt). Die Ladung kommt zum Schiff.

In der *Charterschifffahrt* werden Schiffe nach Bedarf eingesetzt. Sie ist gekennzeichnet durch unregelmäßige Abfahrten aus unterschiedlichen Häfen ohne festen Fahrplan.[212] Eine Reise erfolgt in der Regel für einen einzelnen Verlader und weist eine homogene Güterstruktur auf.[213] Die Transportbedingungen werden direkt zwischen Charterer und Vercharterer vereinbart. Nach jeder Reise sucht das Schiff seine Ladung neu. Das Schiff kommt zur Ladung. Formen der Charterfahrt sind die Trampschifffahrt und die Spezialschifffahrt.[214]

- Hierbei ist nach Ihde die *Trampschifffahrt* „ein auf den Transport von Massengütern in geschlossenen Schiffsladungen spezialisierter Gelegenheitsverkehr."[215] Sie setzt sich im Wesentlichen aus Trockenladungstransporten (u.a. Kohle, Erze, Getreide) und Tankfahrt (Mineralöl und -produkte) zusammen. Bei Gelegenheitsverkehren stellt sich für den Reeder das Problem der Auftragsselektion nach jeder Reise neu.
- Bei der *Spezialschifffahrt* liegt im Gegensatz zur Trampschifffahrt eine enge Bindung an einen oder wenige Verlader vor.

Die *Werkschifffahrt* umfasst regelmäßige Transporte ganzer Schiffsladungen mit Fahrzeugen, die Eigentum des Transportnutzers sind. In der mathematischen Formulierung von Seeverkehren der Werkschifffahrt ist das Hauptziel die Durchführung und Sicherstellung der eigenen Gütertransporte; bei sich ändernden Transportvolumina kann die Kapazität der eigenen Flotte durch ein- oder auschartern von Schiffen langfristig angepasst werden.[216]

---

211 Vgl. Biebig, P./Althof, W./Wagener, N. (2008), S. 55 ff.

212 Die Betriebsform der Charter- bzw. Trampschifffahrt wird in der Literatur häufig mit der eines Taxis verglichen, welches sich ohne Fahrplan seine Kunden sucht, wohingegen die Linienschifffahrt mit fahrplanmäßigen Buslinien erklärt wird. Vgl. z.B. Ronen, D. (1983), S. 119 ff, Ronen, D. (1993), S. 325 ff., Christiansen, M./Fagerholt, K./Ronen, D. (2004), S. 1 ff.

213 Vgl. Sakautzky, D. (2008), S. 226.

214 Vgl. Biebig, P./Althof, W./Wagener, N. (2008), S. 55 sowie Pfohl, H.-C. (2004), S. 167.

215 Ihde, G. B. (2001), S. 137.

216 Vgl. Lawrence, S. A. (1974), zitiert nach Christiansen, M./Fagerholt, K./Ronen, D. (2004), S. 1 ff.

Tabelle 3: Charakteristika der Betriebsformen der Seeschifffahrt[217]

Merkmale	Charterfahrt		Linienfahrt		Werk-schifffahrt
	Tramp-	Spezial-	konventionelle	Container-	
Gutart	homogen und heterogen	homogen	heterogen	homogen	homogen
Partiegröße	groß	groß	klein	klein	groß
Verlader	viele nacheinander	einer	viele gleichzeitig	viele gleichzeitig	einer
Nachfrage-rhythmus	unregelmäßig	regelmäßig	regelmäßig in der Summe	regelmäßig in der Summe	regelmäßig
Schiffseinsatz	unregelmäßig	regelmäßig	regelmäßig (Fahrplan)	regelmäßig (Fahrplan)	regelmäßig
Bindung an die Route	ungebunden	überwiegend gebunden	gebunden	gebunden	überwiegend gebunden

▭ wesentliche Betriebsformen für den Kohletransport

Massengutseetransporte, respektive Kohlebeförderungen, können mit betriebseigenen (Werkschifffahrt) oder betriebsfremden Schiffen (Charterverschiffungen) durchgeführt werden.[218] Mögliche typische Formen des Chartervertrags, die im Bereich der Kohlelogistik eine Rolle spielen, sind:[219]

- *Reisecharter (voyage charter):* Eine einmalige Beförderung einer bestimmten Kohlemenge zwischen festgelegten Häfen durch ein benanntes Schiff mit Angabe von Terminen wird vereinbart und eine Frachtrate (pro Tonne) wird festgelegt.[220]
- *Mengenkontrakte (contract of affreightment)* beinhalten den Transport einer vereinbarten Ladungsmenge in einem Zeitraum (z.B. ein Jahr) auf einer festgelegten Relation durch aufeinanderfolgende Schiffseinsätze ohne die Festlegung auf ein bestimmtes Schiff. Aufgrund der Flexibilität des Schiffseinsatzes für den Reeder können sich hier günstigere Transportkosten für den Verlader ergeben als bei der Fixierung auf ein bestimmtes Schiff. Die Frachtraten (pro Tonne) sind umso günstiger, je flexibler der Reeder seine Schiffe einsetzen

217 Biebig, P./Althof, W./Wagener, N. (2004), S. 42. In Biebig, P./Althof, W./Wagener, N. (2008), S. 54 wird als weiteres Segment der Linienfahrt der Fährverkehr genannt.

218 Vgl. hierzu auch Kapitel 4.4.2.

219 Vgl. Stopford, M. (2009), S. 180 ff. Eine weitere Form ist die Teilcharterung (part charter), bei der eine Buchung eines Teils der Laderäume eines Schiffs erfolgt. Vgl. Rogers, P./Strange, J./Studd, B. (1997), S. 155 ff.

220 Der Charterer hat zudem die Kosten für Hafen und Bunker zu zahlen; Kapital- und Betriebskosten hat der Eigner zu tragen. Vgl. Stopford, M. (2009), S. 182 f.

kann. Diese Flexibilität wird aber durch Größenrestriktionen seitens des Zielhafens eingeschränkt. **Die seeseitige Erreichbarkeit eines Kraftwerksstandorts durch große Bulker stellt hierbei aufgrund von Skaleneffekten und einem möglichen flexiblen Einsatz von Schiffen einen großen Standortvorteil dar.**

- *Zeitcharter (time charter):* Das Schiff wird inklusive Besatzung in einer festgelegten Zeitspanne durch die Reederei zur Verfügung gestellt. Der Charterer verfügt frei über den Einsatz des Schiffs und trägt alle dadurch entstehenden reiseabhängigen Kosten.[221]
- *Bareboat charter:* Das Schiff wird ohne Besatzung an den Charterer überlassen, der dieses in voller Verantwortung übernimmt. Die vollständige operative Kontrolle über das Schiff liegt beim Charterer.[222]

Langfristige kontinuierliche Bedarfe, wie sie bei Kohletransporten vorliegen, werden i.d.R. über Frachtenmärkte abgewickelt, die sich an einer längeren Nutzungsdauer eines Schiffs (time charter) oder an Mengenkontrakten orientieren. Bei der Nutzung fremden Schiffsraums sind erhebliche Schwankungen in den Charterraten zu beachten. Waren die Ein-Jahres-Zeit-Charterraten für Bulk Carrier bis Anfang 2008 erheblich angestiegen,[223] fielen sie im Zuge der globalen Finanzkrise wieder stark (vgl. Abbildung 21).

221 In Abhängigkeit von der Vertragsdauer wird in trip charter (für eine einzelne Schiffsreise) und period charter (z.B. für mehrere Monate) differenziert. Vgl. Stopford, M. (2009), S. 184.

222 Die bareboat charter ist eigentlich ein Finanzierungsinstrument; Schiffseigner kann eine Finanzinstitution sein, die keine Kenntnisse bezüglich des Schiffsbetriebs hat.

223 Dieser Anstieg war insbesondere auf einen Anstieg der weltweiten Stahlproduktion, zunehmende Kohletransporte nach China sowie langen Wartezeiten in den Erz- und Kohleterminals zurückzuführen. Vgl. Zachcial, M. (2008) und Stopford, M. (2010), S. 247 f.

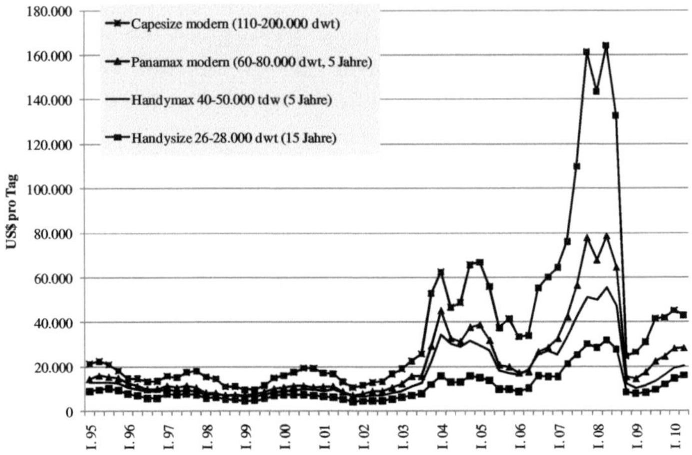

Abbildung 21: Ein-Jahres-Zeit-Charterraten für Bulk Carrier nach Größenklassen[224]

Da in den Zeiten hoher Frachtraten kaum Tonnage stillgelegt wurde, hatte sich ein hoher Bestand an verfügbarer Tonnage aufgebaut. Die reduzierte Nachfrage nach Schiffsraum lastete das Angebot an Transportkapazitäten nicht aus, so dass in den ersten Monaten in 2008 die Zahl der Abwrackungen zunahm. Denkbar ist, dass sich bei einem erneuten Konjunkturaufschwung und einer einhergehenden Steigerung der Nachfrage nach Massenguttransporten die Problematik der knappen Kapazitäten und hohen Charterraten erneut stellen wird.

Schiff und Hafen sind über Liegezeiten direkt miteinander verknüpft. Lange Aufenthaltszeiten in Häfen führen zu einem ungünstigen Verhältniswert aus Seezeit und Hafenzeit und somit zu steigenden Transportkosten. **Diese Graphik verdeutlicht, dass Schiffswartezeiten, die sich u.a. aus einer belegten Kraftwerkskaje ergeben, zu erheblichen Kosten führen können. Durch das in dieser Arbeit entwickelte Mikromodell kann der Einfluss gestaltbarer Umschlaginfrastrukturen sowie der vielfältigen logistischen Strategien auf die Wartezeiten von Schiffen aufgezeigt werden.**

2.4.2.2 Seehäfen

Ein Seehafen ist „ein Komplex von Liegeplätzen für Seeschiffe, der als Knotenpunkt zwischen Binnen- und Seeverkehr den Umschlag von Gütern und Personen sicherstellt und der über die hierfür notwendigen Einrichtungen für den Umschlag, für die Lagerung, für den An- und Abtransport der Güter sowie für den Verkehr und die Abfertigung der Seeschiffe und Binnentransportmittel im Seehafenterritori-

224 Lemper, B. (2010), S. 23.

um verfügt."[225] Für die Anlage und Entwicklung von Seehäfen ist neben wirtschaftlichen Einflussfaktoren (sekundäre Standortgunst), die immer mehr an Bedeutung gewonnen haben, zunächst die naturgegebene Lage (primäre Standortgunst) ausschlaggebend.[226] Die primäre Standortgunst beinhaltet die Meereslage, die Küstenlage und die Hinterlandlage.

Die *Meereslage* bezeichnet die geographische Situation eines Hafens in Bezug auf die Hauptschifffahrtslinien der Meere. Diese kann ein entscheidender Wettbewerbsfaktor sein, da sie sich in unterschiedlichen Transportzeiten und -kosten im Vergleich zu anderen Häfen auswirkt. Seehäfen mit günstiger Meereslage werden oft als Hubs genutzt, von welchen Feederschiffe zu weiteren Häfen eingesetzt werden. Ein Kohlehafen mit günstiger Meereslage ist z.B. Rotterdam.

Die *Küstenlage* bezieht sich auf die Nähe des Seehafens zum offenen Fahrwasser. Diese hat zwar aufgrund der modernen Navigation sowie Fahrwasseranpassungen an Bedeutung verloren, impliziert aber bei längerer Revierfahrt weiterhin einen höheren Zeitaufwand als bei unmittelbarer Nähe zum offenen Fahrwasser. Verzögerungen können durch Tidenströme und Wartezeiten auf ausreichende Wasserstände auftreten, wie dies z.B. bei Hansaport, Deutschlands größtem Seehafenterminal für Schüttgüter mit Sitz in Hamburg, der Fall ist.

Die *Hinterlandlage* beschreibt die Wirtschaftsräume, die ihren Seeverkehr über diesen Hafen abwickeln. Das Hinterland der ARA-Häfen, bezogen auf die Kohletransporte, erstreckt sich aufgrund der Anbindung über den Rhein bis nach Süddeutschland.

Transportmittelbezogene Preise für die Nutzung der Hafeneinrichtungen setzen sich aus Hafengebühren für die Nutzung der Wasserwege und Liegeplätze, Navigationsgebühren für Lotsen, Schlepper, Festmacher und Radarlotsen sowie Straßen- und Gleisbenutzungsgebühren zusammen.[227]

Für Deutschland relevante Kohleimporthäfen und ihre Hinterlandanbindungen

Der seewärtige Kohleimport an der Nordseeküste wird durch die Häfen Amsterdam, Rotterdam und Antwerpen (ARA-Häfen) dominiert. Geringere Mengen werden über die deutschen Seehäfen Hamburg, Wilhelmshaven und Nordenham importiert. In Rostock und weiteren Kohlehäfen im Ostseeraum wird Importkohle auch aus Russland umgeschlagen.

Mehr als die Hälfte der deutschen Importkohle (58 %) wird über die **ARA-Häfen** importiert (vgl. Abbildung 22). **Im Hinterlandverkehr erfolgt hier der Transport zu einem großen Teil (92 %) über die Binnenwasserstraße**; lediglich 8 % wird über die Schiene befördert. Der Verkehrsträger Binnenschiff gewinnt verstärkt an Bedeutung, da das **Schienennetz durch Containertransporte zuneh-**

225 Biebig, P. et al. (1980), S. 9; zitiert nach Biebig, P./Althof, W./Wagener, N. (2008), S. 220.
226 Vgl. Ihde, G. B. (2001), S. 206 ff.
227 Vgl. Biebig, P./Althof, W./Wagener, N. (2008), S. 236 ff.

mend belastet ist. Dies führt dazu, dass die Binnenhäfen im Ruhrgebiet eine steigende Bedeutung als Verteilerplatz für die Importkohle bekommen, sowohl für lokale Kohlekraftwerke als auch für weiter entfernte Empfänger in Mittel- und Süddeutschland.

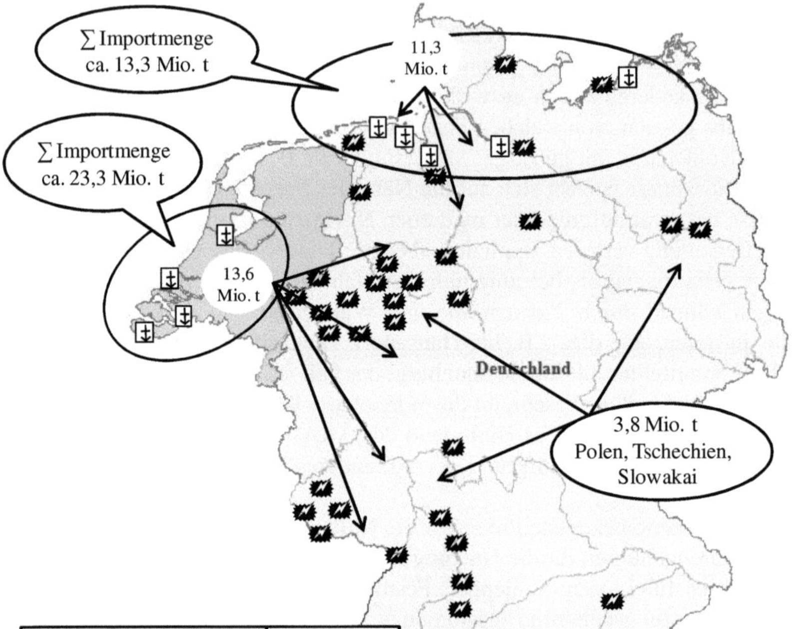

Deutsche Importkohle	40,4 Mio. t
Deutsche Seehäfen	**13,3 Mio. t**
- Nordseehäfen	11,3 Mio. t
- Ostseehäfen	2,0 Mio. t

ARA-Häfen Zulauf zum Kraftwerk per:	23,3 Mio. t
- Bahn	1,8 Mio. t
- Binnenschiff	21,5 Mio. t

Polen, Tschechien, Slowakai Zulauf zum Kraftwerk per:	3,8 Mio. t
- Bahn	2,7 Mio. t
- Binnenschiff	1,1 Mio. t

Abbildung 22: Mengenströme deutscher Importkohle (2008)[228]

Knapp 10 % der Importmengen kommen aus Osteuropa, wobei hier die Kohleströme aus Polen klar dominieren (94 %). Der Modal Split wird von der Bahn do-

228 Daten aus Statistisches Bundesamt (2009b). Die Zahlen umfassen die Mengen an Steinkohle und Steinkohlenbriketts (NSTR 21). Braunkohleprodukte, Torf und Koks sind in diesen Angaben nicht enthalten.

miniert (70 %); 30 % des Aufkommens gelangt mit dem Binnenschiff nach Deutschland. Ein Drittel der Kohle wird direkt über die deutschen Seehäfen importiert; Im Hinterlandverkehr dominiert hier der Schienen- gegenüber dem Binnenschiffsverkehr. Ein Großteil der Kohleimporte ist auf eine ausreichende Schienen- und Binnenwasserstraßenanbindung angeweisen, nur etwa 10 % der Importmengen werden direkt an einem Kraftwerk umgeschlagen.

Bedeutendster Kohleimporthafen in Europa ist ***Rotterdam***. Aufgrund seiner geographischen Lage hat er einen hohen Stellenwert für die Ein- und Ausfuhr von Gütern nach bzw. aus West- und Mitteleuropa.[229] Der Hafen ist ebenso einer der weltweit führenden Umschlagplätze für Rohöl, Mineralölerzeugnisse und Chemikalien. Zudem führt die deutsche Stahlindustrie über diesen Hafen in großem Umfang Erze ein.[230] Mit etwa 30 Mio. t/Jahr ist das Massengutterminal Europees Massagoed Overslagbedrijf (EMO) das führende Unternehmen Europas beim Umschlag von Importkohle.[231] Fast 50 % der dort umgeschlagenen Kohlemengen waren im Jahr 2008 für den deutschen Markt bestimmt; dies entspricht ca. 34 % des deutschen Importvolumens. Die Rotterdamer Hafengesellschaft (HbR) plant ein neues Terminal für Massengüter. Eine Anbindung an das Schienennetz ist durch die unmittelbar vorbeiführende Betuwe Linie gegeben. Die Abfertigung von Cape-Size-Schiffen, die primär in Rotterdam erfolgt, führt bereits heute temporär zu Engpässen.[232]

Beim Transport von Massengütern in das Hinterland dominiert das Binnenschiff; es profitiert von der leistungsfähigen Wasserstraßeninfrastruktur von Maas und Rhein und dessen Nebenflüssen, an denen diverse Industrien und Kohlekraftwerke angesiedelt sind, die ihre Rohstoffe über Rotterdam einführen. Binnenschiffsverkehre zwischen Deutschland und Rotterdam enden überwiegend in nordrhein-westfälischen Binnenhäfen. Hauptzielgebiete der Schienenverkehre aus Rotterdam sind in Deutschland vorrangig das Saarland sowie Nordrhein-Westfalen.

In ***Antwerpen***, Europas zweitgrößtem Seehafen, machten im Jahr 2006 flüssige und feste Massengüter etwa 36 % des Gesamtumschlags aus. Feste Massengüter sind hier insbesondere Eisen- und Stahlerzeugnisse, Zellprodukte, Erze und Kohle. Aufgrund der geographischen Lage des Hafens im Mündungsdelta von Schelde, Maas und Rhein hat die Binnenschifffahrt, wie in Rotterdam, eine hohen Stellenwert bei der Abwicklung der Hinterlandverkehre. Die Niederlande versuchen, die Expansion des belgischen Hafens zu verhindern. Sowohl die Vertiefung der Schelde (die seeseitige Zufahrt Antwerpens ist eine niederländische Wasserstraße) als auch die Wiederinbetriebnahme der Bahnstrecke „Eiserner Rhein", der direkten

229 Vgl. Houwen, D. van der (2002), S. 16.

230 Vgl. BAG (2007), S. 22 ff.

231 Umschlag im Jahr 2008. Vgl. EMO, http://www.emo.nl, Abruf 03.10.2010.

232 Vgl. Kleemeyer, J. (2006).

Zugverbindung zwischen Antwerpen und dem Ruhrgebiet (über niederländisches Gebiet) werden blockiert.[233]

In ***Amsterdam*** werden schwerpunktmäßig Massengüter umgeschlagen, das Containeraufkommen spielt eine untergeordnete Rolle. Im Hinterland dominiert das Binnenschiff; im Jahr 2008 wurden über deutsche Binnenwasserstraßen etwa 15,3 Mio. t Güter von und nach Amsterdam befördert. Hierbei ist eine **hohe Unpaarigkeit der Verkehre** zu verzeichnen: Rund 76 % der Binnenschiffsbeförderungen (11,5 Mio. t) gingen Richtung Hinterland; nur ca. 24 % (3,7 Mio. t) entfielen auf Transporte in Richtung Seehafen. Ursache hierfür ist das hohe Beförderungsaufkommen an Massengütern für deutsche Unternehmen, dem keine entsprechenden Aufkommensströme in die andere Richtung gegenüberstehen.[234] **Bei steigenden Kohleimportvolumina wird sich dieses Verhältnis zunehmend verschlechtern.** Eisenbahngüterverkehre zwischen deutschen Regionen und Amsterdam finden nur in geringem Umfang statt und konzentrieren sich insbesondere auf Nordrhein-Westfalen, das Saarland und Niedersachsen.[235]

Größte Kohleimporthäfen in Deutschland sind Hamburg, Nordenham und Wilhelmshaven. Im Gegensatz zu den tideabhängig anlaufbaren Häfen an der Elbe und der Weser werden in Wilhelmshaven nach Ausbau der Niedersachsenbrücke voll abgeladene Capesize-Schiffe abgefertigt werden können. **Der modal Split zugunsten des Verkehrsträgers Binnenschiff steht in allen großen deutschen Seehäfen an letzter Stelle.**[236]

Für die Entwicklung eines Supply Chain Designs, das mit der Wahl eines Modal Splits und damit auch einer Festlegung geeigneter Umschlagkapazitäten für alle Verkehrsträger einhergeht, spielt somit sowohl die infrastrukturelle Anbindung als auch die Lage des Kraftwerks zu möglichen Seehäfen eine entscheidende Rolle. Hier sind die in den Hinterlandanbindungen bestehenden Engpässe bei der Modellierung zu berücksichtigen. Diese können sich u.a. sich aus konkurrierenden Güterströmen oder Niedrigwasserperioden ergeben. Bei den ARA-Häfen sind insbesondere folgende Problematiken zu berücksichtigen:

---

233 Der „Eiserne Rhein", dessen Reaktivierung mehrfach diskutiert wurde, wird nach Einschätzungen des BAG in absehbarer Zeit nicht reaktiviert werden und somit nicht zu einer Entlastung der Verkehre im Hinterland der Westhäfen beitragen. Vgl. BAG (2007), S. 54 sowie o.V. (2007b), S. 4 ff.

234 Aufgrund der Unpaarigkeit der Güterströme sind Bereitstellungs- und Rücklaufverkehre erforderlich, die sich als Kuppelprodukte aus der Durchführung des Gütertransports ergeben. Vgl. Giesa, F./Kopfer, H. (2000), S. 43 sowie Kapitel 4.4.2

235 Vgl. BAG (2007), S. 26 ff.

236 Wilhelmshaven kann nur durch Binnenschiffe angelaufen werden, die für dieses Revier eine Zulassung haben.

Engpass 1: Konkurrenz Container - Massengut

Die großen Seehäfen an der europäischen Nordseeküste standen bis kurz vor der Wirtschaftskrise vor Kapazitätsproblemen. In der Fachpresse und in Studien wurde davon ausgegangen, dass die Prognosen, auf denen die Ausbaupläne von Häfen beruhen, langfristig übertroffen würden und die geplanten Kapazitäten für den Containerumschlag nicht ausreichten.[237] Zum einen hatten personelle Kapazitäten und das Angebot an Kai- und Umschlagkapazitäten in den Westhäfen in den vergangenen Jahren kaum noch mit dem Wachstum des Containerumschlags Schritt halten können. Zum anderen wurden Herausforderungen in massiven Platzproblemen in den Häfen durch die gestiegenen Containermengen gesehen.[238] Engpassfaktoren in den Häfen lagen insbesondere in

- knappen Kajenkapazitäten aufgrund des schnell wachsenden globalen Güteraufkommens inklusive des schnell wachsenden Feederverkehrs und
- in einer unzureichenden Hinterlandabfertigung, wodurch es beim Wechsel der Verkehrsträger Schiene, Lkw oder Binnenschiff auf das Seeschiff bzw. vice versa wegen zu geringer Umschlagkapazitäten immer häufiger zu Verzögerungen kam.

Wenn sich langfristig der Trend zur Globalisierung und zu steigenden Transportvolumina fortsetzen wird, ist davon auszugehen, dass sich die o.g. Problematiken in absehbarer Zeit erneut ergeben. Zudem ist von einer zunehmenden Nutzungskonkurrenz zwischen Container- und Massengütern, insbesondere bezüglich benötigter Flächen und der Hinterlandtransporte ist auszugehen.

Engpass 2: Kapazitätsreduktion der Hinterlandanbindungen bei Niedrigwasser

Zu Engpässen im Hinterland der Westhäfen kommt es nach Einschätzung des Bundesamtes für Güterverkehr (BAG) hauptsächlich zu Zeiten, in denen die Leistungsfähigkeit und Zuverlässigkeit des Binnenschiffs im Rheingebiet aufgrund von wasserstands- bzw. witterungsbedingter oder sonstiger Einflüsse deutlich eingeschränkt ist. Diese Reduzierung der Kapazitäten geht mit einer resultierenden Verknappung von Laderaum bei gleichzeitig deutlichen Frachtensteigerungen (Transportkosten/t) in der Binnenschifffahrt einher. Zu diesen Zeiten steigt die Nachfrage nach Schienengüterverkehrsleistungen nicht nur im Containerbereich, sondern auch in anderen Marktsegmenten wie den Massengütern (Versorgung der Kohlekraftwerke) an. **Die Aufnahmekapazitäten der ohnehin schon stark ausgelasteten Schienenverkehre sind jedoch begrenzt und i.d.R. nicht ausreichend, um die zu diesen Zeiten entstehenden Kapazitätslücken zu schließen.** (Kurzfristige) Verkehrsver-

237 Vgl. Oldenburg, B. (2008), S. 249 f.

238 Leercontainerlager sind sehr flächenintensiv und werden stark frequentiert, so dass sie zu einer zusätzlichen Belastung der Infrastruktur führen.

lagerungen von der Wasserstraße auf die Schiene beanspruchen die vergleichsweise knapperen Ressourcen auf der Schiene zusätzlich.

2.4.3 Binnenschifffahrt

In einem integrierten Logistikkonzept für ein Kraftwerk sind alle Verkehrsträger so einzubinden, dass unter bestmöglicher Nutzung ihrer jeweiligen Systemvorteile ein zuverlässiges Gesamtkonzept für die Ver- und Entsorgung realisiert werden kann. Die unterschiedlichen Transportsysteme sind durch differenzierte Verkehrswertigkeiten charakterisiert, die sich hinsichtlich Effizienz, Zuverlässigkeit und Kosten unterscheiden.

Nach einer Darstellung der Leistungsfaktoren wird, der Einteilung Aberles folgend, zunächst auf die Verkehrsinfrastruktur (die Binnenwasserstraßen, ihre Engpässe und Binnenhäfen) und anschließend auf die Verkehrsmittel (Binnenschiffe, Schub- und Koppelverbände) eingegangen.[239] Weiterhin werden in diesem Kapitel Marktlage, Wettbewerb, Kosten, Regulierungen und wirtschaftspolitische Maßnahmen, die die Binnenschifffahrt betreffen, berücksichtigt.

2.4.3.1 Leistungsfaktoren

Die Logistik im System Wasserstraße ist Teil der maritimen Logistik. **Die Binnenschifffahrt ist integraler und grundsätzlich nur schwer substituierbarer Bestandteil der Transportketten vieler Kraftwerksstandorte.** Sie wird im Allgemeinen durch eine sehr hohe Massenleistungsfähigkeit, eine hohe Zuverlässigkeit, geringe spezifische Transportkosten und Energieverbräuche und eine gute Umweltverträglichkeit aufgrund geringer externer Effekte charakterisiert. Nachteile ergeben sich aus relativ großen Transportdauern, einer geringen Netzdichte und der Notwendigkeit von Häfen. Geeignete Transportaufgaben für die Binnenschifffahrt sind vor allem Transporte, die eine bestimmte Mindestmenge über eine möglichst weite Relation vorsehen, deren Zeiterfordernisse nicht in einem zu engen Zeitfenster liegen und deren Quelle und Senke an einer Wasserstraße liegt. Für den Einsatz des Binnenschiffs als einem integralen Bestandteil der Ver- und Entsorgungslogistik in einem Kraftwerk sind insbesondere folgende Aspekte von Bedeutung:[240]

<u>1. Zeitliche Planung</u>

Die hohe Stetigkeit (geringe Varianz der Transportdauer) ermöglicht den Einsatz der Binnenschifffahrt in Just in Time-Strategien, bei denen das Binnenschiff als schwimmendes Lager angesehen werden kann. Bei der Transportdauer ist zu beachten, dass diese je nach Richtung stark unterschiedlich ausfallen kann (Berg- und

239 Vgl. Aberle, G. (2003), S. 18 f.

240 Vgl. Wannenwetsch, H. (2007), S. 346 und Zachcial, M. (1998), S. 145 f.

Talfahrt).[241] Dieser Effekt tritt jedoch nur in stetig fließenden Gewässern auf. In tideabhängigen Wasserstraßen wird der Effekt der Strömungsumkehr genutzt, um eine kürzere Transportdauer bei geringerem Energieverbrauch zu realisieren. In strömungsarmen Gewässern und Kanälen ist dies zu vernachlässigen. **Die unterschiedliche Dauer bei Berg- und Talfahrt ist nicht notwendigerweise ein Hindernis, muss aber bei der Logistikstrategie berücksichtigt werden.**

2. Servicequalität

Ein großer Vorteil der schwimmenden Transporte liegt insbesondere in der Sicherheit, so dass auch **gefährliche Güter**, wie **Ammoniak**, auf den Bundeswasserstraßen befördert werden können. Verlust- und Schadenquote sind beim Binnenschiffstransport als niedrig einzustufen.

Die Binnenschifffahrt ist i.d.R. zuverlässig und weist eine hohe Termintreue auf. Die Beförderung auf Binnenwasserstraßen hat Vorteile, weil sie nur selten unter den Stauproblemen leidet, die im Straßen- und teilweise auch im Schienenverkehr üblich sind. Gesetzliche **Fahrbeschränkungen**, wie z.B. Feiertagsfahrverbote, **gibt es nicht**. Der größte Teil des Netzes kann rund um die Uhr, sieben Tage in der Woche, befahren werden.

Eine Schwäche des Verkehrsträgers ist die **Abhängigkeit von meteorologischen Bedingungen (Eisgang, Hoch- oder Niedrigwasser)**.[242] Sperrungen von Wasserstraßen sind aber, je nach Ereignis, relativ gut zu prognostizieren, so dass diesen Störungen gegebenenfalls durch entsprechende Lagerstrategien oder den Einsatz anderer Verkehrsträger begegnet werden kann. In frei fließenden Flussabschnitten kann es, insbesondere im Frühjahr, zu ausgeprägten Wasserstandsschwankungen kommen. Hierdurch werden die Brückendurchfahrtsmöglichkeiten sowie bei niedrigen Wasserständen der Tiefgang und somit die nutzbare Tragfähigkeit der Schiffe beeinflusst. Insbesondere für die Rheinschifffahrt stellen Niedrig- und Hochwasser ein zunehmendes Problem dar. Es wird prognostiziert, dass sich durch den Klimawandel die Situation künftig verschlimmert und die Wasserstandsschwankungen immer ausgeprägter werden.[243]

3. Flexibilität

Eine Ursache für die oft unzureichende Wettbewerbsfähigkeit des Binnenschiffs liegt in der geringen Netzdichte des Wasserstraßennetzes auf bestimmten Relatio-

---

241 Vgl. Haasis, H.-D. (2008), S. 117.

242 Vgl. Schieck, A. (2008), S. 308.

243 Diverse Untersuchungen befassen sich mit dem Einfluss des Klimawandels auf den wirtschaftlichen Einsatz der Binnenschifffahrt. Vgl. z.B. Heuser, H. H./Renner, V. (2007), S. 76 ff. oder Schär, C./Jendritzky, G. (2004), S. 559 f.

nen. Zudem kann es Beschränkungen von Schiffsabmessungen bei Schleusen[244] etc. geben.

Kommt es zu einer unvorhergesehenen Sperrung einer Wasserstraße (beispielsweise bei einem Unfall), ist es in der Regel nicht möglich, diese Sperrung durch Wahl einer Alternativstrecke zu umfahren. Mäanderförmige Flussverläufe und Schleusen führen zu **langen Fahrzeiten**. Rahmenbedingungen, die sich seitens der Wasserstraßen ergeben, wie die Beschränkung der Schiffsgrößen oder Wasserstandsschwankungen, sind weitere Aspekte, die zu einer Reduzierung der Konkurrenzfähigkeit des Systems in einigen Wasserstraßenabschnitten führen.

Im Gegensatz zur eingeschränkten räumlichen Flexibilität ist die *zeitliche und die technische Flexibilität* im Vergleich zur Bahn als sehr hoch zu bewerten. Zeitlich ist von Vorteil, dass **keine Slots** für bestimmte Abfahrtzeiten zu reservieren sind. Kommt es zu zeitlichen Verzögerungen bei der Abfertigung in einem Terminal, kann das Schiff ohne erforderliche Terminzuweisung die Fahrt fortsetzen.[245] Aus technischer Perspektive können Binnenschiffe auch im **grenzüberschreitenden Verkehr** weiträumig und ohne eine zeitaufwendige Systemumstellung flexibel eingesetzt werden.

4. Benutzerfreundlichkeit

Der Vorteil des Verkehrsträgers Binnenschiff liegt in der relativ einfachen Realisierbarkeit von Transporten und Transportketten. Der gewerbliche Güterverkehr wird von unabhängigen Reedereien und Partikulieren organisiert und durchgeführt.[246] Großverlader (Konzerne) verfügen z.T. auch über eigenen Schiffsraum, den sie im Eigenverkehr (Werksverkehr) nutzen.[247] Im Schienenverkehr hingegen

244 Durch Schleusen und Schiffshebewerke einer Binnenwasserstraße wird der Höhenunterschied zweier Wasserstraßenabschnitte überwunden. Schleusen werden von den zuständigen Wasser- und Schifffahrtsämtern, die für den jeweiligen Wasserstraßenabschnitt verantwortlich sind, verwaltet.

245 Zeitliche Restriktionen können allerdings bei tideabhängigen Wasserstraßen aufgrund des Tiefgangs eines Schiffs entstehen.

246 Die Angebotsstruktur der Binnenschifffahrt gliedert sich in Reedereien und Partikuliere. Reedereien sind Schifffahrtsunternehmen, die die Transportausführung von Land aus organisieren und leiten. Die Transportausführung wird zum Teil durch eigene Schiffe, zunehmend jedoch durch fremden Schiffsraum durchgeführt. Freie Partikuliere sind Kleinunternehmer, die über keine eigene landgestützte kaufmännische Organisation verfügen und für die das Schiff Arbeits- und Wohnplatz und Erwerbsquelle zugleich ist. Sie übernehmen auf eigene Rechnung von Verladern, Befrachtern oder Reedereien Ladungen. Aufgrund des Fehlens einer landseitigen Akquisition ist der Einzelschiffer auf eine Ladungsvermittlung angewiesen und deswegen oft einer Transportgenossenschaft angeschlossen. Vgl. Graage, K.-D./Enthaler, E. (1998), S. F4.1 ff., Ihde, G. B. (2001), S. 151 ff. und Lorenz, W. (2005), S. 388 f.

247 Sogenannte Werksreedereien können als juristisch selbstständige (Tochter-) Unternehmen mit Kapitalbindung des Konzerns organisiert sein.

müssen Leistungen von einem Eisenbahnverkehrsunternehmen (EVU) eingekauft, Trassen gebucht und Transportleistungen zwischen den Terminals inklusive Rangierfahrten organisiert werden. Im Vergleich hierzu ist der Binnenschiffstransport eine durchgehende Leistung vielfach aus „einer Hand“.[248]

5. Kosten

Massengüter wie Kohle sind i.d.R. geringwertige Güter, so dass die Beförderungskosten einen vergleichsweise hohen Anteil an den Gesamtkosten ausmachen. Das Binnenschiff ist im Vergleich zur Eisenbahn deutlich wirtschaftlicher, wenn die Lade- und Löschstelle direkt an der Wasserstraße liegen. Nachteilhaft beim Binnenschifftransport wird die schlechte Kalkulierbarkeit der tatsächlichen Transportkosten angesehen, da im Voraus die Höhe der zu zahlenden Zuschläge für Kleinwasser, Hochwasser und Eis nicht genau absehbar ist.[249]

Im Rheingebiet konkurrieren Binnenschiff und Bahn vorrangig im Segment der Massengutverkehre, für die beide Verkehrsträger aufgrund ihrer Massenleistungsfähigkeit besonders geeignet sind. Die kostengünstige Beförderungsmöglichkeit mit dem Binnenschiff hat dazu beigetragen, dass diverse Industrien und Kohlekraftwerke ihre Standorte nahe des Rheins und seinen Nebenflüssen gewählt haben und dass Rotterdam als Umschlagplatz von Massengütern an Bedeutung gewonnen hat.[250]

Wenn es infolge niedriger Wasserstände zu einer Laderaumverknappung und einer hiermit regelmäßig einhergehenden Frachtensteigerung kommt, relativiert sich dieser Vorteil jedoch. **Zur Absicherung gegen mögliche Einschränkungen des Binnenschiffverkehrs sind Kraftwerksstandorte im Binnenland oft mit einem Bahnanschluss und größeren Kohlelagerflächen ausgestattet. Diese sind bei der Entwicklung eines Supply Chain Designs ebenfalls zu dimensionieren.**

2.4.3.2 Infrastruktur und Auslastung der Binnenwasserstraßen

Die Bundeswasserstraßen sind Teil des bodengebundenen Verkehrswegenetzes der Bundesrepublik Deutschland.[251] Obwohl das Wasserstraßennetz sehr viel weitmaschiger als das der Schiene und Straße ist, ist es dennoch ein zusammenhängendes

248 Vgl. LNC (2008), S. 14 f.

249 Frachtraten und Kleinwasserzuschläge werden zwischen Auftraggeber und Schiffer vereinbart. Hierdurch soll das von beiden Seiten nicht zu verantwortende Risiko wasserstandsbedingter Minderabladungen der Schiffe verteilt und eine wirtschaftliche Betriebsführung sichergestellt werden. Die Höhe richtet sich nach Pegelstaffeln oder Empfehlungen. Vgl. z.B. VBW (1999), S. 6 ff. Auch für Hochwasser und Eis können Zuschläge vereinbart werden. Vgl. Lorenz, W. (2005), S. 428 ff.

250 Vgl. BAG (2007), S. 14.

251 Vgl. BMVBW (2003), S. 3.

System, das die großen Seehäfen einerseits mit der Hohen See, andererseits mit dem Hinterland sowie die bedeutendsten Industriezentren miteinander verbindet.

Deutschland verfügt im europäischen Vergleich über das am weitesten ausgebaute Netz an Wasserstraßen.[252] Die Binnenwasserstraßen unterteilen sich in Binnenschifffahrtsstraßen und Seeschifffahrtstraßen. Die Länder mit der größten Verkehrsleistung in der europäischen Binnenschifffahrt sind Deutschland, die Niederlande, Frankreich und Belgien (vgl. Tabelle 4). Auch bei der Betrachtung der Länge der regelmäßig genutzten Binnenwasserstraßen liegt Deutschland an erster Stelle.

Tabelle 4: Länge und Transportleistung regelmäßig genutzter Binnenwasserstraßen wichtiger Binnenschiffsländer Europas[253]

Land	Länge (2007) [km]	Netzdichte (2007) [km/1000 km^2]	Güterverkehr (2008) [Mrd. tkm]
Deutschland	7.309	21	64,1
Niederlande	6.215	196	45,3
Belgien	1.532	50	8,8
Frankreich	5.372	8	8,9

Bei der Betrachtung der Binnenwasserstraßen ist neben der Länge der Verkehrswege insbesondere eine Einteilung dieser Wege nach ihrer Wasserstraßenklasse wichtig. Bei dem System der Klassifizierung der europäischen Binnenwasserstraßen werden die Wasserstraßenklassen I bis VI definiert.[254] Wasserstraßen der Klassen I bis III sind von eher regionaler Bedeutung. Straßen der Klassen IV bis VI sind für internationale Schiffsverkehre von Relevanz. Mit steigender Klassennummer nehmen die Maße der zulässigen Abmessungen der Schiffe (Länge, Breite, Tiefe) zu. Der für die moderne Binnenschifffahrt relevante Bereich beginnt ab der Wasserstraßenklasse Va.[255] Die Klassifizierung der Binnenwasserstraßen ausgewählter europäischer Länder zeigt Tabelle 5.

---

252 Vgl. Planco (2003), S. 37 f.

253 Eigene Darstelllung, Daten aus European Commission (2010), S. 114 und 153.

254 Vgl. Alvarez Laita, F. J./Medina Arnaiz, M. L. (2005), S. 44 f.

255 Vgl. Planco (2003), S. 37.

Tabelle 5: Klassifizierung der Binnenwasserstraßen ausgewählter europäischer Länder[256]

Land	Wasserstraßenklasse ECMT								
	I	III	IV	Va	Vb	Vc	VIb	VIc	ges.
Deutschland	90	89	1.052	983	1.216		638	274	4.343
Niederlande			291	294	191	489		1	1.266
Belgien			541	116	41	321			1.019
Frankreich	251	729	314	189	857		149	20	2.509
internat. Bedeutung	nicht relevant		relevant						

Bei der Modellierung der Ver- und Entsorgungslogistik von Steinkohlekraftwerken, die einen Wasseranschluss haben, sind die möglichen Schiffsgrößen und folglich die Anzahl der benötigten Verkehrsmittel abhängig von dem Ausbauzustand der benötigten Streckenabschnitte der Wasserstraßen.

Der Ausbauzustand der Binnenwasserstraßen ist sehr heterogen und stellt eine bedeutende Restriktion für die Entwicklung von Schifffahrt und Häfen dar. Bei einer Berücksichtigung dieser Klassen fallen bei einigen Ländern große Teile der Wasserstraßen heraus, welche für den Gütertransport keine oder nur eine geringe Bedeutung haben. Die zulässigen Abmessungen und Schiffstiefgänge bestimmen im Wesentlichen die Höhe der Transportkosten (und die Kapazität) und somit die Wettbewerbsfähigkeit in Bezug zu den anderen Verkehrsträgern.[257] Hinsichtlich Brückenhöhe, Schleusenbreite etc. gibt es **keine national bedingten Unterschiede**. Abweichungen sind eher flussspezifisch zu sehen, d.h. je breiter der Fluss, desto höher die Brücken. Ist beim Transport von Containern generell die Brückenhöhe ausschlaggebend für die Schiffsgröße (Anzahl Containerlagen), stellen beim Massenguttransport i.d.R. die **Schleusenabmessungen** die limitierenden Faktoren dar.[258]

Es ist üblich, die Binnenwasserstraßen zu Wasserstraßen- oder Stromgebieten zuzuordnen. Neben dem Rheinstromgebiet mit den Nebenflüssen Main, Neckar, Mosel und Saar ist das westdeutsche Kanalgebiet[259] von besonderer wirtschaftlicher Relevanz, da diese Kanäle das Bindeglied zwischen dem Rheinstromgebiet

256 Eigene Darstellung in Anlehnung an Planco (2003), S. 38.

257 Vgl. MW (2007), S. 13.

258 Der Europäische Schifffahrts- und Hafenkalender WESKA enthält detaillierte Informationen über die Binnenwasserstraßen in Form der Fahrtstreckenbeschreibung mit Angaben über Orte, Häfen, Brücken, Fähren und Schleusen. Vgl. Dütemeyer, G./ Adami, C. (2006).

259 Zu dem westdeutschen Kanalgebiet werden folgende Wasserstraßen gezählt: Wesel-Datteln-Kanal (WDK), Rhein-Herne-Kanal (RHK), Datteln-Hamm-Kanal (DHK), Dortmund-Ems-Kanal (DEK), Küstenkanal (KK) und Mittellandkanal (MK).

und dem Weserstrom- und Elbstromgebiet darstellen und so dem Ruhrgebiet einen Zugang zur Nordsee und den mitteldeutschen Wirtschaftszentren bieten.

Die Güterverkehrsdichte der Binnen- und der Seeschifffahrt auf den Bundeswasserstraßen ist regional sehr unterschiedlich ausgeprägt.[260] Der überwiegende Teil des mit der Binnenschifffahrt transportierten Güteraufkommens (80 %) findet in Deutschland im Rheingebiet statt. Von Süd nach Nord nimmt hier die Verkehrsdichte kontinuierlich zu, da sowohl die Nebenflüsse als auch die Häfen (z.B. Duisburg) zum Verkehrsaufkommen auf der verkehrsreichsten Wasserstraße Europas beitragen. Die Güter, die auf dem Rhein stromab transportiert werden, erreichen die Nordsee nicht über das westdeutsche Kanalsystem, vielmehr folgt der größte Teil dem Verlauf des Rheins, so dass diese hauptsächlich über die ARA-Häfen befördert werden. In Ostdeutschland sind wegen des geringeren Ausbaus der Wasserstraßen die Verkehrsleistungen nicht so hoch. Die Güterverkehrsdichte der Seeschifffahrt ist besonders auf der Elbe, die den Hamburger Hafen mit der Nordsee verbindet, und dem Nord-Ostsee-Kanal (NOK) sehr ausgeprägt. **Bei der Entwicklung eines Supply Chain Designs für ein Steinkohlekraftwerk sind die relevanten Wasserstraßen auf ihre Belastbarkeit bezüglich zusätzlicher Transportströme zu untersuchen.**

Neubau, Ausbau und Instandhaltung der Bundeswasserstraßen sowie der Betrieb der bundeseigenen Schifffahrtsanlagen sind hoheitliche Aufgaben, für die die Wasser- und Schifffahrtsverwaltung des Bundes (WSV) zuständig ist. Die WSV gliedert sich in die Wasser- und Schifffahrtsdirektionen (WSD) und die nachgeordneten Wasser- und Schifffahrtsämter (WSA), die für die jeweiligen Wasserstraßenabschnitte verantwortlich sind.[261] Informationen zum Aus- und Neubau der Bundeswasserstraßen und der Schifffahrtsanlagen (Schleusen und Schiffshebewerke) sowie Statistiken zu Schifffahrtsbehinderungen (z.B. Eis- und Wasserstandsdaten) können hier abgerufen werden.

2.4.3.3 Kapazitätsengpässe

Voraussetzung für einen durchgängig wirtschaftlich effizienten Binnenschiffsverkehr ist die weitestgehende technische Kompatibilität der Fahrbereiche. Auf den für den großräumigen Güterverkehr relevanten Hauptstrecken besteht jedoch, neben einem wachsenden Instandhaltungsbedarf, ein erheblicher Rekonstruktions- und Ausbaubedarf. Mehr als 50 % der Schleusenkammern waren im Jahr 2003 älter als 65 Jahre und über 50 % der Brücken waren älter als 40 Jahre.[262]

---

260 Vgl. BMVBW (2002).

261 Eine Übersicht über die Zuständigkeitsgebiete der WSD findet sich auf der Seite des BMVBS: http://www.bmvbs.de/Anlage/original_1039502/Uebersichtskarte-Bundeswasser strassen.pdf, Abruf 20.06.2010.

262 Vgl. BMVBW (2003), S. 49 f.

Aufgrund der seit Jahren andauernden angespannten öffentlichen Haushaltslage sind in der Unterhaltung der Wasserstraßen hohe Defizite aufgelaufen. Auch zukünftig ist die Realisierung der notwendigen Instandhaltungs- und Ersatzinvestitionen wegen knapper Bundesmittel nicht gesichert. Neben Sparmaßnahmen des Bundes führen insbesondere mangelnde Planungskapazitäten in der Wasser- und Schifffahrtsverwaltung zu Verzögerungen geplanter Maßnahmen.[263] Eine zunehmende Gefahr wird in häufigeren und längeren Betriebsunterbrechungen von Schleusen gesehen, die sowohl durch planmäßige Unterhaltungsmaßnahmen als auch durch ungeplante Instandsetzungsmaßnahmen verursacht werden können. **Bei der Entwicklung eines Supply Chain Designs für die Kraftwerkslogistik sind, wenn möglich, weitere Verkehrsträger einzuplanen, um Störungen in der Lieferkette auf der Wasserstraße abfangen zu können.**

Im Bericht des Bundesministeriums für Verkehr, Bau- und Wohnungswesen über die Zukunft der deutschen Binnenschifffahrt im europäischen Wettbewerb vom Dezember 2001 werden folgende Engpässe im Bereich der deutschen Binnenwasserstraßen genannt:[264]

- Dortmund-Ems-Kanal, Südstrecke (unzureichende Abmessungen des Kanals),
- Verbindung Hannover-Magdeburg-Berlin (unzureichende Abmessungen des Kanals),
- Mosel (fehlende Schleusenkapazität),
- Havel-Oder-Wasserstraße (unzureichende Abmessungen des Kanals und des Schiffshebewerks),
- Mittelweser (unzureichende Fahrrinnentiefe und -breite),
- Wasserstraßenkreuz Minden (Übergang von Mittellandkanal zur Mittelweser).

Die Wirtschaftsvereinigung Stahl sieht in einem Positionspapier die Kapazitätsprobleme an den Schleusen der Mosel, wodurch Wartezeiten bis zu 15 Stunden entstehen, als limitierenden Faktor für die saarländische und lothringische Stahlindustrie. Zudem wird u.a. Ausbaubedarf beim Elbe-Seitenkanal, der Mittelweser und der West-Ost-Verbindung vom Rhein nach Berlin gesehen.[265] Im Bereich des internationalen Verkehrs bestehen durch starke Wasserstandsschwankungen verursachte Engpässe im Bereich der Elbe (nach Tschechien) und der Donau (Straubing–Vilshofen).[266]

2.4.3.4 Binnenhäfen

Binnenhäfen sind „an die Wasserstraße angebundene, abgegrenzte Bereiche (Wasserfläche/Kai) zum Anlegen von Schiffen, ausgerüstet mit ortsfesten Anlagen für

263 Vgl. MW (2007), S. 107 ff.
264 Vgl. Planco (2003), S. 7.
265 Vgl. Breese, H./Beerheide, A./Steller, I. (2008), S. II.
266 Vgl. Planco (2003), S. 38.

den Umschlag und die Lagerung von Gütern (Landfläche)."[267] Sie sind die Schnittstellen zwischen Wasser und Land, für die, je nach vorhandenem Equipment, folgende Übergaben in einem Modell abgebildet werden können:

- Wasser ↔ Land: Die Ladung eines Schiffs wird an Land zwischengelagert bzw. die an Land lagernden Güter auf das Schiff verladen.
- Wasser ↔ Wasser: Die Ladung eines großen Schiffs wird auf kleinere umgeschlagen (wegen geringer Umschlagleistungen eher die Ausnahme).
- Wasser ↔ Schiene: Die Ladung des Schiffs wird für den Weitertransport auf einen Zug verladen oder vice versa.
- Schiene ↔ Land: Die angelieferte Ladung eines Zugs wird zwischengelagert oder der Zug holt Ladung ab.
- Straße ↔ Land/Schiene/Wasser: Gegebenenfalls kann auch der Umschlag der Güter zwischen LKW und Schiff/Zug bzw. Land berücksichtigt werden.

Umschlagprozesse an den Schnittstellen einer mehrgliedrigen Transportkette belasten diese bezüglich Kosten und Zeit. Umschlaganlagen für Schüttgut werden jeweils für die Be- oder Entladung spezialisiert. Die Grundsystematisierung der Umschlagmittel für Schüttgüter kann nach der Kontinuität ihrer Arbeitsweise in Stetigförderer (Bandförderer, Elevatoren, Rutschen, Sauger, Pumpen, Becherwerke[268]) und Unstetigförderer (Krane) unterteilt werden.[269] Weiter kann nach dem Arbeitsprinzip zwischen mechanischen, pneumatischen und hydraulischen Förderern unterschieden werden. Erzielbare Umschlagmengen hängen von der Leistungsfähigkeit der eingesetzten Anlagen ab und werden zusätzlich durch die Eigenschaft des Förderguts, die Organisation des Löschbetriebs und die Schiffsgröße beeinflusst.

Es wird zwischen öffentlichen Binnenhäfen und privaten Werkshäfen unterschieden. Öffentliche Binnenhäfen sind oft intermodale Schnittstellen des Güterverkehrs und sind z.T. in überregionale Güterverkehrszentren (GVZ) und Logistikkonzepte integriert. Werkshafenanlagen sind vorwiegend monostrukturierte Standorte, die als Werks- und Industriehäfen betriebsinterne Logistikprozesse und Umschläge für private Unternehmen durchführen. Dies können neben Kraftwerkshäfen z.B. auch Häfen der Chemie- und Stahlindustrie oder Werkshäfen der Automobilhersteller sein. **Jeder Hafen kann lokale oder überregionale Verkehre induzieren, die bei der Engpassermittlung des Wasserstraßennetzes zu berücksichtigen sind.** Dieses wird später bei der Beschreibung des Makromodells näher erläutert.

Binnenhäfen können in der logistischen Kette der Kraftwerksversorgung eine entscheidende Rolle spielen, wenn die Rückladekapazitäten auf die Schiene in den Seehäfen unzureichend sind. Es kann erforderlich sein, die Kohle im

267 Graage, K.-D./Enthaler, E. (1998), S. A1 26.
268 Vgl. Osborne, D. B. (1997), S. 108 ff.
269 Vgl. Pfohl, H.-C. (2004), S. 141.

Seehafen erst auf ein Binnenschiff zu verladen, um dann später im Hinterland einen erneuten Verkehrsmittelwechsel vom Binnenschiff auf die Schiene vorzunehmen.

Der wichtigste deutsche Kohle-Hub im Inland ist *Duisburg*. Mit Schubverbänden bis 18.000 t Tragfähigkeit wird die Kohle aus Rotterdam und Amsterdam über den Rhein nach Duisburg transportiert. Die jährliche Umschlagkapazität der fünf Kohleterminals liegt bei 8 Mio. t Kohle. Die Importkohle, die vorrangig aus Südafrika, Polen, Kolumbien, Australien und China importiert wird, kann über den terminaleigenen Bahnanschluss parallel zur Kaikante direkt auf Waggons umgeladen werden. Auch eine kundenspezifische Aufbereitung mittels Brech- und Mischanlagen und eine Lagerung ist möglich.[270] Am linken Niederrhein ist *Orsoy* ein bedeutender Kohleumschlag. Von dort werden zahlreiche Industriestandorte und Kraftwerke in Deutschland und in Österreich über die Schiene bedient.[271]

2.4.3.5 Binnenschiffe

Die für die Seeschiffe relevanten Beschränkungen treffen prinzipiell auch auf die Verkehrsmittel der Binnenschifffahrt zu. Auch hier sind die Hauptabmessungen der Fahrzeuge aufgrund restriktiver Fahrwasserbedingungen begrenzt. Wegen geringerer Beanspruchungen auf den Binnengewässern durch Wellenschlag wird bei Binnentransportmitteln eine leichtere Bauweise als bei Seeschiffen gewählt.[272] Dies impliziert, dass Binnentransportmittel nur unter der Erfüllung bestimmter Auflagen auf Seeschifffahrtsstraßen verkehren dürfen. Dies ist bei der Entwicklung eines Supply Chain Designs zu berücksichtigen. Tragfähigkeit, Antriebsleistung und navigatorisch-technische Ausstattung der Schiffe richten sich nach den jeweiligen Bedingungen der Fahrtgebiete.[273]

Binnenschiffe für den Massenguttransport sind in der Regel Einraumschiffe, die wegen ihrer großen Decksöffnungsgrade sehr umschlagfreundlich sind.[274] Je nach Anforderungen des Kraftwerksstandorts kommen offene Schiffe oder solche mit einer Abdeckung zum Einsatz. Die Fahrzeuge werden in Motorgüterschiffe, Schubboote und Schubleichter unterteilt, welche jeweils für die Trockenschifffahrt oder für die Tankschifffahrt ausgelegt sind. Die Kombination dieser Transportmittel führt zu Schub- bzw. Koppelverbänden.

---

270 Vgl. Duisportal (2008).

271 Vgl. o.V. (2004a), S. 23.

272 Insbesondere die Längssteifigkeit ist wegen fehlender dynamischer Beanspruchungen durch Seegang weitaus geringer. Vgl. Laue, U. (1985), S. 88 ff.

273 Vgl. Graage, K.-D./Enthaler, E. (1998), S. A1 42.

274 Vgl. Laue, U. (1985), S. 88 ff.

Tabelle 6: Wasserstraßenklassen und Schiffsgrößen[275]

Klasse der Binnen-wasser-straße	Motorschiffe und Schleppkähne Typ des Schiffes: Allgemeine Merkmale					Schubverbände Art des Schubverbandes: Allgemeine Merkmale					Brücken-durchfahrts-höhe
	Bezeichnung	Länge L (m)	Breite B (m)	Tiefgang d (m)	Tonnage T (t)	Formation	Länge L (m)	Breite B (m)	Tiefgang d (m)	Tonnage T (t)	
I	Penische Westlich der Elbe	38,5	5,05	1,8-2,2	250-400						4,0
	Gross Finow Östlich der Elbe	41	4,7	1,4	180						3,0
II	Kempenaar Westlich der Elbe	50-55	6,6	2,5	400-650						4,0-5,0
	BM-500 Östlich der Elbe	57	7,5-9,0	1,6	500-630						3,0
III	Gustav Koenigs Westlich der Elbe	67-80	8,2	2,5	650-1.000						4,0-5,0
	Östlich der Elbe	67-70	8,2-9,0	1,6-2,0	470-700		118-132	8,2-9,0	1,6-2,0	1.000-1.200	4,0
IV	Johann Welker	80-85	9,5	2,5	1.000-1.500		85	9,5	2,5-2,8	1.250-1.450	5,25 o. 7,00
Va	Große Rheinschiffe	95-110	11,4	2,5-2,8	1.500-3.000		95-110	11,4	2,5-4,5	1.600-3.000	5,25 o. 7,00 o. 9,1
Vb							172-185	11,4	2,5-4,5	3.200-6.000	
VIa							95-110	22,8	2,5-4,5	3.200-6.000	7,0 o. 9,1
VIb		140	15	3,9		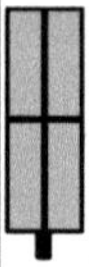	185-195	22,8	2,5-4,5	6.400-12.000	
VIc						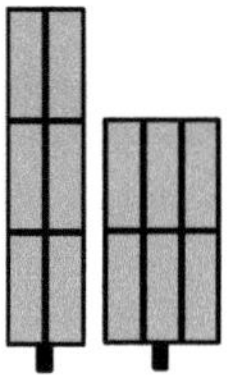	270-280 195-200	22,8 33,0-34,2	2,5-4,5	9.600-18.000	

275 http://www.wsv.de/service/karten_geoinformationen/bundeseinheitlich/pdf/w161k_A3.pdf, Abruf 20.06.2010.

- Bei *Motorgüterschiffen* werden Antrieb und Laderaum in einem Fahrzeug vereint. Standardschiffe sind das Europaschiff Johann Welker und das Rheinschiff. Für Kohletransporte werden auch das Großmotorgüterschiff (großes Rheinschiff, L = 110 m) und das übergroße Großmotorgüterschiff (ÜGMS, L = 135 m) eingesetzt (vgl. auch Tabelle 6).[276] Es ist ein Trend vom Europaschiff zum GMS und ÜGMS zu verzeichnen, d.h. die Kapazitäten und Größen der Schiffe steigen. Grund hierfür sind Skaleneffekte bei größeren Schiffen, die sich in geringeren spezifischen Transportkosten [Euro/t] auswirken.[277]
- *Schubschiffe* haben im Gegensatz zu den Motorgüterschiffen keinen eigenen Laderaum.
- *Schubleichter*, auch Bargen genannt, sind schwimmende Transportmittel ohne eigenen Antrieb und werden durch ein Schubschiff vorangetrieben. Sie finden teilweise als schwimmende Lager Anwendung.

Ein *Schubverband* ist die Kombination eines Schubboots mit bis zu sechs Schubleichtern, in denen die Ladung befördert wird. Diese nautische Einheit kann bei einer Länge von 280 m bis zu 16.000 t Güter vor sich herschieben. Diese effiziente Art der Binnenschifffahrt ist insbesondere auf dem Rhein möglich, da es hier keine begrenzenden Schleusen gibt. Mögliche Verbandskonfigurationen sind Tabelle 6 zu entnehmen. Für den Ausbau des für den internationalen Güterverkehr relevanten Kanalsystems gelten auf europäischem Niveau das voll abgeladene Großmotorgüterschiff (Großes Rheinschiff) und der einspurige zweigliedrige Schubverband als Bemessungsschiff.

Bei einem *Koppelverband* wird das Schubboot durch ein Großmotorgüterschiff (GMS) oder Übergroßes Großmotorgüterschiff (ÜGMS) ersetzt, welches selbst auch Ladung aufnehmen kann (vgl. Abbildung 23). Dreier- und Vierer-Koppelverbände können in Deutschland nur auf dem Rhein eingesetzt werden.

276 Weitere Schiffstypen, deren Abmessungen und deren Tragfähigkeiten bei unterschiedlichen Abladetiefgängen können im Europäischen Schiffahrts- und Hafenkalender (WESKA) nachgeschlagen werden. Vgl. Dütemeyer, G./Adami, C. (2006), S. B 266.

277 Vgl. LNC (2008), S. 10.

Koppelverband-Konfiguration	Tiefgang [m]	Tragfähigkeit [t]
	1,5	1.300
	2,5	3.350
	3,5	5.400
	1,5	2.000
	2,5	4.900
	3,5	7.800
	1,5	2.700
	2,5	6.450
	3,5	10.200

Abbildung 23: Koppelverband-Konfigurationen und deren Tragfähigkeiten in Abhängigkeit des Tiefgangs[278]

Die technischen und wirtschaftlichen Vorteile von Schub- und Koppelverbänden liegen in der einfacheren und kostengünstigeren Bauweise der Leichter (niedrige Vorhaltungskosten) sowie Personal- und Treibstoffeinsparung (geringere Betriebskosten).[279] Im Gegensatz zum Koppelverband erfolgt bei einem Schubverband während der Be- und Entladung eine Trennung der Leichter vom Schubboot. Dieses übernimmt im Zielhafen ein bereits fertig be- oder entladenes Leichterpaket, so dass keine Wartezeiten, sondern nur **Koppelzeiten** entstehen, welche in einem Modell für die Entwicklung eines Supply Chain Designs für Steinkohlekraftwerke zu berücksichtigen sind.[280] Auf diese Weise werden unproduktive Stillliegezeiten des kapitalintensiven Schubboots vermieden. Bei längeren Transportstrecken verringert sich dieser Vorteil aufgrund des geringeren zeitlichen Anteils der Umschlagzeiten im Verhältnis zur gesamten Transportzeit. Überschreiten die Abmessungen eines Schub- oder Koppelverbandes die Abmessungen von Schleusen, sind hier ebenfalls Koppelzeiten zu berücksichtigen.

Eine Variante der Schubschifffahrt im Fluss-See-Verkehr ist das Barge Carrier-System, bei dem die Leichter (barges) für den seewärtigen Anteil der Transportkette inklusive der Ladung auf Leichter-Mutterschiffe (Barge Carrier) übernommen und transportiert werden. Der Weitertransport auf der Binnenwasserstraße erfolgt durch die Zusammenstellung der Bargen zu einem Schubverband.[281]

Tracking und Tracing wird in der Binnenschifffahrt zur Zeit noch eingeschränkt genutzt. Durch den Einsatz von Telematik und hier insbesondere den Ausbau eines länderübergreifenden Informationssystems auf den Binnenwasserstraßen (River Information Systems, RIS) werden zukünftig auch Vorteile für die Kraftwerkslogistik gesehen. Durch die Verbindung elektronischer Wasserstraßenkarten

278 Heuser, H. H./Renner, V. (2007), S. 55. Die Länge dieser Koppelverbandskonfigurationen beträgt knapp 190 m.

279 Vgl. Graage, K.-D./Enthaler, E. (1998), S. A1 43.

280 Vgl. Heuser, H. H./Renner, V. (2007), S. 56.

281 Vgl. Lorenz, W. (2005), S. 391.

mit genauen Flussbettabbildungen und aktuellen Pegeldaten sollen auf Flüssen mit schwankenden Wasserständen die jeweils aktuell möglichen Schiffstiefgänge maximal genutzt werden können. Dieses Informationssystem soll es der Binnenschifffahrt ermöglichen, grenzübergreifend Informationen zu Verkehrslage, Schiffbarkeit von Wasserstraßen und Schleusenzeiten zu erhalten und so die Fahrtenplanung zu verbessern.[282] Auch im Schleusenbetrieb hat die Wasser- und Schifffahrtsverwaltung damit begonnen, die Möglichkeiten der Telematisierung zu nutzen. Eine Slot-Vergabe an Schleusen könnte die Termintreue der Binnenschifffahrt steigern.[283] Zur Förderung der Informations- und Kommunikationstechnik wurden von der Bundesregierung mehrere Initiativen gestartet, welche die Vorteile von Internet und modernen Leit- und Kommunikationssystemen für die Binnenschifffahrt nutzbar machen sollen. Hierzu gehört auch das Internetportal „ELWIS" (Elektronisches Wasserstraßeninformationssystem), das die Schifffahrt mit aktuellen nautischen und verkehrstechnischen Informationen versorgt.

2.4.3.6 Kostenfaktoren

Bei Massengütern weist das Binnenschiff im Hinterlandverkehr die geringsten streckenbezogenen Transportkosten (pro Tonnenkilometer) auf. Die Massenleistungsfähigkeit der Schiffe macht „economies of scale" möglich, die von der Straße oder der Bahn nicht zu erreichen sind.[284] Der Einsatz größerer Schiffe sowie eine Erhöhung der Abladetiefe führt zu einer Kostendegression (Cent/tkm).[285]

Bei der Ermittlung der Kosten für den Binnenschiffstransport ist zu unterscheiden, ob dieser im Selbsteintritt oder durch einen Fremdanbieter durchgeführt wird. Im Fall der Charter treten Frachtraten[286], mögliche Niedrigwasserzuschläge, Umschlags- und Lagerkosten auf. Bei einem Selbsteintritt ergeben sich Kosten für das Binnenschiff, die Infrastruktur und den Umschlag.

---

282 Durch Transponder, welche die aktuelle Position eines Schiffs mittels satellitengestützter Ortung ermitteln sowie Daten zu Identifikation, Verbandsgrößen, geschätzter Ankunftszeit (Estimated Time of Arrival, ETA) etc. weiterleiten, werden diese Verkehrsdaten in landseitigen Zentralen verarbeitet. Diese geben die aktuellen Verkehrsdaten in elektronischen Binnenschifffahrtskarten aus, die die einzelnen Binnenschiffer wiederum abrufen können.

283 Vgl. MW (2007), S. 109 f.

284 Ein Schubverband kann bis zu 400 Eisenbahnwaggons oder 650 Lastwagen ersetzen.

285 Vgl. Planco/BfG (2007), S. 30 ff.

286 Frachtraten können dem monatlich erscheinenden Frachtenspiegel der Zeitschrift für Binnenschifffahrt entnommen werden. Vgl. o.V. (2009), S. 2. Diese Von-Nach-Matrix gibt die höchsten bekanntgewordenen Frachtraten exklusive Kleinwasserzuschlägen für den Transport von Schüttgut aus; spezifische Frachtraten für den Kesselkohletransport werden nicht genannt. Zu berücksichtigen ist, dass die Frachtraten Marktpreise mit unbekannter Marge sind; für langfristige Transportverträge sind Abschläge von mehr als 30 % üblich. Vgl. Frontier Economics/Consentec (2008), S. 35.

Kosten des Binnenschiffs

Die Kosten des Binnenschiffs ergeben sich aus den Vorhaltekosten (Kalkulatorische Abschreibung, Versicherungen) und den Betriebskosten (Besatzung, Treibstoff[287], Schmierstoffe, Verwaltung).[288] Der Anteil der Binnenschiffstransportkosten an den Gesamtkosten ist umso höher, je länger die Transportentfernung ist und dabei umso niedriger, je höher die Auslastung des Transportraums ist. Aufgrund eines höheren Betriebsmitteleinsatzes sind die Betriebskosten bei der Bergfahrt höher als bei der Talfahrt. Je kleiner der Anteil dieses Kostenblocks an den gesamten Kosten ist, umso weniger hat die Binnenschifffahrt Einfluss auf die Gestaltung des Gesamtpreises der logistischen Dienstleistung.

Infrastrukturkosten

Die Gebührenerhebung für die Nutzung der Infrastruktur wird in den europäischen Ländern unterschiedlich geregelt. In den Niederlanden wird, abgesehen von zwei Brücken, keine Gebühr für die Nutzung der Binnenwasserstraßen erhoben, jedoch für die Nutzung der Häfen und Schleusen. In Belgien müssen so genannte „Scheepvaartrechten“ (Schifffahrtsrechte) bezahlt werden, die bei Frachtschiffen pro Tonnenkilometer berechnet werden.[289] In Deutschland wird bei der Gebührenerhebung zwischen der Nutzung der Binnenwasserstraßen (Schifffahrtsabgaben und Sonderschleusungsgebühren) und der Nutzung von Hafenanlagen (Hafenkosten) differenziert.

Für die Benutzung diverser Binnenwasserstraßen und ihrer Anlagen werden in Deutschland *Schifffahrtsabgaben* erhoben, die der Unterhaltung der Anlagen und Strecken dienen. Die Abgabenpflicht entsteht für die Beförderung von Gütern oder Personen. Die Schifffahrtsabgaben werden als Befahrungsabgaben oder als Schleusengebühren erhoben. Befahrungsabgaben richten sich nach der zurückgelegten Entfernung eines Schiffs auf einer Binnenwasserstraße, Schleusengebühren können an jeder Schleuse erhoben werden. Sowohl auf der Mosel[290] als auch auf den süddeutschen Bundeswasserstraßen (Neckar, Main, Main-Donau-Kanal, Saar und Lahn)[291] müssen Güterschiffe, die Massengüter befördern, eine von Gewicht und

287 In Deutschland besteht für die Binnenschifffahrt eine Befreiung von der Mineralölsteuer sowie von der Ökosteuer.

288 Eine Kostenverteilung für ein Binnenschiff mit einer Kapazität von 2500 t findet sich bei ZKR (2008a), S. 19. Bei neuen Gütermotorschiffen im Einzelbetrieb (also nicht Reedereibetrieb) setzen sich die Kosten aus den Blöcken Treibstoff (20 %), Lohn und Personal (40 %) und den Kosten für Zinsen, Versicherung und Wartung (40 %) zusammen.

289 Vgl. ECORYS Transport/METTLE (2005), S. 104.

290 Vgl. Tarif für die Schifffahrtsabgaben auf der Mosel zwischen Thionville (Diedenhofen) und Koblenz (Coblence) der WSD Südwest (2008).

291 Vgl. Tarif für die Schifffahrtsabgaben auf den süddeutschen Bundeswasserstraßen der WSD Südwest (2009). Weitere Tarife auf der Seite der Wasser- und Schifffahrtsverwaltung des Bundes, http://www.wsv.de/Schifffahrt/abgaben/tarife.html, Abruf 20. 06.2010.

Art der beförderten Güter abhängige Befahrungsabgabe entrichten.[292] Eine reguläre Schleusengebühr fällt nicht an. Auf den süddeutschen Binnenwasserstraßen können zusätzlich zu den üblichen Befahrungsabgaben noch *Sonderschleusungsgebühren* für Schleusungen außerhalb der festgesetzten Schleusenbetriebszeit anfallen. Auf den Kanälen wird eine Kanalabgabe erhoben. Die internationalen Flüsse Rhein, Donau, Elbe und Oder sind abgabenfrei.[293]

Der Anteil der Schifffahrtsabgaben an den Kosten des Binnenschiffstransports ist umso kleiner, je kürzer der gebührenpflichtige Wasserstraßenabschnitt an der Gesamtstrecke ist. Ein Tool für die Berechnung der Schifffahrtsabgaben für die deutschen Bundeswasserstraßen im Binnenbereich ist auf der Homepage der Wasser- und Schifffahrtsverwaltung abrufbar.[294]

Die *Hafenkosten* setzen sich in Deutschland aus Ufergeld und Hafengeld (und gegebenenfalls Lagergeld) zusammen. Das *Ufergeld* ist nach der jeweiligen Hafengeldverordnung in den Binnenhäfen für die Benutzung öffentlicher Hafenanlagen von demjenigen zu entrichten, der in den Häfen den Güterumschlag durchführt. Das *Hafengeld* ist eine Liegegebühr, die ein Schiff in Abhängigkeit von der Aufenthaltsdauer in einem Hafen entrichten muss. Je nach Liegedauer und Tragfähigkeitstonnage und abhängig davon, ob ein Güterumschlag stattfindet oder nicht, sind die Abgaben gestaffelt.[295] Weiterhin fällt ein Hafengeld an, wenn ein Schiff wegen einer Schifffahrtssperre wegen Hochwassers oder der Schließung des Schiffsverkehrs wegen Eisgefahr in einem Hafen Schutz sucht.

Umschlagskosten

Die Benutzung der Krananlagen wird in der Regel im Rahmen so genannter Kranleistungsverträge geregelt, die die Gebührensätze für die Inanspruchnahme der Kranleistungen festlegen. Von Seiten der Hafenverwaltung werden hierfür im Allgemeinen Stundensätze und Tonnensätze verrechnet. Bei Massengütern werden i.d.R. Gebühren je umgeschlagener Tonne erhoben. Dabei variieren die Kostensätze je nach Umschlagart (Schiff-Land, Schiff-Schiene etc.).

Eine wichtige Rolle bei der Zusammensetzung der Kosten spielt die Transportentfernung, da unproduktive Hafenzeiten und Schleusenaufenthalte unterschiedlich stark in Abhängigkeit von der Entfernung ins Gewicht fallen. Wegen des hohen

292 Die Berechnung für Schütt-, Stück- und Tankgüter ist relativ komplex, da die einzelnen Güter je nach Güterklasse mit verschiedenen Abgabesätzen bemessen sind.

293 Vgl. Wasser- und Schifffahrtsverwaltung des Bundes, http://www.wsv.de/Schifffahrt/abgaben/index.html, Abruf 20.06.2010.

294 Dieses erfordert Vorkenntnisse über das Binnenwasserstraßensystem und die Klassifizierung der zu transportierenden Güter. http://www.wsv.de/Schifffahrt/abgaben/infoberechnung.html, Abruf 20.06.2010.

295 In den Häfen der Duisburger Hafen AG beträgt das Hafengeld beispielsweise zwischen 1,63 Euro bis 10,75 Euro je 100 t Tragfähigkeit. Vgl. duisport (2003). Insgesamt nehmen die Hafenkosten an den Gesamtkosten des Transports nur einen kleinen Teil ein.

Fixkostenanteils erreicht das Binnenschiff erst bei längeren Transportentfernungen und hoher Auslastung eine starke Kostendegression.

2.4.3.7 Regulierungen und Wettbewerb

Im Gegensatz zur Bahn gibt es in der Binnenschifffahrt keine nationalen Restriktionen bzw. keine speziellen Grenzübergangsbedingungen. Die Interoperabilität der Schiffe, also die Einsetzbarkeit in anderen Wasserstraßengebieten, hängt vor allem von den technischen Standards der Schiffe und den Schiffsgrößen im Verhältnis zu den infrastrukturellen Gegebenheiten ab.

Für die Bewertung vorhandenen Schiffsraums für die Kraftwerksver- und -entsorgung ist zu beachten, dass Binnenschiffe, die den Rhein befahren, die Rheinzulassung der Zentralkommission für die Rheinschifffahrt (ZKR) haben müssen.[296] Die für den Rhein gültigen Vorschriften stellen von der Tendenz her hohe Anforderungen an Schiff und Besatzung.[297] Auf dem Rhein zugelassene Fahrzeuge dürfen auch auf der Donau fahren, wohingegen der Zugang von Donauschiffen zum Rhein aufgrund der höheren technischen Standards am Rhein limitiert ist.[298] Um den wirtschaftlichen Anforderungen gerecht zu werden und die Schiffe flexibel einsetzen zu können, verfügt der weitaus überwiegende Teil der deutschen Binnenschiffsflotte über eine Rheinzulassung.[299]

Für die Ermittlung erforderlicher Verkehrsmittelkapazitäten für die Ver- und Entsorgungslogistik eines Kraftwerks ist zu beachten, dass Binnenschiffe auch nachts fahren dürfen. Voraussetzung hierfür ist, dass ausreichend Schlafplätze für die Besatzung vorhanden sind und dass das Schiff mit Radar ausgestattet ist.[300] **Bei der Entwicklung eines Supply Chain Designs ist jedoch zu beachten, dass nicht alle Schleusen nachts in Betrieb sind.**

Zwar ist die nautische Ausbildung innerhalb der westlichen Länder Europas unterschiedlich strukturiert, der Qualitätsstandard der Ausbildungsprogramme ist jedoch größtenteils vergleichbar.[301] Ein Binnenschiffer muss für die jeweils zu befahrende Binnenwasserstraße ein Patent haben. In Europa wird zwischen

296 Dieses internationale Übereinkommen gilt in allen Rheinanliegerstaaten (Niederlande, Belgien, Luxemburg, Frankreich, Deutschland, Schweiz). Vgl. Zentralkommission für die Rheinschifffahrt, www.ccr-zkr.org, Abruf 08.10.2006. Grundlage der internationalen Rheinschifffahrt ist die Mannheimer Akte von 1868. Zuständig für die Aufrechterhaltung und Weiterentwicklung des Rheinregimes ist die Zentralkommission für die Rheinschifffahrt mit Sitz in Straßburg.

297 Dies sind u.a. die Rheinschiffsuntersuchungsordnung (RheinSchUO) und die Rheinschifffahrtspolizeiverordnung (RheinSchPV). Vgl. Internetseite der ZKR.

298 Vgl. Buck Consultants International et al. (2004), S. 6.

299 Vgl. Renner, V./Bialonski, W. (2004), S. 13.

300 Hierfür muss der Kapitän ein Radarpatent vorweisen. Vgl. ZKR (2008b), S. 3.

301 Vgl. Buck Consultants International et al. (2004), S. 5.

- patentpflichtigen Wasserstraßen, wie beispielsweise dem Rhein, der Elbe oder der Donau sowie den
- Schifferpatenten für den Kanalbereich

unterschieden. Auf den patentpflichtigen Wasserstraßen muss ein Schiffsführer für die jeweils zu befahrenen Streckenabschnitte ein Streckenpatent erwerben. So kann das Rheinpatent beispielsweise nur für den Abschnitt Basel-Duisburg ausgestellt werden; für eine Fahrt außerhalb dieser Strecke ist dann ein Lotse an Bord zu nehmen.[302] Die Schifferpatente für den Kanalbereich gelten für alle Kanäle; hier erfolgt keine Prüfung für einzelne Streckenabschnitte. Die westeuropäischen Lizenzen werden in Deutschland in der Regel anerkannt. Osteuropäische Lizenzen können teilweise umgeschrieben werden.[303] **Ein kurzfristiger Wechsel vorhandener Schiffskapazitäten in andere Fahrtgebiete ist somit nicht möglich, da sowohl für das Schiff als auch für den Schiffsführer entsprechende Zulassungen erforderlich sind.**

Bei den Schiffsabmessungen gibt es keine nationalen, sondern nur geographische Restriktionen. Die maximal zulässigen Abmessungen sind in der dem jeweiligen Wasserstraßenbereich zugeordneten Polizeiverordnung (PV) festgelegt. In Deutschland sind die Informationen zu den Bundeswasserstraßen der Wasser- und Schifffahrtsdirektionen online einzusehen.[304] Für die österreichischen Binnenwasserstraßen stellt „via donau“, die Österreichische Wasserstraßen GmbH, aktuelle Informationen zu Pegelständen, Schleusen, Brücken etc. auf ihrer Internetseite zur Verfügung.[305]

2.4.4 Schienenverkehr

Das zweitwichtigste Transportmittel für die Kohletransporte im Hinterlandverkehr ist, nach dem Binnenschiff, der Güterzug.

2.4.4.1 Leistungsfaktoren

Hinsichtlich der im Kapitel 2.4.3.1 verwendeten Leistungsfaktoren kann der Schienentransport folgendermaßen bewertet werden:[306]

---

302 Das Patent kann durch weitere Prüfungen für weitere Abschnitte ergänzt werden. Die einzelnen Streckenpatente werden im Schifferpatent vermerkt. Vgl. ZKR (2008b), S. 2 ff.

303 Gespräch mit Wasser- und Schifffahrtsamt Duisburg-Rhein, 26.06.06.

304 Vgl. http://www.elwis.de/Binnenwasserstrassen/datentabellen/index.html, Abruf 20.06. 2010.

305 Diese Internetseite lautet: http://www.doris.bmvit.gv.at/, Abruf 20.06.2010.

306 Vgl. u.a. Sulamith, A. (2008), S. 117 ff., Bensel, N. (2008), S. 222, Lorenz, W. (2005), S. 308 und VDV (2008), S. 20 f.

1. Zeitliche Planung

Die Zeit für einen Massengütertransport auf der Schiene ist im Vergleich zu einer Beförderung auf der Binnenwasserstraße als viel kürzer einzustufen. Ausfälle im Schienentransport sind aber, im Gegensatz zur Binnenschifffahrt, eher schwierig zu prognostizieren, da ungeplante Streckensperrungen eher durch unvorhersehbare Ereignisse hervorgerufen werden.

2. Servicequalität

Die Unfallhäufigkeit beim Schienenverkehr ist ebenfalls als gering einzustufen. Gefahrguttransporte sind auch hier möglich. Die Zuverlässigkeit von Schienenbeförderungen ist im Allgemeinen hoch, kann aber durch Streikmaßnahmen gewerkschaftlich organisierter Bahnarbeiter temporär eingeschränkt sein.[307]

3. Flexibilität

Im Gegensatz zum Binnenschiff kann ein Zug auf ein größeres Infrastrukturnetz zugreifen und ist somit flexibler bezüglich der Auswahl der Strecken.

Für die Ver- und Entsorgungslogistik von Steinkohlekraftwerken ist zu berücksichtigen, dass die zeitliche Flexibilität stark eingeschränkt ist, da die Zuordnung von Trassen langfristig im Voraus geplant und beantragt werden muss und kurzfristig kaum geändert werden kann. Güterzüge stehen zudem ganz unten in der Priorität der Trassenzuteilung. Auch im Betriebsablauf hat die Personenbeförderung auf der Schiene Vorrang gegenüber dem Gütertransport.[308] Verzögerungen im Transportablauf können zu größeren Verspätungen führen.[309]

Im Hinblick auf die technische Flexibilität steht die Bahn im Vergleich zum Binnenschiff viel schlechter dar; insbesondere im grenzüberschreitenden Verkehr ist aufgrund der Inkompatibilität nationaler Bahnsysteme eine Vielzahl von Regelungen zu beachten.[310] Zeitverzögerungen an den Grenzen sind bei der Modellie-

---

307 So führten die Streikmaßnahmen der Lokführergewerkschaft GDL auch zu Verzögerungen bei den Massengut- und Kohletransporten.

308 Güterzüge haben gegebenenfalls Personenzügen Platz zu machen und auf Überholgleise auszuweichen. Erst wenn der Personenverkehr eine ausreichend große Lücke aufweist, kann der Zug weiterfahren. Häufige, durch Überholungen von Personenzügen bedingte Halte des Güterverkehrs verschlechtern dessen Transportgeschwindigkeit und somit die Kapazität.

309 Wegen der großen bewegten Massen eines Kohlezugs, der lang andauernden Brems- und Beschleunigungsvorgänge und der zeitaufwendigen Freischaltung der Bremsen ist ein unplanmäßiger Halt mit einem großen Zeitaufwand verbunden. Um eine ausreichende Beschleunigung der Kohlezüge zu gewährleisten werden z.T. zwei Loks zusammengeschaltet. Aufgrund des Stop & Go-Rhythmusses fahren Güterzüge insbesondere nachts. Vgl. Netzwerk Privatbahnen (2008b), S. 26.

310 Vgl. hierzu ausführlich Kapitel 2.4.4.3 und 2.4.4.5.

rung der Ver- und Entsorgungslogistik von Steinkohlekraftwerken zu berücksichtigen.

4. Benutzerfreundlichkeit

Der Gütertransport per Schiene ist mit hohen Transaktionskosten im Verkehrsträgervergleich belastet, da ein recht hoher Planungsaufwand über mehrere Instanzen für eine Trassenbeantragung erforderlich ist. Wesentliche Akteure sind die Eisenbahnverkehrsunternehmen (EVU), die die Schienentransporte durchführen, und die Eisenbahninfrastrukturunternehmen (EIU), die die Eisenbahninfrastrukturen betreiben und diese den EVU zur Verfügung stellen.[311] Ein Verlader wendet sich mit den von ihm geforderten Parametern (Relation, Ladungsmenge, Abfahrtzeit etc.) an ein EVU, welches im Anschluss eine Trassenanfrage bei einem EIU zu stellen hat. Dieses führt daraufhin eine Studie durch, um mögliche Trassen auf ihre Eignung zu untersuchen.[312]

Im Schienenverkehr können in Deutschland Güterzüge bis zu einer Länge von maximal 700 m gefahren werden. Jedoch verfügt nicht jeder Rangierknoten über entsprechend lange Gleise, so dass Züge im Rahmen des Umschlags neu zusammengestellt bzw. bei Entladung aufgeteilt werden müssen. **Verzögerungen durch solche Rangierleistungen können die Umlaufdauern von Zügen erheblich verlängern.**

2.4.4.2 Infrastruktur Schiene

Das deutsche Eisenbahnnetz umfasste 2005 knapp 40.000 km.[313] Die Elektrifizierung des Netzes steigt kontinuierlich, dennoch sind 48 % der deutschen Schienenstrecken nicht elektrifiziert.[314] Für eine bessere Nutzung der Strecken strebt die DB Netz AG die Differenzierung des Netzes in ein Vorrang-, ein Leistungs- und ein Regionalnetz an, um eine Trennung von langsamen und schnellen Verkehren zu erreichen. Genauere Angaben zum durchschnittlichen Auslastungsgrad des Eisenbahnnetzes werden von der DB Netz AG nicht veröffentlicht.[315] 10 % des Streckennetzes sind im Besitz sogenannter Nichtbundeseigener Bahnen (NE-Bahnen).

---

311 In Deutschland verfügen etwa 300 EVU über eine Lizenz für den Güterverkehr. Vgl. VDV (2008), S. 18 und S. 53.

312 Vgl. Lorenz, W. (2005), S. 325 ff.

313 Vgl. Statistisches Bundesamt (2010), S. 425.

314 Vgl. Statistisches Bundesamt (2008a), Kapitel 1. Alle fünf Jahre wird eine Strukturerhebung durch das Statistische Bundesamt durchgeführt. Vgl. o.V. (2007a), S. 97.

315 Vgl. Rohde, B. (2004), S. 13.

Kapazitätsengpässe

Der Schienengüterverkehr hat in den letzten Jahren stark zugenommen. Es ist davon auszugehen, dass sich dieser Trend langfristig fortsetzt und auch der Konjunktureinbruch nichts daran ändern wird.[316] Allerdings hat der Ausbau der deutschen Schieneninfrastruktur mit der Bedarfssteigerung nicht Schritt gehalten. Das deutsche Netz ist bereits heute auf bestimmten Hauptverkehrsachsen stark ausgelastet. 60 % der Schienenverkehrsleistung werden auf 25 % des Netzes erbracht, wobei die Leistungsgrenzen durch Engpässe, Langsamfahrtstellen und Überbeanspruchungen wichtiger Strecken bestimmt werden.[317] Der Auslastungsgrad der Hauptabfuhrstrecken liegt laut Rohde an Werktagen aufgrund des hohen Güterverkehrsaufkommens bereits an der Kapazitätsgrenze.[318] **Zudem stehen für den Güterverkehr aufgrund der allgemeinen hohen Inanspruchnahme der Schieneninfrastruktur und der Bevorzugung der Personenverkehre oftmals nicht die schnellsten bzw. kürzesten Trassen zur Verfügung.** Aufgrund des hohen Gesamtgewichts der Kohlezüge kann ein Ausbau von Strecken zu **Schwerlasttrassen** (Nachrüstungen der Gleisbetten und Oberleitungen) erforderlich sein.

Die DB AG wird kritisiert, nicht hinreichend über den Netzzustand zu informieren; bei dem von ihr in 2007 vorgelegten Netzzustandsbericht „fehlen Aussagen zur Kapazität des Netzes."[319] Einen Engpass stellen in erster Linie die Hinterlandanbindungen der Seehäfen (v.a. Hamburg und die Rheintalstrecke) und Knotenpunkte (z.B. Duisburg) dar. In Belgien wird der Korridor zwischen der deutschen Grenze und Antwerpen als Engpass angesehen, der auch im Jahr 2015 überlastet sein wird.[320] In den Niederlanden ist im Schienengüterverkehr die Strecke Rotterdam – deutsche Grenze (Emmerich/Venlo) am stärksten frequentiert. Die Betuwe-Linie, fertiggestellt 2007, ist eine eigens für den Güterverkehr zweigleisig ausgebaute Verbindung, die die Maasvlakte im Hafen Rotterdam mit dem niederländischen Grenzbahnhof Zevenaar verbindet.[321] Auf deutscher Seite ist ein Ausbau

---

316 Vgl. Netzwerk Privatbahnen (2008a). Das Netzwerk Privatbahnen ist ein Zusammenschluss von privaten Eisenbahngüterverkehrsunternehmen aus mehreren europäischen Ländern und repräsentiert in Deutschland ca. 90 % der privaten Güterbahnen, wie z.B. rail4chem, boxxpress, TXLogistik etc.

317 Vgl. z.B. VDV (2007). Das Netzwerk Privatbahnen geht von einer Dunkelziffer von Langsamfahrtstrecken, die nicht beseitigt werden, und von Falschangaben der DB AG über den Zustand der Infrastruktur aus. Aufgrund der Anpassung der Fahrpläne an Geschwindigkeitsabsenkungen führen solche Strecken nicht zu erkennbaren Verspätungen. Vgl. Netzwerk Privatbahnen (2005) und Netzwerk Privatbahnen (2007b).

318 Vgl. Maak, H. (2010), S. 10 ff. und Rohde, B. (2004), S. 14 f.

319 BAG-SPNV (2007), S. 3 ff.

320 Vgl. KombiConsult/Kessel + Partner (2004), S. 10.

321 Anzumerken ist, dass die Trassenauslastung der Betuwe-Route, die den Hafen Rotterdam mit dem deutschen Emmerich verbindet, im Jahr 2007 noch gering war, da die Umrüstung der Lokomotiven auf das neue Zugsicherungssystem ECTS nur schrittweise erfolgt. Vgl. BAG (2008), S. 25.

entsprechend der Schienenkapazitäten der Betuwe-Linie nicht erfolgt.[322] Die bereits bestehenden Kapazitätsprobleme auf der deutschen Anschlussstrecke Emmerich-Oberhausen bis Duisburg wurden durch die Eröffnung der Betuwe-Linie noch weiter verschärft; bei grenzüberschreitenden Verkehren kommt es durch die zunehmenden Verkehre oft zu Rückstaus.[323] Derzeit auftretende bzw. kurzfristig absehbare besonders spürbare Engpässe im deutschen Schienennetz zeigt Abbildung 24.

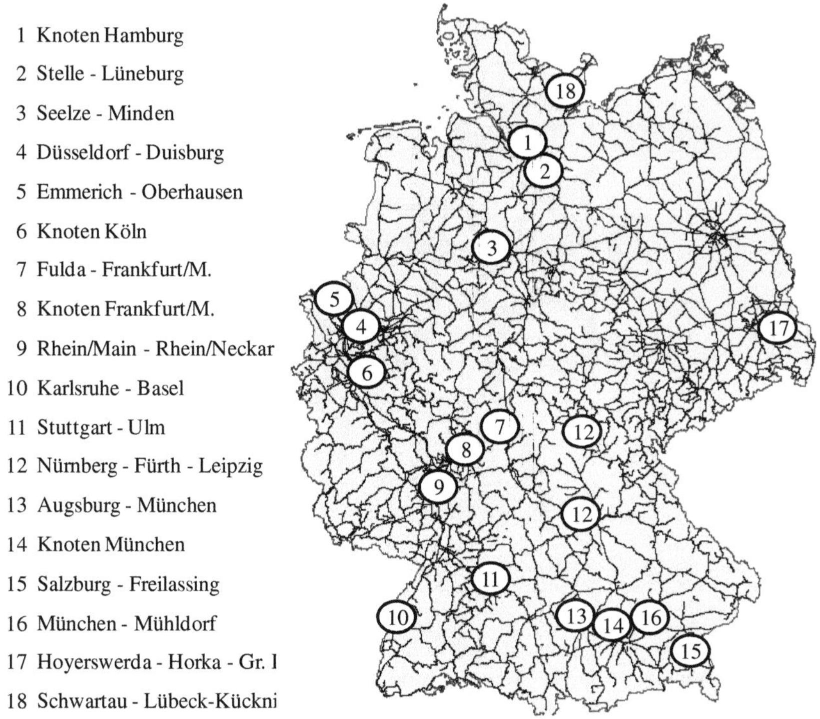

Abbildung 24: Engpässe in der Schieneninfrastruktur[324]

Für den Schienengüterverkehr im Jahr 2015 wird eine Verkehrsleistung von mehr als 150 Mrd. tkm erwartet; dies entspricht einem Wachstum von mehr als 40 % auf der Basis von 2004 (vgl. Abbildung 25). Haupttreiber dieses Wachstums ist das starke Umschlagwachstum in den europäischen Seehäfen. Dieses wird zu

322 Auf deutscher Seite bildet die Strecke Emmerich – Oberhausen die Fortsetzung der Betuwe-Linie.

323 Vgl. KombiConsult/Kessel + Partner(2004), S. 10 und Netzwerk Privatbahnen (2008b), S. 19.

324 Auswahl, ohne Nahverkehrsstecken. BMVBS (2006), S. 135.

großen Herausforderungen im Seehafenhinterlandverkehr führen, da die Hauptabfuhr dieser Verkehrsmengen auf den bereits heute stark belasteten Korridoren des Schienennetzes erfolgen muss.[325]

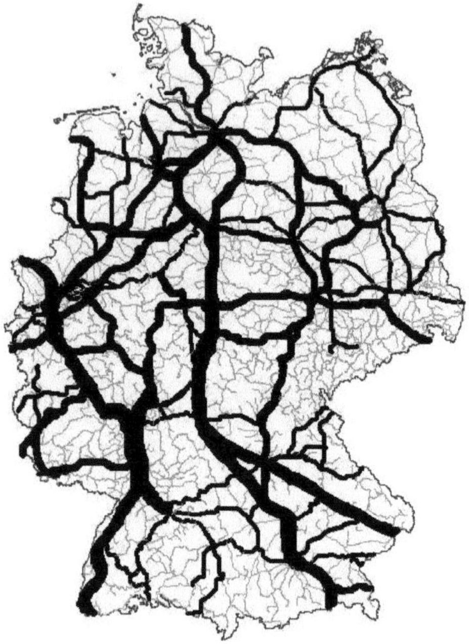

Abbildung 25: Prognostizierte Netzbelastung (2015)[326]

Insbesondere auf den Nord-Süd-Relationen wird ein signifikanter Anstieg der Verkehre erwartet.[327] Diese Mengen sind auf das zunehmende Hafenhinterlandvolumen sowohl bei Containern als auch im Bulk-Geschäft zurückzuführen.[328] Laut der Deutschen Bahn sind bereits auf wichtigen Routen „kaum noch Kapazi-

325 Vgl. Fricke, E. (2008).

326 Vgl. Meyer, H.-J. (2008). Die Strichstärke basiert auf Zugzahlen

327 Vgl. Belter, B./Fricke, E. (2008), S. 176. Diese Problematik ist keineswegs neu. Bereits Ihde spricht 2001 von ausgelasteten Kapazitäten und mangelnden Qualitäten bei den Nord-Süd-Verkehren und insbesondere der Rheinschiene. Vgl. Ihde, G. B. (2001), S. 157 ff.

328 Im Bereich des internationalen Warenaustauschs ist seit Jahren ein wachsendes Transitaufkommen im Schienengüterverkehr zu verzeichnen. Insbesondere auf den Nord-Süd-Verbindungen zwischen den ARA-Häfen (insbesondere Rotterdam und Antwerpen) und Italien und Österreich wird ein Großteil des interkontinentalen Handels Westeuropas abgewickelt. Vgl. BAG (2008), S. 25.

tätsreserven vorhanden".[329] Es ist davon auszugehen, dass die für 2015 prognostizierten Zugzahlen ohne eine Ertüchtigung der Schieneninfrastruktur nicht abgewickelt werden können.[330]

Strategien zur Engpassbewältigung

Um den erwarteten Engpässen zu begegnen, sehen diverse Planungen der Bundesregierung und der Deutschen Bahn Projekte unterschiedlicher Dringlichkeit vor.

Der *Bundesverkehrswegeplan (BVWP)* stellt ein Rahmenprogramm dar, welches den Umfang und Anwendungsbereich der staatlichen Investitionen in die Verkehrsinfrastruktur enthält.[331] Der aktuelle BVWP 2003 enthält diverse prioritäre Projekte, die eine Verbesserung der Hafen-Hinterland-Verbindungen der deutschen Seehäfen zum Gegenstand haben. Jedoch besitzt der BVWP nur empfehlenden Charakter, stellt aber keinen Finanzierungsplan dar.[332] Angesichts immer knapper werdender öffentlicher Mittel sowie behördlicher und umweltrechtlicher Auflagen ist die Umsetzung der Maßnahmen als zunehmend schwierig und vor allem langwierig zu bewerten.[333] Neben einer Unterfinanzierung wird zudem eine Fehlallokation der Gelder in ökonomisch fragwürdige Projekte kritisiert, die schon heute nicht mehr den aktuellen Bedarfen entsprechen. Es wird erwartet, dass auf vielen Streckenabschnitten des Schienen- und Straßennetzes selbst bei vollständiger Fertigstellung der vorgesehenen Maßnahmen im Jahr 2020 Überlastungen entstehen.[334] **Aufgrund von Verzögerungen in der Umsetzung von Projekten des BVWP kann für die Entwicklung eines Supply Chain Designs für einen Kraftwerksstandort nicht immer davon ausgegangen werden, dass geplante Projekte planmäßig realisiert werden.**

Mit dem Konzept *„Strategie Netz 21"* definiert die Deutsche Bahn die künftige Netzgestaltung und -dimensionierung.[335] Sie beinhaltet die Sanierung und Optimierung des vorhandenen Netzes, eine bessere Auslastung der Infrastruktur z.B. mittels Entmischung der Verkehre und eine Harmonisierung der Geschwindigkeiten in Engpassabschnitten sowie den Neu- und Ausbau von Strecken und Knoten zur Beseitigung von verbleibenden Engpässen.[336] Ergebnis einer aktuellen Studie ist, dass

329 DB AG (2007), S. 10.

330 Vgl. Siefer, T. (2008).

331 Vgl. BMVWP (2003), S. 51. und Hartwig, K.-H. (2005), S. 7 ff.

332 Die tatsächliche Zuteilung der Bundesgelder erfolgt im jährlich verabschiedeten Haushaltsplan. Vgl. BMVBS (2007), S. 3 ff. und Willeke, R. (2003), S. 525.

333 Vgl. BVL (2008a), S. 46. Kritisiert wird zudem, dass Projekte durch „Schönrechnerei" besser gestellt werden. Vgl. Marte, G. (2004) und (2002).

334 Vgl. Suntum, U. van et al. (2008), S. 29 ff., Heuser, T./Reh, W. (2007), S. 240 ff. sowie acatech (2006).

335 Vgl. Pohl, M. (2008), S. 196 ff.

336 Vgl. u.a. Aberle, G./Hennecke, R./Eisenkopf, A. (1999), S. 21 ff. sowie Heidmeier, S./Siegmann, J. (2008), S. 750.

vorhandene Engpässe auch unter Berücksichtigung der bereits in der Realisierung befindlichen Maßnahmen nicht ausreichend entschärft werden. Das stärkste Wachstum gemessen an der Anzahl der Züge ist auf den heute schon hoch belasteten Hauptkorridoren des Netzes zu verzeichnen, so dass sich eine Verstärkung der wesentlichen Engpässe im Netz ergibt.[337]

Um der steigenden Aufkommensentwicklung im Güterverkehr zu begegnen, hat die Deutsche Bahn AG zusammen mit den Häfen den *Masterplan Schiene-Seehafen-Hinterland-Verkehr* aufgestellt.[338] Ziel war die Entwicklung eines umfassenden Gesamtkonzepts und das Aufzeigen konkreter Neu- und Ausbaumaßnahmen für die Gewährleistung einer nachhaltigen Entwicklung.[339] Auf Basis von nicht näher erläuterten Detailuntersuchungen wurden Strategien für kurzfristige und langfristige Maßnahmen zur Vermeidung von Engpässen und dem Ausbau von Kapazitäten bis 2015 ausgearbeitet.[340] Neben dem Ausbau der Infrastruktur und der Fahrplanoptimierung liegt ein Schwerpunkt in einem intelligenten Auslastungsmanagement und in alternativen Laufwegkonzepten.[341] Weitere Ansätze für eine Kapazitätssteigerung des Schienencontainerverkehrs werden in der Vergrößerung der zulässigen Zuglänge sowie der Einführung von Doppelstock-Containertragwagen gesehen.[342] Verkehre im Bereich des Massengutsektors werden nicht erwähnt. Die Finanzierung eines Großteils der notwendigen Investitionen ist jedoch noch offen.[343]

Das Leitbild der künftigen Verkehrspolitik der Bundesregierung ist der *Masterplan Güterverkehr und Logistik des BMVBS*.[344] Ziel des Masterplans ist die Entwicklung eines verkehrsträgerübergreifenden Konzepts für Logistik und Güterverkehr für den Wirtschaftsstandort Deutschland, das den absehbaren wirtschaftlichen und ökologischen Entwicklungen gerecht wird. Prioritäre güterverkehrspolitische Maßnahmen, wie die optimale Nutzung der Verkehrswege, die Vermeidung von Verkehren und ein verstärkter Ausbau von Verkehrsachsen werden beschrieben. Diverse Einzelmaßnahmen stehen in direktem Bezug zum Seehafenhinterlandverkehr, für den Schienenverkehr wird z.B. eine Entmischung von Güter- und Personenverkehren gefordert. Konkrete Bauvorhaben werden nicht beschrieben, es soll aber eine Überprüfung der dem BMVWP zugrunde liegenden Bedarfs-

---

337 Vgl. Pohl, M. (2008), S. 197 f.

338 Vgl. DB AG (2007). Dieser hat auch in den vom BMVBS entwickelten Masterplan Güterverkehr und Logistik Eingang gefunden.

339 Vgl. DB AG (2007), S. 9.

340 Vgl. Belter, B. (2007), Belter, B./Fricke, E. (2008), S. 174 ff. sowie DB AG (2007), S. 11.

341 Vgl. Belter, B. (2008).

342 Hier stellen aber die Restriktionen, die sich aus den Infrastrukturen und den Lichtraumprofilen ergeben (Gleislängen, Brücken, Oberleitungen etc.), einem weiträumigen Einsatz Grenzen.

343 Vgl. Heitmann, K. (2008) und Belter, B. (2008).

344 Vgl. Bundesregierung (2008).

pläne für die vordringlichen Projekte erfolgen. Wie diese Maßnahmen finanziert werden können, ist noch unklar.[345]

Zusammenfassend zeigt sich, dass es diverse Pläne für die Engpassbewältigung im Schienenverkehr gibt. Diese greifen aber zu kurz, können nicht rechtzeitig realisiert werden oder sind finanziell noch nicht abgesichert. **Bei der verkehrsträgerübergreifenden Entwicklung eines Supply Chain Designs sind somit potenzielle Engpässe im Schienenverkehr zu berücksichtigen.**

2.4.4.3 Lokomotiven und Waggons

Eine zunehmende Verkehrsnachfrage führt zu Kapazitätsengpässen bei Lokomotiven (und Mehrsystemlokomotiven), Waggons, Lokführern und Wagenmeistern, welche mit steigenden Mietaufwendungen für das rollende Material und Leihpersonal einhergeht.[346] Die bisher hohe Nachfrage nach Betriebsmitteln hatte sich in wachsenden Lieferfristen der Hersteller widergespiegelt. **Im Bereich der Kohletransporte ist insbesondere bei zunehmenden Transportvolumina von einer Knappheit an geeigneten Waggons auszugehen. Aufgrund technologischer Restriktionen kann hier nicht ohne weiteres auf rollendes Material und Personal anderer Länder zurückgegriffen werden:**[347]

Die Schienenverkehrslandschaft in Europa setzt sich aus einer Vielzahl unterschiedlicher **inkompatibler Technologien** zusammen, die den Einsatz möglicher Lokomotiven und Waggons festlegen.[348] Bei Kohleimporten aus den ARA-Häfen oder auch aus Osteuropa sind diese Restriktionen im Falle eines Selbsteintritts des Energieversorgungsunternehmens zu beachten. Diese können zudem zu **Zeitverzögerungen** in der Supply Chain führen. Eine Aufstellung der Strom- und Zugsicherungssysteme sowie Spurbreiten ausgewählter Länder zeigt Tabelle 7.

Unterschiedliche *Stromsysteme* führen dazu, dass in einigen Ländern die Lokomotiven mit Gleichstrom, in anderen mit Wechselstrom unterschiedlicher Frequenzen fahren. Hinzu kommt, dass in den jeweiligen Ländern nur ein Teil der Schienenwege elektrifiziert ist. So ist in Abhängigkeit von der zu befahrenden Strecke eine entsprechend ausgerüstete Elektro- oder Diesellok vorzuhalten.

Zugsicherungssysteme sind Einrichtungen, die Zusammenstöße zwischen zwei auf demselben Gleis fahrenden Zügen verhindern sollen. Aufgrund der geringen Reibung zwischen Rad und Schiene ergibt sich bei Schienenfahrzeugen ein im Vergleich zu Straßenfahrzeugen langer Bremsweg, der mit zunehmender Masse und zunehmender Geschwindigkeit ansteigt. Um die Gefahr von Kollisionen zu min-

---

345 Vgl. Helmke, B. (2008), S. 52 f.

346 Vgl. BAG (2008), S. 26 und BAG (2007), S. 41 ff.

347 Eine Darstellung über die technische Zersplitterung des europäischen Eisenbahnraums findet sich bei Lange, K. (2007), S. 143.

348 Vgl. Lange, K. (2007), S. 141 ff., Vahrenkamp, R./Siepermann, C. (2007), S. 306 ff. und VDV (2008), S. 65 ff.

dern, wurden in den europäischen Ländern diverse unabhängige Systeme entwickelt, die notfalls eine selbsttätige Bremsung des Zuges auslösen.[349]

Tabelle 7: Technische Daten ausgewählter Schienensysteme europäischer Länder[350]

Land	Spannung		Länge Schienennetz 2004			Spurbreite	Zugsicherungssystem	Verkehrsleistung 2005
			gesamt	elektrifiziert				
	AC	DC	[km]	[km]	[%]	[mm]		[Mrd. tkm]
Belgien	3 kV	25 kV 50 Hz	3.536	2.950	83	1435	Crocodile/TBL	8,1
Niederlande	1,5 kV		2.811	2.064	73	1435	ATB/ATB-NG	5,2
Frankreich	0,75-0,85 kV 1,5 kV	25 kV 50 Hz	29.246	14.545	50	1000 1435	Crocodile/TBL	40,7
Deutschland	0,8-1,2 kV	15 kV 16,7 Hz	34.732	19.340	55	1435	INDUSI/LZB	89,2
Polen		15 kV 16,7 Hz	20.250	11.910	59	1435	KHP	43,8
Tschechien		15 kV 16,7 Hz	9.612	2.982	31	1435	LVZ/LST	14,8

AC: Alternating Current, DC: Direct Current

Neben unterschiedlichen Strom- und Zugsicherungssystemen in den europäischen Ländern sind weiterhin abweichende *Lichtraumprofile* von Strecken, Brücken, Tunneln und Bahnhöfen zu berücksichtigen.[351] Die Lichtraumprofile beeinflussen die Abmessungen der Stromabnehmer auf der Lok; hier sind unterschiedliche Materialien im Einsatz.[352]

In jedem Land (und z.T. auch innerhalb eines Landes) gibt es unterschiedliche *Zugfunksysteme* mit länderspezifischen Sonderfunktionen, so dass eine Lok im internationalen Verkehr mit den entsprechenden Funkgeräten ausgerüstet sein muss. Derzeit entsteht eines der größten digitalen Mobilfunknetze für den Bahnbetrieb,

349 Langfristig soll das Zugsteuerungs- und Zugsicherungssystem ETCS (European Train Control System) die Vielzahl der in den europäischen Ländern eingesetzten Zugsicherungssysteme ablösen und so eine grenzüberschreitende Zugführung in ganz Europa ermöglichen. Vgl. hierzu ausführlich Fenner, W./Naumann, P./Trinckauf, J. (2003), S. 422 ff. sowie Lange, K. (2007), S. 142 ff.

350 Eigene Darstellung, Daten aus Europäische Union/Eurostat (2006), Tabellen 3.2.5, 3.5.3, 3.5.6 und Europäische Kommission (2001), S. 34 f.

351 Vgl. Schiemann, W. (2002), S. 244 ff.

352 Vgl. Kießling, F. et al. (1998), S. 40.

das Global System for Mobile Communications - Rail (GSM-R). Dieses soll mittelfristig gesamteuropäischer Standard werden.[353]

Europas Schienenverkehrslandschaft besteht aus 3 Spurweiten, 5 Stromsystemen, 7 Signalsystemen und 15 nicht kompatiblen Leit- und Sicherungssystemen.[354] Um den zeitaufwendigen Wechsel einer Lok an der Grenze zu umgehen, sind zunehmends *Mehrsystemlokomotiven* in Betrieb genommen worden, die sämtliche technische Einrichtungen und Zulassungen der zu befahrenden Länder aufweisen. Aufgrund der zusätzlichen Ausrüstung und der aufwendigen Entwicklung sind diese entsprechend ausgerüsteten Loks vergleichsweise teuer.[355] Der Vorteil des Einsatzes von Mehrsystemlokomotiven liegt in der kürzeren Aufenthaltsdauer des Zuges an der Grenze, da Wartezeiten auf andere Lokomotiven und Rangierprozesse entfallen. Die Voraussetzung, dass ein EVU grenzüberschreitend fahren darf, ist der Erwerb der ausländischen Lizenz. Weitere Bedingungen sind die Zulassung der Lokomotive sowie die Lizenz des Lokführers.[356] Sofern das EVU keine Lok mit Zulassung für das Ausland hat, muss an der Grenze ein Lokwechsel inkl. Personalwechsel erfolgen.[357] **Der zeitliche Aufwand beim Grenzübertritt (Systemwechsel) ist gegebenenfalls bei der Modellierung der Ver- und Entsorgungslogistik zu berücksichtigen.**

Für den Transport von Schüttgütern können offene oder gedeckte Schüttgutwagen eingesetzt werden, deren höchstzulässige Radsatzlast und Meterlast von der Belastbarkeit des Streckenunterbaus der Schienenwege abhängt.[358] **Insbesondere die schweren Kohlezüge sind auf hierfür ausgelegte Schwerlasttrassen angewiesen.** Neben der Schwerkraftentladung, bei der der Waggoninhalt nach dem Öffnen von Entladeklappen direkt auf ein unter den Waggons liegendes Förderband

---

353 Vgl. Schiemann, W. (2002), S. 13.

354 Vgl. Metz, K. (2004), S. 21.

355 Jede Lok, die im internationalen Verkehr eingesetzt wird, muss durch die jeweilige Aufsichtsbehörde zugelassen sein. Dieser Prozess ist sehr aufwendig und kostenintensiv.

356 Ein Lokführer braucht für jedes Land, in dem er fährt, eine nationale Lizenz (Führerschein) und muss die Sprache des jeweiligen Landes beherrschen, da der Funkverkehr nicht, wie beispielsweise in der Binnenschifffahrt üblich, in englischer Sprache, sondern in der jeweiligen Landessprache abgewickelt wird. Vgl. Metz, K. (2004), S. 22. Es bietet sich an, für Traktion und/oder Personal geeignete Partner-EVU im Ausland einzuschalten.

357 Wenn an der Grenze ein Wechsel der Verantwortung auf ein anderes EVU stattfindet, muss das übernehmende EVU prinzipiell eine neue wagentechnische Untersuchung durchführen. Auf diese Maßnahme kann verzichtet werden, wenn es zwischen den beiden EVU ein sogenanntes Vertrauensschutzabkommen gibt.

358 Die Radsatzlast ist die Summe des Gewichts der Ladung und des Waggons dividiert durch die Zahl der Achsen. Die Meterlast ist dieselbe Summe dividiert durch die Länge des Wagens. (Die Achslast eines Wagens ergibt sich aus der Summe von Eigen- und Lademasse dividiert durch die Achsenzahl). Vgl. Lorenz, W. (2005), S. 320 ff.

oder in einen Bunker fällt, können auch Schüttgutkippwagen eingesetzt werden.[359] Waggons, die im internationalen Verkehr eingesetzt werden sollen, müssen hierzu zugelassen sein.[360]

2.4.4.4 Kostenfaktoren

Die Kostenstruktur für den Verkehrsträger Schiene kann in Kosten für die Infrastruktur (Trassenpreise, Gleismieten und Rangierkosten) und Kosten für das Verkehrsmittel gegliedert werden. Diese sind bei einem Vergleich alternativer Supply Chain Designs zu berücksichtigen und für sämtliche in Frage kommenden Routen zu ermitteln.

Die Trassenpreise fallen sowohl im internationalen Vergleich als auch im nationalen Vergleich ganz unterschiedlich aus und sind abhängig vom Grad der Frequentierung, der vorhandenen Elektrifizierung, der Streckenkategorie (z.B. Hochgeschwindigkeitsstrecken, Schwerlaststrecken etc.) und Zu- und Abschlägen (z.B. für die Gewichtsklasse).[361] Aufgrund der Vielzahl verschiedener Trassenpreissysteme lässt sich kein Durchschnittswert ermitteln.[362] Auf dem deutschen Schienennetz werden Trassenpreise erhoben, die sich modular aus einer nutzungs- und einer leistungsabhängigen Komponente sowie sonstigen Faktoren zusammensetzen.[363] Die nutzungsabhängige Komponente ergibt sich aus dem Produkt aus der Streckenkategorie, aus der sich der Grundpreis je Trassenkilometer ableitet, und einem Trassenproduktfaktor.[364] Bei der leistungsabhängigen Komponente ist für den Kohletransport neben einem Auslastungsfaktor von 1,2, der auf besonders stark ausgelasteten Streckenabschnitten erhoben wird, die **gewichtsabhängige Lastkomponente** von Relevanz, die den erhöhten Verschleiß und Kapazitätsverbrauch

---

359 Einen Güterwagenkatalog mit gängigen Waggontypen, deren Abmessungen, Achszahl und Tragfähigkeit bietet die DB Schenker auf ihrer Internetseite http://www. stinnes-freight-logistics.de/gueterwagenkatalog/deutsch/gueterwagen/index.html an. Abruf 20.06.2010.

360 Solche Waggons sind durch die Kurzbezeichnung RIV gekennzeichnet. Dies steht für „Regolamento Internazionale Veicoli", also für ein „Übereinkommen über die gegenseitige Benutzung von Güterwagen im internationalen Verkehr". Eine weitere Zulassung wie bei den Lokomotiven ist nicht notwendig. Vgl. Lorenz, W. (2005), S. 338.

361 Europaweit grenzüberschreitende Trassen können online mit dem European Infrastructure Charging Information System (EICIS) von RailNetEurope (RNE) kalkuliert werden. Vgl. www.eicis.com.

362 Vgl. Moll, S./Weidmann, U. (2009), S. 430 ff.

363 Vgl. DB AG (2007) und DB Netz AG (2008). Auf der Seite http://www.deutsche bahn.com/site/bahn/de/geschaefte/infrastruktur__schiene/netz/trassen/software/trassenpreis auskunft__tpis.html kann die Software der Deutschen Bahn zur Ermittlung der Preise der Trassennutzung für die Jahre 2009 und 2010 kostenfrei heruntergeladen werden. Abruf 20.06.2010.

364 Die 12 Kategorien des deutschen Schienennetzes ergeben sich aus der spezifischen Ausstattung und der verkehrlichen Bedeutung der einzelnen Streckenabschnitte. So sind die Strecken z.B. auf unterschiedliche Zuggeschwindigkeiten ausgelegt. Der Trassenproduktfaktor berücksichtigt zudem die verursachten Kosten durch Personen- oder Güterverkehrszüge.

der Infrastrukturen durch schwere Züge widerspiegelt. Für Zuggewichte ab 3.000 t wird ein additiver Zuschlag je Trassenkilometer erhoben. Gleismieten fallen für das Abstellen eines Zuges an Terminals und Rangierknoten an. Hier entstehen zudem Rangierkosten, wenn aufgrund fehlender Oberleitungen Rangierarbeiten von Diesel-Lokomotiven erledigt werden.[365]

Die Kosten für den Betrieb eines Zuges setzen sich aus den Hauptkomponenten Annuitäten für Triebfahrzeug und Wagen, Wartung, Energie, Personal sowie sonstigen Kosten (Abfertigung des Zuges, Verschub, Wagenuntersuchung etc.) zusammen. Die Kostenstruktur für die Beförderung ist abhängig von Land und Strecke des Schienentransports.[366] Den größten Teil an den Gesamtkosten nehmen i.d.R. die Annuitäten von Lok und Wagen ein, gefolgt von den Kosten für die Trasse, das Personal und die Energie.

2.4.4.5 Regulierungen und intramodaler Wettbewerb

Die Rahmenbedingungen im Schienenverkehr ermöglichen es einem Energieversorgungsunternehmen, den Transport der Rohstoffe im Selbsteintritt durchzuführen. Grundlegend hierfür sind diverse Direktiven der Europäischen Kommission, auch Eisenbahnpakete genannt, die die Öffnung des Transeuropäischen Schienengüterverkehrsnetzes (Trans-European Rail Freight Network, TERFN) für grenzüberschreitende Güterverkehrsdienste vorsehen.[367] Diese regeln die Zulassung neuer Eisenbahngesellschaften und die diskriminierungsfreie Zuteilung von Trassen an diese. Schieneninfrastrukturen und der Betrieb von Zügen sind rechnerisch und organisatorisch zu trennen.[368] Ziel der Bahnpakete ist die uneingeschränkte Durchführung von internationalen Güterverkehren in der EU.[369] Die Umsetzung der Liberalisierungsschritte im Schienenverkehr ist jedoch im nationalen Vergleich noch nicht einheitlich weit realisiert worden. Neu in den Markt eintretende Eisenbahnverkehrsunternehmen stoßen in einigen Ländern noch immer aufgrund bestehender Marktzutrittsschranken und einer mangelnden Neutralität der Trassenmanagement-Gesellschaften auf hohe Hürden.[370]

---

365 Wenn ein Rangierknoten oder Terminal daher mit einer E-Lok angefahren wird, dann muss ein Wechsel auf eine Diesel-Lok stattfinden. Dieses beansprucht zusätzliche Ressourcen, die entweder vor Ort vorgehalten oder gemietet werden müssen.

366 Für eine Übersicht über Kostenstrukturen der EVU, der Fahrzeug-, Personal-, Infrastrukturnutzungs- und Energiekosten vgl. Hecht, M. et al. (2008), S. 593 ff.

367 Das TERFN definiert durchgehende internationale Routen und Güterbahn-Korridore, die alle wichtigen Wirtschaftsregionen innerhalb der EU verbinden, und stellt die zentrale Grundlage für die Erneuerung des Schienenverkehrs dar. Vgl. o.V. (2004b), S. 74.

368 Vgl. Direktiven 95/18, 91/440 und 95/19.

369 Vgl. o.V. (2004b), S. 74. Nationale Eisenbahnvorschriften müssen zukünftig von der EU-Kommission genehmigt werden. (Damit soll das Einführen von neuen Sicherheitsstandards zum Abblocken des Wettbewerbs verhindert werden.)

370 Vgl. IBM (2007), S. 12 ff. und UIRR (2004), S. 34.

Auch in Deutschland ist die Schieneninfrastruktur noch Teil eines integrierten Bahnkonzerns; eine klare Trennung von Infrastruktur und Transport ist nicht erfolgt.[371] Nach Aberle et al. ist ein vertikal integriertes Schienenverkehrsunternehmen, das sowohl die Schieneninfrastruktur vorhält als auch Schienenverkehrsleistungen erbringt, geneigt, seine nur im Transportbereich tätigen intramodalen Konkurrenten ohne eigene Schieneninfrastruktur bei der Vergabe von Infrastrukturleistungen zu diskriminieren.[372] Eine Bevorzugung der eigenen Transportsparten verzerrt den intramodalen Wettbewerb. Risiken für den diskriminierungsfreien Netzzugang Dritter durch eine selektive Vertriebspolitik werden in unterschiedlichen Vertragslaufzeiten von Trassennutzungsverträgen, Trassensperraufkäufen u.a. gesehen.[373] Dies führt zu einem begrenzten Wettbewerbsdruck (im Vergleich zum Binnenschiff) sowie einer eingeschränkten Investitionsbereitschaft privater EVU, da Unternehmen aufgrund weiterhin bestehender Hindernisse nicht problemlos in den Markt eintreten können.[374] Zudem versuchen einige Staatsbahnen, durch Übernahmen von Verkehrs- und Logistikunternehmen ihre Marktanteile zu erhöhen. So wurden z.B. die ehemaligen Bahn- und Hafenbetriebe der Ruhrkohle AG im Jahr 2005 von der Railion Deutschland AG übernommen und in die RBH Logistics GmbH umfirmiert, die heute ein ähnliches Geschäftsmodell für die Montanindustrie im Ruhrgebiet verfolgt.[375]

2.4.5 Straßenverkehr

Straßentransporte fallen im Rahmen der Kraftwerkslogistik i.d.R. nur für die Nebenstoffe und Entsorgungsprodukte an. Dennoch kommt es, wenn auch selten, vor, dass auch Kohle per Straße transportiert wird. Dies kann z.B. der Fall sein, wenn ein Kraftwerk keinen direkten Wasseranschluss hat, sich aber ein Binnenhafen in der Nähe befindet. Ein weiterer (selten auftretender) Grund für den Kohletransport mittels Lkw kann in extremen Kälteperioden liegen, wenn zum einen die Binnen-

371 Die Deutsche Bahn AG ist ein vertikal integriertes Unternehmen ohne institutionelle Trennung von Netz und Betrieb, woran auch eine Organisation der DB AG-Sparten als formal eigenständige Aktiengesellschaften nichts ändert. Vgl. hierzu ausführlich Aberle, G./ Hennecke, R./Eisenkopf, A. (1999), S. 8 ff.

372 Vgl. Aberle, G./Hennecke, R./Eisenkopf, A. (1999), S. 8.

373 Vgl. Aberle, G./Hennecke, R./Eisenkopf, A. (1999), S. 10 f. Aberle et al. vermuten, dass die Deutsche Bahn AG als ehemalige Bundesbehörde noch immer über Möglichkeiten verfügt, im politischen Raum ihre Interessen zu artikulieren und dass sich der Bedarfsplan für die Bundesschienenwege eng an den Belangen der DB AG orientiert.

374 Vgl. Metz, K. (2004), S. 22 sowie Netzwerk Privatbahnen (2007a), S. 1.

375 Vgl. Roeser, M. (2008), S. 45.

wasserstraßen zugefroren, und zum anderen ein Schienentransport wegen des Festfrierens der Kohle in den Waggons nicht mehr möglich ist.[376]

Asche und Gips können von einem Hochsilo direkt in die Fahrzeuge geladen werden. Wegen der Feinkörnigkeit kommen hier geschlossene Silofahrzeuge zum Einsatz, die am Zielort pneumatisch geleert werden. Der Lkw-Transport spielt im Rahmen der Kraftwerkslogistik zwar eine eher untergeordnete Rolle, aufgrund der geringen Kapazität der Lkw (etwa 25 t/Lkw)[377] kann es beim Straßentransport dennoch zu beachtenswerten Verkehrsströmen kommen.

2.4.5.1 Leistungsfaktoren

Die Leistungsfaktoren des Straßentransports können folgendermaßen eingestuft werden:

1. Zeitliche Planung

Hinsichtlich der Transportdauer muss für eine Beurteilung der Leistungsfähigkeit des Lkw die Distanz berücksichtigt werden. Im Nah- und Regionalbereich weist der Lkw deutliche zeitliche und ökonomische Vorteile im Vergleich zu Eisenbahn und Binnenschiff auf. Erst bei größeren Distanzen ist der Lkw aufgrund von Lenk- und Ruhezeiten gegenüber anderen Verkehrsträgern benachteiligt.

Hinsichtlich der Transportfrequenz oder -zeit ist der Straßentransport sehr flexibel. **Ein Energieversorgungsunternehmen kann entsprechend seinen Anforderungen Abfahrts- und Ankunftszeit bestimmen und ist nicht von festen Fahrplänen abhängig.** Die zeitliche Flexibilität wird jedoch durch eventuelle Feiertags- oder Wochenendfahrverbote eingeschränkt. Eine Beachtung oder Reservierung von Timeslots ist auf den europäischen Straßen (noch nicht) erforderlich.

Über längere Distanzen wird der Lkw hauptsächlich bei zeitkritischen Güterbeförderungen eingesetzt.[378] Fraglich ist, inwieweit der Transport von Entsorgungsprodukten als zeitkritisch einzustufen ist. Wegen einer zunehmenden Verkehrsdichte und Kapazitätsengpässen der Straßenverkehrsinfrastruktur kann es, je nach Relation, insbesondere bei längeren Transportstrecken zu Verzögerungen der Transportdauer kommen, die nur schwierig prognostizierbar sind.[379] Eine Einschätzung möglicher Engpässe kann auf Basis von speziellen Karten erfolgen, die durch Verkehrsuntersuchungen ermittelte durchschnittliche tägliche Verkehrsstärken auf den

376 Gefrorenes Schüttgut neigt zum Verklumpen und kann den Umschlagprozess behindern oder unterbrechen. Um ein Festfrieren der Kohle in den Waggons zu verhindern, können an Häfen oder Kraftwerksstandorten Defrosteranlagen installiert sein.

377 Gespräch Hafen Duisburg 05.03.2009.

378 Vgl. BAG (2007), S. 3.

379 Vgl. Clausen, U./Kraft, V. (2004), S. 14 und Schreckenberg, M. (2006), S. 454.

Straßen abbilden.[380] Störungen in der Verfügbarkeit von Straßeninfrastruktur können zu Kostensteigerungen, z.B. aus staubedingten Wartezeiten, führen.[381]

2. Servicequalität

Die Schaden- und Unfallhäufigkeit ist beim Straßentransport größer als bei einem Gütertransport auf der Schiene oder dem Binnenschiff. Abgesehen von möglichen Gefahrguttransporten (z.B. Ammoniak) handelt es sich jedoch bei den zu transportierenden Gütern der Kraftwerkslogistik um eher problemlose Stoffe.

Wegen der geringen Anzahl beteiligter Akteure ist von einer höheren Zuverlässigkeit in der Abwicklung auszugehen, da keine Terminalbetreiber, EVUs, EIUs oder Binnenschifffahrtsunternehmen, bei denen es jeweils auch zu Fehlern oder Verzögerungen kommen kann, beteiligt sind.

3. Flexibilität

Der Straßenverkehr zeichnet sich durch Individualität, Flexibilität und Netzbildungsfähigkeit aus. Die räumliche Flexibilität ist für den Straßengüterverkehr nahezu unbegrenzt. Im Gegensatz zum Transport mit Binnenschiff, Zug oder KV besteht beim reinen Straßentransport keine Terminalbindung; der Transport kann direkt von der Quelle zur Senke erfolgen. Trotz einiger **Straßen, die für (schwere) Lkw gesperrt sind**, ist das Straßennetz sehr feinmaschig; Umgehungsstrecken oder Ausweichrouten sind bei unvorhergesehenen Sperrungen in der Regel immer zu finden.

Auch die technische Flexibilität ist bei einer grenzüberschreitenden Betrachtung kein Hindernis; Fahrzeuge können ohne technische Umrüstung Grenzen passieren.

4. Benutzerfreundlichkeit

Ein Verlader, der seine Produkte auf der Straße transportieren möchte, kann diese Transporte selbst mittels eines eigenen Fuhrparks durchführen oder sie fremdvergeben. Dabei zeichnet sich der Markt für den Straßengütertransport durch eine hohe Angebotsvielfalt aus, so dass ein Verlader in der Regel zwischen mehreren externen Anbietern wählen kann. Weitere Intermediäre sind nicht erforderlich. Dies führt zu einem geringen Organisationsaufwand, einem transparenten Preisgefüge und somit geringen Transaktionskosten.

---

380 Daten zu den Verkehrszählstellen werden von der Bundesanstalt für Straßenwesen (BASt) zur Verfügung gestellt (www.bast.de). Die aktuelle Jahresauswertung der automatischen Dauerzählstellen in Deutschland enthält Aussagen über die Verkehrsentwicklung im Bundesfernstraßennetz sowie differenzierte Einzelergebnisse für 1.343 Zählstellen. Vgl. Fitschen, A. (2009).

381 Vgl. Halsband, E./Hofmann, E. (2008), S. 377 ff.

2.4.5.2 Kostenfaktoren

Für den Verkehrsträger Straße kann die Aufteilung der Fahrzeugkosten nach fixen Anteilen (Fahrzeugvorhaltung) und variablen Anteilen (Fahrzeugeinsatz) erfolgen. Weitere Kosten entstehen für Personal und Verwaltung. Der Bundesverband Güterkraftverkehr Logistik und Entsorgung e.V. (BGL) stellt ein Kosteninformationssystem für deutsche Straßentransportunternehmen im Internet zur Verfügung.[382] Die Kostenstruktur eines im Regionalbereich eingesetzten Lkw im Winter 2008 zeigt Abbildung 26.

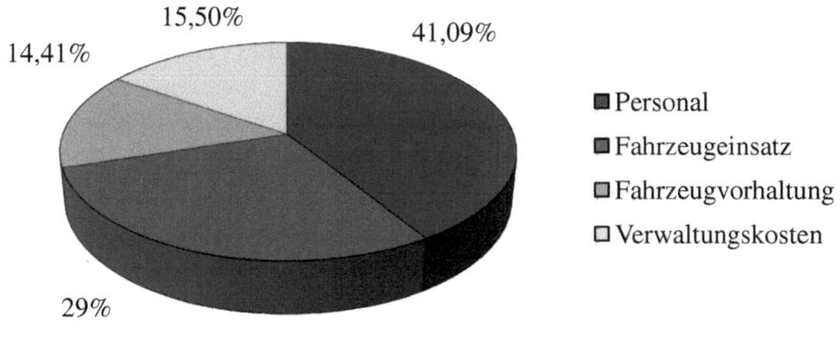

Abbildung 26: Kostenstruktur im regionalen Güterkraftverkehr[383]

Die Personalkosten beinhalten in dieser Darstellung den Lohn, gesetzliche Sozialaufwendungen, Spesen und Sonstiges. Die kilometerabhängigen Fahrzeugeinsatzkosten setzen sich aus den Faktoren Kraftstoff, Reparaturen, Abschreibung, Reifen, Fahrzeugreinigung und Schmierstoffe zusammen. Die fixen Fahrzeugvorhaltekosten bestehen aus den Bereichen Abschreibung, Versicherung, Fremdfinanzierung, Steuer, Prüfgebühren und Sonstiges.

Die Kostenhöhe und -aufteilung für den Verkehrsträger Straße ist abhängig von der Transportentfernung. Die hier beispielhaft abgebildete durchschnittliche Kostenstruktur eines Lkw in Deutschland zeigt, dass das Personal mit mehr als 40 % der Gesamtkosten den größten Anteil ausmacht. Den zweitgrößten Anteil (29 %) nehmen die Fahrzeugeinsatzkosten ein. Das Bestreben der verursachungsgerechten Zurechnung von externen Kosten führt zu einer zunehmenden finanziellen Belastung der Straßengütertransporte. Gemäß dem Autobahngesetz für schwere Nutzfahrzeuge (ABMG) wird seit dem Mautstart 1.1.2005 von jedem Lkw mit einem

382 Vgl. BGL (2009).

383 Eigene Darstellung, Datenabfrage aus dem Kostenrechner der BGL, http://www.bgl-ev.de/web/initiativen/kosten_kalkulator.htm&v=2#form, Abruf 14.03.2009.

zulässigen Gesamtgewicht ab 12 Tonnen deutschlandweit eine Autobahnbenutzungsgebühr gefordert. Die Höhe der streckenbezogenen Mautsätze richtet sich nach Emissionsklasse und Achsenzahl.[384]

2.4.5.3 Regulierungen

Derzeit gibt es keine einheitlichen europäischen Rechtsvorschriften über Beschränkungen des Güterverkehrs mit schweren Lastkraftwagen. Gesetze über Fahrbeschränkungen sowie etwaiger Ausnahmen werden durch die Mitgliedsstaaten erlassen.

Streckenbezogene Fahrverbote: In Deutschland ist durch die Einführung der Maut eine Ausweichstrategie des Straßengüterverkehrs von der Autobahn auf Bundes- oder Landstraßen zu erkennen. Um diesem Verhalten entgegenzuwirken, können Fahrverbote auf Umgehungsstrecken erteilt und Bundesstraßen für den Schwerlastverkehr gesperrt werden.

Tunnelregelungen: Bei dem Transport von Gefahrgütern sind, je nach Tunnelkategorie und Einstufung des Gefahrguttransports, mögliche generelle oder temporäre Tunnelsperrungen zu berücksichtigen. **Diese Regelung kann für kennzeichnungspflichtige Transporte (z.B. Ammoniak) relevant sein.**

Zeitliche Fahrverbote: In Deutschland gilt ein Wochenend-Fahrverbot für Lkw.[385]

Fahrverbote in Städten: Aufgrund der zunehmenden Feinstaubproblematik in Städten werden zunehmend Umweltzonen eingerichtet, die nur von emissionsarmen Straßenfahrzeugen befahren werden dürfen.[386]

Begrenzung der Lenkzeiten: Bei längeren Transportstrecken sind Begrenzungen der Lenkzeiten von Lkw zu beachten.[387] Durch die Einführung des digitalen Tachografen in 2006 ist eine leichtere und effizientere Kontrolle der Lenk- und Ruhezeiten möglich.

---

384 Die Maut führt zu einer finanziellen Zusatzbelastung für Last- und Leerkilometer, Finanzierungskosten (durch Vorfinanzierung der Maut) und Personalkosten (für die Abrechnung und Buchhaltung). Vgl. BAG (2006), S. 10 ff.

385 Das Sonn- und Feiertagsfahrverbot im Sinne des §30 der StVO Absatz 3 gilt für Lkw an Sonn- und Feiertagen von 0:00-22:00 Uhr auf sämtlichen bundesdeutschen Straßen. In anderen europäischen Ländern können Nacht-, Samstags-, Sonn- und Feiertags- sowie Ferienfahrverbote hinzukommen. Da diese Vorschriften ohne Abstimmung zwischen den Mitgliedsstaaten erlassen werden, weichen sie häufig stark voneinander ab.

386 Vgl. o.V. (2006), S. 22 ff.

387 Vgl. hierzu ausführlich Meyer, M./Kopfer, H. (2008a), S. 32 ff. sowie Kubenz, M. (2008), S. 235.

2.5 Zwischenfazit: Bedingungen für den Modellansatz

Die Stromproduktion ist aus systemtheoretischer Sicht ein offenes System, das über die Systemgrenzen (Kraftwerksgrenzen) nach außen Beziehungen hat. So sind die Rahmenbedingungen des Beschaffungs- und Absatzmarktes, des Transport- und Produktionsbereichs sowie gesetzliche Regelungen bei der Entwicklung eines Supply Chain Designs zu berücksichtigen.[388]

Aus diesem Grund wurden in diesem Kapitel die Entwicklungen in den Energie- und Verkehrsmärkten in Bezug auf die Ver- und Entsorgung von Steinkohlekraftwerken aufgezeigt. Es wird deutlich, dass die Versorgung der nationalen Kraftwerke nicht losgelöst von der Weltwirtschaft betrachtet werden kann, sondern sowohl im energiewirtschaftlichen als auch im verkehrstechnischen Kontext vor dem Hintergrund globaler Entwicklungen zu betrachten ist. Beispielsweise zeigt sich, dass **Deutschland in hohem Maße auf Rohstoffimporte angewiesen ist, da die heimische Förderung an Steinkohle, Öl und Gas zukünftig abnehmen wird**. Die weltweiten Reserven und Ressourcen an Steinkohle werden in absehbarer Zeit ausreichend für die steigende globale Nachfrage sein. Sie sind aber ungleichmäßig über den Globus verteilt. In Westeuropa nimmt die Steinkohleproduktion ab; osteuropäische und russische Kohlen sind aufgrund hoher Förder- und Transportkosten der Minen teurer als die Kohlen anderer Weltmarktanbieter. **Knappheiten am Markt hängen nicht mit geologischen Verfügbarkeiten zusammen, sondern ergeben sich aus Engpässen bei Bergwerks- und Transportkapazitäten.**[389]

Deutsche Energieversorgungsunternehmen agieren vor dem Hintergrund der deutschen Energiepolitik, die die konfliktären Ziele der Umweltverträglichkeit, Versorgungssicherheit und Wirtschaftlichkeit anstrebt. Die Beendigung der deutschen Steinkohleförderung wird zu *längeren* Transportwegen für die Kohle führen; ein Ausstieg aus der Kernenergie und eine überwiegende Substitution der installierten Kapazitäten durch Steinkohlekraftwerke bedingt *zusätzliche* Transportvolumina. Der zunehmende globale Brennstoffbezug führt zu längeren und störanfälligeren Transportketten und einem steigenden logistischen Aufwand bei den Ver- und Entsorgungsprozessen. **Umschlag-, Lager- und Fördereinrichtungen sowie Transportkapazitäten aller an der Transportkette beteiligten Akteure der Kohle-Supply Chain müssen hinreichend dimensioniert sein.** Neben steigenden Transportvolumina an Kohle sind im Rahmen der Planung der Ver- und Entsorgungslogistik auch weitere Stoffströme, insbesondere von Asche und von Gips, zu berücksichtigen.

Für Kraftwerke, die nicht direkt durch Seeschiffe angelaufen werden können, stellen zunächst die Seehäfen die zentralen Knotenpunkte in der Koh-

388 Vgl. Haasis, H.-D. (1994), S. 2.

389 Vgl. Wellmer, F.-W. (2005), S. 41 ff.

le-Supply Chain dar, deren Leistungsfähigkeit zunehmend diejenige der makrologistischen Systeme bestimmt.[390] Im Bereich der Hinterlandanbindungen ist von einer teilweisen Nutzungskonkurrenz zwischen Container- und Massengutverkehren auszugehen, da beide auf ausreichende Kapazitäten der massenleistungsfähigen Transportmittel Binnenschiff und Eisenbahn angewiesen sind.[391] Das Binnenschiff ist integraler und grundsätzlich nicht substituierbarer Bestandteil der Transport- und Logistikketten einer Vielzahl von Kraftwerken in der Rheinschiene. **Die Forderung nach einem zuverlässigen logistischen Gesamtsystem und der Aspekt der Risikostreuung impliziert eine zweigleisige Strategie der Kraftwerksversorgung, in der neben der Binnenschifffahrt auch der Schienentransport durch festgelegte Anteile integriert ist.**

Zusammenfassend ergibt sich somit folgender Hintergrund der Arbeit:

- Die Kohleförderung in Deutschland wird in absehbarer Zeit beendet.
- Der Bedarf an internationaler Steinkohle in Deutschland und weltweit nimmt zu.
- Die Kapazitäten der Bulker und Seehäfen sind begrenzt (trotz derzeitiger Entspannung auf dem Weltmarkt).
- Die nationale Schienen- und Binnenwasserstraßeninfrastruktur ist kapazitativ begrenzt.
- Die Kapazität der Transportmittel auf Schiene und Binnenwasserstraße ist begrenzt.
- Im Bereich der Transportinfrastruktur (und z.T. bei den Verkehrsmitteln) herrscht eine Nutzungskonkurrenz zu anderen Transportgütern als der Steinkohle.
- Die Transportkosten nehmen einen signifikanten Teil an den Brennstoffkosten für die Kraftwerke ein.

Für die Modellierung der Ver- und Entsorgungslogistik ist eine Vielzahl von Umständen und Forderungen von Bedeutung. **Umstände** sind natürliche, technische, organisatorische und politische Umweltbedingungen des Transportprozesses. Diese werden im Folgenden zusammenfassend aufgeführt. **Zudem sind bestehende Verkehrssysteme nach ihren charakteristischen Merkmalen und ihrer Eignung sowie den durch die Infrastruktur gegebenen Rahmenbedingungen zu untersuchen, bevor entsprechende Kennzahlen für die Modelle ermittelt werden.**

Stoffströme: Die Erzeugung elektrischer Energie stellt eine Kuppelproduktion dar, bei der neben dem Hauptprodukt Strom Neben- und Abfallprodukte erzeugt werden. Der aus logistischer Sicht bedeutendste Faktor auf der Inputseite ist die **Kohle**, zudem sind bei der Versorgung **Kalk**, **Ammoniak** und **weitere Brenn- und**

---

390 Vgl. Ihde, G. B. (2001), S. 206 ff.

391 Neben dem steigenden Aufkommen an Stahlerzeugnissen kommt es auch zu einer höheren Nachfrage nach Roh- und Brennstofftransporten, die zur Stahlproduktion erforderlich sind. Vgl. BAG (2005b), S. 30.

Hilfsstoffe zu berücksichtigen. Die wesentlichen Stoffströme bei der Entsorgung sind **Gips**, **Asche** und **Schlacke**. Für jeden dieser Stoffe sind bei der Entwicklung eines Supply Chain Designs die transportspezifischen Charakteristika zu berücksichtigen.

Qualität der Kohle: Sie differiert je nach Bezugsquelle. Die Zusammensetzung des Rohstoffs bestimmt, welche **Mengen an Kohle** für die Produktion der gewünschten Strommenge erforderlich sind. Zudem ergeben sich die **Mengen der anderen Stoffströme** ebenfalls aus der Brennstoffqualität.

Politische Rahmenbedingungen: Die Stilllegung deutscher Bergwerke wird einen Shift zu anderen Quellen zur Folge haben, der bei der Logistikplanung zu berücksichtigen ist. Eine Verpflichtung zu einer CO_2-Abscheidung im Kraftwerksprozess würde ebenfalls zu **steigenden und zusätzlichen Stoffströmen** führen. Diese wären in einem zu planenden Supply Chain Design zu berücksichtigen.

Lieferländer: Das Supply Chain Design ist abhängig von der **globalen Angebots- und Nachfrageentwicklung** an Steinkohle. Für die Betrachtung der Kohlenmärkte sind nicht die Länder mit der größten Steinkohleförderung, sondern vielmehr die Länder mit hohen Exportvolumina von Bedeutung. Änderungen von staatlichen Subventionen, steigende Eigenbedarfe bzw. sinkende Exportmengen der Exportländer können zu einer Anpassung des Supply Chain Designs eines Kraftwerks führen. Um Abhängigkeiten von politischen Instabilitäten einzelner Länder zu vermeiden, ist eine **Diversifizierung** auf mehrere Quellen anzustreben. Die **Länge der Transportwege** und **Verzögerungen in den Häfen**, die in den Modellen beachtet werden müssen, variieren je nach Kohleexportland.

Seetransport: Sowohl in der Seeschifffahrt (Revierfahrt, Ein- und Auslaufen von Häfen) als auch in der Binnenschifffahrt sind die Abmessungen der Schiffe im Hinblick auf **vorhandene Infrastrukturen** (Fahrwassertiefen, -breiten und -krümmungen, Wendeplätze und Hafenbeckenabmessungen) von Bedeutung. Auch **beeinflussbare Infrastrukturen** am Kraftwerksgelände (**Dimensionierung des Kraftwerkshafens,** Kajenliegeplätze, Umschlaganlagen) sind von den Abmessungen der Schiffe abhängig. **Eine wesentliche Aufgabe bei der Entwicklung des Supply Chain Designs für ein Kraftwerk besteht in der Untersuchung dieser infrastrukturellen Restriktionen;** geeignete **Bemessungsschiffe** sind zu definieren. Mögliche **Liefer- und Lagerstrategien** sind zu berücksichtigen. Hierbei kann auch die Wahl der **Betriebsform** (Charterschifffahrt oder Werksschifffahrt) und die dadurch entstehenden Kosten eine wichtige Rolle spielen.

Seehäfen: Für die Wahl möglicher Seehäfen sind verfügbare **Umschlag- und Lagerkapazitäten** und **Rückladeleistungen** sowie Hinterlandanbindungen zu untersuchen.

Kosten Seetransport und Hafenumschlag: Bei einer Bewertung sind neben den Kosten des Seetransports die Preise für die Nutzung der Hafeneinrichtungen und weiterer Dienstleistungen (Gebühren für Lotsen, Schlepper und Festmacher) zu berücksichtigen.

Binnenschiffstransport: Für die **Wahl des Bemessungsschiffs** sind in erster Linie die Wasserstraßenklassifikationen des Fahrtgebietes ausschlaggebend. Mögliche Schiffsgrößen und folglich die Anzahl der erforderliche Verkehrsmittel sind abhängig von dem Ausbauzustand der benötigten Streckenabschnitte der Wasserstraßen; hier sind geplante Neu- und Ausbauprojekte einzubeziehen, die Einfluss auf die zulässige Größe der Schiffe haben. Für die Bewertung des vorhandenen Schiffsraums für die Kraftwerksver- und -entsorgung ist zu beachten, dass ein kurzfristiger Wechsel vorhandener Schiffskapazitäten in andere Fahrtgebiete aufgrund **fehlender Zulassungen** nicht immer möglich ist. Bei der **Transportdauer** ist neben der Länge der Verkehrswege zu berücksichtigen, dass zwischen Berg- und Talfahrt zu unterscheiden ist. Zu Verzögerungen kann es insbesondere durch Wartezeiten bei Schleusen kommen, auch sind gegebenenfalls Koppelvorgänge einzuplanen. Zudem sind die **meteorologischen Bedingungen** (Eisgang, Hoch- oder Niedrigwasser) für alle potenziellen Verkehrswege zu bewerten.

Kosten Binnenschiffstransport: Die zulässigen Abmessungen und Schiffstiefgänge bestimmen im Wesentlichen die Höhe der Transportkosten, die Kapazität sowie die Wettbewerbsfähigkeit in Bezug zu anderen Verkehrsträgern. Die Kosten für den **Betrieb des Binnenschiffs** (bzw. Frachtraten), die **Nutzung der Infrastruktur** und den **Umschlag** sind zu berücksichtigen.

Binnenhäfen: Binnenhäfen spielen in der logistischen Kette der Kraftwerksversorgung eine entscheidende Rolle, wenn die Rückladekapazitäten auf die Schiene in den Seehäfen unzureichend sind. Je nach Ausstattung des Hafens kann ein Umschlag zwischen Bahn, Binnenschiff, LKW oder auf Lager erfolgen. Bei der Ermittlung der **Güterverkehrsdichte** auf den relevanten Binnenwasserstraßen ist zu beachten, dass jeder Hafen (nicht nur die Kohlehäfen) **lokale oder überregionale Verkehre** induzieren kann, die bei der Engpassermittlung des Wasserstraßennetzes einzukalkulieren sind. Umschlagprozesse an den Schnittstellen einer mehrgliedrigen Transportkette belasten diese bezüglich Kosten und Zeit.

Schienentransport: Für schwere Massengutzüge kann nur auf den Teil des Schienennetzes zurückgegriffen werden, der durch sogenannte **Schwerlasttrassen** auf hohe Zuggewichte ausgelegt ist. **Transportdauern** und **Verzögerungen** im Schienenverkehr sind insbesondere von der Wahl des Verkehrsmittels (der Lokomotive), der Zuglänge und der Organisation des Grenzübertritts abhängig. Bei der Wahl des Verkehrsmittels ist zum einen zu beachten, dass große Teile des europäischen Schienennetzes nicht **elektrifiziert** sind und sich bei dem Einsatz einer Elektrolok gegebenenfalls **Einschränkungen bei der Wahl des Streckennetzes** ergeben. Zudem setzt sich die Schienenverkehrslandschaft in Europa aus einer Vielzahl unterschiedlicher **inkompatibler Technologien** zusammen, die den Einsatz möglicher Lokomotiven und Waggons festlegen. Bei der Modellierung des Schienentransports sind **zeitliche Verzögerungen an den Grenzen für den Systemwechsel** zu beachten. Diese können bei dem Einsatz von Mehrsystemlokomotiven vernachlässigbar gering sein. Bei einem erforderlichen Wechsel von Lokomotive und Personal und einer damit einhergehenden wagentechnischen Untersuchung fallen diese Verzögerungen jedoch größer aus. Zwar können in Deutschland Güterzüge bis zu einer Länge von maximal 700 m gefahren werden, aber nicht jeder Rangierknoten verfügt über entsprechend lange Gleise. **Verzögerungen durch erforderliche Rangierleistungen** können die Umlaufdauern von Zügen erheblich verlängern und sind bei der Modellierung zu berücksichtigen. Die zeitliche Flexibilität ist im Vergleich zum Binnenschiff stark eingeschränkt, da die **Trassenbeantragung** langfristig im Voraus geplant werden muss und kurzfristig kaum geändert werden kann. Zum einen ist das deutsche Schienennetz auf bestimmten Hauptverkehrsachsen stark ausgelastet und muss für zusätzliche Transportaufgaben auf Engpässe untersucht werden, zum anderen führt eine zunehmende Verkehrsnachfrage zu Kapazitätsengpässen bei Lokomotiven, Waggons und Personal, die bei der Entwicklung eines Supply Chain Designs zu bedenken sind.

Kosten Schienentransport: Es ist zwischen den Kosten für die Nutzung der Infrastruktur (Trassenpreise, Gleismieten und Rangierkosten) und denen für das Verkehrsmittel zu differenzieren. Diese sind bei einem Vergleich alternativer Supply Chain Designs für sämtliche in Frage kommenden Routen zu ermitteln.

Straße: Für die Modellierung des Straßentransports sind, wie bei den anderen Verkehrsträgern auch, die **Fahrzeugtypen** (Kapazitäten, Emissionsklassen) zu beachten. Diverse Regulierungen, wie **streckenbezogene oder zeitliche Fahrverbote**, **Tunnelregulierungen** und **Lenkzeitbegrenzungen,** können die Routenwahl bei der Entwicklung des Supply Chain Designs für ein Steinkohlekraftwerk einschränken. Ansonsten ist der Straßentransport hinsichtlich der Transportfrequenz oder -zeit sehr flexibel. Abfahrts- und Ankunftszeit können entsprechend den Anforderungen bestimmt werden und sind nicht von festen Fahrplänen abhängig. **Verzögerungen** können sich aufgrund staubedingter Wartezeiten ergeben; bei grenzüberschreitenden Verkehren sind jedoch keine technischen Umrüstungen erforderlich.

Kosten Straßentransport: Für den Verkehrsträger Straße kann die Aufteilung der Fahrzeugkosten nach fixen Anteilen (Fahrzeugvorhaltung) und variablen Anteilen (Fahrzeugeinsatz) erfolgen. Weitere Kosten entstehen für Personal und Verwaltung.

Kraftwerksinfrastruktur: Zur Vermeidung der Abhängigkeit von einem einzigen Verkehrsträger sind Kraftwerksstandorte im Binnenland oftmals mit einer eigenen **Kaje**, einem **Bahnanschluss** und einer **Straßenanbindung** sowie größeren **Lagerflächen** ausgestattet. Diese sind bei der Entwicklung eines Supply Chain Designs ebenfalls zu dimensionieren. Aus transporttechnologischer Sicht ist eine Zuordnung der Umschlagbereiche zu den einzelnen Ver- und Entsorgungsstoffen wichtig, da die einzusetzenden **Umschlag- und Fördertechnologien** in Abhängigkeit von der **Stückigkeit** und der **Schüttdichte** der Güter auszulegen sind. Die Dimensionierung der Kraftwerkskaje und -kräne hat Auswirkungen auf die maximal abzufertigenden Schiffsgrößen; die Gestaltung des Bahnanschlusses wirkt sich auf die erforderlichen Rangierleistungen im Schienenverkehr aus. Auf dem Kraftwerksgelände sind die **Lagerräume bzw. -flächen** für alle Stoffe entsprechend vorzuhalten.

Als **Forderungen** bezeichnet Schönknecht die Größen, die in die Modellierung eingehen. Diese stellen die Beachtung rechtlicher und sicherheitstechnischer Bestimmungen und die Einhaltung von Restriktionen sicher und beinhalten die für jede Transportaufgabe gesondert zu formulierenden Kriterien. Dies können in der Kraftwerkslogistik zu minimierende Werte (Wartezeiten, Transportkosten) oder zu maximierende Werte (Auslastung der Kaje) sein.

Aus Kapitel 2 ergeben sich bisher folgende Größen, die in der Modellierung zu berücksichtigen sind:

- **Stoffströme**
  - benötigte/anfallende Mengen aller Ver- und Entsorgungsstoffe
  - Quellen (Lieferländer) und Senken (Abnehmer der Entsorgungsprodukte) und deren Liefer-/Abnahmemengen
  - Verzögerungen in den Exporthäfen und auf dem Seeweg
- **Seetransport**
  - Bemessungsschiffe (Nutzladefähigkeit und Abmessungen)
  - Seehäfen (Rückladekapazitäten, Lagerflächen etc.)
  - Verzögerungen (Revierfahrt, Hafenmanöver)
  - Kosten
- **Binnenschiffstransport**
  - Bemessungsschiffe (Nutzladefähigkeit und Abmessungen)
  - Binnenhäfen (modale Anbindung, Umschlagleistungen etc.)
  - Verzögerungen (Schleusen, Koppeln, Manövrieren)
  - Kosten
- **Bahntransport**
  - Bemessungszüge
  - verfügbare Trassen
  - Verzögerungen (Grenzübertritt, Rangierleistungen)
  - Kosten
- **Straßentransport**
  - Fahrzeugtypen
  - Regulierungen/Fahrverbote
  - Verzögerungen
  - Kosten
- **Infrastrukturen am Kraftwerk**
  - Dimensionierung der Schnittstellen zu den Verkehrsträgern
  - Umschlag- und Fördertechnologien für alle Stoffe
  - Lagerkapazitäten

Diese Aspekte müssen in den Modellen berücksichtigt werden. Sie sind gegebenenfalls für alle zu untersuchenden Szenarien und alle Betrachtungsjahre für die Entwicklung des Supply Chain Designs für ein Steinkohlekraftwerk zu bestimmen.

3 Ansätze und Aspekte für die Modellierung von Coal Supply Chains

Für die existierenden und geplanten Steinkohlekraftwerke in Deutschland steht die Beschaffung von Steinkohle vor logistischen Herausforderungen, die sich aus der restringierten Kapazität der Verkehrsinfrastruktur ergeben. Sie stellt einen wichtigen Vorleistungsfaktor für die Stromerzeugung in einem Kraftwerk dar. Bestehende Veröffentlichungen gehen in unzureichender Weise auf die Messung der Kapazität von Infrastrukturen sowie die Bewertung, inwiefern sie für die erwarteten Ver- und Entsorgungsströme ausreichend sind, ein. Die Forschungslücke wird im Rahmen der Arbeit geschlossen. Hierzu wird auf vorhandene Ansätze bei der Modellierung von Coal Supply Chains eingegangen und aufgezeigt, warum diese aus logistischer Sicht nicht ausreichend sind. Das weitere Vorgehen zeigt Abbildung 27.

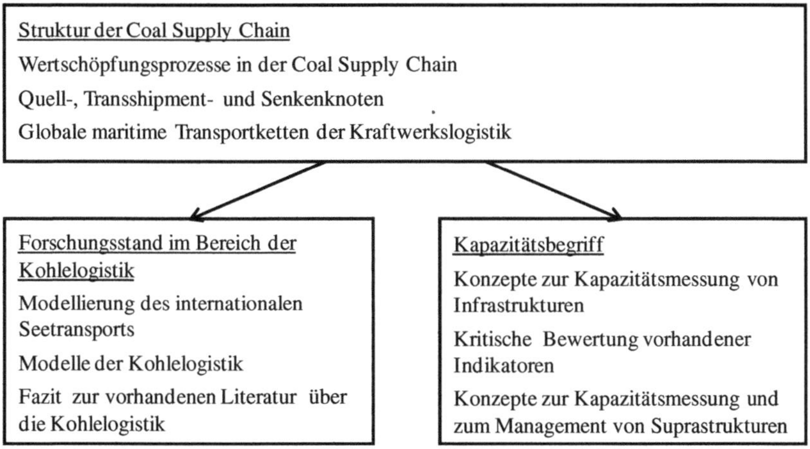

Abbildung 27: Struktur Kapitel 3

Zunächst wird die Struktur globaler maritimer Transportketten in der Kohlelogistik aufgezeigt. Danach erfolgt die Darstellung der Modelle im Bereich der Coal Supply Chains in der vorhandenen Literatur. Diese behandeln schwerpunktmäßig den Seetransport. Auf den Hinterlandtransport wird in diesem Zusammenhang nur am Rande eingegangen. Aufgrund der geringen Anzahl verfügbarer Quellen zur Kohlelogistik finden bei der Analyse des Forschungsstands Ansätze thematisch ähnlicher Gebiete, wie z.B. der Transport von flüssigen Massengütern, Beachtung.

Nach einem kritischen Zwischenfazit über die aufgeführten Modelle werden vorhandene Ansätze zur Bestimmung von Verkehrsinfrastrukturkapazitäten dargestellt und ihre Annahmen mit den vorliegenden Bedingungen der nationalen Kohlelogistik verglichen. Auch diese Ansätze werden im Hinblick auf die Anwendbarkeit für die Entwicklung eines Supply Chain Designs für Steinkohlekraftwerke kritisch hinterfragt.

Weiterhin wird auf die Messung von Kapazitäten von Betriebsmitteln, Methoden des Bestandsmanagements, Lagerstrategien sowie Prioritätsregeln der organisatorischen Ablaufplanung eingegangen, die bei der Modellentwicklung in Kapitel 4 Eingang finden.

3.1 Struktur der Coal Supply Chain

Die Struktur der Wertschöpfungskette in der Kohleindustrie ist nach Jiang et al. von den Supply Chains anderer produzierender Unternehmen zu unterscheiden.[392] Den Kern der Coal Supply Chain sehen sie in den Produktions- und Transportprozessen der Kohlegewinnung innerhalb des Unternehmens (vgl. Abbildung 28). Diese fassen sie unter dem Begriff der „internen Supply Chain“ zusammen.

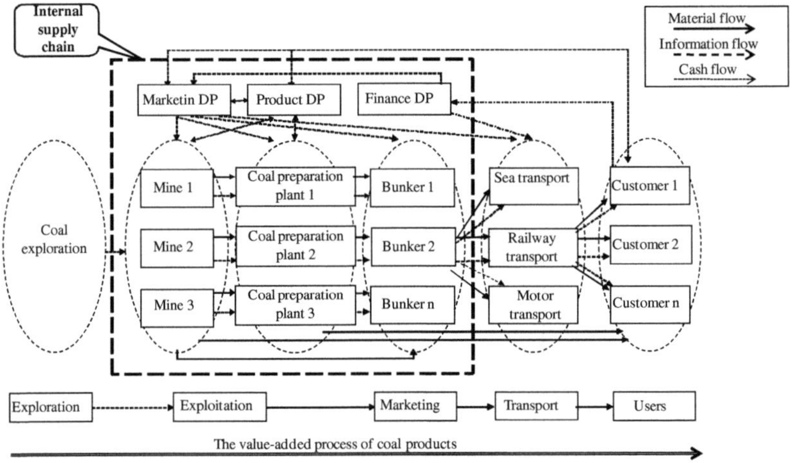

Abbildung 28: Wertschöpfungsprozess in der Coal Supply Chain nach Jiang/Zhou/Meng[393]

Der Transport zu den Kraftwerken, der den zeit- und entfernungsmäßig größten Teil der Kette ausmacht, wird in diesem Ansatz nicht vertieft betrachtet. Gerade diese globalen maritimen Transportketten werden in dieser Arbeit anhand der entwickelten Modelle untersucht. Eine Transportkette ist nach DIN 30781 Teil 1 eine „Folge von technisch und organisatorisch miteinander verknüpf-

392 Vgl. Jiang, H./Zhou, M./Meng, J. (2007). Auch Baumgarten, H. et al. entwickeln ein Logistik-System für den Steinkohlebergbau ohne Berücksichtigung der anschließenden Transporte. Vgl. Baumgarten, H. et al. (1991).

393 Jiang, H./Zhou, M./Meng, J. (2007).

ten Vorgängen, bei denen Personen oder Güter von einer Quelle zu einem Ziel bewegt werden."[394] Transportketten zeichnen sich durch die Prozesse Transportieren, Umschlagen, Lagern und Informieren aus. Hier soll auf die ersten drei Prozesse eingegangen werden, die informationstechnische Organisation wird nicht vertieft betrachtet.

Die **Transportkette der Steinkohle zu deutschen Kraftwerken** lässt sich stark vereinfacht wie in Abbildung 29 veranschaulichen. Die Kohle wird von den Bergwerken[395] in den Förderländern meist mit Zügen mit sehr großem Fassungsvermögen[396] zu den Kohleexporthäfen transportiert. Dort kann eine Zwischenlagerung stattfinden, bis die Bulker direkt an der Kaje oder indirekt über kleinere Schiffe beladen werden. Dieser Vorgang kann (exklusive Wartezeiten) zwei bis drei Tage dauern. Nach einem Überseetransport von drei bis sechs Wochen läuft der Bulker entweder das Kraftwerk direkt an, wenn dieses an der Küste liegt, oder er wird in einem Seehafen (Kohleimporthafen) geleichtert. Dort kann es zu einer Zwischenlagerung kommen, bevor die Kohle auf Binnentransportmittel weiterverladen wird. Auch im Binnentransport ist ein weiterer Umschlag in einem Binnenterminal möglich, bevor die Kohle das Kraftwerk erreicht und dort bis zum Verbrauch gelagert wird.[397] In jedem Umschlagpunkt (Rechtecke) und bei jedem Transport (Pfeile) sind Verzögerungen und Engpässe möglich. Graphentheoretisch besteht das Netz aus Knoten, in denen Lager- oder Umschlagprozesse stattfinden, und Kanten, die die Transportvorgänge darstellen.[398] Das logistische Merkmal dieser Bulktransporte besteht darin, dass diese i.d.R. nicht in netzwerkartigen Systemen, sondern in **Punkt-zu-Punkt-Verkehren ohne Bündelungsaktivitäten** zwischen Quellen und Senken abgewickelt werden.[399]

Abbildung 29: Quell-, Transshipment- und Senkenknoten des Kohlestroms

394 Deutsches Institut für Normung (1989).

395 Auf die innerbetriebliche Bergwerkslogistik sowie die Schritte der Kohleaufbereitung wird hier nicht weiter eingegangen.

396 So wird z.B. die in den Minen Südafrikas geförderte Kohle mit Zügen mit einem Fassungsvermögen von bis zu 16.800 t über 600 km an die Küste zu den Verladehäfen transportiert. Vgl. Ritschel, W./Schiffer, H.-W. (2007), S. 68. In Deutschland sind Züge mit einem Fassungsvermögen von weniger als 3.000 t üblich.

397 Zu den Elementen der Supply Chain im Bulktransport vgl. auch Stopford, M. (2009), S. 423.

398 Vgl. Schieck, A. (2008), S. 23.

399 Vgl. Klaus, P. (2008), S. 959 f.

Bei der Beschaffungspolitik eines Kraftwerks erfolgt eine Risikodiversifizierung über mehrere Anbieter, um einerseits nicht von einer einzelnen Bezugsquelle abhängig zu sein und andererseits preisgünstige und teure Kohlen unterschiedlicher Qualität mischen zu können.[400] **Sowohl bei der Auswahl der Lieferanten als auch bei der Aufteilung der Kohleströme auf Verkehrsträger wird eine Diversifizierungsstrategie verfolgt, so dass sich die maritime Transportkette für die Versorgung eines Kraftwerks recht komplex gestaltet** (vgl. Abbildung 30). Dargestellt sind mögliche Transportalternativen aus einem Kohleexporthafen A. Gut 1 ist in diesem Beispiel die Kohle eines bestimmten Typs. Gut 2, 3, ..., n können Steinkohlearten anderer Qualitäten und Zusammensetzungen sein, welche aus weiteren Exporthäfen zu beziehen wären. (Alternativen an Häfen oder Verkehrsmitteln werden durch Punkte unterhalb der Kästen angedeutet.) Logistik wird hier nach Schieck als „der zielgerichtete Fluss von Objekten (...) durch Netzwerke“[401] interpretiert.

Bei der **Entwicklung eines Supply Chain Designs** für ein Kraftwerk ist die Distanz der globalen maritimen Transportketten zu bedenken, die je nach Herkunftsland der Kohle 10.000 bis 30.000 km beträgt.[402] Diverse Alternativen sind im Rahmen der Import- und Transportstrategien des Mikromodells zu analysieren und auszuwählen:

Der *direkte Seetransport* ist die logistisch einfachste Variante, in der ein Seeschiff den Kraftwerkshafen direkt anläuft. Bei dem Einsatz von Seeschiffen ist zu beachten, dass Restriktionen dazu führen können, dass nur bestimmte Typen sowohl den Export- als auch den Kraftwerkshafen anlaufen können.

Bei allen weiteren Transportstrategien liegt nach Pfohl ein mehrstufiges Logistiksystem vor, das durch einen indirekten Güterfluss zwischen Quelle und Senke gekennzeichnet ist.[403] Bei diesen gebrochenen Verkehren wechselt das Transportgut Kohle mindestens einmal den Verkehrsträger, so dass es zu zusätzlichen Bewegungs- und Lagerprozessen kommt.[404]

---

400 Eine weltweit ausgerichtete Beschaffungsstrategie mit dem vorrangigen Ziel der Risikostreuung zur Sicherung der Versorgung wird als Multiple Sourcing bezeichnet. Vgl. hierzu ausführlich Bender, C. (2008), S. 55 ff., Binner, H. F. (2002),S. 41 ff., Fortmann, K.-M./ Kallweit, A. (2007), S. 69 und Homburg, C. (1995), S. 813 ff.

401 Schieck, A. (2008), S. 22.

402 Transportentfernungen nach Deutschland z.B. aus Südafrika 12.500 km, aus Australien 23.000 km, aus China 29.000 km. Vgl. Mayer-Spohn, O. et al. (2007).

403 Vgl. Pfohl, H.-C. (2004), S. 5 f.

404 Von den gebrochenen Verkehren zu differenzieren sind kombinierte, intermodale oder multimodale Verkehre. Bei diesen werden nacheinander verschiedene Transportmodi genutzt, die Güter selbst bleiben aber während der Umladungen in Ladungsträgern (z.B. Container). Vgl. Walter, K. (2005), S. 457. Beim gebrochenen Verkehr hingegen wird das Transportgut selbst umgeschlagen. Vgl. Lorenz, W. (2005), S. 603.

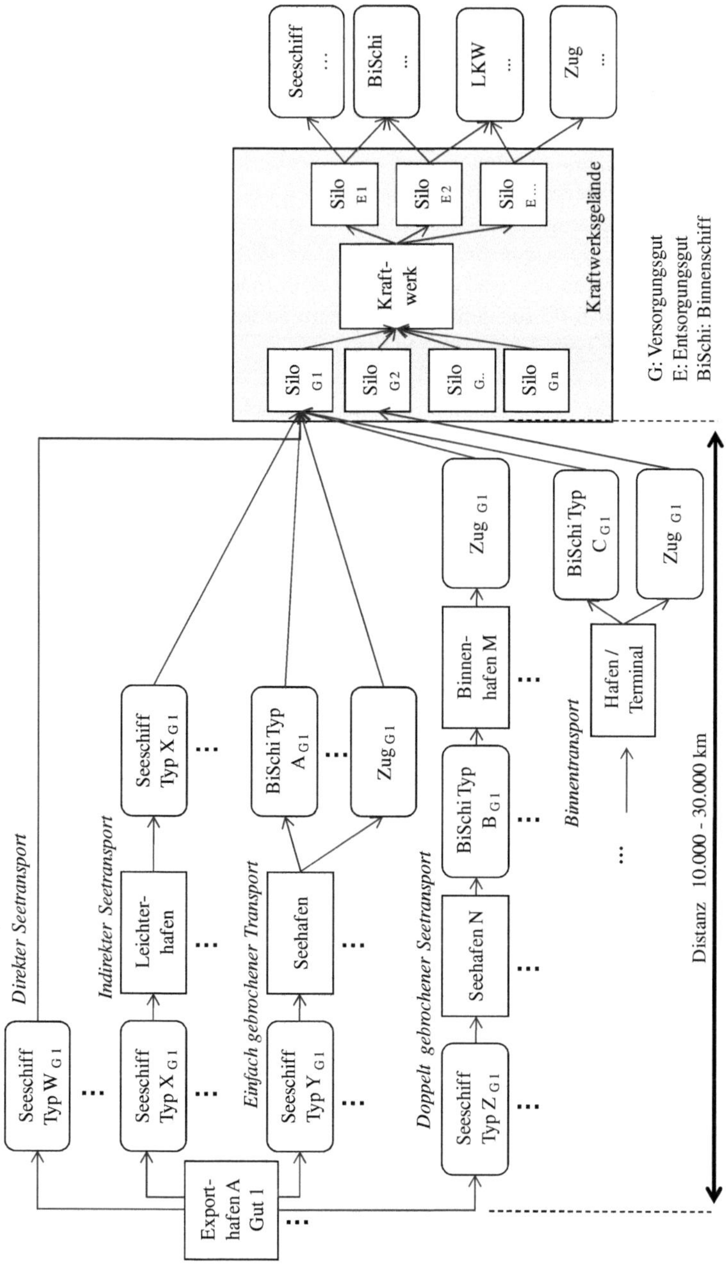

Abbildung 30: Globale maritime Transportketten der Kraftwerkslogistik

Unter einem *indirekten Seetransport* wird in dieser Arbeit eine Leichterstrategie verstanden, in der ein Seeschiff mehrere Häfen nacheinander anläuft und in jedem einen Teil seiner Ladung löscht. Dies ist beim Einsatz großer Bulker, deren Frachtraten pro Tonne günstiger sind als bei kleineren Schiffen, gängige Praxis, wenn diese aufgrund ihrer Abmessungen (insbesondere des Tiefgangs) den Zielhafen nicht direkt anlaufen können. Auf diese Weise kann auch eine Risikodiversifizierung erreicht werden, wenn mehrere Quellen und mehrere Kraftwerke eine gemeinsame Beschaffungsstrategie verfolgen.[405]

Bei einem *einfach gebrochenen Transport* läuft der voll abgeladene Kohlebulker einen europäischen Seehafen an, bei dem (nach einer möglichen Zwischenlagerung) die Rohstoffe für den Transport zum Kraftwerk weiter auf unterschiedliche Binnenschiffe oder Züge verladen werden.

Der *doppelt gebrochene Transport* beinhaltet neben dem Umschlag und der Lagerung in einem Seehafen einen weiteren Umschlag (mit möglicher Lagerung) im Binnenland. Dieser zusätzliche Transport, der sowohl die Beförderungszeit verlängert als auch weitere Kosten verursacht, kann in Diversifizierungsstrategien des Energieversorgers oder Engpässen auf bestimmten Relationen der Infrastruktur begründet liegen.

Neben Zwischenlagerungen der Kohle in den einzelnen Häfen erfolgt letztendlich eine Lagerung der Kohle am Kraftwerk selbst. Diese ist ebenfalls zu modellieren. Hier sind unterschiedliche Strategien möglich. Es kann zwischen einer ***sortenreinen*** und einer ***gemischten*** **Lagerhaltung** unterschieden werden. Im ersten Fall werden die Kohlechargen der einzelnen Seeschiffe und Herkunftsländer getrennt gespeichert, um anschließend, entsprechend ihrer Qualitäten und der Anforderungen des Kraftwerks, gemischt zu werden. Bei einer gemischten Lagerung entfällt diese Differenzierung nach unterschiedlichen Kohletypen. In moderneren Kraftwerken ist eine Trennung nicht erforderlich. Bei dem Abruf der Kohle aus dem Silo wird in der Regel eine FiFo-Strategie verfolgt: die Kohle, die zuerst angeliefert wurde, wird auch zuerst wieder aus dem Lager entnommen.[406]

Neben den Lagern für die Kohle sind auch ausreichend dimensionierte Silos für alle weiteren Güter des Kraftwerksprozesses und die Entsorgungsprodukte in einem Modell für die Entwicklung eines Supply Chain Designs zu berücksichtigen.[407] Diese Stoffströme müssen sowohl bei der Ver- als auch bei der Entsorgungslogistik ebenfalls beachtet werden. Hier werden, je nach Kraftwerksstandort, Beschaffungs- bzw. Absatzpolitik sowie Affinität des Transportguts zum Verkehrsmittel Seeschiffe, Binnenschiffe, Züge und Lkw eingesetzt. Bei der Entsorgungslogistik sind die

405 Vgl. z.B. bei Shih, L.-H. (1997), S. 243 ff. Die Taiwan Power Company, die 90 % der Energie des Landes herstellt, muss 95 % der Kohle importieren und diese auf die einzelnen Kraftwerke verteilen.

406 Dieses Vorgehen wird wegen der Gefahr der Selbstentzündung der Kohle bei längerer Lagerung gewählt.

407 Vgl. hierzu ausführlich Kapitel 2.1.3.

klassischen Materialflussfunktionen des Transports, des Umschlags und der Lagerung analog zu betrachten.[408] In allen Bereichen kann es zu Kapazitätsrestriktionen kommen.

3.2 Forschungsstand im Bereich der Kohlelogistik und der Bulkschifffahrt

Im Gegensatz zu anderen Industriebereichen des produzierenden Sektors, in denen Methoden des Supply Chain Managements erfolgreich eingesetzt werden, gibt es im Bereich der Kohlelogistik nur wenige Veröffentlichungen. Das Ergebnis einer ausführlichen Recherche zum Thema Kohlelogistik ist, dass sowohl in den Beständen deutscher Bibliothekskataloge als auch in einschlägigen Fachzeitschriften nur eine geringe Anzahl an wissenschaftlichen Veröffentlichungen zu dieser Thematik existiert. So ergibt z.B. eine Suche in dem Gemeinsamen Verbundkatalog GVK (www.gbv.de) nach den Stichworten *„Kohlelogistik"* oder *„coal logistics"* gar keinen Treffer. In den Annals of Operations Research wird nur ein Beitrag mit dem Suchbegriff *„coal logistics"* gefunden, wohingegen z.B. zu der Wortfolge *„container logistics"* 38 Beiträge ausgegeben werden. In der Zeitschrift Transportation Science sind nur fünf Veröffentlichungen zu finden, die die Worte *„coal"* und *„logistics"* enthalten.[409]

Für die Güterstromoptimierung in der Seeschifffahrt finden sich in der Literatur nur vereinzelt Quellen, die sich auch mit der Kohlelogistik befassen; eine tiefergehende Betrachtung der Inhalte und Charakteristika der Strukturen des Supply Chain Designs des Brennstofftransports bleibt aber zumeist aus.[410] Diese Ansätze befassen sich hauptsächlich mit komplexen kombinatorischen Fragestellungen (welche Schiffe laufen welche Häfen mit welchen Gütern in welcher Reihenfolge an?). Im Folgenden werden solche Modelle und ihre Parameter exemplarisch dargestellt. Anschließend wird der Forschungsstand im Bereich der Kohlelogistik anhand einer Tabelle aufgezeigt. Ausgewählte Modelle werden erläutert, auch wenn im Anschluss keiner dieser Ansätze weiter verfolgt wird. **Der Fokus dieser Arbeit liegt vielmehr auf der *kapazitativen Analyse* der eingeplanten Verkehrsträger.** Zu untersuchen ist, ob ein ausgewähltes Supply Chain Design umsetzbar ist und ob sich geplante Transportstrategien trotz kapazitativer Restriktionen realisieren lassen.[411]

---

408 Vgl. Clausen, U./Kraft, V. (2008), S. 487.

409 Stand: 23.06.2009.

410 Vgl. Jiang, H./Zhou, M./Meng, J. (2007).

411 Der Fokus liegt auf den logistischen Kernleistungen Transport, Umschlag und Lagerung. Auf weitere logistische Systemleistungen nach Isermann, H. (1998), S. 35, wie z.B. Informationsleistungen, wird nicht eingegangen.

3.2.1 Modellierung des internationalen Seetransports

Im Gegensatz zu anderen Verkehrsträgern, wie der Straße oder der Luftfahrt, existiert im Kontext der Seeschifffahrt nur eine kleine Anzahl wissenschaftlicher Publikationen, die sich mit der Modellierung von Transporten befassen.[412] Von diesen haben nur wenige den Kohletransport zum Thema. Hierbei handelt es sich zumeist um Optimierungsmodelle, die sich im Rahmen der strategischen Planung mit dem Design der Flotte (z.B. Investitionen in zusätzliche Schiffe) und der Seetransportsysteme (Bestimmung der anzulaufenden Häfen) befassen.[413] Ziel ist hierbei die Minimierung der Flottenkosten unter der Bedingung, dass alle geplanten Ladungen transportiert werden. Taktische Entscheidungen beinhalten die Allokation und die Nutzung der Schiffe (Routing und Scheduling).

Nach Ronen sind u.a. folgende Aspekte für eine Klassifikation vorhandener Ansätze von Bedeutung:[414]

- Betriebsform (Linien-, Tramp- oder Industriefahrt)
- Lade- und Entladezeiten (spezifizierte/offene Zeitfenster)
- Anzahl Lade-/Entladehäfen des Betrachtungsraums (einer/mehrere)
- Anzahl Lade-/Entladehäfen je Schiff (einer/mehrere)
- Anzahl der Güter (eins/mehrere)
- Flottengröße, Anzahl Schiffstypen und Zusammensetzung
- Hafen- und Seeroutenbeschränkungen für Schiffstypen
- Optimale Reisegeschwindigkeiten[415]
- Zielfunktion (Minimierung der Kosten, Maximierung des Gewinns,...)

Die Vielzahl möglicher Aspekte führt zu einer großen Komplexität der einzelnen Schiffs-Zuordnungsprobleme, die durch weitere spezifische Nebenbedingungen gekennzeichnet sein können. Einen Überblick über vorhandene Modelle in der Seeschifffahrt, die gegebenenfalls auf den Kohletransport übertragbar sind, zeigt Tabelle 8.

412 Vgl. Christiansen, M. et al. (2007), S. 193 f., S. 220 ff. und 277 ff.

413 Für eine Übersicht über bestehende Ansätze vgl. Ronen, D. (1993), S. 330 f., Christiansen, M./Fagerholt, K./Ronen, D. (2004), S. 11 ff. und Christiansen, M. et al. (2007), S. 189 ff.

414 Vgl. Ronen, D. (1983), S. 121.

415 Für den Zusammenhang zwischen Reisegeschwindigkeit und Treibstoffverbrauch vgl. ausführlich Rogers, P./Strange, J./Studds, B. (1997), S. 113 ff.

Tabelle 8: Ausgewählte Modelle der Seeschifffahrt

Ship Routing and Scheduling		
Autoren	Themenschwerpunkte	Kritik/Bezug zur Arbeit
Christiansen, M./ Fagerholt, K./ Ronen, D. (2004)	Grundstruktur der Modelle der Werkschifffahrt	nur Seeverkehr
Ronen, D. (1986)	Scheduling-Modell für die Bulkschifffahrt	nur Seeverkehr
Cho, S.-C./Perakis, A. N. (2001)	Scheduling-Modell für die Bulkschifffahrt	nur Seeverkehr
Christiansen, M./ Nygreen, B. (1998a,1998b)	Kurzfristige Bestimmung von Fahrplänen für den Ammoniaktransport; Kostenstrukturen, Ladungskapazitäten und spezifische Eigenschaften von Seeschiffen.	nur Seeverkehr; Berücksichtigung der Silobestände der Kunden
Mehrez, A./Hung, M. S./Ahn, B. H. (1995)	Werkschifffahrt; Entscheidungen zu Anzahl und Größe der zu charternden Bulker und der Anzahl und Lage der Seehäfen	nur Seeverkehr; Beschaffung von Massengütern aus Übersee
Brown, G. G./ Graves, G. W./ Ronen, D. (1987)	Direkttransporte von Rohöl zwischen Seehäfen; Ziel: Optimierung der Reisegeschwindigkeiten	nur Seeverkehr
Bausch, D. O./ Brown, G. G./ Ronen, D. (1998)	kurzfristige Bestimmung des Einsatzes einer Flotte für Öltransporte; Hafenrestriktionen, Öffnungszeiten	nur Seeverkehr
Xinlian, X./ Tengfei, W./Daisong, C. (2000)	Flottenplanung: Optimierung der Anzahl von Schiffen und deren Einsatzplänen	nur Seeverkehr
Fagerholt, K. (2001)	Erzeugung kostengünstigerer Fahrpläne durch „weiche Zeitfenster"	nur Seeverkehr
Ronen, D. (1983, 1993)	Klassifizierung vorhandener Modelle	nur Seeverkehr
Ronen, D. (2002)	Seetransport von Flüssiggütern; kurzfristiges Routing von Schiffen; begrenzte Lagerkapazitäten	Die getroffenen Annahmen ähneln den Bedingungen der Kohletransporte.

Im Folgenden werden zwei grundlegende Modellierungsansätze aus dem Bereich des Ship-Scheduling dargestellt, obgleich diese im weiteren Verlauf der Arbeit nicht weiter aufgegriffen werden, da sie sich auf taktische und operative Fragestellungen beziehen. Dies sind die Ansätze von Christiansen/Fagerholt/Ronen und Cho/Perakis (in der Tabelle fett hervorgehoben).

Scheduling-Modelle der Werkschifffahrt

Im Gegensatz zur Trampschifffahrt, bei der Ladungsmengen abgelehnt werden können, ist die Bedingung der Modelle der Werkschifffahrt, dass sämtliche vorgegebene Gütermengen transportiert werden müssen. Scheduling-Modelle der Werkschifffahrt haben zum Ziel, die Summe der Kosten für alle Schiffe in der unternehmenseigenen Flotte zu minimieren und sicherzustellen, dass alle Ladungsmengen des Unternehmens zwischen Lade- und Entladehäfen befördert werden. In der mathematischen Beschreibung ist i.d.R. ein Netzwerk hinterlegt, in dem die Knoten, die Häfen und die Kanten den besten Weg zwischen zwei Häfen repräsentieren. Die zu ermittelnden Fahrpläne für die einzelnen Schiffe beschreiben das Anlaufen einer Reihe von Häfen zu bestimmten Ankunftszeiten.

Modelle der Werkschifffahrt bauen meist auf folgender Grundstruktur auf:[416]

(ZF)

$$Min \sum_{v \in V} \sum_{r \in R_v} c_{vr} x_{vr} + \sum_{i \in N} c_{SPOT_i} s_i$$

(NB 1) $\sum_{v \in V} \sum_{r \in R_v} a_{ivr} x_{vr} + s_i = 1 \qquad (\forall\, i \in N)$

(NB 2) $\sum_{r \in R_v} x_{vr} = 1 \qquad (\forall\, v \in V)$

(NB 3) $x_{vr} \in \{0,1\}, \qquad (\forall\, v \in V, r \in R_v)$

(NB 4) $s_i \in \{0,1\}, \qquad (\forall\, i \in N)$

V: Menge der Schiffe indiziert mit v

N: Menge der Gütermengen indiziert mit i

R_v: Menge möglicher Fahrpläne für Schiff v

r: Indizierung eines spezifischen Fahrplans

416 Vgl. Christiansen, M./Fagerholt, K./Ronen, D. (2004), S. 5 f. Im Gegensatz zu der Werkschifffahrt, bei der es um die Minimierung der Kosten geht, werden in den Modellen der Trampschifffahrt die Gewinne maximiert, die sich über alle Schiffe, Güter und Fahrpläne aus der Differenz von Erträgen und Kosten ergeben. Dies führt zu einer Umformulierung der Zielfunktion. Vgl. ebenda, S. 9 ff.

c_{vr}: Kosten, wenn Schiff v Fahrplan r fährt

a_{ivr} = 1, wenn Ladung i von Schiff v mit Fahrplan r transportiert wird; sonst 0

c_{SPOT_i}: Kosten für Spotcharter für Gut i

x_{vr} = 1, wenn Schiff v Fahrplan r fährt; sonst 0

s_i = 1, wenn Ladung i per Spotcharter transportiert wird; sonst 0

(ZF): Die Zielfunktion minimiert die Summe der Betriebskosten c_{vr} der Flotte und die Summe der Kosten c_{SPOT} für Ladungen, die per Spotcharter verschifft werden, falls in einer Planungsperiode nicht alle Ladungen mit eigenen Schiffen transportiert werden können.

(NB 1): Alle Ladungen müssen entweder mit einem Schiff der eigenen Flotte oder per Spotcharter verschifft werden.

(NB 2): Jedem Schiff wird genau ein Fahrplan zugeteilt.

(NB 3) und (NB 4): Diese Nebenbedingungen stellen die binären Anforderungen dar.

Aufgrund der relativ hohen Reisedauer der Schiffe und hoher Unsicherheiten bezüglich Verzögerungen während des Transports können die Fahrpläne der Schiffe in der Bulkschifffahrt i.d.R. nur einige Reisen im Voraus bestimmt werden.[417]

Scheduling-Modelle der Bulkschifffahrt

Eines der ersten Modelle, das sich mit der Problematik des Scheduling von Bulkschiffen beschäftigt, findet sich bei Ronen.[418] Hierbei handelt es sich um ein Ship-Scheduling-Modell mit einem Lade- und mehreren Entladehäfen. Annahme ist, dass die Kapazität der Flotte größer ist als die gesamte Nachfrage, so dass keine zusätzlichen Transportkapazitäten auf dem Spot-Markt eingekauft werden müssen. Jedes Schiff kann mehrere Häfen anlaufen; die Nachfrage jedes Hafens kann durch mehrere Schiffe bedient werden. Jedem Schiff ist ein Fahrplan zuzuordnen.[419]

417 Vgl. Christiansen, M./Fagerholt, K./Ronen, D. (2004), S. 6.

418 Vgl. Ronen, D. (1986), S. 164 ff. Dieses wurde später von Cho und Perakis erweitert, vgl. Cho, S.-C./Perakis, A. N. (2001), S. 339 ff. Diese beziehen sich auf das Scheduling-Problem von Bausch, D. O./Brown, G. G./Ronen, D. (1998), S. 335 ff. und erweitern das originale Modell von Ronen.

419 Im Folgenden wird die Formulierung von Cho, S.-C./Perakis, A. N. (2001), S. 339 ff. übernommen.

(ZF)

$$Min \sum_{k\in K}\sum_{j\in J}\sum_{n\in N_k} a_{kj}\, y_{kj} z_{kjn} + \sum_{k\in k}\sum_{j\in J}\sum_{n\in N_k}\left(\frac{p_k}{u_j}\right) y_{kj} z_{kjn} + \sum_{k\in k}\sum_{n\in N_k} f_{kn}\, x_{kn}$$

K:	Menge der verfügbaren Schiffe
J :	Menge der Entladehäfen
N_k:	Menge der möglichen Routen n für Schiff k
a_{kj}:	Kosten für den Transport zum Hafen j mit Schiff k
y_{kj}:	Menge der Ladung für Entladehafen j transportiert durch Schiff k
z_{kjn}	= 1, wenn Schiff k Hafen j anläuft und Route n wählt; sonst 0
p_k:	tägliche Hafenkosten für Schiff k
u_j:	tägliche Entladerate im Hafen j
f_{kn}:	Kosten für Schiff k und Route n[420]
x_{kn}	= 1, wenn Schiff k Route n wählt; sonst 0

(NB 1) $\sum_{j\in J}\sum_{n\in N_k} y_{kj}\, z_{kjn} \leq C_k$ $(\forall\, k \in K)$, C_k: Kapazität von Schiff k

(NB 2) $\sum_{k\in K}\sum_{n\in N_k} y_{kj}\, z_{kjn} = D_j$ $(\forall\, j \in J)$, D_j: Nachfrage im Hafen j

(NB 3) $\sum_{n\in N_k} x_{kn} = 1$ $(\forall\, k \in K)$

(NB 4) $\sum_{k\in K}\sum_{n\in N_k} C_k\, z_{kjn} \geq D_j$ $(\forall\, j \in J)$

(NB 5) $x_{kn} \in \{0,1\}$, $y_{kj} \geq 0$, $z_{kjn} \in \{0,1\}$

(ZF): Die Zielfunktion minimiert die gesamten Flottenkosten, die sich aus den Kosten für den Transport der Ladung, den Kosten der Entladezeit und den Gebühren für die Schifffahrtsrouten ergeben.

(NB 1): Die Nebenbedingungen 1 erfordern die Einhaltung der Kapazitäten aller Schiffe.

(NB 2): Die Nebenbedingungen 2 stellen sicher, dass die Nachfragen aller Häfen befriedigt werden.

420 Die Routenkosten können z.B. abhängig von der Schiffsgröße sein (Schleusen- und Kanalgebühren, z.B. Suezkanal, etc.).

(NB 3): Jedem Schiff wird genau eine Route (ein Fahrplan) zugeordnet.[421]

(NB 4): Die Kapazitäten der Schiffe k, die den Hafen j anlaufen, müssen mindestens so groß sein wie die dortige Nachfrage D_j.

(NB 5): Diese Nebenbedingungen spiegeln die binären Anforderungen und die Nichtnegativitätsbedingungen wider.

Weitere *taktische* Scheduling-Modelle sind im Bereich des Massenguttransports von Öl entwickelt worden.[422] Die Annahmen (wie z.B. Direkttransporte zwischen Seehäfen, ganze Schiffsladungen, etc.) ähneln denen des Kohletransports. Zielsetzung ist i.d.R. die Minimierung der Flottenkosten, die sich aus der Ermittlung optimaler Reisegeschwindigkeiten, der Reduzierung von Ballastfahrten, der Optimierung der Anzahl von Schiffen und deren Einsatzplänen ergeben können.

3.2.2 Modelle der Kohlelogistik

Veröffentlichungen im Bereich der Kohlelogistik unterscheiden sich in vielen Aspekten. Ein Großteil der vorhandenen Modelle bezieht sich auf die Sicht des Produzenten. Dieser hat seine Seeschiffe unter der Berücksichtigung diverser Nebenbedingungen optimal einzusetzen, um seine Kunden angemessen mit dem Brennstoff zu versorgen. Modelle aus Sicht eines Kraftwerks befassen sich u.a. mit der Lagerhaltung und mit erforderlichen Kohlemischungsprozessen. Darüber hinaus gibt es vereinzelt Ansätze, die sich mit der Modellierung verkehrsträgerübergreifender Transportketten befassen. Einige Veröffentlichungen im Bereich der Kohlelogistik analysieren die Entwicklung von Kohlemärkten, um daraus Aussagen über erforderliche Infrastrukturinvestitionen treffen zu können.

In Tabelle 9 sind vorhandene Beiträge zur Kohlelogistik aufgeführt. Auf ausgewählte Modellierungsansätze (in der Tabelle fett gedruckt) wird in dieser Arbeit eingegangen. Diese geben einen guten Überblick über mögliche Fragestellungen in dieser Thematik. Keiner der beschriebenen Ansätze wird jedoch bei dem später zu entwickelnden Modell weiter verfolgt.

---

421 In dem Fall, dass ein Schiff nicht eingeplant ist, wird dies durch einen Fahrplan n beschrieben, bei dem die Kosten f_{kn} den Demurrage-Kosten entsprechen.

422 Vgl. Tabelle 8.

Tabelle 9: Modelle im Bereich der Kohlelogistik

Coal Logistics		
Autoren	Themenschwerpunkte	Kritik/Bezug zur Arbeit
Jiang, H./Zhou, M./Meng, J. (2007)	Struktur der Coal Supply Chain mit Fokus auf Exploration und Gewinnung	Der Transport an den Endkunden ist nur Randthema.
Osleeb, J. et al. (1986)	Maritime Supply Chain; Verkehrsträgerübergreifende Darstellung des Netzwerkes	Darstellung der Kohleströme anhand einer Netzwerkstruktur
Kuby, M./Ratick, S./Osleeb, J. (1991)		
Shih, L.-H. (1997)	Planung von Seetransporten der Taiwan Power Company (TPC); Berücksichtigung diverser Restriktionen	Keine Berücksichtigung von Hinterlandtransporten, stochastischen Einflüssen, Wartezeiten u.a.
Liu, C.-M./ Sherali, H. D. (2000)	Kohletransport- und Mischungsprozess der TPC	
Shiromaru, I./ Inuiguchi, M./ Sakawa, M. (2000)	Untersuchung eines komplexen Problems der Kohlebeschaffung und -lagerung eines japanischen Kraftwerks; Lösungsfindung mit genetischen Algorithmen	Beachtung einer Vielzahl von Nebenbedingungen des Kohletransports; nur Seeverkehr
Jansson, J. O./ Shneerson, D. (1982)	Ermittlung optimaler Bulkergrößen für den Kohletransport; Kapital-, Betriebs-, Treibstoff- und Hafenkosten. Ziel: Minimierung der Gesamtkosten pro Gütertonne (Transport- und Hafenkosten)	Lediglich kostentechnische Betrachtung des Seeverkehrs
Kuby, M. et al. (1995)	Beschreibung der chinesischen Coal Supply Chain von den Bergwerken über Aufbereitungsstufen bis zu den Kraftwerken; Ziel: Ermittlung einer optimalen räumlichen, zeitlichen und quantitativen Allokation von staatlichen Infrastrukturinvestitionen	nur Schienentransport
Li, Y./Li, R. (2008)	Modellierung eines Kohle-Logistik-Systems für chinesische Kraftwerke; Lieferantenauswahl, Materialflussanlagen und Human Ressources in den Kraftwerken	nur Schienentransport
	Fotsetzung auf der nächsten Seite	

Autoren	Themenschwerpunkte	Kritik/Bezug zur Arbeit
Shapiro, J. F./ White, D. E. (1982)	Analyse der Entwicklung der Kohleangebots- und -nachfragemärkte in den USA hinsichtlich unterschiedlicher Szenarien des Atomkraftwerksausbaus	Ermittlung der Schienentransportkosten lediglich anhand durchschnittlicher Entfernungen
Brady, T. F./ Pfitzer, C. M. (2007)	Analyse der Transportinfrastruktur für Kohletransporte in den USA; Ziel: Ermittlung einer optimalen Allokation von Infrastrukturinvestitionen	nur Schienentransport

Maritime Supply Chains

Unter einer *maritimen Supply Chain* wird eine Wertschöpfungskette verstanden, bei der der Seetransport einen wesentlichen Anteil an der gesamten Transportkette einnimmt.[423] Obwohl der maritime Transport in der Kohlelogistik oftmals nur einen Teil der gesamten Lieferstrecke ausmacht, gibt es nur sehr wenige Ansätze in der Literatur, die Ship Routing und Scheduling in Hinsicht auf die verkehrsträger-*übergreifende* Wertschöpfungskette betrachten.[424]

Osleeb et al. sowie Kuby, Ratick und Osleeb beschreiben den Einsatz einer netzwerkbasierten Optimierungs-Planungs-Methode für die Analyse der Infrastruktur von fünf amerikanischen Kohleexporthäfen.[425] Mit Hilfe des „Coal Logistics System" (COLS), einem einperiodischen Modell der gemischt-ganzzahligen Programmierung, werden die ökonomischen und geographischen Auswirkungen von Investitionen in Hafeninfrastrukturen und -vertiefungen für das Basisjahr 1985 untersucht.[426] Das Netz besteht aus Straßen, Schienenwegen und Wasserstraßen sowie Kohlequellen, Transshipment-Knoten und Knoten ausländischer Nachfrage (vgl. Abbildung 31).

423 Vgl. Christiansen, M./Fagerholt, K./Ronen, D. (2004), S. 3.

424 Vgl. Christiansen, M. et al. (2007), S. 220.

425 Vgl. Osleeb, J. et al. (1986), S. 163 ff. sowie Kuby, M./Ratick, S./Osleeb, J. (1991), S. 627 ff.

426 Ausgangslage der Untersuchung waren die im Vergleich zu anderen Kohleexportländern hohen Lieferkosten aufgrund unzureichend ausgebauter Seehäfen für die zunehmende Größe und Anzahl der abzufertigenden Kohlebulker. Zur Analyse investitionsintensiver Hafenausbauprojekte verlangte der „U.S. Army Corps of Engineers", die für die Instandhaltung der Häfen und Wasserstraßen zuständigen Behörde, eine Untersuchung ausgewählter Häfen.

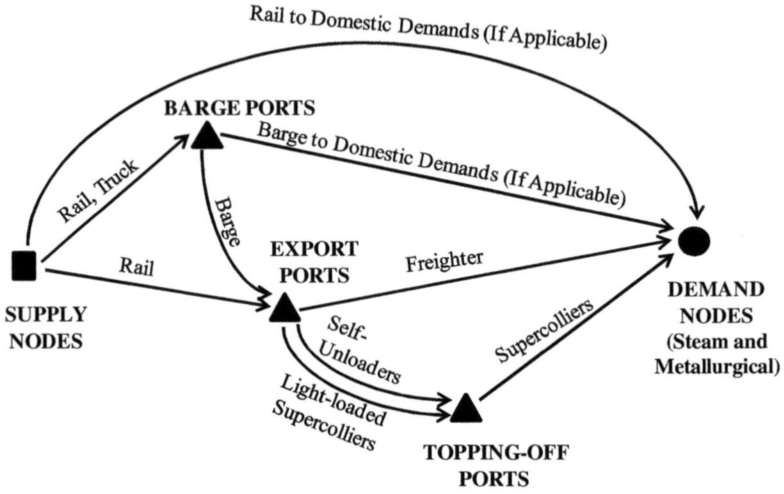

Abbildung 31: Flowchart der Transportströme amerikanischer Exportkohle[427]

Eingehende Parameter sind u.a. Kohlepreise und Fördermengen ausgewählter Exportländer sowie die internationale Nachfrage nach den Kohletypen. Es können Szenarien untersucht werden, die bis zu neun verschiedene Kohlearten, unterschiedliche Schiffstypen, Handling Equipment und Hafentechnologien enthalten. Ziel ist die Minimierung der Kosten für Transport, Kauf und Handling der Kohle sowie die Investitionen in Hafenfazilitäten unter Berücksichtigung von Nebenbedingungen, die realistische Kohleströme im gegebenen Netzwerk sicherstellen sollen.[428]

Inventory Routing

Bei Bestands- (Inventory-) Modellen gehen neben den Bedingungen, die sich für den Transport und den Umschlag ergeben, auch Restriktionen bezüglich Lagerkapazitäten und -kosten ein. Diese Modelle werden in der wissenschaftlichen Betrachtung des Seeverkehrs vereinzelt bei der Betrachtung von Kohle- und Öltransporten genutzt. So können im Verladehafen begrenzte Lagerkapazitäten zu beachten sein; in den Zielhäfen sind oft Minimalbestände vorzuhalten, um ein Leerlaufen der Lager zu verhindern. Obwohl diverse Unternehmen der Energie- und Chemiebranche diese Herausforderungen bewältigen müssen, gibt es nur eine geringe Anzahl an Veröffentlichungen in diesem Gebiet.[429] Ein Grund hierfür ist die **zuneh-**

427 In Anlehnung an Kuby, M./Ratick, S./Osleeb, J. (1991), S. 634.

428 Für die mathematische Beschreibung des Modells vgl. Osleeb, J. et al. (1986), S. 176 ff.

429 Vgl. auch Ronen, D. (1993), S. 329 f.

mende Komplexität der Modelle, bei denen zur Lösungsfindung z.B. auf genetische Algoritmen zurückgegriffen werden muss.

Für die Planung von Kohleimporten der Taiwan Power Company (TPC)[430] schlägt Shih ein Modell der gemischt-ganzzahligen Programmierung vor, welches die Bestimmung der Importmengen der einzelnen Anbieter und der Fahrpläne der Kohletransporte zwischen einer Vielzahl von Kohlelieferanten (Quellen) und diversen Kraftwerken (Senken) enthält. Ziel ist die Minimierung der Beschaffungs-, Transport- und Lagerkosten. Wesentliche Restriktionen des Optimierungsmodells sind:[431]

- Der Beschaffungspolitik des Unternehmens entsprechend sind Mindest- und Maximalmengen an importierter Kohle über jeden Anbieter und jedes Kraftwerk einzuhalten.
- Nicht jedes Kraftwerk kann von jedem Zulieferer versorgt werden.
- Einige Zulieferer verlangen Mindestabnahmemengen.
- Die gelieferten Mengen je Kraftwerk müssen dem jeweiligen Bedarf entsprechen.
- Bestandsgleichungen sichern eine Mindestmenge in den Lagern.
- Es existieren Mischungsanforderungen von unterschiedlichen Kohletypen für jedes Kraftwerk.
- Die Entladezeiten an den Seehäfen dürfen die regulären Arbeitszeiten nicht überschreiten.
- Die Kapazität der Capesize- und Panamax-Schiffe im Fahrplan muss mindestens so groß wie die gesamte Kohlenachfrage des Energieversorgungsunternehmens sein.

Ergebnis ist ein Fahrplan für eine Zeitperiode (z.B. 6 Monate), der die Ankünfte der einzelnen Bulker ausgibt. Dieses Modell bezieht sich insbesondere auf den Beschaffungsprozess der Kohle und auf die Festlegung der Zulieferer. Stochastische Einflüsse werden jedoch nicht betrachtet. Der generierte Fahrplan gibt die gewünschten Ankunftstermine aus, berücksichtigt aber keine Verzögerungen durch Wartezeiten in den Kohlehäfen oder Wasserstandsschwankungen. Hinterlandtransporte werden auch hier nicht untersucht. **Kritisiert werden an diesem Modell lange Rechnerzeiten, die zur Lösungsfindung erforderlich sind.**[432]

Liu und Sherali analysieren, ebenfalls für die Taiwan Power Company (TPC), den Kohletransport- und -mischungsprozess.[433] Um einen zuverlässigen Kraftwerksbetrieb zu gewährleisten, ist die Mischung der Kohlen, die in Abhängigkeit

---

430 Die Taiwan Power Company produziert 90 % der heimischen Elektrizität. 25 % der Produktion beruhen auf Kohle, die zu 95 % importiert wird.

431 Für eine mathematische Darstellung vgl. ausführlich Shih, L.-H. (1997), S. 244 ff.

432 Wu, Huang und Chen entwickeln für dieses Coal Shipment Problem eine erweiterte mathematische Formulierung, vgl. Wu, T.-H./Huang, K.-I./Chen, W. (1995), S. 489 ff.

433 Vgl. hierzu ausführlich Liu, C.-M./Sherali, H. D. (2000), S. 433 ff.

von dem jeweiligen Anbieter unterschiedliche Qualitäten hinsichtlich ihrer Zusammensetzung haben, bei der Distribution und der Lagerung zu berücksichtigen. Eingehende Parameter sind die Kohlemengen, -qualitäten und -preise aus den einzelnen Zulieferverträgen, die Nachfragemengen der einzelnen Kraftwerke, umwelttechnische Restriktionen und die Kapazitäten der vorhandenen Schiffe. Mit einem Modell der gemischt-ganzzahligen Programmierung sind optimale Transport- und Mischprozesse zu finden, um den Unterschied zwischen hoch- und niedrigwertiger Kohle zu kompensieren und eine einheitliche Qualität sicherzustellen.

Shiromaru et al. beschreiben ein sehr komplexes Problem der Planung der Kohlebeschaffung und -lagerung.[434] Allerdings wird bei dem Transport der Kohle nur der Seetransport berücksichtigt. Der Brennstoff wird mit Schiffen unterschiedlicher Tragfähigkeit aus acht Ländern importiert (vgl. Abbildung 32).

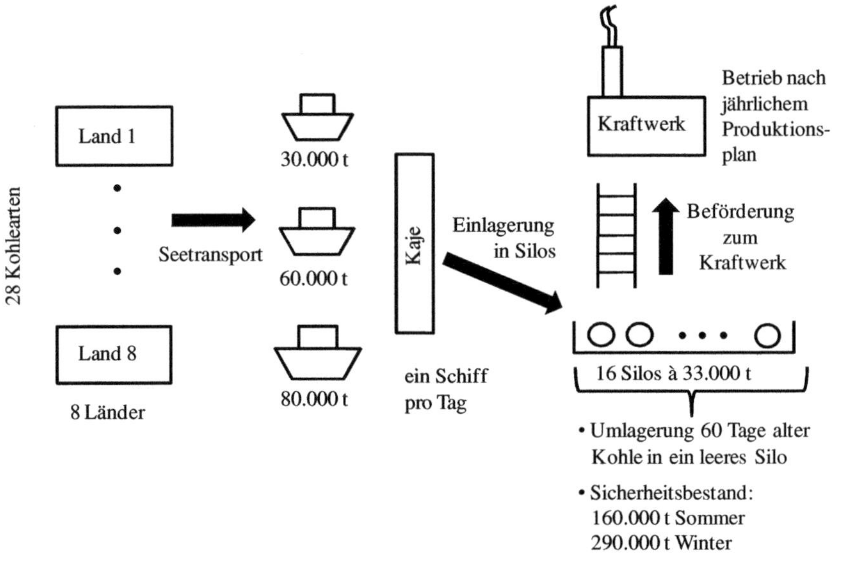

Abbildung 32: Coal Supply Chain nach Shiromaru/Inuiguchi/Sakawa[435]

Nur ein Schiff kann maximal am Tag an der Kaje anlegen; bei stürmischem Wetter ist ein Anlaufen des Hafens nicht möglich. Es wird zwischen 28 Kohletypen unterschieden, die gegebenenfalls gemischt werden müssen. In jedem der 16 Silos darf nur eine Charge Kohle gelagert werden. Wegen der Gefahr der Selbstentzündung soll eine maximale Lagerzeit von 60 Tagen nicht überschritten werden. Mindestbestände an Brennstoffen sind einzuhalten. Ziel ist u.a. die Minimierung der

434 Vgl. Shiromaru, I./Inuiguchi, M./Sakawa, M. (2000), S. 218 ff.

435 Shiromaru, I./Inuiguchi, M./Sakawa, M. (2000), S. 220.

Einkaufskosten für die Kohle. Aufgrund der erwarteten Komplexität einer mathematischen Darstellung und der erwarteten hohen Rechnungszeit zur Lösungsfindung bei einem solchen Ansatz wird das Planungsproblem mit genetischen Algorithmen untersucht.

3.2.3 Fazit zur vorhandenen Literatur zum Thema Kohlelogistik

Über Kohlelogistik bzw. Kraftwerkslogistik finden sich in der wissenschaftlichen Literatur nur einzelne Publikationen. Hier kann generell in Veröffentlichungen aus ingenieurwissenschaftlicher und aus mathematischer Perspektive differenziert werden.

Zwar gibt es diverse Beiträge über einsetzbare Transporttechnologien für den Kohletransport; diese gehen aber nicht auf die Planung der logistischen Ketten ein. Zugängliche wissenschaftliche Publikationen aus dem amerikanischen Bereich datieren eher aus den achtziger und neunziger Jahren des letzten Jahrhunderts; aktuellere Ansätze kommen insbesondere aus den asiatischen Ländern, diese sind aber nur zu einem geringen Teil in englisch-sprachigen Publikationen veröffentlicht.

Mathematische Verfahren werden insbesondere in der kurzfristigen Planung eingesetzt.[436] Die vorhandenen Ansätze im Bereich der Kohlelogistik beschreiben komplexe Entscheidungssituationen, bei denen der Fokus auch auf einer eher kurz- bis mittelfristigen Kombination einer Vielzahl zu wählender Verkehrsmittel, Routen, Quellen, Senken und Fahrplänen liegt (Scheduling Modelle). Mittels Methoden des Operations Research werden diese kombinatorischen Probleme gelöst. In der Regel existiert eine Zielfunktion, durch die die Minimierung der Transportkosten sichergestellt werden soll. **Auf eine langfristige Planung und eine Bestimmung der Kapazitäten der Verkehrsinfrastrukturen, die diesen Modellen zu Grunde liegen, wird jedoch nicht eingegangen.** Zudem weisen die Problemstellungen in der Kohlelogistik oft eine so hohe Komplexität auf, dass **selbst ohne Beachtung der Hinterlandtransporte eine Darstellung mit herkömmlichen Ansätzen der mathematischen Programmierung nicht möglich ist.** Deshalb werden teilweise genetische Algorithmen eingesetzt, um überhaupt Lösungen für eine Problemstellung zu finden.[437]

Ein weiterer Kritikpunkt ist, dass in vorhandenen Modellen i.d.R. kein Modal Split vorgegeben wird, der Überlegungen zur Risikodiversifikation berücksichtigt. **Die Güterstromoptimierung im Sinne einer (kosten-) optimalen Aufteilung der Lieferungen auf mögliche Verkehrsträger spielt bei der Entwicklung eines Supply Chain Designs für Kohle jedoch eine untergeordnete Rolle. Um Abhängigkeiten zu vermeiden, transportieren Energieversorgungsunternehmen**

436 Meyer, M./Kopfer, H. (2008b), S. 52.

437 Vgl. Shiromaru, I./Inuiguchi, M./Sakawa, M. (2000), S. 221.

ihre Kohle i.d.R. nicht vollständig mit einem Verkehrsträger.[438] Kohlekraftwerke und Stahlerzeuger verteilen vielmehr ihre Beförderungsaufträge anteilig auf Binnenschifffahrt und Schienenverkehr, um im Fall negativer externer Einflüsse ihre Versorgungssicherheit mit den benötigten Rohstoffen aufrecht erhalten zu können.[439] So wählt z.B. EnBW immer eine Aufteilung, bei der der kostengünstigere Verkehrsträger 60 % und der zweitgünstigste 40 % der Transportmenge übernimmt. Kostenschätzungen von Planco für die Relationen mit den ARA-Häfen ergaben, dass das Binnenschiff immer die günstigere Variante ist. Auch laut Angaben von EnBW im Jahr 2006 sind die Bahntransporte teurer als die Beförderung der Kohle mit Binnenschiffen.[440] Eine Studie von Frontier Economics/Consentec belegt ebenfalls, dass Bahntransporte signifikant teurer als Schiffstransporte sind.[441]

In den meisten Ship Scheduling-Modellen fehlt die Perspektive der gesamten Supply Chain. Das Scheduling der Schiffe erfolgt unter engen Nebenbedingungen und oft unnötig engen Zeitfenstern. Die Integration der Seeschifffahrt in eine multimodale Supply Chain erfolgt in der Trampschifffahrt, im Gegensatz zur Linienschifffahrt (Containerverkehre), nur ansatzweise.[442] Zwar hat sich ein Wechsel von der Werk- zur Trampschifffahrt vollzogen, der zu einer Öffnung des Systems und zu einer Interaktion mit dem Markt geführt hat; eine Integration der Trampschifffahrt entlang der Supply Chain hat sich aber noch nicht durchgesetzt (vgl. Abbildung 33).

---

438 Durch diese Strategie können sich zudem Vorteile bei Transportvertragsverhandlungen ergeben.

439 Vgl. BAG (2007), S. 15 und BAG (2005a), S. 1.

440 Vgl. Planco (2006b), S. 16 f. Auch aus volkswirtschaftlicher Sicht (unter Einbeziehung der externen Kosten des Verkehrs) ist das Binnenschiff der günstigste Verkehrsträger. Vgl. Planco/BfG (2008), S. 22.

441 Neue Steinkohlekraftwerke werden deshalb in Deutschland hauptsächlich an Standorten mit Wasserstraßenanbindung errichtet. Vgl. Frontier Economics/Consentec (2008), S. 29. Nach Planco/BfG (2007), S. 33 ff. ergeben sich nur bei einzelnen ausgewählten Relationen betriebliche Vorteile für den Bahntransport.

442 Vgl. Fagerholt, K. et al. (2010), S. 465 und Christiansen, M. et al. (2007), S. 220.

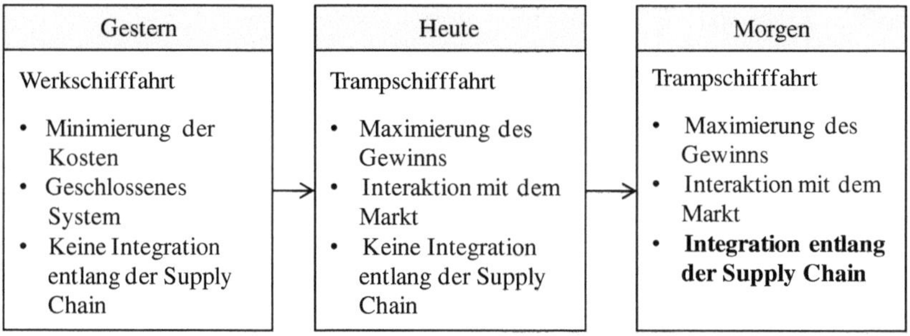

Abbildung 33: Typische Scheduling-Merkmale: gestern, heute, morgen[443]

Genau hier liegt der Fokus dieser Arbeit: Im Gegensatz zu den vorhandenen Ansätzen im Bereich der Kohlelogistik sollen bei der Entwicklung eines Supply Chain Designs nicht nur die Seetransporte betrachtet werden. Diese gehen vielmehr als Vorstufe in die darauf folgenden Glieder der Transportkette ein. Dies sind die Seehäfen, die Binnenschifffahrt und der Schienenverkehr sowie die Logistikprozesse an der Grenze zum Kraftwerk. Der Schwerpunkt liegt dabei auf der kapazitativen Untersuchung der eingeplanten Verkehrsträger und Umschlagpunkte. **Hierbei geht es nicht um die kurzfristige Planung bzw. Disposition von Verkehrsmitteln, vielmehr soll ein Modellrahmen entwickelt werden, mit dem das Supply Chain Design der Kraftwerkslogistik auch über längere Zeiträume untersucht werden kann.**

3.3 Konzepte zur Kapazitätsmessung von Verkehrsinfrastrukturen

Der Begriff der Kapazität spielt in dieser Arbeit eine wesentliche Rolle. Für die Ermittlung vorhandener Engpässe (Makromodell) ist zunächst zu klären, was unter dem Begriff der Kapazität bzw. des Engpasses zu verstehen ist.

Hier ist zum einen eine Definition für die Messung von Infrastrukturkapazitäten zu bestimmen, da diese einen nicht substituierbaren Potenzialfaktor für die Kohlelogistik darstellen. Zum anderen ist aber auch für die einzusetzenden Betriebsmittel auf dem Kraftwerksgelände (Umschlagmittel und Lager) auf die möglichen Dimensionen der Kapazität einzugehen (siehe Kapitel 3.4). Vorhandene Ansätze im Bereich der Verkehrsinfrastrukturen zeigt Tabelle 10.

443 Christiansen, M./Fagerholt, K./Ronen, D. (2004), S. 15.

Tabelle 10: Kapazitäts- und Engpasskonzepte für Infrastrukturen

Autor	Themenschwerpunkte	Kritik/Bezug zur Arbeit
Nijkamp, P. et al. (1994)	Kernfrage: Was ist Kapazität? Leistungsfähigkeit der Infrastrukturen ist abhängig von ihrem Management.	5 Indikatoren zur Messung der Kapazität
Aberle, G. (1998)	technisch-ingenieurwissenschaftliche und ökonomische Dimension des Engpasses	Engpassdefinition
Frass, J. (2006); Berger, U. E. (2000)	zeitliche und räumliche Dimension des Engpasses	Engpassdefinition
Hartwig, K.-H. et al. (2007a)	Indikatorenraster zur Infrastrukturbewertung; Top-Down-Ansatz, Differenzierung in quantitative und qualitative Kriterien	Keine Berücksichtigung von See- und Binnenschifffahrt; Kapazität ist ein Faktor der Leistungsfähigkeit.
Frass, J. (2006)	Untersuchung der Kapazitäten der bestehenden und zukünftigen Infrastrukturen der Verkehrsträger Straße, Schiene und Binnenwasserstraße; verkehrsträgerspezifische Dimensionen der Kapazität	Differenzierung zwischen theoretischen/maximalen und praktischen/verfügbaren Leistungsfähigkeiten.
Rieken, P. (2005a)	Bundesverkehrswegeplanung (BVWP)	Das Konzept der Kreuzungsschleusung wird in dieser Arbeit als nicht ausreichend angesehen.

Auf Straßen-, Schienen- oder Binnenwasserstraßenkarten wird nicht gezeigt, wie groß die Kapazität der Verkehrsinfrastruktur ist. In der Literatur, die sich mit der Messung der Infrastrukturkapazitäten beschäftigt, finden sich unterschiedliche Konzepte und Methoden zu deren Messung. Eine eindeutige Definition gibt es nicht. Bei einer Bewertung potenzieller Verkehrsträger, die für den Kohletransport einsetzbar sind, ist jedoch gerade die Bestimmung der Infrastrukturkapazitäten eine wesentliche Grundlage für die Festlegung des Supply Chain Designs. Deshalb werden ausgewählte Konzepte der Bewertung im Folgenden vorgestellt.

3.3.1 Aspekte der Infrastrukturkapazität nach Nijkamp

Die Suche nach einem Konzept für die Messung der Kapazität basiert auf der Überlegung, dass sich die Aufnahmefähigkeit der Verkehrsinfrastruktur auf die maximale Anzahl von Gütern, Fahrzeugen oder Personen bezieht, die einen betrachteten Streckenausschnitt in einer gegebenen Zeitperiode nutzen können. Hieraus ergibt sich nach Nijkamp die Frage, was das Maximum ist. Beispielsweise kann ein Straßenabschnitt bereits sein ökologisch nachhaltiges Maximum erreicht haben, wohingegen das technische Maximum noch nicht ausgenutzt ist. Hieraus folgt, dass der Begriff der Kapazität als eine maximale Nutzung nur abgegrenzt werden kann, wenn die Kriterien hierfür spezifiziert werden. Nach dem Pentagon-Ansatz nach Nijkamp sind folgende Indikatoren möglich:[444]

Technomax ist das maximal mögliche Volumen unter Berücksichtigung der technischen Restriktionen. Das oft genutzte technische Maximum kann i.d.R. nicht erreicht werden. Viele Infrastrukturen haben freie Kapazitäten; diese stehen allerdings nicht immer zu den Zeitpunkten zur Verfügung, an denen der Nutzer sie gerne hätte.

Orgmax ist das maximal mögliche Volumen unter Berücksichtigung des regulatorischen Systems der Infrastruktur und der Qualitätserwartungen der Reisenden, Transporteure und Verlader.

Economax bezieht sich auf das maximal anzunehmende Volumen unter Gesichtspunkten der ökonomischen Effizienz und finanziellen Kriterien.

Enviromax ist das maximal zulässige Volumen unter Nachhaltigkeitsbedingungen.

Die Begriffe zeigen, dass Kapazität durch politisches und menschliches Verhalten beeinflusst wird und so nicht nur in einer traditionell technischen Auffassung sondern in einem weiteren Sinne zu sehen ist. Kapazitätsprobleme können somit nicht nur durch physische Anpassungen im Bereich der Hardware, sondern auch durch eine Kombination von unterschiedlichen Faktoren beeinflusst werden. So können oftmals Begrenzungen durch technische oder ökologische Barrieren durch eine bessere Organisation des Transportsystems überwunden werden. Scheinen z.B. die Umschlagkapazitäten der Anlagen an der Kaje eines Kraftwerks als nicht ausreichend, kann möglicherweise durch alternative Anlaufstrategien der Schiffe eine bessere Nutzung der vorhandenen Systeme erreicht werden, so dass sich die Wartezeiten der Bulker reduzieren.

Vor dem Ausbau von Infrastrukturen sieht Nijkamp erhebliches Potenzial in ihrer besseren Ausnutzung. Auch wenn es über mögliche Kapazitätsfaktoren nur be-

444 Nach diesem Ansatz sind Infrastrukturnetze nach folgenden fünf Faktoren zu entwickeln und zu bewerten: Hardware (materielle Aspekte der Verkehrsinfrastruktur), Software, Orgware (regulatorische und administrative Aktivitäten), Finware (Aspekte der Finanzierung und Instandhaltung) und Ecoware (Bezug zu ökologischen Aspekten). Vgl. Nijkamp, P. et al. (1994), S. 28 ff. und S. 161 ff.

grenzte Informationen gäbe, geht er davon aus, dass die Leistungsfähigkeit einer schleusenlosen Wasserstraße (abhängig von dem Wasserstand) durch die Homogenisierung des Schiffsverkehrs, größere Schiffsgrößen, die Einführung eines fortschrittlichen Verkehrsmanagementsystems und eine höhere Manövrierfähigkeit der Schiffe verdoppelt werden könnte. Auf staugeregelten Wasserstraßen ist die maximale Nutzung einer Schleuse über ein bestimmtes Zeitintervall das Ziel. Dies impliziert nach Nijkamp, dass nicht das größte Schiff, sondern das Schiff, das am besten in die Schleuse passt, ohne große Manövrierzeiten zu verursachen, zu dem größten Kapazitätsanstieg einer Schleuse führt.[445] Eine effiziente Nutzung der Wasserwege durch eine bessere Beladung der Schiffe, eine an die Schleusen angepasste Schiffsgröße und eine bessere Koordinierung des Flottenmanagements können zudem zu einer höheren Leistungsfähigkeit führen.[446] Da eine Umstrukturierung der Flotte durch Investitionen in neuen Schiffsraum nur langfristig möglich wäre und es hierfür derzeit keinerlei Anzeichen gibt, werden in dieser Arbeit für die Bestimmung der Kapazität von Binnenwasserstraßen *vorhandene* Verkehrsmittel und -systeme zu Grunde gelegt.

3.3.2 Engpassdefinition

Der Einsatz der Straßen, Schienen und Binnenwasserstraßen als Produktionsfaktor unterliegt der Besonderheit, dass die Ortsbezogenheit bzw. Immobilität zu einer hohen Empfindlichkeit bei Überlastproblemen führt. Übersteigt die Nachfragemenge die Aufnahmefähigkeit eines Infrastrukturabschnitts, kann diese nicht oder nur mit geringerer Qualität bedient werden. Eine mengenmäßige Anpassung ist kurzfristig nicht möglich.[447] Engpässe können zudem durch Einschränkungen der Kapazität der Infrastruktur selbst entstehen (z.B. durch Baumaßnahmen).

Die Besonderheit der Verkehrsinfrastrukturen von Straße und Binnenwasserstraße liegt im Zuteilungsmechanismus. Bei Produktionsfaktoren, die auf Märkten gehandelt werden, erfolgt die Zuteilung über den Preis, der Angebot und Nachfrage ins Gleichgewicht bringt. Bei Knappheiten der Straßen und Binnenwasserstraßen scheidet der Zuteilungsmechanismus jedoch aus; die Klassifizierung dieser Infrastrukturen als öffentliche Güter führt zu einer Nichtausschlussmöglichkeit. Bei zunehmender Nachfrage steigt der Rivalitätsgrad an, so dass sich die Qualität der Nutzung verringert.[448] **Diese Verkehrsinfrastrukturen sind somit Produktions-**

---

445 Die Transferzeiten im Schleusungsprozess nehmen einen erheblichen Anteil an der gesamten Schleusungsdauer ein. Vgl. Kapitel 4.2.2.4.

446 Vgl. Nijkamp, P. et al. (1994), S. 166.

447 Aufgrund unterschiedlicher Nutzungsarten (Personen- oder Güterverkehr), Verkehrsmittel (Pkw, Bus, Lkw), Verkehrsarten (Binnenverkehr, Transitverkehr, grenzüberschreitender Verkehr) und Gutarten (Massengut, Container) entsteht eine konkurrierende Nutzung. Vgl. Halsband, E./Hofmann, E.(2008), S. 377 ff.

448 Vgl. Berger, U. E. (2000), S. 27.

faktoren, auf die ein Kraftwerk angewiesen ist, die es aber nicht beeinflussen kann. Im Gegensatz hierzu kann bei der Entwicklung eines Supply Chain Designs die Nutzung der kraftwerkseigenen Infra- und Suprastrukturen durch Verkehrsmittel nach eigenen Prioritäten gesteuert werden.

Ein Engpass besteht nach Aberle dann, wenn „die Nachfrage nach Verkehrswegenutzung zu bestimmten Zeiten und in definierten räumlichen Abgrenzungen die verfügbaren Kapazitäten derart übersteigt, dass es zu Aufstauungen, Wartezeiten oder zur Absenkung der technisch möglichen Leistungsfähigkeit der Verkehrswegekapazitäten kommt."[449] Hierbei differenziert Aberle in die technisch-ingenieurwissenschaftliche und die ökonomische Dimension.[450] **Die im Verkehrsbereich überwiegende technisch-ingenieur-wissenschaftliche Sicht, die die Leistungsfähigkeiten von Verkehrswegen definiert, wird auch in dieser Arbeit vertreten.** Ein technischer Engpass besteht, wenn „die Nachfrage nach einer Verkehrsleistung das Angebot übersteigt."[451]

Ein ökonomischer Engpass existiert, wenn die Kosten einer Verkehrsleistung die Erträge eines Akteurs übersteigen.[452] Aus gesamtwirtschaftlicher Perspektive ist das Konzept des ökonomischen Engpasses nach Aberle nicht hinreichend, da die Verkehrsinfrastruktur einen Potenzialfaktor darstellt, der bei Knappheit die Produktivität anderer nachgelagerter Produktionsfaktoren einer Volkswirtschaft einschränken kann.[453] So könnten aus Sicht eines Binnenschiffers die Kosten, die sich aus Wartezeiten oder Niedrigwasser ergeben, als zu hoch bewertet werden, wenn diesen keine entsprechenden Erlöse aus dem Transport gegenüberstehen. Unter Berücksichtigung eines Stillstands des Kraftwerks aufgrund mangelnder Kohleversorgung ergäben sich aber für die Gesellschaft Ausfallkosten, die viel größer als die Mindereinnahmen des einzelnen Akteurs wären.

Nach Frass et al. liegt ein Engpass vor, wenn „die Kapazität eines Verkehrsweges, der Verkehrsmittel oder der Kombination daraus für eine nachgefragte Verkehrsmenge in der gewünschten Qualität nicht ausreichend"[454] ist. Engpässe haben eine zeitliche und räumliche Dimension. Zu Spitzenlastzeiten kann ein Streckenabschnitt überlastet sein, der normalerweise ausreichend leistungsfähig ist. Frass schlägt folgende Handlungsalternativen vor:

- Akzeptierte Transportverzögerung: Die Auflösung des Engpasses wird abgewartet.
- Änderung der Transportroute: Es wird eine Ausweichroute gewählt, auch wenn diese länger ist.

---

449 Aberle, G. (1998), S. 110.
450 Vgl. Aberle, G. (1989), S. 29 ff.
451 Frass, J. (2006), S. 7.
452 Vgl. Frass, J. (2006), S. 7.
453 Vgl. Aberle, G. (1989), S. 29 ff.
454 Frass, J. (2006), S. 6.

- Substitution des Verkehrsträgers: Der Transport wird durch einen anderen Verkehrsträger realisiert.

In der Kohlelogistik sind Transportverzögerungen i.d.R. hinzunehmen, da Ausweichrouten sowohl in der Binnenschifffahrt als auch beim Massenguttransport auf der Schiene aufgrund erforderlicher Schwerlasttrassen kaum verfügbar sind. **Auch eine kurzfristige Substitution des Verkehrsträgers scheidet wegen der großen Transportvolumina aus.** Frass et a. gehen implizit von der Möglichkeit der Verlagerung von Transporten aus, die allerdings zu zusätzlichen Kosten führen kann.

Die räumliche Dimension von Engpässen bezieht sich üblicherweise auf das Auftreten der Überlast an bestimmten Verkehrswegeabschnitten, selten auf das System als Ganzes.[455] **Ein Engpass ist eine kritische Stelle in der Supply Chain, die die gesamte logistische Kette behindert oder zum Erliegen bringt.**

Für die Kapazitätsanalyse eines Verkehrsabschnitts gelten in dieser Arbeit all die Stellen als Engpässe, deren vorhandene technische Kapazität geringer ist als die benötigte, der Auslastungsgrad also größer als 100 % ist. Engpässe führen dazu, dass die *jährlich* erforderlichen Transportmengen nicht befördert werden können, auch unter Hinnahme langer Wartezeiten. Auslastungsgrade von Verkehrsinfrastrukturen von mehr als 100 % führen dazu, dass nicht alle erforderlichen Mengen transportiert werden können. Eine Nutzung der Infrastrukturen in Bereichen von mehr als 100 %, wie sie z.T. bei der Bewertung der Schieneninfrastruktur in Deutschland üblich ist, ist hier nicht möglich.[456] Bei einem Auslastungsgrad von 100 % ist eine Schleuse maximal belegt; in diesem Fall entstehen sehr lange Wartezeiten für die Schiffe.[457]

Gegebenenfalls sind die Kapazitäten nicht nur für die gewählte Strecke zu bestimmen, sondern auch für Ausweichrouten desselben Verkehrsträgers. Bei der Möglichkeit des intermodalen Austauschs sind die Leistungsfähigkeiten der Umschlagknoten und der alternativen Verkehrsträger ebenfalls zu berücksichtigen. **Auf einem Streckenabschnitt kann es mehr als einen Engpass geben; derjenige mit dem höchsten Auslastungsgrad determiniert die Leistungsfähigkeit des gesamten Systems.**

---

455 Vgl. Berger, U. E. (2000), S. 24 f.

456 Die Auslastung der Schienenwege zwischen Hannover und Hamburg beträgt laut DB derzeit 130 %. Vgl. Siefer, T./Kollenberg, C. (2007), S. 6.

457 Grundsätzlich kann von einem negativen Zusammenhang von Verkehrsqualität und Ausnutzung der Infrastruktur ausgegangen werden. Vgl. Frass, J. et al. (2006), S. 9.

3.3.3 Indikatorenraster zur Infrastrukturbewertung nach Hartwig

Hartwig et al. entwickeln in ihrer Studie zur Bewertung von Infrastrukturen in Europa ein Indikatorenraster.[458] Sie wählen einen allgemeinen, auf alle Verkehrsträger anwendbaren Top-down-Ansatz, welcher die Leistungsfähigkeit in quantitative und qualitative Kriterien unterteilt und in einem zweiten Schritt auf die Spezifika der einzelnen Verkehrsträger angepasst wird (vgl. Abbildung 34).

Die *quantitativen Kriterien* beinhalten die Ausstattung der Länder mit Infrastruktur (Dichte und Verteilung) sowie deren Kapazität.[459] **Sie ist nach diesem Modell somit eines von mehreren Kriterien, das in die Leistungsfähigkeit eingeht. Die Kapazität wird als gegebene Größe angenommen, eine eigenständige Ermittlung dieses Wertes erfolgt nicht.** Die *qualitativen Kriterien* subsumieren die Aspekte Zeitaufwand, Zustand sowie Sicherheit der Infrastruktur.

Ziel der Studie ist die Herleitung der verkehrs- und ordnungspolitischen Einflussgrößen auf die Leistungsfähigkeit von Verkehrsinfrastrukturen.[460] Untersuchungsgegenstand sind die Verkehrsinfrastrukturen von Straße, Schiene und Flughäfen mit Fokus auf Personenverkehre. Eine Bewertung der Infrastrukturkapazität erfolgt jedoch nur bei der Analyse der Flughäfen.[461] Bei der Bestimmung der Leistungsfähigkeit des Schienenverkehrs bleibt eine Kapazitätsmessung und die Konkretisierung spezifischer Indikatoren aus. **Die Binnenwasserstraßen sowie die Seehafeninfrastrukturen, die für die Kraftwerkslogistik eine entscheidende Rolle spielen und für das hier zu entwickelnde Vorgehensmodell relevant sind, wurden von Hartwig et al. nicht untersucht.**[462]

---

458 Vgl. Hartwig, K.-H. et al. (2007a).

459 Vgl. Armbrecht, H. et al. (2008), S. 228 f.

460 Hierzu erfolgt im ersten Teil der Studie ein Vergleich der Leistungsfähigkeit der Verkehrsinfrastrukturen verschiedener europäischer Länder; im zweiten Teil werden die ordnungs- und prozesspolitischen Rahmenbedingungen bestimmt.

461 Die luftseitige Kapazität misst die maximale Anzahl an Flugbewegungen pro Stunde, für die durch die Slotvergabe Eckwerte vorliegen. Die landseitige Kapazität wird durch die maximale Anzahl an Passagieren pro Jahr determiniert. Auf Gütertransporte wird nicht eingegangen. Vgl. Hartwig, K.-H. et al. (2007a), S. 53 ff.

462 Als Leistungsindikatoren für die Bewertung der Seehafeninfrastruktur werden lediglich die Kailänge und die Länge der Revierfahrt genannt. Vgl. Hartwig, K.-H. et al. (2007b), S. 19 f. Bei der Leistungsbestimmung der anderen Verkehrsträger wird mittels Verteilungsindikatoren bewertet, ob die Infrastruktur bevölkerungsnah liegt. Diese Kriterien sind für die Kohlelogistik nicht relevant.

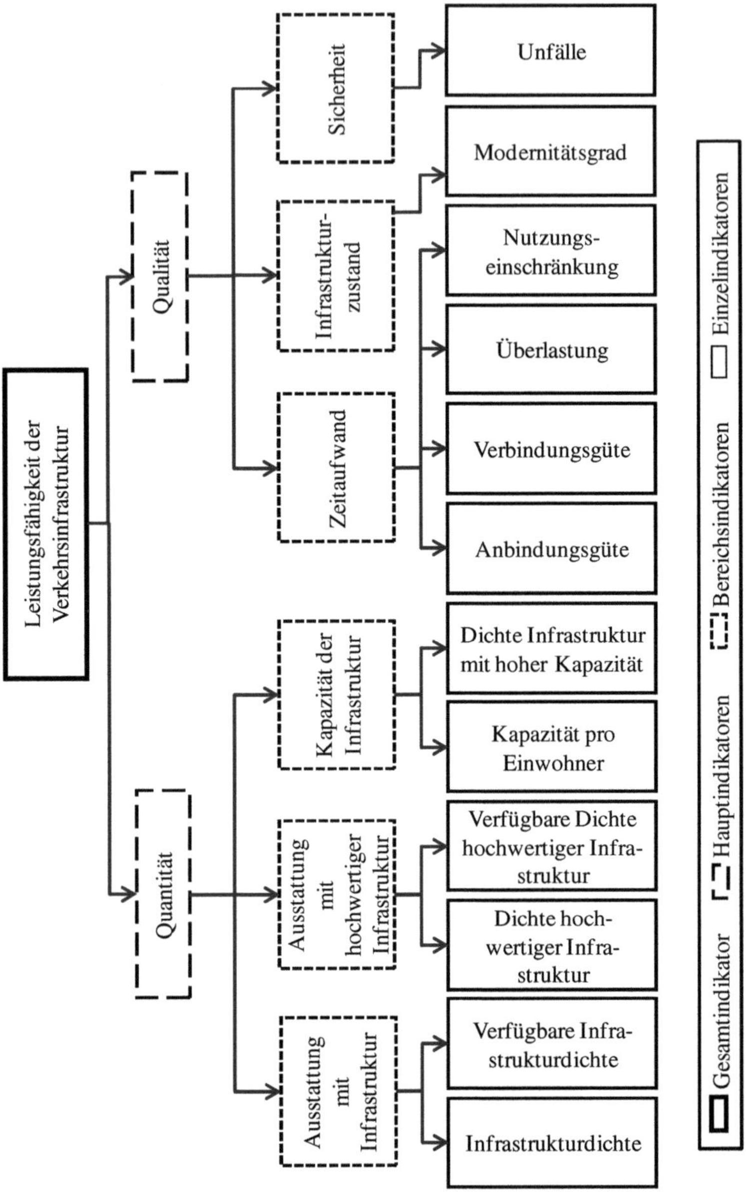

Abbildung 34: Verkehrsträgerübergreifende Indikatorenhierarchie[463]

463 Hartwig, K.-H. et al. (2007a), S. 21.

3.3.4 Kapazitätsbestimmung von Verkehrsinfrastrukturen nach Frass

Frass untersucht die Kapazitäten der bestehenden und zukünftigen Infrastrukturen der Verkehrsträger Straße, Schiene und Binnenwasserstraße der Seehäfen Hamburg, Bremische Häfen und Koper. Er sieht die Begriffe Kapazität, Durchlassfähigkeit und Leistungsfähigkeit eines Verkehrsträgers als synonym an und definiert diese als „maximal zu bewältigende Verkehrsmenge innerhalb einer Zeiteinheit“[464]. Hierzu beschreibt er **verkehrsträgerspezifische Dimensionen der Kapazität**:

Bei der Binnenschifffahrt wird bei der *„theoretischen Leistungsfähigkeit“* der Schleusen von „idealisierten Beeinflussungsfaktoren“[465] ausgegangen. Bei der *„praktischen Leistungsfähigkeit“* werden „in der Praxis vorherrschende Faktoren“[466] berücksichtigt. Für den Eisenbahnverkehr wird bei der *„maximalen Leistungsfähigkeit“* der Infrastruktur von einer ständigen Verfügbarkeit der Ressourcen Anlagen, Betriebsmittel und Personal ausgegangen. Bei der *„vorhandenen Leistungsfähigkeit“* werden sporadische Ausfälle dieser Ressourcen berücksichtigt. In die *„verfügbare Leistungsfähigkeit“* gehen neben den sporadischen auch die planmäßigen Stillstände mit ein. Eine analytische Kapazitätsmessung der deutschen Schieneninfrastruktur war den Autoren mangels Datenlage nicht möglich, da die erforderlichen Kennzahlen von der Deutschen Bahn nicht zur Verfügung gestellt wurden.[467]

Die Idee der verkehrsträgerspezifischen Dimensionen der Kapazität sowie die Differenzierung zwischen theoretischen (bzw. maximalen) und praktischen (bzw. verfügbaren) Leistungsfähigkeiten findet sich auch bei dem Modell der Engpassermittlung vorhandener Trasseninfrastrukturen (Makromodell) in dieser Arbeit wieder. Unter der Annahme, dass sich der Anteil der Hinterlandverkehre an der Verkehrsmenge mit zunehmender Entfernung vom Seehafen reduziert, beschränkt sich Frass bei der Untersuchung der Hinterlandanbindungen auf einen Radius von 150 km um die untersuchten Häfen. Für eine Analyse der Verkehrsinfrastrukturen für die Kohletransporte ist dieser Radius zu klein.

3.3.5 Methodik der Bundesverkehrswegeplanung

Ziel der Bundesverkehrswegeplanung (BVWP) ist es, „die Investitionen in die Verkehrsinfrastruktur so zu steuern, dass ein möglichst großer Beitrag zur Wohlfahrt

464 Frass, J. (2006), S. 4.
465 Frass, J. (2006), S. 5. Was damit gemeint ist, wird nicht erläutert.
466 Frass, J. (2006), S. 5. Was damit gemeint ist, wird nicht erläutert.
467 Auch die grenzüberschreitend zuständige Bahninfrastrukturmanagementorganisation Railent Europe (RNE) stellte keine Informationen zur Verfügung. Vgl. Frass, J. (2006), S. 39. Hier wurde auf sekundäre Quellen zurückgegriffen.

der Bevölkerung erzielt wird."[468] Grundlage für die Bewertung von Ausbauprojekten ist das Integrationsszenario einer von der Prognos AG erarbeiteten Verkehrsprognose aus dem Jahr 2001.[469]

Die für die Bewertungsrechnungen zu Grunde gelegten Verkehrswegenetze bilden den Ausbauzustand der Verkehrsinfrastruktur im Jahr 2015 ab, wobei die bis dahin geplanten Neu- und Ausbaumaßnahmen als realisiert angenommen werden. **Für den Zustand der Infrastruktur bis 2015 erfolgt keine Auswertung der Belastungen. Für die Logistik der Kraftwerksversorgung ist jedoch gerade dieser Zeitraum von Wichtigkeit, da bis zum Jahr 2012 ein Großteil der deutschen Steinkohlebergwerke stillgelegt wird.** Zudem wird die termingerechte Fertigstellung der geplanten Infrastrukturausbaumaßnahmen vielfach als fragwürdig angesehen.

Der Prognosehorizont für die Transportmengen aller Verkehrsträger ist ebenfalls das Jahr 2015. Ab diesem Jahr werden keine weiteren Steigerungen angesetzt. **Auch diese Annahme ist vor dem Hintergrund der letzten Bergwerksschließungen im Jahr 2018 nicht gültig, so dass es auch nach 2015 zu weiteren Umstrukturierungen der Kohletransporte durch zusätzliche Importvolumina kommen wird, die die Verkehrsinfrastruktur belasten werden.**

Die Berechnung und Simulation umfasst fünf Schritte, die verkehrsträgerspezifisch ergänzt werden:[470]

1. Schätzung der Fahrzeugstrukturen und -auslastungen
2. Bestimmung der Leistungsfähigkeit der Netzelemente und Knoten
3. Schätzung der Strecken- und Knotenbelastungen
4. Ermittlung der Verkehrsströme bei Kapazitätsrestriktionen
5. Bestimmung der Verkehrsbelastung relevanter Netzabschnitte

Für die Bestimmung der Leistungsfähigkeit (Punkt 2) werden bei der Binnenschifffahrt die Wasserstraßen als Kanal, Fluss oder stauregulierter Fluss kategorisiert. Für diese werden Informationen zu Streckenlänge, Schiffsgeschwindigkeiten, Schleusenzahl, -dauern und -abmessungen sowie zugelassenen Schiffsgrößen, der Anzahl möglicher Containerlagen und Jahresganglinien[471] angegeben. Hafenstandorte oder Verbindungspunkte werden durch Knoten abgebildet.

Die Leistungsfähigkeit der Schleusen wird durch die Verteilung der Schiffsankünfte, die durchschnittliche Anzahl der Fahrzeuge pro Richtungsschleusung bei

468 Rieken, P. (2005a), S. 21.

469 Diese differenziert nach Schienen- und Straßengüterfernverkehr und der Binnenschifffahrt sowie nach 12 Gütergruppen. Vgl. Kritzinger, S./Riedle, H./Rommerskirchen, S. (2001).

470 Vgl. Rieken, P. (2005a), S. 28.

471 Jahresganglinien stellen die schwankenden Pegelstände im jahreszeitlichen Verlauf dar.

Vollbelegung der Schleuse und die Kreuzungsschleusungsdauer[472] beeinflusst. Die *theoretische Leistungsfähigkeit* C einer Schleuse, gemessen in Anzahl Schiffen, wird angegeben durch die Formel

$$C = \frac{T * h * 60}{sk/b} \quad \text{[Anzahl Schiffe]}$$

T: Anzahl der jährlichen Betriebstage der Schleuse

h: Anzahl der täglichen Betriebsstunden

b: durchschnittliche Belegungsziffer

sk: Kreuzungsschleusungsdauer

Die *praktische Leistungsfähigkeit* berücksichtigt, dass die Wartezeiten von Schiffen bei einem hohen Auslastungsgrad zunehmend steigen. Der in der Bewertungsmethodik des BMVWP angegebene Richtwert für die optimierte praktische Leistungsfähigkeit liegt bei 70 % der theoretischen Leistungsfähigkeit.

In dieser Arbeit wird von dem Konzept der Kreuzungsschleusungsdauer abgewichen, da dieses nicht immer realistische Zeiten angibt. Zudem werden bei der Ermittlung der Kapazität andere Begriffe eingeführt; das Konzept der *praktischen Leistungsfähigkeit* unter der Berücksichtigung der Wartezeiten von Schiffen wird im *Makromodell* nicht eingesetzt. Bei der Engpassermittlung vorhandener Infrastrukturen geht es um die technisch maximal mögliche Anzahl von Schleusungen in einem Jahr ohne Beachtung von Wartezeiten. Diese gehen erst auf der zweiten Stufe, dem *Mikromodell*, ein.

Für die Bestimmung der Leistungsfähigkeit im Schienenverkehr sieht die Methodik des BMVWP das gleiche Vorgehen vor. Für die Simulation des prognostizierten Schienengüter- und Schienenpersonenverkehrs wird ein Netz aus Streckenabschnitten gebildet, deren Restriktionen wie Streckenlängen, Traktionsart, Höchstgeschwindigkeiten etc. berücksichtigt werden. Auch die Züge werden durch Attribute wie Güter- oder Personenzug, Wagenzahl etc. beschrieben.[473]

3.3.6 Kritische Bewertung vorhandener Indikatoren

Die Ausstattung mit Infrastruktur ist eine wichtige Voraussetzung für den sicheren Kraftwerksbetrieb. **Allerdings gibt es keinen generellen Maßstab für die Bewertung der Kapazität von Infrastruktur.** Insofern ist es nicht verwunderlich, dass die Einschätzungen zu deren Leistungsfähigkeit stark auseinandergehen.[474]

---

472 Diese gibt die durchschnittliche Dauer einer Schleusung von Schiffen mit entgegengesetzten Fahrtrichtungen an. Vgl. hierzu ausführlich Kapitel 4.2.2.4.

473 Vgl. hierzu ausführlich Birn, K. (2005a), S. 102 f. und Birn, K. (2005b), S. 245 ff.

474 In Deutschland beispielsweise wird bei Straßen und Schienenwegen einerseits von einem erheblichen Instandhaltungsrückstand gesprochen, andererseits werden die deutschen Ver-

Die Begriffe Kapazität, Leistungsfähigkeit, Durchlassfähigkeit und Qualität von Verkehrsinfrastrukturen werden in der Literatur nicht eindeutig abgegrenzt und zum Teil synonym verwendet. Nach Nijkamp bezieht sich die maximale Kapazität einer Verkehrsinfrastruktur immer auf eine zuvor festzulegende Definition des Maximums. Hartwig differenziert zwischen den Begriffen Leistungsfähigkeit und Kapazität. Diese ist nach seinem Modell eines von mehreren Kriterien, das in die Leistungsfähigkeit eingeht. Jedoch nimmt er die Kapazität als gegebene Größe an und hinterfragt die Ermittlung dieses Wertes nicht.

Die Idee der verkehrsträgerspezifischen Dimensionen der Kapazität sowie die Differenzierung zwischen theoretischen (bzw. maximalen) und praktischen (bzw. verfügbaren) Leistungsfähigkeiten von Frass findet sich auch bei dem Modell der Engpassermittlung vorhandener Trasseninfrastrukturen (Makromodell) in dieser Arbeit wieder. Eine Einschränkung des Untersuchungsraumes der Hinterlandanbindungen auf einen Radius von 150 km ist aber für eine Analyse der Verkehrswege für die Kohletransporte zu klein.

Studien über die Kapazitätsmessung von Infrastrukturen im europäischen Raum beschränken sich im Bereich der Hinterlandverkehre nicht nur auf zu kleine Entfernungen von den Seehäfen, sie beziehen sich zudem oft auf Personen- oder Schienenverkehre unter Auslassung der See- und Binnenschifffahrt. Die Methodik des BVWP stellt mögliche Ansätze für die Bewertung dar, bezieht sich aber auf Annahmen und Zeiträume, die für die Kohlelogistik nicht geeignet erscheinen.

Auch für den Begriff des **Engpasses** gibt es eine Vielzahl von Definitionen. In dieser Arbeit wird der Begriff der technisch-ingenieurwissenschaftlichen Kapazität nach Aberle zu Grunde gelegt. **Ein Engpass liegt vor, wenn die vorhandene technische Kapazität in einem Verkehrsabschnitt geringer ist als die benötigte, der Auslastungsgrad (gemessen in Transportmitteln) also größer als 100 % ist. Engpässe führen dazu, dass die *jährlich* erforderlichen Transportmengen, auch unter Hinnahme langer Wartezeiten, nicht befördert werden können.**

$$Auslastungsgrad = \frac{benötigte\ Kapazität\ (in\ Transportmitteln)}{vorhandene\ Kapazität\ (in\ Transportmitteln)} * 100$$

Für die Arbeit zeigt sich, dass zwar eine geeignete Definition für den Begriff des **Engpasses** übernommen werden kann; eine eindeutige Bewertung der **Kapazität** von Verkehrsinfrastrukturen konnte allerdings nicht gefunden werden. **Für die Engpassermittlung vorhandener Infrastrukturen (Makromodell) wird deswegen ein eigenes Modell entwickelt werden.**

---

kehrswege als die leistungsfähigsten Netze in Europa bezeichnet, da Deutschland über eines der dichtesten Straßen- und Schienennetze verfügt. Vgl. Hartwig, K.-H. et al. (2007a), S. 12 f.

3.4 Konzepte zur Kapazitätsmessung und zum Management von Suprastrukturen

Zur Realisation einer Produktion bedarf es des Einsatzes von Produktionsfaktoren. Diese werden in Potenzialfaktoren (menschliche Arbeitsleistungen und Betriebsmittel[475]) und Repetierfaktoren (Roh-, Hilfs- und Betriebsstoffe) unterteilt und ergeben das Leistungsvermögen eines Unternehmens.[476] Dies wird durch den am knappsten dimensionierten Faktor determiniert, der als Engpassfaktor bezeichnet wird.

Im Rahmen der Entwicklung eines Supply Chain Designs für ein Kraftwerk muss entlang der gesamten Lieferkette die Beschaffung und die Bereitstellung der erforderlichen Produktionsfaktoren gewährleistet sein, um eine sichere Kraftwerksver- und -entsorgung sicherzustellen. Neben den Engpassfaktoren in der Verkehrsinfrastruktur sind auch mögliche logistische Engpässe auf dem Kraftwerksgelände selbst zu identifizieren. Diese können insbesondere in begrenzten Kapazitäten der Kajen, der Krananlagen und der Lager- und Fördereinrichtungen liegen.

3.4.1 Kapazitäten des Potenzialfaktors Betriebsmittel

Die Kapazität von Betriebsmitteln hat eine qualitative und eine quantitative Dimension.[477] Erstere bezeichnet die Art und Güte des Leistungsvermögens, zweitere bezieht sich auf das mengenmäßige Leistungsvermögen, welches im Folgenden näher betrachtet wird. Bezugsgröße ist hier die Produktions-, Förder- oder Umschlagmenge pro Zeiteinheit.

Die maximale Leistungsmenge, die eine Produktionseinheit j im Zeitraum t abzugeben vermag, entspricht nach Corsten/Gössinger der maximalen Kapazität $K_{jt\,max}$ und wird durch den maximal nutzbaren Kapazitätsquerschnitt $b_{quer\ jt\,max}$, die maximal mögliche Einsatzzeit $T^{E}_{jt\,max}$ und Produktionsintensität $\lambda_{jt\,max}$ bestimmt.[478] **Die effektiv nutzbare Kapazität K_{effjt} einer Produktionseinheit j im Zeitraum t ist in der Regel kleiner als die maximale Kapazität** (vgl. Abbildung 35). **Dies ist bei der Gestaltung der Suprastrukturen auf dem Kraftwerksgelände, insbesondere bei der Dimensionierung der Umschlagmittel, zu berücksichtigen.**

475 Betriebsmittel sind Grundstücke, Gebäude, Maschinen, Transport- und Umschlagmittel und Lagereinrichtungen.

476 Als weiterer Produktionsfaktor wird zudem der „dispositive Faktor" gesehen, vgl. Steffen, R./Schimmelpfeng, K. (2002), S. 19 f.

477 Vgl. Steffen, R./Schimmelpfeng, K. (2002), S. 38 ff.

478 Vgl. Corsten, H./Gössinger, R. (2009), S. 12.

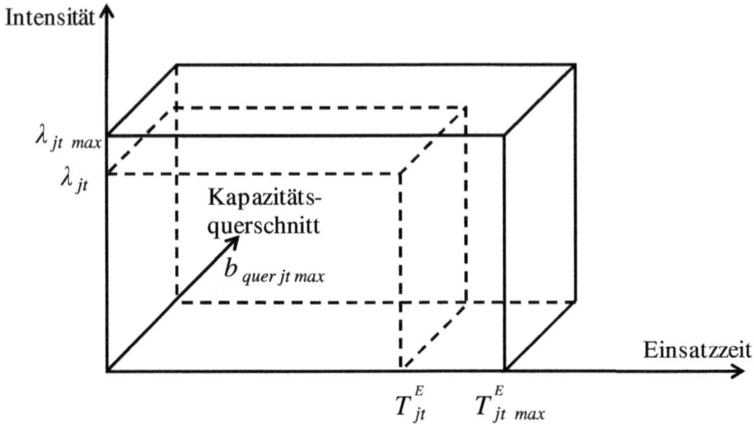

Abbildung 35: Einflussgrößen der Kapazität[479]

Die effektiv nutzbare Kapazität ergibt sich zu

$$K_{eff\,jt} = b_{quer\ jt} * T_{jt}^E * \lambda_{jt} * \mu_{jt}.$$

- Der Kapazitätsquerschnitt $b_{quer\ jt}$ ist für die Anlagen und das Personal getrennt zu ermitteln. Die Anlagenkapazität ergibt sich aus der Anzahl der in einer Periode vorhandenen funktionsgleichen Anlagen zur Erfüllung einer Arbeitsaufgabe (z.B. Krane). Die Personalkapazität beinhaltet die Anzahl der in einer Produktiveinheit einsetzbaren Arbeitskräfte.
- Die Einsatzzeit T_{jt}^E ergibt sich aus der Zeitspanne, in der die einzusetzenden Produktionsfaktoren tatsächlich zur Verfügung stehen. Hierbei sind gegebenenfalls Grund- und Verteilzeiten für das Rüsten und die eigentliche Ausführungszeit zu berücksichtigen.[480] In einem Prozess, in dem sowohl Anlagen als auch Arbeitskräfte erforderlich sind, ist zu untersuchen, durch welchen Faktor die Einsatzzeit restringiert wird.[481]
- Mit der Intensität λ_{jt} werden die in einer Zeiteinheit erbrachten Erzeugnismengen erfasst (z.B. [t/h] oder [Stück/h]); sie ergibt sich aus der Geschwindigkeit der eingesetzten Maschinen und kann in den Grenzen von λ_{min} und λ_{max} variiert werden.
- Mit dem Nutzungsgrad μ_{jt} werden kapazitätsmindernde Verlustzeiten berücksichtigt, die sich durch die Anlagen (Störungen und Wartungen), das Personal (begrenzte Arbeitszeiten) oder Gesetze ergeben können. Für den Nutzungsgrad gilt $\mu \leq 1$.

479 Eigene Darstellung in Anlehnung an Corsten, H./Gössinger, R. (2009), S. 12.

480 Für die Einsatzzeitermittlung für Betriebsmittel nach REFA vgl. Nebl, T. (2008), S. 153 ff.

481 Vgl. Corsten, H./Gössinger, R. (2009), S. 373.

Im Rahmen der Kohlelogistik sind insbesondere bei der Gestaltung der Umschlagmittel erhebliche **Verlustzeiten**, die sich bei der Schiffsentladung ergeben, einzuplanen so dass die nominelle Intensität $\lambda_{jt\,max}$ in der Praxis nicht erreicht werden kann.[482] Auch behördliche Auflagen können die Einsatzzeiten von Krananlagen begrenzen; Lärmemissionen können ein **nächtliches Betriebsverbot** und somit eine erhebliche Reduzierung der möglichen Einsatzzeit $T^E_{jt\,max}$ zur Folge haben.

Für die Planung des Betriebsmitteleinsatzes der Ver- und Entsorgungslogistik eines Kraftwerks ist für alle logistischen Anlagen (Krane, Kajen, Silos, etc.) der Kapazitätsauslastungsgrad $K_{aus\,jt}$ zu berücksichtigen. Hierzu ist der benötigte Bedarf $K_{b\,jt}$ dem vorhandenen Betriebsmittelbestand mit der verfügbaren Kapazität $K_{eff\,jt}$ gegenüberzustellen:[483]

$$K_{aus\,jt} = \frac{K_{b\,jt}}{K_{eff\,jt}}$$

Insbesondere die Lagerdimensionierung ist von der Wahl der Logistik- und Laststrategien des Kraftwerks abhängig.[484]

3.4.2 Lagerhaltung und Bestandsstrategien

Die Beschaffungslogistik hat zum Ziel, eine bedarfsgerechte und wirtschaftliche Versorgung mit extern einzukaufenden Einsatzgütern sicherzustellen.[485] Es umfasst die Festlegung der Anzahl von Lieferanten,[486] die Planung der Transporte von Zulieferern in das Unternehmen hinein und die Lagerprozesse.[487] Ziel ist die art-, mengen-, qualitäts-, termin- und ortsgerechte kostenoptimale Versorgung des Unternehmens mit Repetierfaktoren.

Bei der Materialbereitstellung kommen drei grundsätzliche Prinzipien zum Einsatz. Die *Einzelbeschaffung* wird im Bedarfsfall durch einen spezifischen Auftrag ausgelöst. Im Rahmen der *produktionssynchronen Anlieferung* wird die Produktion unmittelbar aus den Anlieferungen versorgt (Just-in-Time). Die *Vorratshaltung* wird eingesetzt, wenn Beschaffung und Produktion weitgehend entkoppelt

---

482 Vgl. Kapitel 4.3.2.2.

483 Vgl. Corsten, H./Gössinger, R. (2009), S. 14.

484 Zu den Logistik- und Laststrategien vgl. Kapitel 4.3.2.4 und 4.3.2.2.

485 Vgl. Inderfurth, K. (1998), S. 197. Auf die manchmal übliche organisatorische Trennung zwischen der Beschaffungslogistik mit der Aufgabe der Planung und Steuerung des physischen Materialflusses und dem Einkauf mit markt- und vertragsorientierten Aufgaben wird hier nicht weiter eingegangen.

486 Lieferantenbezogene Konzepte sind u.a. das Single Sourcing und das Multiple Sourcing. Vgl. Inderfurth, K. (1998), S. 204 ff.

487 Vgl. Vahrenkamp, R./Siepermann, C. (2007), S. 203. Zu den Funktionen von Lagern vgl. Haasis, H.-D. (2009), S. 12 ff.

sind.[488] **Bei den Stoffströmen des Kraftwerksbetriebs wird auf das Prinzip der Vorratshaltung zurückgegriffen.** Um Größendegressionseffekte beim Einkauf und Transport der Kohle nutzen zu können, wird diese in möglichst großen Bulkern angeliefert. Durch den Aufbau von Beständen wird eine Reduzierung oder Vermeidung von Störungen im Leistungsprozess möglich. **Es ist notwendig, Unzuverlässigkeiten der Lieferungen oder Transportrisiken auffangen zu können.** Neben dem Ausgleich der zeitlichen und quantitativen Abweichungen von Input- und Outputflüssen von Stoffströmen erfolgt in der Entsorgungslogistik eines Kraftwerks eine **absatzbedingte Lagerung**: Die Entsorgungsprodukte (Asche, Gips) sind saisonalen Schwankungen in der Nachfrage ausgesetzt.

Kohle ist ein Repetierfaktor, d.h. ein Elementarfaktor, der im Gegensatz zu den Produktionsfaktoren Arbeit und Betriebsmittel während des Herstellungsprozesses in das Produkt eingeht. Repetierfaktoren sind Durchlaufobjekte, die keine Kapazität bilden, aber Voraussetzung für die Nutzung vorhandener Kapazitäten sind.[489] Nach der Bedeutung des Guts für das Unternehmen im Hinblick auf die Sicherstellung eines reibungslosen Produktionsablaufs sind kritische und unkritische Güter zu unterscheiden. Kritische Güter zeichnen sich durch eine hohe Spezifität und eine geringe Substituierbarkeit aus; ihr Fehlen führt unmittelbar zu einem Anlagenstillstand.[490] **Die Kohle stellt für ein Kraftwerk ein kritisches Gut dar.**

Der Bedarf an Kohle ist bei Kraftwerken abhängig von der erzeugten Strommenge, die im Laufe eines Jahres nur geringen unvorhersehbaren Schwankungen unterliegt.[491] Die Beziehung von Inputmengen (Kohle etc.) und Outputmengen (KWh, Entsorgungsprodukte) ist gut quantifizierbar.[492] Der Ermittlung des Bedarfs folgt die Bestimmung der Lagerhaltungspolitik, die durch Entscheidungsregeln über Bestellmengen und -zeiten spezifiziert wird.[493] Mit Hilfe von Bestandsstrategien wird zunächst festgelegt, zu welchem Zeitpunkt eine Beschaffung ausgelöst wird:[494]

- Das Bestellpunktverfahren ist eine *mengenbezogene* Bestandsstrategie. Wenn der Lagerbestand einen Mindestwert *s*, den sogenannten Meldestand erreicht,

488 Für Funktionen der Lagerhaltung vgl. Nebl, T. (2008), S. 266 ff.; Schieck, A. (2008), S. 95 f.; Pfohl, H.-C. (2004), S. 98 ff.; Wannenwetsch, H. (2007), S. 259 ff. und Inderfurth, K. (1998), S. 207.

489 Vgl. Nebl, T. (2008), S. 231 ff.

490 Vgl. Vahrenkamp, R./Siepermann, C. (2007), S. 205.

491 Ausnahmen sind geringere Lastfahrten im Sommer oder Revisionsphasen, welche aber gut prognostizierbar sind.

492 Zu Methoden der Materialermittlung vgl. ausführlich Pfohl, H.-C. (2004), S. 103 ff.; Fortmann, K.-M./Kallweit, A. (2007), S. 72 f.; Pulham, S. (2008), S. 12 ff. sowie Hansmann, K.W. (2006), S. 292 f.

493 Vgl. Fortmann, K.-M./Kallweit, A. (2007), S. 71.

494 Vgl. zu den Bestandsstrategien ausführlich Inderfurth, K./Jensen, T. (2008), S. 153, Nebl. T. (2008), S. 278 ff., Pfohl, H.-C. (2004), S. 106 ff., Ten Hompel, M. Heidenblut, V. (2008), S. 31.

wird eine Bestellung ausgelöst. Ein variierender Lagerabgang führt zu unregelmäßigen Bestellzeitpunkten.
- Das Bestellzyklusverfahren (oder Bestellrhythmusverfahren) ist eine *terminbezogene* Bestandsstrategie. Bestellungen werden in gleichbleibenden Zeitabständen t ausgelöst.

Zu diesen Zeitpunkten wird dann entweder immer die gleiche Menge q bestellt oder das Lager wird bis zu einem definierten Höchststand S aufgefüllt. Eine Kombination von Bestellzeitpunkt (mengen- oder terminbezogen) und Bestellmengengrößen (konstant oder variabel) führt zu unterschiedlichen Regeln (vgl. Tabelle 11).[495]

Tabelle 11: Bestellregeln in der Kraftwerkslogistik[496]

		Bestellmenge	
		q	S
Bestell-zeitpunkt	s	(s,q)-Regel	(s,S)-Regel
	t	(t,q)-Regel	(t,S)-Regel

Bei der Entwicklung eines Supply Chain Designs für ein Kohlekraftwerk ist eine sichere und zudem kostengünstige Ver- und Entsorgung für einen wirtschaftlichen Betrieb von Bedeutung. Die Bestellmenge q entspricht der nutzbaren Tragfähigkeit des gewählten Verkehrsmittels. **Zwar steigen mit zunehmender Bestellmenge q die Lagerkosten, durch den Einsatz größerer Verkehrsmittel (Capesize-Schiffe für den Kohletransport) können aber Skaleneffekte generiert werden.**

Einen beispielhaften Bestandsverlauf einer (s,q)-Lagerhaltungspolitik zeigt Abbildung 36. Unterschreitet der Lagerbestand den Meldebestand s, wird eine festgelegte Menge q bestellt. Diese kann, übertragen auf die Kraftwerkslogistik, der Größe eines Schiffs oder eines Lkw entsprechen.

495 Vgl. Günther, H.-O./Tempelmeier, H. (2005), S. 253 ff. Für die Ermittlung der optimalen Bestellmenge, die sich aus Lagerhaltungs- und Bestellkosten ergibt, vgl. z.B. Pulham, S. (2008), S. 20.

496 Vgl. Pfohl, H.-C. (2004), S. 107 sowie Inderfurth, K./Jensen, T. (2008), S. 157.

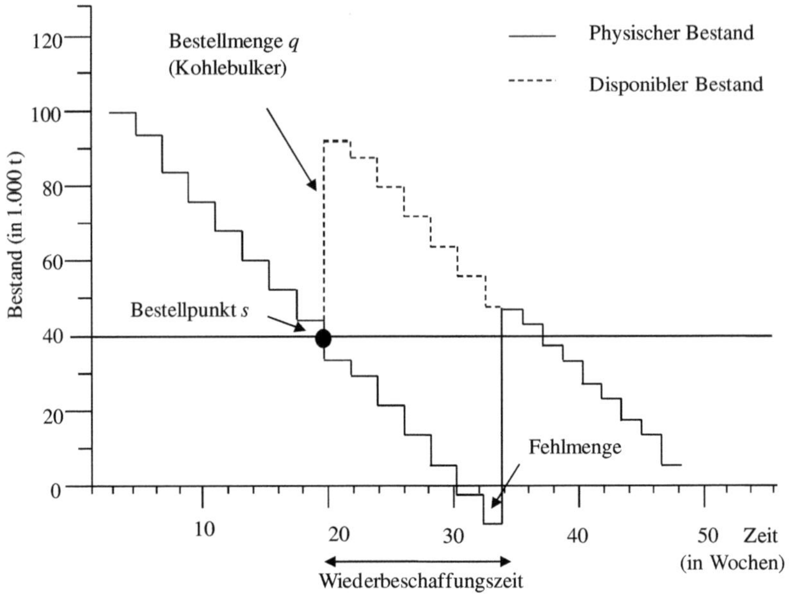

Abbildung 36: Lagerbestandsverlauf bei Verfolgung einer (s,q)-Politik[497]

Die Wiederbeschaffungszeit ist die Dauer zwischen der Bestellung und deren Eingang am Lager.[498] Bis dahin ist die Nachfrage aus dem Meldebestand *s* zu befriedigen. Dieser hat dann mindestens so groß zu sein, dass er den Lagerabgang während der Wiederbeschaffungszeit deckt.[499] **Fehlmengen, die zu einer Unterbrechung des Kraftwerksbetriebs führen, dürfen unter keinen Umständen entstehen. Das Konzept der Fehlmengenkosten ist in der Kraftwerkslogistik nicht anwendbar.**[500] Sicherheitsbestände für die Berücksichtigung von Schwankungen in der Wiederbeschaffungszeit sind einzukalkulieren.

Für alle kurzfristig verfügbaren Stoffströme, auch für die Entsorgungsstoffe, sind die oben dargestellten Bestandsstrategien anwendbar und können im Rahmen des Mikromodells eingesetzt werden. Für die Lagerhaltung der Kohle sind die klassischen Bestandsmodelle bei einer globalen Beschaffung jedoch ungeeignet. Sie beruhen auf der Voraussetzung, dass der Lagerbestand

497 In Anlehnung an Günther, H.-O./Tempelmeier, H. (2005), S. 254.

498 Vgl. Inderfurth, K. (2008), S. 154.

499 Vgl. Pfohl, H.-C. (2004), S. 107 und Vahrenkamp, R./Siepermann, C. (2007), S. 195.

500 Zur Ermittlung von Fehlmengenkosten vgl. u.a. Pulham, S. (2008), S. 17. Günther ist der Meinung, dass die Verwendung dieser Kosten aufgrund mangelnder Quantifizierbarkeit im Allgemeinen nicht praxistauglich ist. Vgl. Günther, H.-O. (1991), S. 651. Auch Klingst und Hyde sehen in diesem Konzept nur eine akademische Bedeutung. Vgl. Klingst, A. (1979), S. 2 und Hyde, M. M. (1988), S. 337.

während der Wiederbeschaffungszeit den Bedarf deckt. Diese Annahme ist auf die Kohlelagerung nicht übertragbar: Die Lieferzeit bei einem globalen Kohleeinkauf beträgt in der Regel ein Vielfaches der Lagerdauer (vgl. Tabelle 12).

Tabelle 12: Vorlaufzeiten in der Kohlelogistik für den Import nach Deutschland (in Wochen)[501]

	Anmeldefrist	Ladezeit-fenster	Seereise	Binnen-transport	Wieder-beschaffungszeit
Australien	4	2	6	1	13
Indonesien/China	4	2	6	1	13
Südafrika	4	2	3	1	10
Kolumbien	4	2	2	1	9
Polen/Russland	4	2	1	1	8

Beim Kohleverbrauch handelt es sich um einen regelmäßigen Bedarf in Abhängigkeit von der Lastfahrt. Er ist proportional zu der produzierten Strommenge, die bei Grundlastkraftwerken gut planbar ist. Somit kann die Bestellung anhand der prognostizierten Mengen mit entsprechendem Vorlauf erfolgen. Eine Herausforderung stellen hier Unregelmäßigkeiten bei der Belieferung mit Kohle dar, so dass eine Vorratshaltung notwendig ist. **Wegen der geringen Wertdichte der Materialien im Bereich der Bulk-Logistikmärkte ist die Minimierung der Lagerbestände nicht so relevant wie in anderen Marktbereichen.[502] Vielmehr geht es um eine Minimierung der Transportkosten.[503] Ausfallkosten sind beim Kraftwerksbetrieb hingegen prohibitiv hoch und unter allen Umständen zu vermeiden.**

3.4.3 Reihenfolgeplanung und Prioritätsregeln

Reihenfolgeprobleme treten überall dort auf, wo „mehrere definierte Objekte um die Berücksichtigung durch eine Bedienungseinheit konkurrieren.“[504] Wenn aufgrund begrenzter Kapazitäten bei temporären Engpässen die gleichzeitige Bearbeitung der Elemente nicht möglich ist, resultiert der Zwang zur Bestimmung des Ab-

---

501 Ritschel, W./Schiffer, H.-W. (2007), S. 42.
502 Vgl. Klaus, P. (2008), S. 959.
503 Vgl. Hyde, M. M. (1988), S. 337 f.
504 Biendl, P. (1984), S. 1.

laufs.[505] Ergebnis der Reihenfolgeplanung, die sich oft auf die Belegung von Maschinen in der Fertigung bezieht, ist die Ordnung, die angibt, wann die wartenden Aufträge bearbeitet werden.[506] Ein Instrument zur Ermittlung der Vorrangigkeit wartender Aufträge sind Prioritätsregeln.[507] In einer Simulation, die auf dem in dieser Arbeit erstellten Mikromodell basiert, konnte gezeigt werden, dass es möglich ist, **ausgewählte Regeln zu modifizieren und für die Ablaufplanung der Umschlagprozesse an der Kraftwerkskaje einzusetzen, wenn es aufgrund von Varianzen in den Schiffsankünften zu Wartezeiten kommt.**

Ziele der Reihenfolgeplanung

Zweck der Reihenfolgeplanung ist die Minimierung entscheidungsrelevanter Kosten.[508] Da es oft nicht möglich ist, sämtliche Konsequenzen von Ablaufentscheidungen für die Kosten zu bestimmen, kann eine Substitution durch entsprechende Zeitgrößen erfolgen.[509] Dies können z.B. Rüst-, Lager-, Durchlauf- oder Liegezeiten sein. Die Grundannahme bei diesem Vorgehen ist, dass sich Zeit- und Wertgrößen in die gleiche Richtung bewegen.[510] Eine **Verkürzung der Wartezeiten der Bulker** vor dem Kraftwerk geht mit einer Reduzierung der Charterkosten für diese Schiffe einher; die Umschlagzeiten an der Kaje sind aufgrund technischer Gegebenheiten i.d.R. determiniert.

Eine häufige maschinengebundene Zielfunktion ist die Maximierung der Kapazitätsauslastung. Hinter diesem Ziel steht die Überlegung, das in den technischen Anlagen gebundene Material möglichst effizient zu nutzen. **Bei festen Operationszeiten können kapazitätsbezogene Zielkriterien, wie die Maximierung der Kapazitätsauslastung über einen langen Zeitraum, nicht durch Maßnahmen der**

505 Die Schwierigkeit der Reihenfolgeentscheidung entsteht aufgrund der Tatsache, dass es bei jedem Betriebsmittel bei n Aufträgen n! Möglichkeiten der Bearbeitungsreihenfolge gibt. Vgl. Gutenberg, E. (1979), S. 217 f. und Zahn, E./Schmid, U. (1996), S. 494.

506 Maschinenbelegungsprobleme können nach der Anzahl der Produktionsstufen, die die Aufträge zu durchlaufen haben, in einstufige und mehrstufige Probleme unterteilt werden. Vgl. Hansmann, K.-W. (2006), S. 353 und Hauk, W. (1972), S. 1.

507 Für weitere Ansätze der Lösungsfindung, wie z.B. evolutionäre Heuristiken wie Tabu Search, Simulated Annealing und genetische Algorithmen, die auf Techniken der natürlichen Selektion und Prinzipien der Vererbungslehre basieren, vgl. u.a. Pesch, E. (1998), S. 359 ff., Kopfer, H. (1992), S. 137, Panwalkar, S. S./Iskander, W. (1977), S. 45 ff., Hertz, A./Werra, D. de (1990), S. 111 und Silver, E. A./Vidal, R. V. V./ Werra, D. de (1980), S. 153 f.

508 Vgl. Corsten, H./Gössinger, R. (2009), S. 512 ff.

509 Vgl. Pesch, E. (1998), S. 355. So können die Kosten für den Schiffseinsatz z.B. durch die Zielgröße „Wartezeiten der Schiffe“ substituiert werden, die es zu minimieren gilt.

510 Zielbeziehungen können jedoch auch konfliktär sein. Oft ist das von Gutenberg formulierte Dilemma der Ablaufplanung von Bedeutung, das eine Unvereinbarkeit der Ziele der Minimierung der Durchlaufzeiten und der Maximierung der Kapazitätsauslastung postuliert. Vgl. Gutenberg, E. (1979), S. 215 ff.

Reihenfolgeplanung beeinflusst werden. Reihenfolgemaßnahmen verändern kurzfristig durch zeitliche Verlagerung der Aufträge die Auslastung der Maschinen. Hierbei handelt es sich aber nur um eine Verschiebung entlang der Zeitachse, nie aber um eine Veränderung der Kapazitätsauslastung insgesamt.[511] **Eine Reihenfolgeplanung der Schiffsabfertigung hat Auswirkungen auf die Wartezeiten der Schiffe; die Kapazitätsauslastung der Krananlagen bleibt gleich.**

Lösungsstrategien für die Reduzierung der Wartezeiten an der Kraftwerkskaje

Prioritätsregeln sind Vorschriften, die mit Hilfe von Dringlichkeitsziffern auf der Grundlage festzulegender Reihenfolgekriterien über die Auftragsfolge der vor einer Engpassmaschine in einer Warteschlange befindlichen Aufträge entscheiden.[512] Die Prioritätszahl legt die Auswahl aus einer Konfliktmenge (Warteschlange vor einer Bearbeitungsstation) fest. Prioritätsregeln nutzen nur wenig problemspezifisches Wissen, „so dass deren Anwendung schnell zu zufriedenstellenden Lösungen führt, die jedoch häufig noch verbesserungswürdig sind."[513] Kriterien können u.a. die Ankunftszeit, die Bearbeitungszeit, Termine oder Kosten sein. Eine Zusammenstellung ausgewählter eindimensionaler Regeln, die bei der Planung der Bearbeitungsfolge an Maschinen in der Produktion üblich sind und ihre mathematische Formulierung, zeigt Tabelle 13.

---

511 Vgl. Biendl, P. (1984), S. 49.

512 Vgl. Biendl, P. (1984), S. 67 und Corsten, H./Gössinger, R. (2009), S. 532 ff.

513 Pesch, E. (1998), S. 359 ff.

Tabelle 13: Ausgewählte elementare Prioritätsregeln[514]

Prioritätsregel	Mathematische Formulierung	Die höchste Priorität in der Warteschlange erhält der Auftrag...
Ankunftszeitbezogen		
Längste Wartezeit (First-come-first-served, FCFS)	$p_j(t) = C_{ji-1}$ bzw. $p_j(t) = D_{ji-1}$	... der zuerst an einer Station ankommt bzw. die längste Wartezeit vor einer Maschine hatte.
Kürzeste Wartezeit (Last-come-first-served, LCFS)	k.A.	... der zuletzt an einer Station ankommt bzw. die kürzeste Wartezeit vor einer Maschine hatte.
Bearbeitungszeitorientiert		
Kürzeste Operationszeit (KOZ)	$p_j(t) = b_{ij}$	... mit der kürzesten Operationszeit (Bearbeitungszeit).
Längste Operationszeit (LOZ)	$p_j(t) = -b_{ij}$	... mit der längsten Operationszeit.
Kürzeste Gesamtbearbeitungszeit (KGB)	$p_j(t) = \sum_{i=1}^{m} b_{ij}$	... mit der kürzesten Gesamtbearbeitungszeit auf allen Maschinen.
Größte Gesamtbearbeitungszeit (GGB)	$p_j(t) = -\sum_{i=1}^{m} b_{ij}$	... mit der größten Gesamtbearbeitungszeit auf allen Maschinen.
Kürzeste Restbearbeitungszeit (KRB)	$p_j(t) = \sum_{i=a}^{m} b_{ij}$	... mit der kleinsten Summe der Bearbeitungszeiten der noch ausstehenden Operationen.
Terminorientiert		
Frühester Fertigstellungs-/Liefertermin (FFT)	$p_j(t) = LT_{ij}$	... mit dem frühesten Fertigstellungstermin.
Verspätung/Terminüberschreitung	$p_j(t) = D_j - LT_j$ bzw. $p_j(t) = C_j - LT_j$	... der die größte Verspätung hinsichtlich seines Fertigstellungstermins aufweist.
Smallest Allowance-Rule (ALL)	$p_j(t) = LT_j - t$	... mit der kleinsten verbleibenden Zeitspanne bis zum vorgegebenen Fertigstellungstermin.
Look-ahead (LAH)	k.A.	... der zu der geringsten Verspätung eines anderen Auftrags führt.
Kostenorientiert		
Smallest set-up costs (SSC)	k.A.	... mit den geringsten Umrüstkosten.
Dynamische Wertregel (DWR)	k.A.	... mit dem höchsten Produktwert (der höchsten Kapitalbindung).

514 Eigene Darstellung in Anlehnung an Corsten, H./Gössinger, R. (2009), S. 534, Hansmann, K.-W. (2006), S. 354 und Neidhardt, U. (2007), S. 72 ff.

$p_{ij}(t)$:	Prioritätswert des Auftrags j zum Zeitpunkt der Maschinenbelegung t
t:	Zeitpunkt der Maschinenbelegung
i:	Operation/Maschine
j:	Auftrag
C_{ji}:	Fertigstellungszeit von Operation i des Auftrags j
D_{ij}:	Durchlaufzeit von Operation i des Auftrags j, $D_j = (b_{ij} + t_{T_{ij}} + t_{W_{ij}})$
b_{ij}:	Bearbeitungszeit (Operationszeit inkl. Rüstzeit) des Auftrags j auf der Maschine i
$t_{T_{ij}}$:	Transportzeit des Auftrags j zur Maschine i
$t_{W_{ij}}$:	Wartezeit des Auftrags j bei Maschine i
a:	aktuelle Maschine, auf der sich Auftrag j zum Zeitpunkt der Betrachtung befindet
m:	Gesamtzahl der Operationen bzw. Maschinen
LT_j:	Wunschfertigstellungstermin (due date) eines Auftrags j

Diese elementaren (monovariablen) Prioritätsregeln können auch zu mehrdimensionalen (multivariablen) Regeln miteinander verknüpft werden.[515] Ihre kombinatorische Anwendung basiert auf der Idee, dass sie sich aufgrund ihrer spezifischen Vorteile ergänzen können.[516] Bei der Verknüpfung sind folgende Methoden möglich:

- Additiv/Multiplikativ: Addition/Multiplikation der Prioritätszahlen aller eingesetzten Regeln. Hierbei ist auch eine Gewichtung möglich.
- Alternativ: Es kommt nur eine Regel zum Einsatz. Bedingungen, die deren Auswahl festlegen, sind zu formulieren.

Je nach Kombination und Auswahl der Prioritätsregeln sowie der Zielkriterien können verbesserte Ergebnisse erreicht werden.[517]

Bei der Kajenbelegung eines Kraftwerks kann es zu zeitlichen Überschneidungen kommen, wenn Schiffe aufgrund der Varianzen in ihren geplanten Ankünften zeitgleiche Estimated Times of Arrival (ETA) angeben und sich deswegen die Umschlagprozesse zeitlich überlappen würden. **Für die Engpassgestaltung beeinflussbarer Umschlaginfrastrukturen (Mikromodell) können die Prioritätsregeln modifiziert und auf die Abfertigung der See- und Binnenschiffe an der Kraftwerkskaje übertragen werden** (vgl. Tabelle 14).

515 Vgl. Nebl, T. (2008), S. 694 f.

516 Vgl. Corsten, H./Gössinger, R. (2009), S. 535 f.

517 Vgl. hierzu ausführlich Corsten, H./Gössinger, R. (2009), S. 5035 ff. und Neidhardt, U. (2007), S. 82 ff.

Tabelle 14: Ausgewählte Prioritätsregeln für die Schiffsabfertigung

Prioritätsregel	Die höchste Priorität in der Warteschlange erhält das Schiff…	Konsequenz
Produktorientiert		
Versorgung vor Entsorgung	… mit einem Versorgungsgut.	Die Versorgung des Kraftwerks soll sichergestellt sein.
Entsorgung vor Versorgung	… für die Abholung eines Entsorgungsguts.	Die Entsorgung des Kraftwerks soll sichergestellt sein.
Zeitorientiert		
Längste Wartezeit (First-come-first-served, FCFS)	… das zuerst an der Warteposition ankommt bzw. die längste Wartezeit an dieser Position hat.	Ausschluss von Überholvorgängen.
Kürzeste Wartezeit (Last-come-first-served, LCFS)	… das zuletzt an der Warteposition ankommt bzw. die kürzeste Wartezeit an dieser Position hat.	Überholvorgänge sind erwünscht.
Kürzeste Umschlagzeit/ Kajenliegezeit (KOZ)	… mit der kürzesten benötigten Umschlagdauer/Liegezeit an der Kaje.	Kleinere Schiffe werden bevorzugt.
Längste Umschlagzeit/ Kajenliegezeit (LOZ)	… mit der längsten benötigten Umschlagdauer/Liegezeit an der Kaje.	Größere Schiffe werden bevorzugt.
Bestandsorientiert		
Geringster verbleibender Silobestand	… mit dem Gut, dessen Silo zuerst einen kritischen Mindestbestand erreichen wird.	Die Versorgung erfolgt in der Reihenfolge der Dringlichkeit.
Höchster erreichter Silobestand	… mit dem Gut, dessen Silo zuerst einen kritischen Höchstbestand erreichen wird.	Die Entsorgung erfolgt in der Reihenfolge der Dringlichkeit.
Schiffsorientiert		
Kleinste Tragfähigkeit	… mit der kleinsten Tragfähigkeit.	Kleinere Schiffe werden bevorzugt.
Größte Tragfähigkeit	… mit der größten Tragfähigkeit.	Größere Schiffe werden bevorzugt.
Zukunftsorientiert		
Vorschau 1 (look-ahead, LAH 1)	…., dessen Abfertigung zu keiner Verspätung des Entladebeginns eines erwarteten Kohleschiffs führt.	Schiffe werden nur dann an die Kaje gelassen, wenn während der erforderlichen Löschdauer kein Kohleschiff erwartet wird. Diese Regel führt zu sehr hohen Wartezeiten anderer Schiffe.
Vorschau 2 (look-ahead, LAH 2)	…., dessen Abfertigung zu der geringsten Verspätung des Entladebeginns eines erwarteten Kohleschiffs führt.	Schiffe werden an die Kaje gelassen, auch wenn dies zu einer verspäteten Abfertigung eines Kohleschiffs führt.
Kostenorientiert		
Charterkosten	… für das die höchsten zusätzlichen Charterkosten zu zahlen sind.	Reduzierung der Charterkosten für die großen Bulk Carrier.
Wertregel	… mit dem höchsten Produktwert.	Verkürzung der Transportdauer für kostenintensive Güter.

Ziel hierbei ist eine Reduzierung der Wartezeiten, da mit diesen auch die Kosten für die Charterung der Schiffe verbunden sind. Rüstzeiten treten i.d.R. nicht auf, da für die verschiedenen Massengutströme aufgrund unterschiedlicher physischer Eigenschaften[518] getrennte Umschlageinrichtungen (Krane und Förderanlagen) vorliegen. Welche Regeln für eine bestimmte Situation geeignet sind, kann nicht allgemeingültig gesagt werden, sondern bedarf der experimentellen Überprüfung. Dies kann mit Hilfe der Simulation erfolgen.

Mehrere Regeln, die in der Tabelle aufgeführt sind, führen dazu, dass den Kohleschiffen Vorrang gewährt wird, da diese die höchsten Charterkosten verursachen. Eine reine Priorisierung dieser Schiffe kann jedoch zu einem Engpass bei den anderen Stoffströmen führen, so dass es zu Knappheiten bei weiteren Versorgungsgütern kommt oder die Silos der Entsorgungsgüter nicht ausreichen. In diesem Fall kann neben einer Vergrößerung der Silokapazitäten versucht werden, über die Umschlagleistungen einzelner Anlagen die Abfertigungszeiten zu reduzieren oder über die Zusammensetzung der Schiffstypen die Belegung der Kaje zu verbessern.

518 Vgl. Kapitel 2.1.1.

4 Modellierungsansatz für die Entwicklung eines Supply Chain Designs für Steinkohlekraftwerke

Zielsetzung dieses Kapitels ist die Entwicklung eines Makromodells zur verkehrsträgerübergreifenden Engpass*ermittlung vorhandener* Trasseninfrastrukturen und eines Mikromodells zur Engpass*gestaltung beeinflussbarer* Umschlaginfrastrukturen und Verkehrsträger. Nach der Darstellung des Forschungsstands zum Thema Supply Chain Design in der Kohlelogistik sowie zu der Kapazitätsmessung von Infra- und Suprastrukturen im vorherigen Kapitel werden hierzu zunächst die wesentlichen Spezifikationen der Kraftwerkslogistik zusammengefasst und der Modellrahmen erläutert. Anschließend werden für die Planung der Ver- und Entsorgungslogistik eines Kraftwerks ein Makro- und ein Mikromodell entwickelt. Hier gehen die Erkenntnisse aus dem zweiten Kapitel ein. Abschließend wird kurz auf zwei Anwendungsfälle und mögliche Aspekte des weiteren Forschungsbedarfs eingegangen.

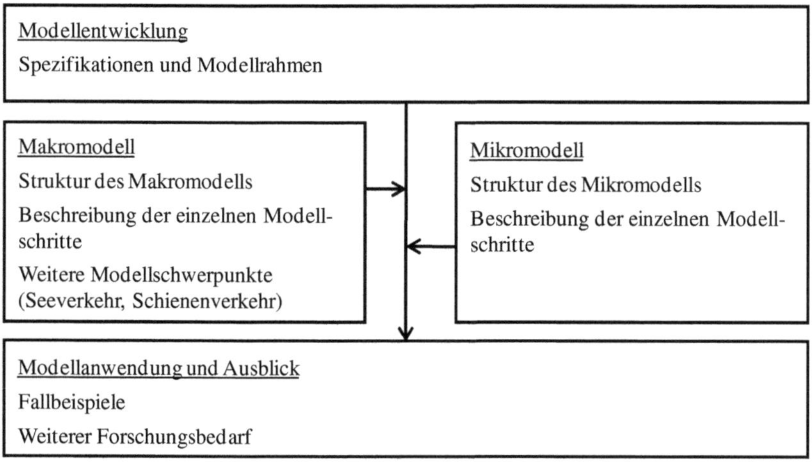

Abbildung 37: Struktur Kapitel 4

Untersuchungsgegenstand des Makromodells sind die verfügbaren Infrastrukturen. Für die Ermittlung von Engpässen sind die Kapazitäten der Hinterlandanbindungen unter Berücksichtigung vorhandener Güterströme zu bestimmen. Hierbei liegt der Fokus auf der Betrachtung der Infrastrukturen der Binnenwasserstraßen, aber auch die Untersuchung der Verkehrsmittel findet Beachtung.

Der Fokus des Mikromodells liegt auf den kraftwerkseigenen logistischen Ressourcen. Neben der Schnittstelle zwischen Kraftwerk und öffentlichen Verkehrsinfrastrukturen sind insbesondere die Umschlag- und Lagerkapazitäten von Bedeutung. Schwerpunktmäßig werden die wasserseitige Anbindung des Kraftwerks und die Problemstellungen im Bereich der Schifffahrt, der Umschlagprozesse an der Kaje und den sich hieraus ergebenden Konsequenzen für die Silokapazitäten und -bestände betrachtet. Hierbei erweisen sich insbesondere die großen Varianzen in den Schiffsankünften als problematisch. Es wird erstmals untersucht, ob eine Übertragung der Regeln der Ablaufplanung, die vorherrschend in der Werkstattfertigung zum Einsatz kommen, auf die Abfertigung der Schiffe an der Kaje möglich ist. Hierzu werden vorhandene Prioritätsregeln erläutert und später auf die Kajenprozesse übertragen. Zudem werden die eingangs vorgestellten Instrumente der Kapazitätsbetrachtung von Betriebsmitteln, des Bestandsmanagements und der Lagerstrategien hinsichtlich der Einsetzbarkeit und Verwendbarkeit für die Modelle überprüft.

Ziel dieses Kapitels ist die Entwicklung zweier Modelle für die Analyse der Logistik von Steinkohlekraftwerken. Hierbei geht es nicht um die Standortfrage eines Kraftwerks, sondern darum, ob ein gegebener oder geplanter Standort aus logistischer Perspektive mit den wichtigen Güterströmen ver- und entsorgbar ist.[519] Der Schwerpunkt in dieser Arbeit liegt in der Kapazitätsbestimmung in der Binnenschifffahrt sowie der Betrachtung der Umschlagprozesse an der Kaje.

4.1 Spezifikationen der Kraftwerkslogistik und Modellrahmen

Aus produktionstheoretischer Sicht stellt die Erzeugung elektrischer Energie eine **Kuppelproduktion** dar, bei der neben dem Hauptprodukt (Strom) Neben- und Abfallprodukte erzeugt werden. Neben der Kohle sind aus logistischer Sicht insbesondere Kalk und Ammoniak (Gefahrgut) sowie die Nebenprodukte Gips, Asche und Schlacke zu beachten, für die ebenfalls entsprechende Transport-, Lager- und Umschlagkapazitäten vorzuhalten sind. Vor dem Hintergrund eines weiteren Wachstums der Verkehrsleistung aller Verkehrsträger stellt sich die Frage, ob diese für eine zusätzliche Steigerung der Kraftwerksströme ausreichend sind.

Die Kohle ist für ein Kraftwerk ein **kritisches Gut**. Aufgrund der nicht vorhandenen Substituierbarkeit durch andere Stoffe führt ihr Fehlen unmittelbar zu

519 Studien, die sich mit der Standortfrage von Kraftwerken befassen, untersuchen die Fragestellung, ob es volkswirtschaftlich günstiger ist, Importkohle zu Kraftwerken im Binnenland zu transportieren oder die seeseitig angelieferte Kohle in küstennahen Standorten zu verstromen und anschließend den Strom über das Leitungsnetz ins Binnenland zu transportieren. Dabei werden interne und externe Kosten wie CO_2-Emissionen, Leitungsverluste etc. berücksichtigt. Vgl. Prognos (2006), Frontier Economics/Consentec (2008) und Bergerson, J.A./Lave, L. B. (2005), S. 5906 ff. Für eine Übersicht über Systematisierungen von Standortfaktoren vgl. zudem Lange, K. (2009), S. 52 ff.

einem Produktionsstillstand. Der Brennstoff ist ein Repetierfaktor, d.h. ein Elementarfaktor, der im Gegensatz zu den Produktionsfaktoren keine Kapazität bildet, aber Voraussetzung für die Nutzung vorhandener Anlagen ist. Auch aus volkswirtschaftlicher Sicht ist eine hinreichende Versorgung der Kraftwerke von hoher Bedeutung, da der durch die Kohleverbrennung erzeugte Strom als Vorleistungsprodukt in die Herstellung vielfältiger Güter und Dienstleistungen eingeht. Der starke Rückgang der deutschen Steinkohleförderung bis 2012 und die endgültige Schließung der heimischen Bergwerke in 2018 wird zu einer entsprechenden *Erhöhung der Nachfrage* nach Importkohle führen.

Die absehbare **Umstellung der Importstruktur** von europäischer und russischer Kohle auf eine Beschaffung aus Übersee wird zu erheblich **längeren Transportketten** führen, die größere Unsicherheiten bei der Planung des Supply Chain Designs mit sich bringen. Diese mehrstufigen Logistiksysteme sind durch einen gebrochenen Güterfluss zwischen Quelle und Senke gekennzeichnet. Das Transportgut Kohle wechselt mindestens einmal den Verkehrsträger, so dass es zu zusätzlichen Bewegungs- und Lagerprozessen kommt. Aufgrund der **Unpaarigkeit der Verkehre** entstehen Rücklaufverkehre als Kuppelprodukte der eigentlichen Erstellung der Transportdienstleistungen. Das logistische Merkmal der Bulktransporte besteht darin, dass diese i.d.R. nicht in netzwerkartigen Systemen, sondern in Punkt-zu-Punkt-Verkehren ohne Bündelungsaktivitäten zwischen Quellen und Senken abgewickelt werden.

Bei Kohlekraftwerken sind die erforderlichen Inputmengen (Kohle etc.) und die entstehenden Outputmengen (KWh, Entsorgungsprodukte) abhängig von der produzierten Strommenge und somit gut quantifizierbar. Jedoch **variieren in Abhängigkeit von der Bezugsquelle der Brennwert und die Schüttdichte der Kohle,** die die erforderlichen Mengen und Volumina festlegen. **Bei der Lagerung der Kohle sind unterschiedliche Strategien möglich.** Es kann zwischen einer *sortenreinen* und einer *gemischten* Lagerhaltung unterschieden werden. Im ersten Fall werden Kohlechargen getrennt gespeichert um anschließend, entsprechend ihrer Qualitäten und der Anforderungen des Kraftwerks, gemischt zu werden. Bei einer gemischten Lagerung entfällt diese Differenzierung nach unterschiedlichen Kohletypen. Neben den Lagern für die Kohle sind zudem ausreichend dimensionierte Silos für alle weiteren Stoffe des Kraftwerksprozesses und die Entsorgungsprodukte unter Berücksichtigung der Entsorgungsstrategien vorzuhalten. Diese können mehrmonatige Entsorgungsstopps bei einigen Gütern vorschreiben.

Aufgrund der langen Wiederbeschaffungszeiten bei einer globalen Versorgung sind **klassische Bestandsmodelle für die Lagerhaltung der Kohle nicht anwendbar. Fehlkosten beim Kraftwerksbetrieb sind prohibitiv hoch und unter allen Umständen zu vermeiden.** Zudem stellen u.a. die z.T. erheblichen Varianzen in den Schiffsankünften eine Herausforderung sowohl für das Bestandsmanagement als auch für die Steuerung der Prozesse an der Kaje dar. Für das Wiederauffüllen der Lager ist somit eine andere Strategie zu finden, die diese Umstände berücksichtigt.

Die zu entwickelnden Modelle müssen diversen **Anforderungen** genügen, um die Herausforderungen der Kraftwerkslogistik abbilden zu können:

- Es muss eine **belastbare Planungsgrundlage** für die Entwicklung eines sicheren Supply Chain Designs für eine langfristige Perspektive darstellen.
- Die Modelle müssen **verkehrsträgerübergreifend** sein, wobei der Schwerpunkt in dieser Arbeit auf der maritimen Logistik liegt.
- Unter Berücksichtigung der **verkehrsträgerspezifischen Restriktionen** sollen belastbare Aussagen über die vorhandenen Infrastrukturkapazitäten möglich sein.
- Zukünftige Änderungen der Verkehrsträger einerseits und der Belastungen durch **konkurrierende Güterströme** andererseits sind einzuplanen.
- **Varianzen**, die sich aus den Unsicherheiten des maritimen Transports ergeben, sind abzubilden.
- Die Spezifika des Kraftwerksprozesses sind zu integrieren. Hierzu gehören u.a. **Saisonalitäten**, die sich aus unterschiedlichen Lastfahrten des Kraftwerks und aus den Restriktionen bei der Ver- und Entsorgung ergeben. Zudem sind die Prozesse an der Kraftwerkskaje sowie unterschiedliche Lagerbestandsstrategien einzubeziehen.

Den Modellrahmen zeigt Abbildung 38.

Ziel des **Makromodells** ist die verkehrsträgerüberfreifende Engpassermittlung extern vorgegebener Infrastrukturen. Zu untersuchen ist, ob die geplanten Transportvolumina mit den jeweiligen Verkehrsträgern befördert werden können.

Für die Bestimmung der freien Kapazitäten auf den Kanten von Verkehrsnetz-Modellen ist eine Vielzahl von **exogenen Randbedingungen** zu berücksichtigen. Bezogen auf den Schiffstransport sind dies u.a. der Typ und die Klassifikation der Wasserstraße, vorhandene Bauwerke wie Schleusen, Brücken oder Hebewerke sowie Nutzungseinschränkungen durch Wetterereignisse oder Baumaßnahmen. Zudem können politische Vorgaben zu Gefahrguttransporten, Tunnelnutzungen u.a. die Art und die Mengen der Transportströme beeinflussen. Bei der Bestimmung freier Infrastrukturkapazitäten sind bestehende Verkehre, die sogenannte Basislast, zu beachten. Für die Berechnung erforderlicher Verkehrsmittelkapazitäten für den Kraftwerksbetrieb sind nutzbare Schiffstypen zu bestimmen; unter Berücksichtigung der Abmessungen und Tragfähigkeiten, unterschiedlicher Dauern für Berg- und Talfahrt und Verzögerungen durch vorhandene Schiffsverkehre kann die Anzahl erforderlicher Schiffe für die Kraftwerksversorgung ermittelt werden. Da die exogenen Randbedingungen erhebliche Beeinträchtigungen des geplanten Supply Chain Designs zur Folge haben können, wird auf diese im nächsten Kapitel detailliert eingegangen.

Endogene Randbedingungen des Makromodells ergeben sich aus der strategischen Ausrichtung des Energieversorgungsunternehmens. In Abhängigkeit von der *Brennstoffstrategie*, also der Entscheidung über die eingesetzten Brennstoffe, und der *Importstruktur* ergeben sich aufgrund unterschiedlicher Brennwerte und Zusammensetzungen der Kohle variierende Ver- und Entsorgungsvolumina. Ein Einsatz von *CCS-Technologien* führt zudem zu weiteren Transportströmen. **Zielgröße** des Makromodells ist die Ermittlung der freien Kapazität jedes Verkehrsabschnittes für die kraftwerksbezogenen Transporte. Zudem kann eine Abschätzung der Anzahl der einzusetzenden Verkehrsmittel erfolgen. **Entscheidungsvariablen** sind der Modal Split sowie die einzusetzenden Schiffstypen je Transportgut.

Im **Mikromodell** wird untersucht, ob die im Makromodell festgelegten Mengenströme und Verkehrsträger je Transportgut am Kraftwerk umgeschlagen und abgefertigt werden können. Ziel ist die Engpassgestaltung kraftwerkseigener Umschlag- und Lagerinfrastrukturen. Für die Ermittlung und Bewertung von Fahrplänen sind drei wesentliche **Zielgrößen** zu beachten: die Wartezeiten der Verkehrsmittel, die Silobestandsschwankungen sowie die Kapazitätsauslastungsgrade von Kajen, Silos und weiteren Infrastrukturen.

Die **exogenen Randbedingungen** des Mikromodells, bezogen auf die Wasserstraße, sind Wasserstandsschwankungen und Varianzen in den Schiffsankünften, die zu erheblichen Verzögerungen von geplanten Abfertigungsterminen führen. Behördliche Auflagen, wie z.B. Nachtumschlagverbote sind ebenfalls zu berücksichtigen. Die **endogenen Randbedingungen** ergeben sich u.a. aus vorhandenen bzw. geplanten Umschlagkapazitäten und den Kajen- und Kransauslegerlängen, die die Abmessungen einsetzbarer Schiffe begrenzen. Die Größe der Silokapazitäten bestimmt, inwieweit die Verzögerung eines Schiffs durch vorhandene Bestände aufgefangen werden kann.

Im Mikromodell gibt es eine Reihe an Stellschrauben, die die Fahrplangestaltung beeinflussen. Auf diese **Strategien**, die den Kraftwerksprozess, die Saisonalität der Ver- und Entsorgung, die Bestandssteuerung, die Prioritätssteuerung der Schiffe u.a. beeinflussen, wird später eingegangen.

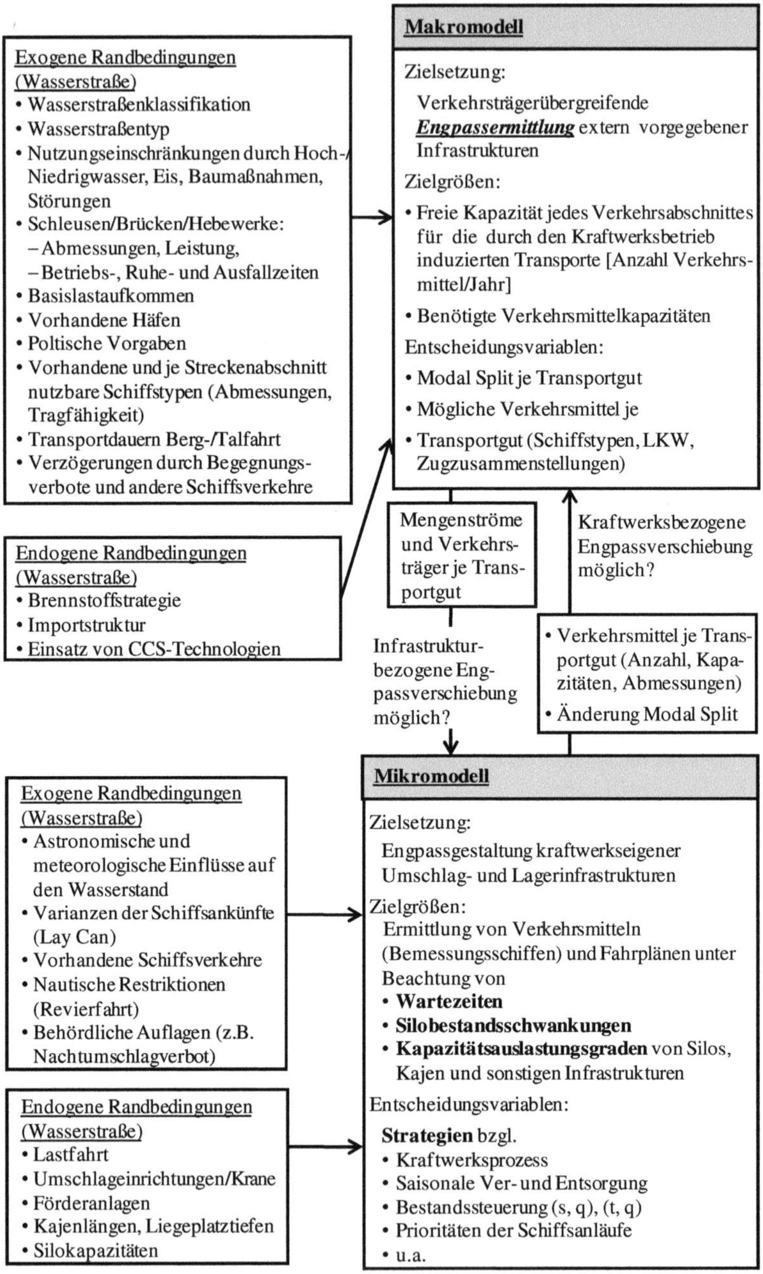

Abbildung 38: Modellrahmen

Ergebnis des Mikromodells ist die Festlegung von Verkehrsträgern je Transportgut; hierbei können auch mehrere Verkehrsmitteltypen einem Transportgut zugeordnet werden (z.B. Schiffe unterschiedlicher Abmessungen und Tragfähigkeiten). Ist kein realisierbarer Fahrplan zu finden, kann gegebenenfalls in einem iterativen Prozess eine Änderung des Modal Split vorgenommen werden. Im Makromodell ist dann zu untersuchen, ob diese **kraftwerksbezogene Engpassverschiebung** möglich ist oder eine andere Änderung des Modal Split vorgeschlagen werden kann. Ist eine solche **infrastrukturbezogene Engpassverschiebung** ebenfalls nicht erreichbar, kann in einem letzten Schritt durch eine **Modifikation der endogenen Randbedingungen des Mikromodells** versucht werden, ein geeignetes Supply Chain Design und realisierbare Fahrpläne zu finden.

In den folgenden Kapiteln wird auf die einzelnen Aspekte des Mikro- und des Makromodells ausführlich eingegangen. Besondere Berücksichtigung sollen hierbei die Verkehrssysteme Seeschifffahrt und Binnenschifffahrt finden, da diese aufgrund ihrer Massenleistungsfähigkeit eine wichtige Rolle spielen.

4.2 Makromodell: Entwicklung eines Modells zur Engpassermittlung vorhandener Verkehrsinfrastrukturen

Zunächst wird in diesem Kapitel das Ablaufdiagramm des Makromodells dargestellt. Anschließend wird dieses für den Verkehrsträger Binnenschifffahrt ausgearbeitet. Hierzu werden die Schritte für die Ermittlung der Basislast erläutert, in die alle Güterströme außer der kraftwerksinduzierten Transporte eingehen. Nach einer Analyse der exogenen Randbedingungen der Infrastrukturen und der Bestimmung ihrer Kapazitäten können relationsspezifisch mögliche Verkehrsmittel festgelegt werden, auf die die ermittelten Güterströme umgelegt werden. Abschließend erfolgt ein Abgleich der freien und benötigten Kapazitäten. Auf diese Weise können mögliche nutzbare Verkehrsträger für ein Kraftwerk sowie Engpässe festgestellt werden. Für die Analyse eines Verkehrsabschnitts gelten in dieser Arbeit all die Stellen als Engpässe, deren vorhandene technische Kapazität geringer ist als die benötigte, der Auslastungsgrad also größer als 100 % ist. Neben der Engpassermittlung gegebener Infrastrukturen sind ebenfalls die vorhandenen Verkehrsmittel zu untersuchen. Nach einer Erläuterung wesentlicher Hafenprozesse werden abschließend kapazitätsbeeinflussende Parameter des Schienenverkehrs aufgezeigt, da das Makromodell auch diesen Verkehrsträger berücksichtigt.

4.2.1 Allgemeine Beschreibung der Struktur des Makromodells

Für die Bewertung der Infrastrukturen für die Kraftwerkstransporte sind die Kapazitäten potenzieller Engpässe sowie die Belastung durch die Basislast zu bestimmen (vgl. Abbildung 39). Das Modell teilt sich in sechs Schritte auf:

1. Die Ermittlung der Basislast erfolgt zunächst nach Gütergruppen. Nach der Auswahl relevanter Verkehrsbezirke und einer Einteilung des Transportnetzes in geeignete Abschnitte können die derzeitigen und zukünftigen Belastungen der Verkehrswege bestimmt werden. Je nach Datenlage und Betrachtungszeitraum kann noch eine Kalibrierung der Daten und eine Prognose der Entwicklung des Basislastaufkommens erforderlich sein. Anschließend kann dieses nach Ladungsart in Tonnen angegeben werden. Das Vorgehen dieses Schrittes wird in Kapitel 4.2.2.1 ausführlich am Beispiel der Binnenschifffahrt erläutert.

2. Eine Festlegung der Kapazitäten der Verkehrsmittel für die Basislast hat für jede Ladungsart und jeden Infrastrukturabschnitt zu erfolgen. Hier sind die exogenen Randbedingungen des Makromodells auszuwerten: Neben technischen und organisatorischen Restriktionen der Infrastrukturen sind die politischen und regulatorischen Rahmenbedingungen zu analysieren sowie mögliche einsetzbare Verkehrsmittel zu untersuchen. Dabei ist eine Vielzahl von Aspekten zu beachten. Tabelle 15 gibt eine Übersicht möglicher verkehrsträgerspezifischer Restriktionen, welche in den Kapiteln 4.2.2.2 und 4.2.3.2 genauer beschrieben werden. Diese sind bei der Festlegung der Verkehrsmittel für die einzelnen Ladungsarten der Basislast sowie für die kraftwerksinduzierten Transportströme zu berücksichtigen.

3. Für die Bestimmung der Belastung der Infrastrukturen durch die Basislast sind die Güterströme unter Berücksichtigung der ermittelten Verkehrsmitteltypen in Verkehrsströme zu transformieren. Auf diese Weise wird die Basislast nicht mehr in Tonnen, sondern in Anzahl Fahrzeuge ausgewiesen. Neben den Verkehrsmitteln für die Ladungsarten sind gegebenenfalls noch zusätzlich auftretende Verkehre, wie z.B. Pendel- oder Personenverkehre sowie mögliche verkehrsträgerspezifische Umlegungsfaktoren, zu berücksichtigen. Letztendlich ist die Basislast nach Anzahl und Art der Verkehrsmittel je Verkehrsabschnitt anzugeben. Das Vorgehen wird in Kapitel 4.2.2.3 am Beispiel der Binnenschifffahrt dargestellt.

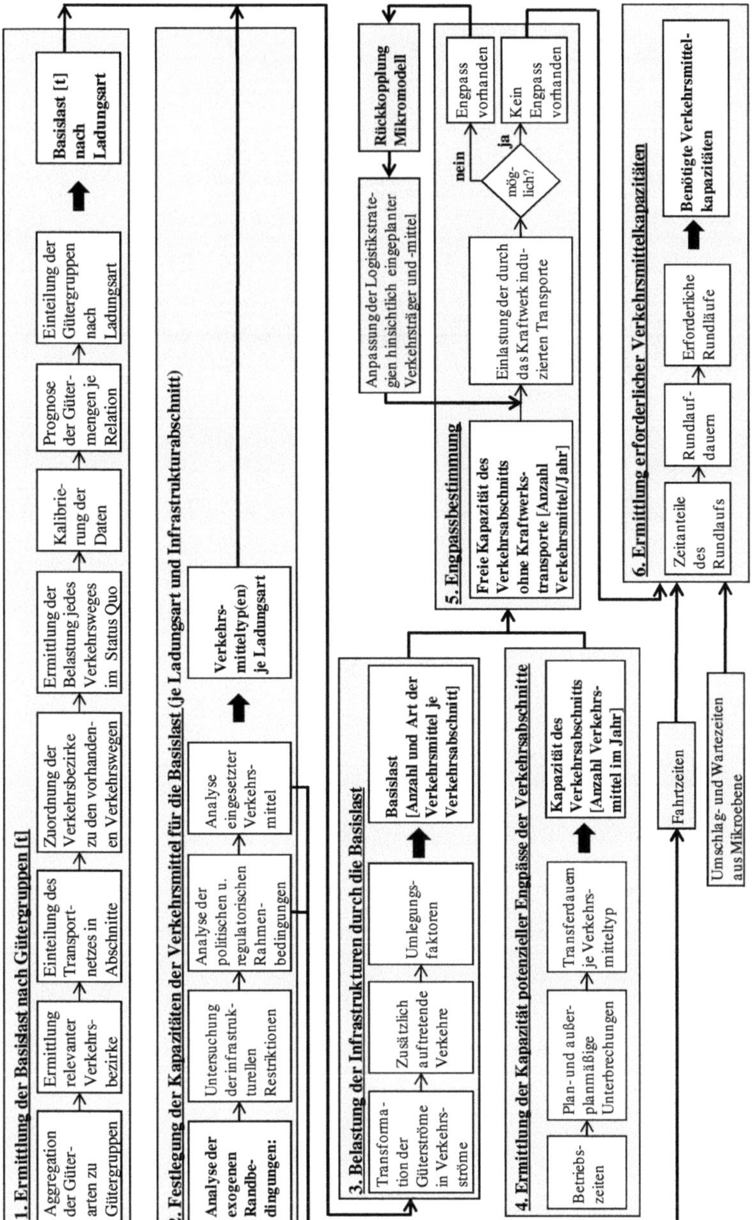

Abbildung 39: Makromodell: Ablaufdiagramm für die Engpassermittlung von Verkehrsinfrastrukturen

Tabelle 15: Verkehrsträgerspezifische exogene Randbedingungen des Makromodells

	Wasserstraße	Schiene
Infrastrukturen		
	Klassifizierung der Wasserstraße, Wasserstraßentyp	Streckenklasse (schwerlastgeeignet?), Topographie (Steigungen)
	Binnenhäfen	Rangierknoten, Bahnhöfe
	Abmessungen von Schleusen und Hebewerken	Länge und Anzahl von Gleisen, Abstände der Überhol- und Abstellgleise
	Kurvenradien, Engstellen, Begegnungsverkehre	Länge der Blockstrecken, Signaltechnik
	Fahrrinnentiefe und -breite	Lichtraumprofil, Spurbreite
	Maximale Brückendurchfahrtshöhen und -breiten	Elektrifizierung, Strom- und Zugsicherungssystem
	Liegeplätze, Anzahl und Längen von Kajen	Gleisanlagen: Puffer-/Abstellflächen, Gleisharfen etc.
	Umschlaganlagen: Umschlag- und Rückverladungskapazitäten Temporäre Einschränkungen der Befahrbarkeit Erweiterungs- und Baumaßnahmen	
Betrieb des Verkehrsmittels		
	Zulassungen von Schiffstypen und Verbandskonfigurationen	Grenzüberschreitende Inkompatibilitäten Elektro-/Diesel-/Mehrsystemlokomotiven
	Tragfähigkeit	Waggonkapazitäten
	Zulässige Abmessungen der Binenschiffe	Maximale Zuglänge
	Zulässiger Abladetiefgang	Zulässiges Gesamtgewicht
	Schleusen/Brücken/Hebewerke: Betriebs- und Ausfallzeiten, Schleusungsdauern	Störanfälligkeit von Strecken, Wartezeiten
	Gruppenschleusungen	Zugartenentmischung
	Transportdauern für Berg- und Talfahrt	Fahrtdauern
	Zulässige/mögliche/durchschnittliche Geschwindigkeiten Verzögerungen durch punktuelle Verkehre, Personenverkehre	

4. Für die Ermittlung der Kapazität potenzieller Engpässe der Verkehrsabschnitte sind neben den regulären Betriebszeiten von Verkehrsinfra- und -suprastrukturen plan- und außerplanmäßige Unterbrechungen zu ermitteln. Unter Berücksichtigung der Transferdauern für die Passage von Engstellen kann die Kapazität eines Verkehrsabschnitts in der Anzahl an Verkehrsmitteln im Jahr angegeben werden. In Kapitel 4.2.2.4 wird ausführlich auf die Ermittlung der Engpasskapazität am Beispiel einer Schleuse eingegangen.

5. Engpassbestimmung: Eine Reduzierung der Gesamtkapazität um die Basislast führt zu der verbleibenden Kapazität, die für den Kraftwerksbetrieb erforderlichen Transporte genutzt werden kann. Ist deren Einlastung nicht möglich, liegt ein **Engpass** vor. Dieser ist über die Anpassung der Logistikstrategien oder der endogenen Randbedingungen des Mikromodells (z.B. den Modal Split) aufzulösen.

6. Ist kein Engpass vorhanden, kann die Anzahl benötigter Verkehrsmittel für den Transport der einzelnen Güter bestimmt werden. Die Zeitanteile eines Rundlaufs ergeben sich zum einen aus den genutzten Infrastrukturen und Verkehrsmitteln, zum anderen aus den Umschlag- und Wartezeiten, die durch die Simulation der Kajenprozesse im Mikromodell bestimmt werden können. Aus den erforderlichen Rundläufen, die für die einzelnen Stoffströme erforderlich sind, wird die benötigte Anzahl an Verkehrsmitteln abgeleitet, die für den Kraftwerksbetrieb vorzuhalten sind. Am Beispiel des Binnenschiffsverkehrs wird das Vorgehen für die Ermittlung benötigter Schiffe in Kapitel 4.2.2.5 gezeigt.

4.2.2 Beschreibung der einzelnen Modellschritte

Im Folgenden werden die einzelnen Schritte des Makromodells am Beispiel der Binnenschifffahrt ausführlich dargestellt. Die Leistungsfähigkeit dieses Verkehrssystems ergibt sich aus seinen Komponenten Binnenwasserstraße, Binnenhafen und Binnengüterflotte.[520] Die Kapazität dieser Wasserstraßen wird durch Engpässe in den Kanälen und Flüssen, also den Netzwerkkanten, determiniert. Die einzelnen Parameter und ihre mögliche Bewertung werden im Folgenden dargestellt. Nach einer Beschreibung der jeweiligen Bausteine erfolgt in Kapitel 4.2.2.4 eine graphische Abbildung des Gesamtmodells für die Kapazitätsbestimmung des Verkehrsträgers Binnenwasserstraße.

4.2.2.1 Ermittlung der Basislast nach Gütergruppen

Unter der Basislast werden in dieser Arbeit alle Transportströme außer der Kohle verstanden. Für die Ermittlung dieser Güteraufkommen können als Datenbasis die Transportstatistik nach Verkehrsträgern des Statistischen Bundesamts sowie Durch-

520 Vgl. Graage, K.-D./Enthaler, E. (1998), S. A1 25.

gangsstatistiken ausgewählter Schleusen der Wasser- und Schifffahrtsdirektionen genutzt werden.

Die Transportstatistik des Statistischen Bundesamts gibt für die Verkehrsträger Binnenschiff und Schiene die Transportströme innerhalb Deutschlands sowie von und zu den ARA-Häfen aus. Hierzu ist das Bundesgebiet in 211 Bezirke eingeteilt, zwischen denen die Ströme nach Verkehrsträgern jährlich erfasst werden (vgl. Abbildung 40).

Die Durchgangsstatistiken der Schleusen der Wasser- und Schifffahrtsdirektionen enthalten Angaben über die geschleusten Schiffe und ihre Ladung nach Hauptgütergruppen, Mengen und Transportrichtungen in unterschiedlichem Detaillierungsgrad.

Für eine Prognose der Basislast hat zunächst eine Auswertung der derzeitigen Ströme auf den relevanten Relationen im Status Quo zu erfolgen. In einem weiteren Schritt werden diese Mengen durch Wachstumsfaktoren augmentiert. Das Vorgehen für die Ermittlung der Verkehrsströme gliedert sich in folgende Schritte:

1. Aggregation der Gütergruppen zu Hauptgruppen und Abteilungen
2. Ermittlung relevanter Verkehrsbezirke an den Binnenwasserstraßen
3. Einteilung des Wasserstraßensystems in geeignete Wasserstraßenabschnitte
4. Zuordnung der Verkehrsbezirke (VBZ) zu relevanten Wasserstraßenabschnitten
5. Ableitung der Güterverkehrsströme jedes Wasserstraßenabschnitts je Richtung im Status Quo
6. Kalibrierung der Daten
7. Prognose der Gütermengen je Relation
8. Einteilung der Güter nach Ladungsart

Zu 1: Aggregation der Gütergruppen zu Hauptgruppen und Abteilungen

Die in der Verkehrsstatistik des Statistischen Bundesamts enthaltenen Gütergruppen können zwecks Komplexitätsreduktion zu 52 Hauptgruppen bzw. zu 10 Abteilungen zusammengefasst werden.

Zu 2: Ermittlung relevanter Verkehrsbezirke an den Binnenwasserstraßen

Für jeden Verkehrsbezirk gibt die Statistik Importe und Exporte aus den ARA-Häfen oder anderen deutschen Bezirken in Form von Quelle-Ziel-Matrizen aus. Zur Einschränkung der großen Verflechtungsmatrix der innerdeutschen und grenzüberschreitenden Gütertransporte sind die für den Untersuchungsraum relevanten Verkehrsbezirke herauszufiltern. Hierbei sind alle an den Binnenwasserstraßen des Untersuchungsgebiets liegenden Bezirke einzubeziehen. Darüber hinaus sind auch solche Bezirke zu integrieren, die zwar außerhalb des Betrachtungsraums liegen, aber mit dem zu untersuchenden Wasserstraßensystem verknüpft sind und dort Verkehre generieren.

Abbildung 40: Verkehrsbezirke der Verkehrsstatistik[521]

Zu 3: Einteilung des Wasserstraßensystems in geeignete Wasserstraßenabschnitte

Um die Belastung der Wasserstraßen durch das in der Verkehrsstatistik dargestellte Güteraufkommen abbilden zu können, sind die Flüsse und Kanäle in Abschnitte einzuteilen, die durch Abzweigungen von anderen Wasserstraßen begrenzt werden. So kann insbesondere der Rhein aufgrund diverser einmündender Flüsse und Kanäle in mehrere Sektionen unterteilt werden.

Zu 4: Zuordnung der Verkehrsbezirke (VBZ) zu relevanten Wasserstraßenabschnitten

Jedem Wasserstraßenabschnitt sind die relevanten VBZ zuzuordnen, die Verkehrsströme über diese Strecke generieren.

521 ISL, Daten aus Statistisches Bundesamt (2008b).

Zu 5: Ableitung der Güterverkehrsströme jedes Wasserstraßenabschnitts je Richtung im Status Quo

Durch das Aufsummieren der Gütertransporte aller relevanten Relationen aller VBZ je Wasserstraßenabschnitt kann die derzeitige Belastung jedes Wasserstraßenabschnitts im Status Quo abgeleitet werden. Die Erfassung der Güterverkehrsströme erfolgte in TEU (Containerverkehre) bzw. Tonnen (übrige Gütergruppen).

Zu 6: Kalibrierung der Daten

Zur Überprüfung der Plausibilität der ermittelten Verkehrsströme kann ein Abgleich der Daten der Verkehrsstatistik des Statistischen Bundesamts mit denen der Schleusenstatistiken erfolgen. Auf einigen Binnenwasserstraßen liegen die Basisdaten des Statistischen Bundesamts über die Güterverkehrsströme niedriger als die der Wasser- und Schifffahrtsämter. Diese Differenzen, die sich aus unterschiedlichen Erhebungsmethoden oder aufgrund unvollständiger Erfassung der Daten bei grenzüberschreitenden Verkehren ergeben können, sind bei den Auswertungen des Verkehrsaufkommens zu berücksichtigen.

Zu 7: Prognose der Gütermengen je Relation

Für die Bestimmung der Transportvolumina der Basislast in ausgewählten Jahren sind die ermittelten Güterströme mit Wachstumsfaktoren für die einzelnen Abteilungen zu multiplizieren. Hierbei können die Volumenströme der Kohle eliminiert werden. In einem weiteren Schritt können diese im Rahmen verschiedener Szenarien unter Nutzung des hier entwickelten Modells auf das Netz gelegt und genauer untersucht werden.

Zu 8: Einteilung der Güter nach Ladungsart

Für die Ermittlung der Belastungen, die das derzeitige und prognostizierte Verkehrsaufkommen auf den Binnenwasserstraßen erzeugt, ist jede Güterhauptgruppe (bzw. Abteilung) einer Ladungsart zuzuordnen. Entsprechend der üblichen Schiffstypen erfolgt eine Einteilung in die Kategorien Stück-/Schütt-/Sauggut (ohne Kohle), Flüssiggut und Container.[522]

In einem nächsten Schritt sind diese Ladungsmengen auf Schiffe umzulegen. Bevor eine Festlegung auf geeignete Bemessungsschiffe erfolgen kann, sind die relevanten Binnenwasserstraßen nach potenziellen Engpässen zu untersuchen.

522 Z.B. Futtermittel zu Saug- und Schüttgut, Stahlblech zu Stückgut, Gase zu Flüssiggut etc.

4.2.2.2 Festlegung der Kapazitäten der Verkehrsmittel

Wichtige Kennzahlen, die zur Bestimmung der Leistungsfähigkeit einer Wasserstraße und für die Festelgung der Verkehrsmittelkapazitäten zu untersuchen sind, sind die **exogenen Randbedingungen**. Dies sind die Fahrwasserparameter und ihr Einfluss auf die Schiffsgrößen sowie Regulierungen, die die Befahrbarkeit von Wasserstraßen einschränken:

Das Fahrwasser einer Schifffahrtstraße ist „der beim jeweiligen Wasserstand für die durchgehende Schifffahrt benutzbare Teil der Wasserstraße".[523] Der Fahrwasserquerschnitt bildet sich aus Fahrwassertiefe und Fahrwasserbreite (vgl. Abbildung 41).

Eine *geringe **Fahrwasserbreite*** oder enge Kurvenradien können dazu führen, dass Begegnungsverkehre oder Überholvorgänge nur eingeschränkt möglich oder sogar untersagt sind. Durch vorgeschriebene **Richtungsverkehre**, bei denen Engpassstellen nur abwechselnd einzeln passiert werden können, wird das **Netz verlangsamt**.[524]

Die *verfügbare **Fahrwassertiefe*** limitiert die Zuladung und somit die Auslastung des Schiffs. Die maximale Abladetiefe eines Schiffs ergibt sich aus der Fahrrinnentiefe, dem dynamischen Absunk[525] und dem erforderlichen Flottwasser.[526]

Die vorhandenen ***Brückenhöhen*** stellen in der Binnenschifffahrt im Segment des Containertransports oft eine erhebliche Restriktion dar. Für tieferliegende Massengutschiffe sind sie in der Regel keine Beeinträchtigung.

---

523 Seitz, M. (2005), S. 13.

524 Bei Begegnungsverkehren muss der Bergfahrer unter Berücksichtigung der gegebenen Umstände dem Talfahrer Vorfahrt gewähren, da bei talfahrenden Schiffen die Gefahr der eingeschränkten Manövrierfähigkeit besteht. Vgl. BMJ/juris (1998), § 6.04.

525 Bei einem Schiff in Fahrt vergrößert sich der Tiefgang im Vergleich zu einem Schiff ohne Fahrt aufgrund des dynamischen Absunks (Squat). Der Absunk ist abhängig von der Fahrwasserbreite und der vorhandenen Strömung und kann bei Bergfahrten auf Fließstrecken bis zu 0,30 m ausmachen. Vgl. Seitz, M. (2005), S. 14.

526 Dieses sollte i.d.R. 0,20 m bis 0,30 m nicht unterschreiten. Der Abstand zwischen Schiffsboden und Grund hat einen entscheidenden Einfluss auf die Transportgeschwindigkeit und den Treibstoffverbrauch. Im Allgemeinen bewirkt eine größere Kielfreiheit eine Verringerung des Wasserwiderstands auf das Schiff. Vgl. Rieken, P. (2008), S. 90 ff. sowie Renner, V./Bialonski, W. (2004), S14 ff.

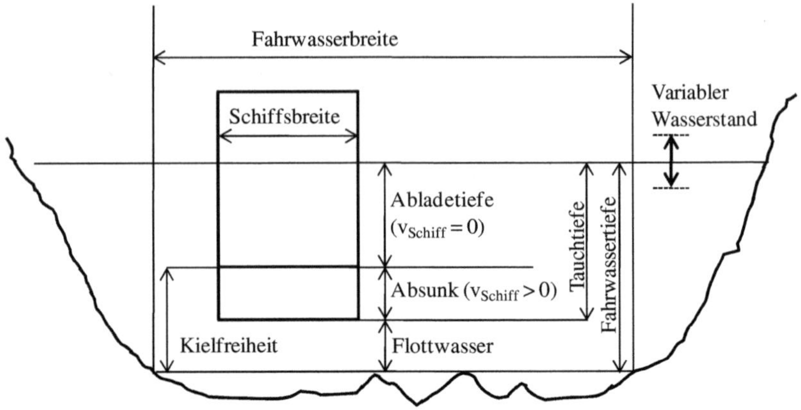

Abbildung 41: Fahrwasserparameter Binnenwasserstraße[527]

Die Nutzung von staugeregelten Flüssen und Kanälen wird durch die Anzahl der ***Schleusen*** und ihrer jeweiligen technischen Leistungsfähigkeit (Anzahl der Kammern, Länge, Breite, Tiefe, Schleusungsdauern,...) festgelegt.[528] **Schleusen sind die wichtigsten Engpässe, da ihre Kapazität nur einen Bruchteil der angrenzenden Wasserwege beträgt.**[529] Die Abmessungen der Kammern geben eine obere Grenze für die Schiffe und Schubverbände vor. Die tatsächlich maximal möglichen Schiffsabmessungen können jedoch bei einzelnen Schleusen voneinander abweichen, da je nach örtlichen und technischen Gegebenheiten variierende Sicherheitsabstände zwischen Schiff und Kammerwand einzuhalten sind. Tatsächlich mögliche Schiffsabmessungen können direkt bei den Schleusen erfragt werden. Ein erhebliches Problem ist auf einigen Wasserstraßen das Alter der Schleusen. Aufgrund aufgeschobener Wartungs- und Instandhaltungsmaßnahmen kann es zu unvorhersehbaren Ausfällen kommen. Bei Doppelkammerschleusen ist in einem solchen Fall die Kapazität halbiert (wenn zwei gleich große Kammern vorliegen). **Gibt es nur eine Kammer, kann deren Ausfall zu einer kompletten Sperrung der Wasserstraße führen, bis der Schaden behoben ist.**

Gegebenenfalls sind das Vorhandensein und die Abmessungen von ***Wendeplätzen*** zu prüfen.

Es kann zwischen den ***Wasserstraßentypen*** Kanal, frei fließendem Flussbereich oder staugeregeltem Fluss differenziert werden. Bei Kanälen und kanalisierten Flüssen fallen die Wasserstandsschwankungen erheblich geringer aus als bei frei fließenden Gewässern.

527 Eigene Darstellung in Anlehnung an Seitz, M. (2005), S. 13.

528 Bei einer Untersuchung des Neckars sind gegebenenfalls 27 Schleusen zu berücksichtigen.

529 Vgl. Nijkamp, P. et al. (1994), S. 166.

Temporäre Einschränkungen der Befahrbarkeit können die Leistungsfähigkeit von Binnenwasserstraßen reduzieren. Insbesondere auf den natürlichen Binnenwasserstraßen (Flüssen) kommt es zu jahreszeitlichen Schwankungen in Form von ***Niedrig- und Hochwasserständen***.[530] Vorgelagerte Flüsse, die zu Niedrig- oder Hochwasserproblematiken neigen, beeinflussen nachgelagerte Abschnitte. Schwankungen ergeben sich aus länger andauernden Trocken- oder Niederschlagsperioden im Sommer oder der Schneeschmelze im Frühjahr. Diese sind zwar tendenziell in jedem Jahr wiederkehrend, das Ausmaß variiert aber. Hierdurch kann die logistische Kette der Binnenschifffahrt beeinträchtigt werden.[531] Weiterhin kommt es zu temporären Einschränkungen durch vereiste Fahrrinnen oder singuläre Ereignisse. ***Eisgang*** ist auf den Kanälen ein wesentlicher Faktor, der zu länger andauernden Sperrungen führen kann. Singuläre Ereignisse sind nicht vorhersehbar, können aber längere Sperrungen verursachen.[532]

Bei einer Untersuchung der ***Transportströme und Verkehrsdichten*** ist zu beachten, ob es Verzweigungen oder größere Häfen gibt, an denen das Schiffsaufkommen sprunghaft zu- oder abnimmt. So können punktuell auftretende Pendelverkehre einzelne Schleusen stark belasten, wohingegen sie aber bei der Erfassung an außerhalb dieser Verkehre liegenden Schleusen in Statistiken nicht eingehen.

Je nach Lage der Wasserstraße kann diese unterschiedliche ***Funktionen*** haben. So ist z.B. der Wesel-Datteln-Kanal (WDK) eine Transitstrecke mit einem großen Anteil an Durchgangsverkehren (Container). Im Gegensatz hierzu übernimmt der parallel dazu verlaufende Rhein-Herne-Kanal (RHK) die Ver- und Entsorgungsfunktion für das Ruhrgebiet; Containerverkehre spielen hier keine Rolle.[533] Bei „Sackgassen" können gegebenenfalls Vereinfachungen bei den Schiffs- und Schleusenauswertungen getroffen werden, da alle Schiffe, die in diese Wasserstraßen einlaufen später wieder auslaufen werden.

Die Schifffahrt einschränkende ***Regulierungen*** sind zulässige Transportgeschwindigkeiten, Betriebszeiten und Kapazitäten der Anlagen (Schleusen, Brücken, Hebewerke etc.), Revisionen oder Reparaturprogramme mit Totalstillstand (Sperrungen). Diese Regulierungen haben Auswirkungen auf die zu realisierenden Fahrtzeiten.

---

530 Die Pegelstände werden durch die WSD an markanten Stellen gemessen und bekannt gegeben. Vgl. http://www.elwis.de/gewaesserkunde/Wasserstaende/index.html, Abruf 22.06. 2010.

531 Trockenperioden, die mit geringeren Wasserständen und hohen Wassertemperaturen einhergehen, haben zudem einen direkten Einfluss auf den Kraftwerksbetrieb, da Umweltschutzauflagen bezüglich einer begrenzten Kühlwasserentnahme zum Ausschalten von Kraftwerken führen können. Vgl. Hauff, M. von/Kluth, K. (2008), S. 5 f.

532 So wurde der Dortmund-Ems Kanal im Jahr 2005 wegen einer Schiffshavarie und Schadensfällen an einer Kanalüberführung auf der Südstrecke für insgesamt 63 Tage und auf der Nordstrecke für 14 Tage gesperrt. Vgl. Prognos (2006), S. 30.

533 75 % des Schiffsaufkommens des WDK sind reine Durchgangsverkehre.

Erweiterungs- und Baumaßnahmen können kurz- und langfristig die Bedingungen und Kapazitäten der Verkehrswege stark beeinflussen und sind bei der Analyse unbedingt zu beachten, da sich hier auch Änderungen bezüglich des möglichen Schiffseinsatzes ergeben können.

4.2.2.3 Belastung der Infrastrukturen durch die Basislast

Ziel der schleusenspezifischen Ermittlung der Basislast ist die Bestimmung der Anzahl der notwendigen Schleusungen für alle Nicht-Kohle-Ströme. Hierzu wird in folgenden Schritten vorgegangen:

1. Transformation der Güterströme in Verkehrsströme
2. Zusätzliche Betrachtung punktuell auftretender Schiffsverkehre
3. Abgleich der Nutzungsmaße der Schleusenkammern und Schiffsabmessungen („Schleusenfaktor")
4. Ermittlung der Anzahl notwendiger Basislast-Schleusungen je Schleuse

Zu 1: Transformation der Güterströme in Verkehrsströme

Die Güterströme (gemessen in Tonnen) sind in Verkehrsströme (gemessen in Anzahl Fahrzeuge) umzuwandeln. Hierzu erfolgt eine Umlegung der aus der Verkehrsstatistik und den Schleusenstatistiken ermittelten Ladungsgruppen (vgl. Kapitel 4.2.2.1) auf die festzulegenden Bemessungsschiffe. Diese sind in Abhängigkeit von Ladungsart und Relation zu ermitteln. Je nach Wasserstraßenabschnitt und zuständigem WSA werden unterschiedlich genau detaillierte Schleusenstatistiken zur Verfügung gestellt. Diese enthalten i.d.R. jährliche aggregierte Angaben über die zu Berg/zu Tal geschleusten Schiffe, die Tragfähigkeiten und die transportierten Gütermengen. Z.T. sind auch Schleusenlisten mit der Angabe jedes einzelnen Schiffs, der Art und der Menge der Ladung sowie die Fahrtrichtung erhältlich. Gegebenenfalls ist eine Entwicklung der Schiffsgrößen bzw. -kapazitäten ermittelbar. Auf Basis der vorhandenen Daten kann eine Bestimmung eines Bemessungsschiffs für die Typen Güterschiff, Tankschiff und Containerschiff erfolgen. Weiterhin ist eine getrennte Auswertung der Auslastung der Schiffe in Berg- und Talfahrt sowie eine gesonderte Betrachtung der leer fahrenden Schiffe notwendig, um keine Fehler durch eine nicht realitätsabbildende Mittelwertbildung zu bekommen.[534] Für die zukünftige Kapazität der Schiffe kann aufgrund der Änderung der Flottenstruktur oder einer höheren Auslastung ein Faktor für die Ladungssteigerung berücksichtigt werden. Hierzu können Flottenstatistiken und -prognosen sowie Interviews mit Binnenschifffahrtsunternehmen zur Datenbeschaffung eingesetzt werden.

534 Fährt ein Schiff beladen mit 2.000 t zu Berg und ohne Ladung zu Tal, würde eine Mittelwertbildung eine durchschnittliche Beladung von 1.000 t ergeben. Eine solche Darstellung wäre falsch.

Zwischenergebnis ist die Anzahl der Güterschiffe je Wasserstraßenabschnitt für alle betrachteten Jahre, die zu Berg bzw. zu Tal fahren und keine Kohle transportieren.

Zu 2: Zusätzliche Betrachtung punktuell auftretender Schiffsverkehre

Lokal auftretende Schiffsverkehre im Güterverkehr können z.B. Pendelverkehre zwischen zwei Häfen an einer Wasserstraße sein.[535] Neben der Güterschifffahrt spielt auf einigen Binnenwasserstraßen Deutschlands zudem die Fahrgastschifffahrt eine bedeutende Rolle. Hierbei wird zwischen der Kabinenschifffahrt und der Tagesschifffahrt unterschieden. Die Kabinenschiffe sind größer und fahren i.d.R. entlang eines größeren Teils einer Wasserstraße, wohingegen die Tagesausflugsschiffe nur eine kleine Zahl von Schleusen stark belasten.

Problematisch bei der Erhebung solcher punktueller Schiffsverkehre, die im Verlauf einer Wasserstraße auftreten, ist, dass diese nicht in den Schleusenstatistiken maßgeblicher Schleusen, die am Anfang einer Binnenwasserstraße liegen, in Erscheinung treten. So werden z.B. alle in die Mosel einlaufenden Schiffe an der Schleuse Koblenz erfasst; punktuell auftretende Verkehre auf diesem Fluss, die nicht diese Schleuse passieren, sind aber nicht erkennbar.

Für eine realistische Darstellung der Schiffsverkehre ist es somit unabdingbar, punktuelle Belastungen zu berücksichtigen; hier kann es sinnvoll sein, neben den WSD[536] auch an den Schleusen direkt nachzufragen.[537] Eine weitere Quelle sind Fahrpläne der Fahrgastschifffahrt, die nach Strecken und Häufigkeit ausgewertet werden können.

Zu 3: Abgleich der Nutzungsmaße der Schleusenkammern und Schiffsabmessungen („Schleusenfaktor")

Für die Bestimmung der erforderlichen Anzahl an Schleusungen für die Basislastschiffe (Durchgangsverkehr und Pendelverkehr) muss untersucht werden, wie viele Schiffe pro Schleusung in jede Kammer im Durchschnitt einlaufen können.[538] Hierzu muss ein „Schleusenfaktor" ermittelt werden, der die durchschnittliche Anzahl gleichzeitig abgefertigter Schiffe angibt. Hierbei sind die Anzahl und die Ab-

535 Zu den Häfen an den Binnenwasserstraßen vgl. z.B. Dütemeyer, G./Adami, C. (2006), S. A 937 ff.

536 Die Qualität der Angaben zum Schiffsaufkommen ist sehr unterschiedlich. Die WSD Südwest stellt auf Anfrage sehr detaillierte Erfassungen des Schiffsverkehrs an den einzelnen Schleusen zur Verfügung.

537 Angaben zu Binnenwasserstraßenkilometern, Anschriften und Telefonnummern von Schleusen finden sich bei http://www.elwis.de/Adressen/schleusen/index.html, Abruf 22.06.2010.

538 Für die Anzahl und Nutzmaße von Schleusenkammern vgl. http://www.elwis.de/ Binnenwasserstrassen/datentabellen/, Abruf 22.06.2010.

messungen der Kammern sowie die dort auftretende Schiffszusammensetzung zu analysieren. Ausbaumaßnahmen, durch welche Kapazitätssprünge entstehen können, sind zu berücksichtigen. Insbesondere die Breite der Schiffe ist zu beachten. Aufgrund der zunehmenden Schiffslängen können Schleusen oftmals nicht mehr zwei, sondern nur noch ein Schiff aufnehmen. Eine Vergrößerung des Schiffsraums führt zwar zu einer steigenden Kapazität eines Schiffs, kann aber gleichzeitig zu einer erheblichen Reduzierung der Kapazität der Schleusen und somit der ganzen Binnenwasserstraße führen, wenn der Schleusenraum nur suboptimal genutzt wird. Unterschiedliche Ansätze sind für die Ermittlung des Schleusenfaktors möglich:

- In dem Bewertungsverfahren des BMVWP wird eine sogenannte Schleusenbelegungsziffer ermittelt, die die durchschnittliche Anzahl an maximal möglichen Schiffen pro Schleusung angibt. Sie ist abhängig von der Art und Struktur der ankommenden Schiffe und der Wahrscheinlichkeit gleichzeitig ankommender Schiffskombinationen. Mittels dieser Kennzahl wird die theoretische Schleusenkapazität bestimmt, wohingegen die praktische Leistungsfähigkeit nur etwa 70 % dieses Werts beträgt. Problematisch an diesem Vorgehen ist, dass die Erfassung der Daten über die Verteilung der Schiffsankünfte an allen Schleusen eines Untersuchungsraums sehr aufwendig ist.
- Ein einfacheres empirisches Vorgehen ist eine direkte Anfrage bei den Schleusen, die i.d.R. gute Erfahrungswerte bzgl. der am meisten auftretenden Schiffstypen, ihren Ankunftsverhalten und möglichen Schiffszusammensetzungen je Schleusung haben. Hinzu kommt, dass sie zusätzliche Angaben zu den Anforderungen und Prioritäten bei der Abfertigung von bestimmten Schiffsverkehren machen können. **So hat auf bestimmten Wasserstraßen die Personenschifffahrt absoluten Vorrang vor der Güterschifffahrt.** Im Sommer kann es zu langen Wartezeiten der Kohleschiffe kommen, wenn Personenschiffe einzeln geschleust werden, auch wenn sie nur einen Teil der Kammer belegen. Eine Schleusung von Gefahrguttransporten und Personenschifffahrt kann ebenfalls unerwünscht sein.
- Eine analytische Bestimmung dieses Faktors kann durch die Auswertung vorhandener Schleusenstatistiken (sofern sie Angaben zu den Schiffsgrößen enthalten) und Flottenstrukturuntersuchungen erfolgen.
- In dieser Arbeit wird ein empirisch-analytisches Vorgehen vorgeschlagen. Unter Berücksichtigung der Angaben der Schleusen bzgl. zu berücksichtigender Spezifika, wie z.B. Prioritätsregeln und Einzelschleusungen, sowie durch die Auswertung vorhandener Statistiken konnten Annahmen über den Schleusenfaktor getroffen werden.

Dieser bezieht sich aus Gründen der Kosteneffizienz auf eine möglichst hohe und ideale Auslastung. Das Konzept der (theoretischen) optimalen Schleusenauslastung führt zu prohibitiv langen Wartezeiten für die Schiffe, da diese in unregelmäßigen Abständen ankommen. Diese Wartezeiten werden bei der durchschnittlichen

Schleusungsdauer nicht berücksichtigt. Somit ist die hier berechnete Schleusenkapazität größer ist als die reale.

Zu 4: Ermittlung der Anzahl notwendiger Basislast-Schleusungen je Schleuse

Für die Ermittlung der Anzahl benötigter Schleusungen für die Basislast müssen gegebenenfalls Differenzen bei der Anzahl von zu Berg und zu Tal fahrenden Güterschiffen berücksichtigt werden. Solche Differenzen können dann entstehen, wenn Schiffe in einem weit verzweigten Kanalgebiet nicht zwangsläufig den gleichen Rückweg wählen müssen. Für diese Fälle ist die kritische Transportrichtung diejenige mit dem höheren Schiffsaufkommen.

Wichtig ist auch die Berücksichtigung der Schiffe, die ohne Ladung unterwegs sind. Diese fallen bei einer alleinigen Betrachtung der Güterströme der Verkehrsstatistik und einer Umlegung dieser Mengen auf Bemessungsschiffe weg, da es kein Bemessungsschiff mit der Kapazität 0 gibt.[539] In den Schleusenstatistiken werden Schiffe ohne Ladung hingegen ausgewiesen, die z.T. auch nach Schiffstyp differenziert werden. Die Anzahl notwendiger Basislast-Schleusungen je Schleuse ergibt sich aus der Division der Anzahl der zu schleusenden Schiffe mit dem Schleusenfaktor:

$$Anzahl\ Basislastschleusungen = \frac{Anzahl\ Schiffe}{Schleusenfaktor}$$

Für die notwendige Berechnung der zur Verfügung stehenden Schleusenkapazität für die Kohleschiffe müssen die Basislastschleusungen von der gesamten Schleusenkapazität subtrahiert werden. Das folgende Kapitel beschreibt die Schritte für die Bestimmung der gesamten Schleusenkapazitäten.

4.2.2.4 Ermittlung der Kapazität einer Schleuse und Engpassbestimmung

Die deutschen Binnenwasserstraßen sind z.T. durch eine Vielzahl von Schleusen gekennzeichnet.[540] Jede von ihnen stellt einen potenziellen Engpass dar und ist bei einer Güterstromuntersuchung zu berücksichtigen. Im Rahmen einer Datenerfassung sind folgende Punkte aufzunehmen:

539 Beispiel: 1500 Tanker fahren voll abgeladen zu Berg und auf derselben Strecke ohne Ladung zu Tal. Für diese Schiffe sind 1500 * 2 = 3000 Schleusungen notwendig. Die zu Tal fahrenden Schiffe müssen zwangsläufig wieder geschleust werden, auch wenn sie bei einer Betrachtung der Güterströme wegfallen würden.

540 Anzahl Schleusen ausgewählter Binnenwasserstraßen: Mosel: 10, Saar: 5, Neckar: 27, Main: 7, WDK: 6, RHK: 6, DHK: 2.

- Latitude/Longitude: Die Koordinaten der Schleusen dienen der Abbildung des Wasserstraßennetzes in einer Simulationssoftware[541]
- Anzahl und Nutzmaße relevanter Kammern[542]
- Schleusenbetriebszeiten[543]
- Ausbau- und Erweiterungsmaßnahmen[544]
- Reguläre und außerplanmäßige Sperrungen[545]
- Schleusungsdauern[546]
- Fallhöhe[547]

1. Schleusenbetriebszeiten

Die Bestimmung der Betriebs- und Ruhezeiten obliegt der für den jeweiligen Wasserstraßenabschnitt zuständigen WSD. Häufig frequentierte Schleusen bieten z.T. einen 24-Stunden-Betrieb; weniger nachgefragte Schleusen haben an Wochenenden oder Feiertagen nur begrenzte Öffnungszeiten. Für die Berufsschifffahrt besteht nach Voranmeldung teilweise die Möglichkeit, zahlungspflichtige Schleusungen außerhalb der regulären Öffnungszeiten durchführen zu lassen.

a) Durchschnittliche reguläre Betriebszeit

Für die Ermittlung der durchschnittlichen täglichen Betriebszeit $BZ_{regulär}$ wird ein Mittelwert über die täglichen Betriebszeiten des Jahres gebildet:

$$BZ_{regulär} = \frac{\sum_{i=1}^{365} h_i}{365} \quad \text{[h/d]}, \quad h_i\text{: Betriebsdauer an Tag } i$$

Für die Simulation kann der Fall einer zeitlichen Kapazitätserweiterung im Sinne einer Verlängerung der Öffnungszeiten untersucht werden, wenn sich eine Schleuse als Engpass erweist, die nachts oder an Feiertagen geschlossen ist. Für die Bestimmung der tatsächlichen Betriebszeiten sind zudem sowohl planmäßige als auch unplanmäßige Sperrungen zu berücksichtigen.

541 Diese Daten finden sich bei http://www.elwis.de/Adressen/schleusen/index.html, Abruf 22.06.2010.

542 Diese Daten finden sich bei http://www.elwis.de/Binnenwasserstrassen/datentabellen/, Abruf 22.06.2010.

543 Diese Daten finden sich bei http://www.elwis.de/NfB/Schleusenbetriebszeiten/index. html, Abruf 22.06.2010.

544 Internetrecherchen und Telefonate mit den zugehörigen WSA und WSD.

545 Diese Daten finden sich bei http://www.elwis.de/NfB/Schleusensperrungen/index.html, Abruf 22.06.2010 oder in den Jahresberichten einiger WSD.

546 Vgl. hierzu ausführlich Kapitel 4.2.2.4.

547 Diese Daten finden sich bei http://www.elwis.de/Binnenwasserstrassen/datentabellen, Abruf 22.06.2010.

b) Durchschnittliche Betriebszeiten inklusive planmäßiger Sperrungen

Auf einigen Binnenwasserstraßen finden planmäßige Schleusensperrungen für Instandhaltung und Wartung statt.[548] So gibt es auf der Mosel dafür jährlich eine zehntägige Sperrung. Während dieser Zeit werden alle Schleusen des Flusses gewartet, so dass der ganze Schiffsverkehr zum Erliegen kommt, da die meisten Schleusen nur eine Kammer haben.[549] Somit sind die durchschnittlichen Betriebszeiten $BZ_{regulär}$ um die Instandhaltungszeiten s_j zu reduzieren. Die durchschnittlichen Betriebszeiten inklusive planmäßiger Sperrungen BZ_{inst} ergeben sich zu:

$$BZ_{inst} = \frac{\sum_{i=1}^{365} h_i - \sum_{j=1}^{m} s_j}{365} \quad [\text{h/d}]$$

c) Durchschnittliche Betriebszeiten inklusive planmäßiger und außerplanmäßiger Sperrungen

Neben den mit Vorlauf angekündigten planmäßigen Sperrungen kommen außerplanmäßige Sperrungen aufgrund von Eis, Hoch- oder Niedrigwasser sowie sonstigen unvorhergesehenen Ereignissen (Schleusenausfälle, Unfälle) hinzu. Hierzu stellt die Wasser- und Schifffahrtsverwaltung Informationen für längere Zeitreihen online zur Verfügung.[550] Eine Auswertung der Daten für eine Zeitreihe von 18 Jahren zeigt Tabelle 16.[551]

Tabelle 16: Sperrungen der Schifffahrt wegen Hochwasser und Eis[552]

	Hochwasser		Eis		ges.
	Tage ges. 1988-2005	Mittelwert [d/a]	Tage ges. 1988-2005	Mittelwert [d/a]	Mittelwert [d/a]
Mosel	192	10,7	25	1,4	12,1
Saar	132	7,3	21	1,2	8,5
Neckar (Stuttgart)	262	14,6	2	0,1	14,7

548 Vgl. VBW (1990), S. 4.

549 Die Schleusensperrzeiten für die Jahre 2009 bis 2019 können auf der Internetseite der Moselkommission heruntergeladen werden. Vgl. Moselkommission (2009).

550 Vgl. WSV (2006), Anlage 13. Der Verkehrsbericht erscheint jährlich, abrufbar bei http://www.elwis.de/Verkehrsstatistik/Verkehrsberichte/WSD-Suedwest.pdf, Abruf 22.06. 2010.

551 Der Betrachtungszeitraum von 18 Jahren wurde gewählt, da im Jahr 1988 die Saarschleusen fertiggestellt wurden.

552 Eigene Auswertung basierend auf WSV (2006), Anlage 13. Die jährlichen Verkehrsberichte können unter http://www.elwis.de/Verkehrsstatistik/Verkehrsberichte/WSD-Suedwest.pdf abgerufen werden.

Diese außerplanmäßigen Sperrungen können bei einer statischen Betrachtung direkt von den Betriebszeiten abgezogen werden, wenn eine statistische Verteilung der Aufkommen nicht untersucht werden soll. Somit ergibt sich für die resultierende durchschnittliche Betriebszeit inklusive plan- und außerplanmäßiger Sperrungen BZ_{res}:

$$BZ_{res} = \frac{\sum_{i=1}^{365} h_i - \sum_{j=1}^{m} s_j - \sum_{j=1}^{n} a_j}{365} \quad [h/d]$$

h_i: Betriebsdauer an Tag i

s_j: planmäßige Sperrungen j

a_j: unplanmäßige Sperrungen j

Einen beispielhaften Ausschnitt aus der Analyse der Schleusen und Betriebszeiten zeigt Tabelle 17.

Tabelle 17: Ausschnitt aus der Analyse der Schleusen und Betriebszeiten

Wasserstraße	Klassifizierung	Schiffstyp	km	Schleuse	Lat	Long	Nutzmaß [m]	Fallhöhe [m]	Betriebszeit	Ø Betriebszeit [h/d] [h/a]	Ø Betriebszeit inkl. Instandh. [h/d] [h/a]	Ø Betriebszeit inkl. Instandh., HW, Eis [h/d] [h/a]
Mosel	Vb	Schubverband	1,96	Koblenz	50.35 97° N	007.59 78° E	170*12, 122*12	4,95	361d, 24h	23,7 8.664	23,2 8.472	22,4 8.182
			20,8	Lehmen	50.28 42° N	007.45 39° E	170*12	7,45	361d, 24h	23,7 8.664	23,2 8.472	22,4 8.182

2. Schleusungsdauer

Für die Bestimmung der Schleusenkapazität sind neben den Betriebszeiten die Schleusungsdauern von Bedeutung. Für deren Ermittlung können verschiedene Methoden, die sich je nach Quelle und Ansätzen unterscheiden, verwendet werden.

Methoden für die Ermittlung der Schleusungsdauer

Als Quellen kommen Datenblätter zu technischen Schleusenkennzahlen, Wasser- und Schifffahrtsdirektionen (WSD), Wasser- und Schifffahrtsämter (WSA) und die Schleusen selbst in Frage. Diese verwenden z.T. unterschiedliche Konzepte zur Messung der Schleusungsdauern.

Technische Angaben zu der Leistungsfähigkeit einer Schleuse umfassen genaue Zeitangaben für die einzelnen Arbeitsschritte einer Schleusung. Die *theoretische mittlere technische Schleusungsdauer* $t_{Schl\,th}$ bestimmt sich zu

$$t_{Schl\,th} = t_{U\ddot{o}} + t_{Us} + \left(\frac{t_{Kf}+t_{Kl}}{2}\right) + t_{O\ddot{o}} + t_{Os} \quad [\text{min}]$$

mit den Zeitanteilen

$t_{U\ddot{o}}$: Untertor öffnen t_{Kf}: Kammer füllen $t_{O\ddot{o}}$: Obertor öffnen

t_{Us}: Untertor schließen t_{Kl}: Kammer leeren t_{Os}: Obertor schließen

So ergibt sich für eine Schleuse z.B. $t_{Schl\,th}$ zu:[553]

$$t_{Schl\,th} = 35s + 35s + \frac{480s+420s}{2} + 55s + 55s = 630s = 10{,}5 \quad [\text{min}]$$

Bei diesem Konzept werden die Zeiten für das Manövrieren der Schiffe nicht berücksichtigt, die den wesentlichen Anteil an der Schleusendauer ausmachen.

Bei den WSD wird z.T. mit *Pauschalwerten* inklusive einer Sicherheitsmarge gerechnet, wohingegen bei einigen WSA das Konzept der *Kreuzungsschleusung* genutzt wird.[554] Diese ergibt sich aus den Schleusungsdauern eines zu Berg und eines zu Tal fahrenden Schiffs und beinhaltet folgende Schritte: Einlaufen und Festmachen des Schiffs $t_{Schiff\,zu\,Berg\,ein}$, Schließung Untertor t_{Us}, Füllen der Kammer t_{Kf}, Öffnung Obertor $t_{O\ddot{o}}$, Auslaufen des Schiffs $t_{Schiff\,zu\,Berg\,aus}$, Einlaufen und Festmachen des anderen Schiffs $t_{Schiff\,zu\,Tal\,ein}$, Schließung Obertor t_{Os}, Leeren der Kammer t_{Kl}, Öffnung Untertor $t_{U\ddot{o}}$, Auslaufen des Schiffs $t_{Schiff\,zu\,Tal\,aus}$. Somit ergibt sich für die Kreuzungsschleusungsdauer:

$$t_{Schl\,WSA} = t_{Schl\,Kreuz} = t_{Schiff\,zu\,Berg\,ein} + t_{Us} + t_{Kf} + t_{O\ddot{o}} + t_{Schiff\,zu\,Berg\,aus}$$
$$+ t_{Schiff\,zu\,Tal\,ein} + t_{Os} + t_{Kl} + t_{U\ddot{o}} + t_{Schiff\,zu\,Tal\,aus} \quad [\text{min}]$$

Zur Verifizierung der Daten kann eine direkte Nachfrage bei jeder einzelnen Schleuse empirische Angaben aus der Praxis liefern. Vorteil dieser Methode der direkten Befragung ist, dass die Schleusenwärter, die direkt vor Ort sind, Erfahrungswerte zu Besonderheiten, Problembereichen und Verzögerungen angeben

553 Beispielangaben der Schleuse Gelsenkirchen im RHK, vgl. http://www.wsa-duisburgmeiderich.wsv.de/wasser/Westdeutsche-Kanaele/RHK/Schleusen/Schl_Ge/index.html, Abruf 19.03.2009.

554 Dieses wird auch im Rahmen der Planungen beim Bundesverkehrswegeplan genutzt. Vgl. Rieken, P. (2005b), S. 228.

können, die nicht durch die mathematischen Formeln abgebildet werden. Als Nachteil ist hier das Zurückgreifen auf subjektive Einschätzungen zu nennen, dass eventuell zu Ausreißern führen kann.

Bei der Nutzung mehrerer Quellen zur Verifizierung der Schleusendauern kann es zu erheblichen Abweichungen der Angaben kommen; hieraus ergibt sich ein Problem der Kalibrierung. Für den Abgleich der Werte ist eine einfache oder gewichtete Mittelwertbildung oder der Einsatz von Korrekturfaktoren möglich.

$$t_{Schl\,Sim} = \alpha * t_{Schl\,WSD} + \beta * t_{Schl\,WSA} + \gamma * t_{Schl\,Schl} + \delta * t_{Schl\,theor}$$
[min]

$t_{Schl\,Sim}$: Schleusendauer für die Simulation

$t_{Schl\,WSD}$: Schleusendauer laut WSD

$t_{Schl\,WSA}$: Schleusendauer laut WSA

$t_{Schl\,Schl}$: Schleusendauer laut Schleuse

$t_{Schl\,theor}$: theoretische mittlere technische Schleusungsdauer

$\alpha, \beta, \gamma, \delta$: Gewichtungsfaktoren, $\alpha + \beta + \gamma + \delta = 1$

3. Festlegung der Schleusenkapazitäten

Die Schleusenkapazitäten $K_{Schl\,ges}$, gemessen in Anzahl der Schleusungen pro Jahr, ergeben sich aus der durchschnittlichen täglichen Betriebszeit inklusive plan- und außerplanmäßiger Sperrungen BZ_{res} und der Schleusungsdauer t_{Schl}.

$$K_{Schl\,ges} = \frac{BZ_{res}}{t_{Schl}} * 365 \quad \text{[Anzahl Schiffe]}$$

Je nach zugrunde gelegter Schleusungsdauer ergeben sich unterschiedliche Werte für die Schleusenkapazitäten. Für die Simulation wird die Schleusungsdauer $t_{Schl\,Sim}$ verwendet.

$K_{Schl\,ges}$ ist keine statische Größe, sondern kann sich im Laufe der Jahre aufgrund von Baumaßnahmen oder Modernisierungen ändern.

$K_{Schl\,ges}$ ist um die Anzahl der Basislastschleusungen (vgl. Kapitel 4.2.2.4) zu reduzieren.

$$K_{Schl\,KW} = K_{Schl\,ges} - Grundlastschleusungen \quad \text{[Anzahl Schleusungen]}$$

Ergebnis ist die um die Basislast reduzierte Schleusenkapazität $K_{Schl\,KW}$, die für die Kraftwerkstransporte zur Verfügung steht.

Engpassbestimmung

Nach der Bestimmung von $K_{Schl\,KW}$ können die Transportströme des Kraftwerks eingelastet werden. Hierzu sind, unter **Berücksichtigung der transporttechnologischen Kennzahlen der Schüttgüter**, geeignete Bemessungsschiffe festzulegen. Die Schleusen, die diese zusätzlichen Transporte nicht mehr aufnehmen können, werden als Engpassschleusen bezeichnet. Hier ist eine Rückkopplung zum Mikromodell erforderlich, um gewählte Logistikstrategien, wie z.B. den Modal Split einzelner Transportgüter, anzupassen.

Gesamtmodell der Schleusenkapazitätsermittlung

Eine schematische Darstellung der Arbeitsschritte für die Bestimmung der Kapazitäten uns der Engpässe einer Binnenwasserstraße am Beispiel einer Schleuse zeigt Abbildung 42. Dieses Modell ist analog dem Ablaufdiagramm des Makromodells zur Kapazitätsermittlung (Abbildung 39) aufgebaut. Lediglich der sechste Schritt der Ermittlung erforderlicher Verkehrsmittelkapazitäten für den Kraftwerksbetrieb ist nicht aufgeführt; dieser wird im folgenden Kapitel behandelt.

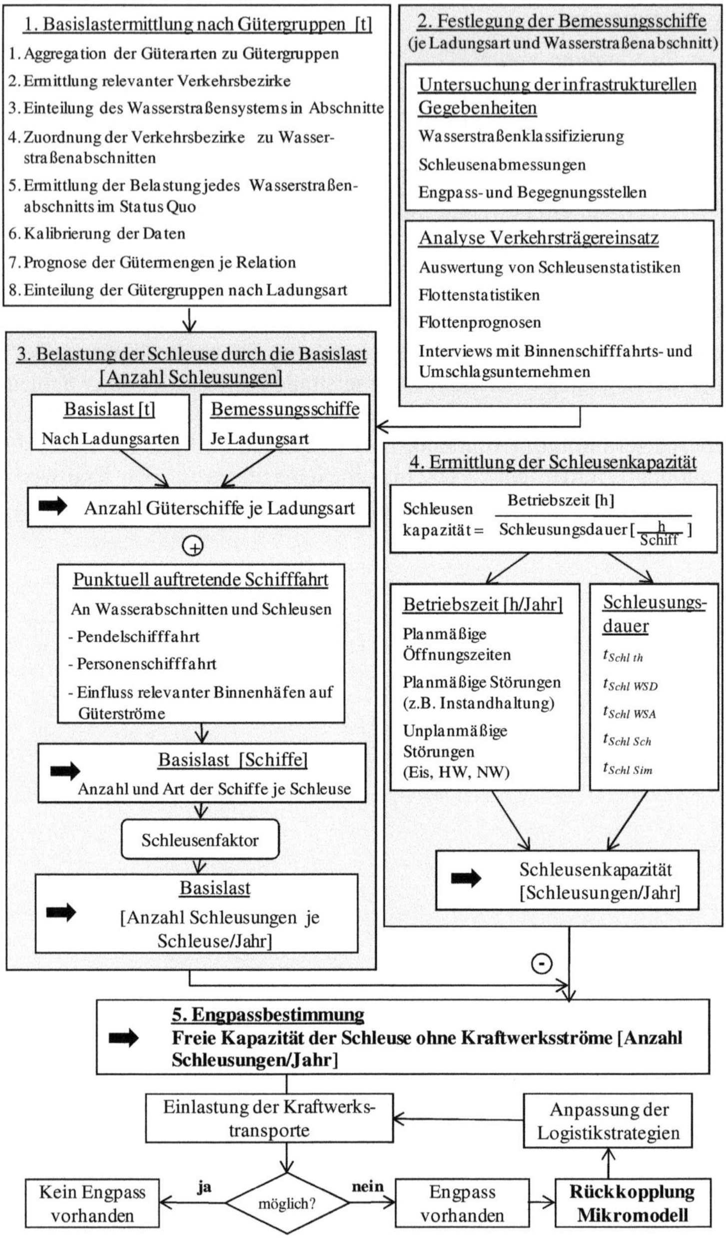

Abbildung 42: Makromodell: Kapazitätsermittlung am Beispiel einer Schleuse

4.2.2.5 Ermittlungen benötigter und vorhandener Binnenschiffskapazitäten

Zur Berechnung erforderlicher Schiffskapazitäten für die Versorgung eines Standorts muss die Anzahl benötigter Rundläufe sowie die hierfür vorzuhaltenden Schiffe ermittelt werden.

4.2.2.5.1 Zeitanteile eines Rundlaufs

Für einen Rundlauf sind folgende Zeitanteile zu ermitteln:

1. Lade-, Liege- und sonstige Zeiten
2. Schleusungsdauern und Wartezeiten
3. Fahrtzeiten
4. Einsatz- und Ausfallzeiten

Zu 1: Lade-, Liege- und sonstige Zeiten

Im Rahmen des Umschlags kommt es neben den Lade- und Liegezeiten[555] zu Verzögerungen durch Festmach- und Verholzeiten, die Bildung von Schubverbänden, Manövrieren und mögliche Wartezeiten. Die reinen Umschlagzeiten können aus der mittleren Umschlagleistung [t/h] und dem Umschlagvolumen ermittelt werden. Für die anderen Zeitanteile können Pauschalwerte angegeben werden.

Zu 2: Schleusungsdauern, Warte- und Koppelzeiten

Neben den in Kapitel 4.2.2.4 ausführlich beschriebenen Zeitanteilen einer Schleusung sind gegebenenfalls noch Wartezeiten einzukalkulieren. Die Bestimmung ist nicht einfach, da Binnenschiffe, die auf eine belegte Schleuse zufahren, i.d.R. ihre Fahrt drosseln, um im Idealfall direkt in die Schleuse einzufahren, ohne vorher an Wartestellen anzulegen.[556] So können diese Wartezeiten oft nicht direkt gemessen werden. Koppelzeiten entstehen, wenn Koppel- und Schubverbände vor der Passage von Bauwerken für die Schifffahrt entkoppelt und danach wieder gekoppelt werden müssen.

Zu 3: Fahrtzeiten

Die Effizienz der Transportkette wird zudem durch die Fahrtzeiten des Binnenschiffs bestimmt. Diese ergeben sich aus den Zeitanteilen für Berg- und Talfahrt. Für die kontinuierliche Versorgung eines Kraftwerks wird davon ausgegangen, dass die Binnenschiffe die Kohle aus einem Seehafen oder von einem Bergwerk abholen

---

555 Liegezeiten sind die Zeiten, die ein Binnenschiff ladebereit ist, aber aufgrund von Verzögerungen am Terminal nicht abgefertigt werden kann.

556 Bei einer Anmeldung des Schiffs an der Schleuse über Funk bekommt der Binnenschiffer Informationen bezüglich der möglichen Schleusungszeit.

und zum Kraftwerksstandort transportieren. Anschließend fahren sie ohne Umweg (überwiegend Leerfahrten) zum Ausgangspunkt zurück. Folgende Fälle für die Fahrtzeitermittlung können unterschieden werden:

a. Strömungsfreie Wasserstraße
b. Wasserstraße mit Strömung
c. Wasserstraße mit Strömung und Schleusen (Fahrzeitentabellen)

Zu 3a. Strömungsfreie Wasserstraße

Die reine Transportzeit T_{transp} des Rundlaufs eines Schiffs von A nach B (t_{AB}) und wieder zurück (t_{BA}) ergibt sich aus der Summe der Fahrtdauern der einzelnen Streckenabschnitte, die sich aus der Länge der Abschnitte s und der maximal zulässigen (bzw. möglichen) Geschwindigkeit v_{max} je Richtung bestimmen:[557]

$$T_{transp} = t_{AB} + t_{BA} = \sum_{i=1}^{n} \frac{s_i}{v_{max\,i}} + \sum_{j=1}^{n} \frac{s_j}{v_{max\,j}} \quad \text{[Tage]}$$

Zu 3b. Wasserstraße mit Strömung

Bei Wasserstraßen, die nicht staugeregelt sind, wie z.B. der Rhein, gibt es zwei mögliche Vorgehensweisen. Zum einen kann die Fahrt über Grund ermittelt werden, zum anderen können als eine erste Näherung Fahrtzeiten für einzelne Wasserstraßenabschnitte aus Fahrtzeittabellen entnommen werden. Die Fahrt über Grund (FüG) ergibt sich aus der Summe von Fahrt durch Wasser (FdW) und Strömung (S).[558]

$$T_{transp} = FüG = \overrightarrow{FdW} + \vec{S} \quad \text{[Tage]}$$

Da die Strömung in Abhängigkeit von dem Querschnitt der Wasserstraße und einmündenden Flüssen unterschiedlich stark ist, kann auch hier eine Aufsummierung über einzelne Wasserstraßenabschnitte erforderlich sein. Die Transportzeiten T_{transp} für einen Rundlauf, der bergauf beginnt, ergeben sich somit zu:

$$T_{transp} = t_{AB} + t_{BA} = \sum_{i=1}^{n} \frac{s_i}{FdW_i - S_i} + \sum_{j=1}^{n} \frac{s_j}{FdW_j + S_j} \quad \text{[Tage]}$$

Zu 3c. Wasserstraße mit Strömung und Schleusen (Fahrtzeitentabellen)

Bei der Ermittlung der Fahrtzeiten auf Wasserstraßenabschnitten mit Strömung und Schleusen können Fahrtzeitentabellen herangezogen werden, die Schleusen- und Wartezeiten bei den Fahrtdauern integrieren. Diese unterscheiden, je nach betrach-

557 Die Entfernungen zwischen einzelnen Orten können dem WESKA entnommen werden. Vgl. Dütemeyer, G./Adami, C. (2006).

558 Da auf Binnenwasserstraßen Strömung und FdW i.d.R im 180°-Winkel zueinanderstehen, kann vereinfachend auf eine vektorielle Bestimmung verzichtet werden.

teter Wasserstraße, zwischen dem Schiffstyp (Motorschiff oder Schubverband), der Fahrtrichtung (zu Berg/zu Tal) und der Beladung (voll abgeladen/leer). Ein Vergleich von Fahrtzeiten auf strömungsreichen Flüssen, wie dem Rhein, zeigt, dass es bei der Fahrt zu Berg und zu Tal große Unterschiede gibt (vgl. Tabelle 18).

Tabelle 18: Ermittlung der Fahrtzeiten eines Schubverbands auf ausgewählten Abschnitten des Rheins[559]

Schubverband beladen zu Berg (von Emmerich bis ...)	**Fahrtzeit [h]**		**Schubverband leer zu Tal (von ... bis Emmerich)**	**Fahrtzeit [h]**	
Wesel/Mündung WDK	7,0	↓	Wesel/Mündung WDK	2,7	↑
Duisburg/Ruhrmündung	12,5		Duisburg/Ruhrmündung	4,3	
Düsseldorf/Neuss	19,1		Düsseldorf/Neuss	6,5	
Köln (Leverkusen)	27,6		Köln (Leverkusen)	9,4	
Koblenz	43,7		Koblenz	14,9	
Mainz/Mainmündung	62,7		Mainz/Mainmündung	21,6	

Für alle relevanten Binnenwasserstraßen ist eine getrennte Auswertung nach Fahrtrichtung, Beladung und Schiffstyp notwendig. Im Anschluss ist ein Abgleich mit bekannten Fahrtzeiten auf Teilabschnitten erforderlich, da sie sich langfristig aufgrund stärker motorisierter Schiffe, anderer Schleusenzeiten oder einem steigenden Verkehrsaufkommen ändern. Gegebenenfalls sind Zuschläge für Verzögerungen und Nebenzeiten empirisch zu ermitteln. Nicht berücksichtigt werden bei diesen Tabellen Zeitanteile für Fahrtunterbrechungen, die sich aus dem Betrieb eines Schiffs ergeben.

Zu 4: Einsatz- und Ausfallzeiten

Die Einsatzzeiten $T_{Einsatz}$ der Binnenschiffe hängen von der Betriebsform ab. Je nach Schiffstyp und Revier sind tägliche Fahrtzeiten von 16 Stunden (Betriebsform A) bis zu 24 Stunden (Continue-Fahrt, Betriebsform D[560]) möglich. Neben der Betriebsform sind weitere kapazitätsmindernde Faktoren, wie z.B. für Ausfallzeiten für Reparatur und Instandhaltung, zu berücksichtigen. k_c spiegelt den Ausnutzungsfaktor des Jahreszeitfonds wider.

559 Eigene Darstellung, Daten aus VBW (1985).

560 Bei der Continue-Fahrt ist ein 24-stündiger Betrieb möglich, da hier mehrere Wachen an Bord sind, die im Schichtdienst arbeiten und regelmäßig ausgetauscht werden.

Umlaufdauer

Die Dauer eines Umlaufs eines Schiffs T_U [in Tagen] für die Versorgung eines Standorts ergibt sich aus der Summe der Lade- und Liegezeiten T_{LL} im Lade- und im Löschhafen, der Fahrtzeit T_{transp} für einen Rundlauf, der Schleusungsdauern T_{Schl}, Wartezeiten T_{Warte}, Koppelzeiten T_{Koppel} und sonstiger Zeiten T_{sonst} unter Berücksichtigung der Einsatz- und Ausfallzeiten $T_{Einsatz}$ des Binnenschiffs:

$$T_U = \frac{\sum_{i=1}^{a} T_{LL\,i} + T_{Transp} + \sum_{s=1}^{b} (T_{Schl} + T_{Warte} + T_{Koppel}) + T_{sonst}}{T_{Einsatz} * k_c} \quad \text{[Tage]}$$

a: Anzahl der Häfen (i.d.R. 2)

b: Anzahl der Schleusen

4.2.2.5.2 *Erforderliche Rundläufe und Schiffskapazitäten*

Für jedes Betrachtungsjahr können die erforderlichen Umläufe und Schiffskapazitäten für die Versorgung jedes Kraftwerks ermittelt werden.

Die benötigte **jährliche Anzahl an Schiffsankünften A_k für ein Kraftwerk k** ergibt sich aus den nachgefragten Mengen an deutscher Steinkohle (DSK) und an Importkohle (IKO) je Quelle q, dem hierfür eingeplanten Schiffstyp s und seiner mittleren Auslastung $k_{DW\,s}$:

$$A_{k\,DSK\,q} = \frac{M_{k\,DSK\,q}}{DW_s * k_{DW\,s\,q}} \quad \text{[Anzahl Schiffe]}$$

$$A_{k\,IKO\,q} = \frac{M_{k\,IKO\,q}}{DW_s * k_{DW\,s\,q}} \quad \text{[Anzahl Schiffe]}$$

$$A_{k\,neben\,q} = \frac{M_{k\,neben\,q}}{DW_s * k_{DW\,s\,q}} \quad \text{[Anzahl Schiffe]}$$

$A_{k\,DSK\,q}$: Anzahl Schiffsankünfte für die Anlieferung von DSK aus Quelle q [Schiffe/Jahr]

$A_{k\,IKO\,q}$: Anzahl Schiffsankünfte für die Anlieferung von IKO aus Quelle q [Schiffe/Jahr]

$A_{k\,neben\,q}$: Anzahl Schiffsankünfte für die Anlieferung/den Abtransport von Nebenstoffen von/nach Standort q [Schiffe/Jahr]

$M_{k\,DSK\,q}$: Bedarfsmenge an DSK des Kraftwerks k aus Quelle q, die per Binnenschiff transportiert werden soll [t]

$M_{k\,IKO\,q}$: Bedarfsmenge an IKO des Kraftwerks k aus Quelle q, die per Binnenschiff transportiert werden soll [t]

$M_{k\,neben\,q}$: Bedarfsmenge an Nebenstoffen, die per Binnenschiff zu transportieren ist [t]

DW_S: Tragfähigkeit von Schiffstyp s [t]

$k_{DW\,s\,q}$: mittlere Auslastung der Tragfähigkeit von Schiffstyp s auf der Strecke zwischen Quelle q und Kraftwerk k

k: Kraftwerke, induziert mit $k = 1, \ldots, o$

q: Quellen der Kohle (Seehäfen oder Bergwerke), induziert mit $q = 1, \ldots, n$

s: Binnenschiffstypen, induziert mit $s = 1, \ldots, m$

Die Umlaufdauern T_U der Schiffe können für jede Relation $q - k$ nach einer der im vorherigen Kapitel genannten Methoden bestimmt werden.

a) Die Anzahl $\boldsymbol{N_s}$ der benötigten Schiffe $\boldsymbol{s}$ je Relation $\boldsymbol{q - k}$ ergibt sich zu

$N_{sqk} = \frac{A_{k\,DSK\,q} * T_{Uqk}}{365}$ bzw. $N_{sqk} = \frac{A_{k\,IKO\,q} * T_{Uqk}}{365}$ bzw.
$N_{sqk} = \frac{A_{k\,neben\,q} * T_{Uqk}}{365}$

N_{sqk}: Anzahl der benötigten Schiffe vom Typ s je Relation $q - k$ [Schiffe]

T_{Uqk}: Umlaufdauer zwischen Quelle q und Kraftwerk k [Tage]

b) Die **Anzahl der insgesamt benötigten Schiffe $\boldsymbol{N_{S\,ges\,k}}$ vom Typ $\boldsymbol{s}$** für die Ver- und Entsorgung des Kraftwerks k ergibt sich als die Summe dieses Schiffstyps über alle Relationen:

$N_{S\,ges\,k} = \sum_{q=1}^{n} N_{Sqk}$ [Anzahl Schiffe]

Zu prüfen ist, ob dieser Schiffsraum auf dem Markt verfügbar ist (vgl. Kapitel 4.2.2.5.3).

c) Die **Summe aller erforderlicher Schiffe $\boldsymbol{N_{ges\,ges\,k}}$** für die Ver- und Entsorgung eines Kraftwerks k ergibt sich zu

$N_{ges\,ges\,k} = \sum_{s=1}^{m} N_{s\,ges\,k}$ [Anzahl Schiffe]

Die Kajen- und Umschlaganlagen müssen so dimensioniert sein, dass alle Ver- und Entsorgungsschiffe am Kraftwerk abgefertigt werden können!

d) Die Summe aller erforderlicher Schiffe für die Versorgung von einer Gruppe von Kraftwerken ergibt sich aus der Anzahl der benötigten Schiffe je Kraftwerk.

4.2.2.5.3 Vorhandene Binnenschiffskapazitäten

Maßgeblich für die Abwicklung von Gütertransporten auf den Binnenwasserstraßen ist die Verfügbarkeit einer Flotte, die den zukünftigen Bedarf an Transportdienstleistungen bedienen kann. Die Leistungsfähigkeit einer Flotte wird quantifiziert durch die Anzahl der aktiven Schiffe, deren Tragfähigkeit und Eignung für die zu bewältigenden Transportaufgaben.[561]

Die europäische Flotte setzte sich 2006 u.a. aus 5.865 Motorgüterschiffen, 319 Schubmotorgüterschiffen, 1.227 Schubbooten und 3.402 Güterschubleichtern zusammen.[562] Eine Darstellung der nationalen Anteile zeigt Abbildung 43. Mehr als 80 % der Schiffe gehören der niederländischen, belgischen und deutschen Flotte an. Je nach zu untersuchendem Fahrtgebiet sind neben der deutschen Flotte auch die Schiffe anderer Länder zu berücksichtigen.

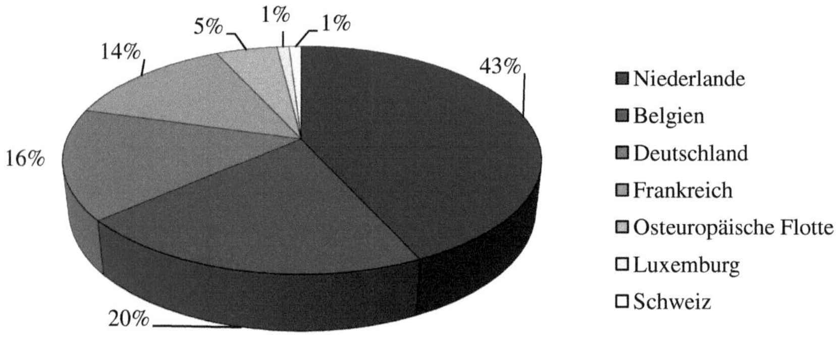

Abbildung 43: Europäische Flotte der Motorgüterschiffe (2007)[563]

561 Vgl. Graage, K.-D./Enthaler, E. (1998), S. A1 41.

562 Andere Schiffe, wie Tank- oder Fahrgastschiffe, finden hier keine weitere Beachtung.

563 Ohne Schubmotorgüterschiffe, Leichter und ohne Tankschifffahrt. Planco (2008a), S. 21 auf Basis des IVR Schiffsregisters (Internationale Vereinigung zur Wahrnehmung der gemeinsamen Interessen der Binnenschifffahrt und der Versicherung und zur Führung des Binnenschiffsregisters in Europa, Schiffsregister, Rotterdam (2007).

Eine Übersicht über die Anzahl und die Gesamttragfähigkeit der europäischen Motorgüterschiffe zeigt Abbildung 44. Ein relativ kleiner Anteil der Schiffe stellt einen großen Anteil an Tragfähigkeit zur Verfügung. Den größten Anteil sowohl bei der Anzahl der Schiffe (26 %) als auch bei der Gesamttragfähigkeit (32 %) bildet die Tragfähigkeitsklasse 1.001 bis 1.500 tdw.

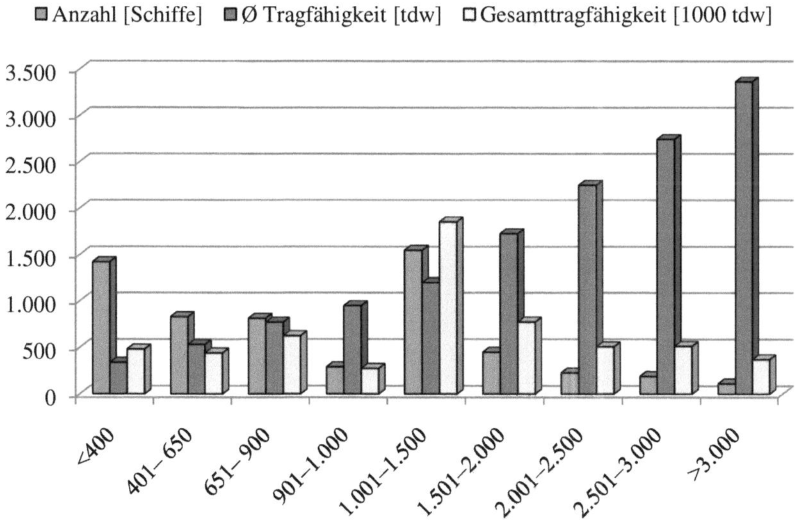

Abbildung 44: Europäische Binnenflotte (Motorgüterschiffe) - Anzahl und Tragfähigkeit (2007)[564]

Die hohe Anzahl an kleinen Schiffen bis 400 tdw macht nur einen geringen Anteil der gesamten Tragfähigkeit der Flotte aus. Hierbei ist zu beachten, dass diese Schiffe im Durchschnitt mehr als 60 Jahre alt sind (vgl. Abbildung 45).[565] Das Alter der Schiffe nimmt mit zunehmender Größe stark ab.[566]

Die jährliche Zunahme der Tragfähigkeit der Flotte der Trockenschiffe hat in den letzten 5 Jahren jährlich im Durchschnitt um 1,7 % zugenommen; die beförder-

564 Ohne Schubmotorgüterschiffe, Leichter und Tankschifffahrt. Eigene Darstellung, Daten aus Planco (2008a), S. 19 auf Basis des IVR 2007.

565 Binnenschiffe haben eine längere Lebensdauer als Seeschiffe, da sie nicht im Salzwasser fahren.

566 Die Binnenschifffahrt ist, im Gegensatz zu Schiene und Straße, durch lange Innovationszyklen gekennzeichnet. Die Binnentransportmittel haben eine Lebensdauer von teilweise mehr als 50 Jahren, so dass sich ein Wechsel der Flottenstruktur nur langsam vollzieht.

ten Volumen stiegen um etwa 2 % pro Jahr.[567] Der Trend zu größeren Schiffseinheiten wird sich sowohl für Motorgüterschiffe als auch für Motortankschiffe in der europäischen Flotte fortsetzen.[568] Dieser Wandel der Flottenstruktur erklärt sich einerseits aus der ingenieurtechnischen Weiterentwicklung der Schiffs- und Navigationstechnik und andererseits aus dem existenziellen Zwang zu einem unternehmerisch effizienten Fahrtbetrieb der selbstständigen Binnenschiffer (Partikuliere).

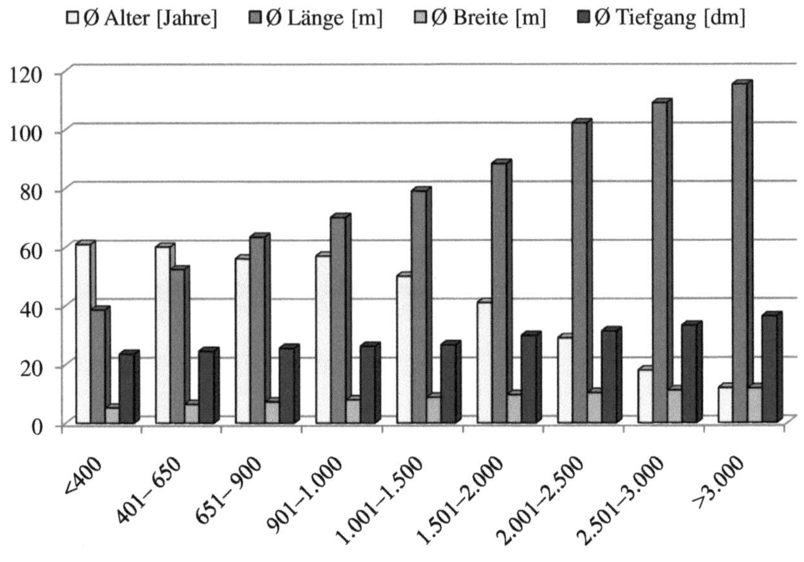

Abbildung 45: Europäische Binnenflotte (Motorgüterschiffe) - Alter und Abmessungen (2007)[569]

Im Gegensatz zu kleineren Schiffen bieten größere Fahrzeuge die Möglichkeit der Continue-Fahrt, d.h. einen 24-stündigen Betrieb, bei dem die Mannschaft im Schichtdienst eingesetzt wird.[570] Schwierigkeiten können sich aufgrund dieser

567 Vgl. ZKR (2008a), S. 7. Im Jahr 2007 hatten die neu in Betrieb genommenen Gütermotorschiffe eine durchschnittliche Gesamttragfähigkeit von 2.750 t. Davon hatten 80 % der neu eingesetzten Gütermotorschiffe eine Kapazität von über 3000 t. Vgl. z.B. Planco (2008a), S. 33 ff.

568 Für eine Prognose der Flottenstrukturen in der Binnenschifffahrt vgl. Planco (2006a), S. 13.

569 Eigene Darstellung, Daten aus Planco (2008a), S. 19 auf Basis des IVR 2007.

570 Kleinere Schiffe mit geringerer Besatzung müssen in Abhängigkeit von Schiffsgröße und Besatzung gesetzlich festgelegte Fahrtzeiten einhalten; auf dem Rhein bezeichnet die A1-Fahrt z.B. einen Betrieb von 14 h am Tag. Die Stärke und Qualifikation der Besatzung hat Einfluss auf die Personalkosten und richtet sich nach der Besatzungsordnung der jeweiligen Wasserstraße, auf dem Rheingebiet nach der Rheinschifffahrts-Untersuchungsordnung (RheinSchUO).

Entwicklung auf schlechter ausgebauten Teilen des Wasserstraßennetzes ergeben, wenn die maximale Transportkapazität großer Schiffe nicht voll ausgeschöpft werden kann. **Schiffe kleinerer Kapazität sind für die Versorgung von Standorten notwendig, die nicht von größeren Schiffen angelaufen werden können. Die Neubauten mit 135 m Länge sind nicht in der Lage, kleinere Binnenwasserstraßen und das westdeutsche Kanalgebiet zu befahren.**

Auch bei der deutschen Flotte ist ein **Trend zu höheren Tragfähigkeiten** bei rückläufiger Gesamtzahl der Schiffe zu verzeichnen (vgl. Abbildung 46). Die Anzahl der Schiffe ist in den letzten 40 Jahren erheblich gesunken, auch bei der gesamten Tragfähigkeit der Flotte ist ein starker Rückgang zu verzeichnen.

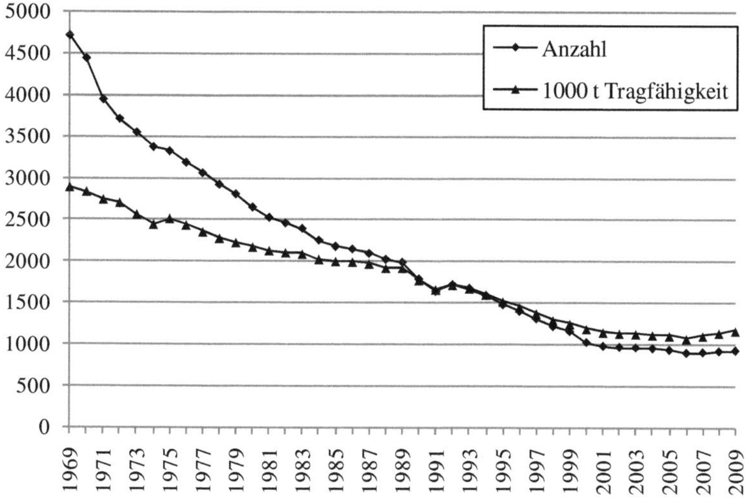

Abbildung 46: Deutsche Binnenflotte - Motorgüterschiffe (2009)[571]

Bei der Auswertung von Daten kann die Flottenstruktur für ein gesamtes Wasserstraßennetz, für einzelne Wasserstraßen und Fahrtgebiete, bezogen auf ausgewählte Querschnitte (Schleusen), auf Nationen und auf Gütergruppen erfolgen. Je nach Untersuchungsgebiet sind die relevanten Flotten zu bestimmen. Ausführliche

571 WSV (2010), S. 4.

Daten gibt es z.B. für die europäische Flotte[572], die deutsche Flotte[573] und die Rheinflotte[574].[575]

4.2.3 Beschreibung weiterer ausgewählter Modellschwerpunkte

4.2.3.1 Seeverkehr

Häfen sind die logistischen Knoten des Umschlags.[576] Ihre Leistungsfähigkeit wird durch die Gütermenge, die in einem Hafenbezirk oder an einem Liegeplatz in einem bestimmten Zeitabschnitt be- oder entladen werden kann, bestimmt. **Die Kapazität hängt jedoch nicht nur von dem Umschlag zwischen Seeschiffen und Transportmitteln des Binnenverkehrs ab; vielmehr sind die Engpässe der einzelnen Elemente des gesamten Hafenkomplexes entscheidend.**[577] Hierbei ist, neben Kajen, Lagerfazilitäten und der Organisation des innerbetrieblichen Transports, auch die Erreichbarkeit des Hafens durch seine seewärtige Zufahrt und seine Anbindung an das Straßen-, Schienen- und Binnenwasserstraßennetz von Bedeutung. Die seewärtige Zufahrt stellt aufgrund steigender Schiffsgrößen eine zunehmend relevante Restriktion dar.

Der Produktionsprozess im Hafen fügt sich aus diversen Einzelelementen in räumlicher und zeitlicher Verteilung zusammen. Er beginnt (oder endet) an der wasserseitigen Grenze des Hafens – der Reede – und wird auf der Binnenseite abgeschlossen (oder begonnen) durch den Anschluss an das Eisenbahnnetz, das Binnenwasserstraßensystem oder die Straße (vgl. Abbildung 47).

---

572 Vgl. ZKR (2009).

573 Siehe zentrale Binnenschiffsbestandsdatei der Wasser- und Schifffahrtsverwaltung des Bundes, vgl. WSV (2007) sowie für die Änderungen der Flotte aufgrund von Abwrackungen, Neu- und Umbauten etc. Statistisches Bundesamt (2009a).

574 Die ZKR stellt auf Anfrage aktuelle Daten zu der Rheinflotte zur Verfügung.

575 Da insbesondere Unternehmen im Massengutsektor (Kohle, Stahl und Erz) von einer Ungewissheit über die auf Deutschland zukommenden Transportmengen betroffen sind, arbeitet das Fraunhofer Institut an einer Studie zur Ermittlung der in Zukunft notwendigen Transport- und Umschlagkapazitäten. Vgl. Vastag, A./Klukas, A. (2008), S. 14 f.

576 Vgl. Haasis, H.-D./Szafera, S. (2005), S. 316 f. In diesem Kapitel wird auf die Charakteristika der Seehäfen eingegangen. Diese können, leicht modifiziert, ebenso auf Binnenhäfen übertragen werden, so dass für diese keine explizite Darstellung erfolgt.

577 Vgl. Neukirchen, H. (1970), S. 59 f.

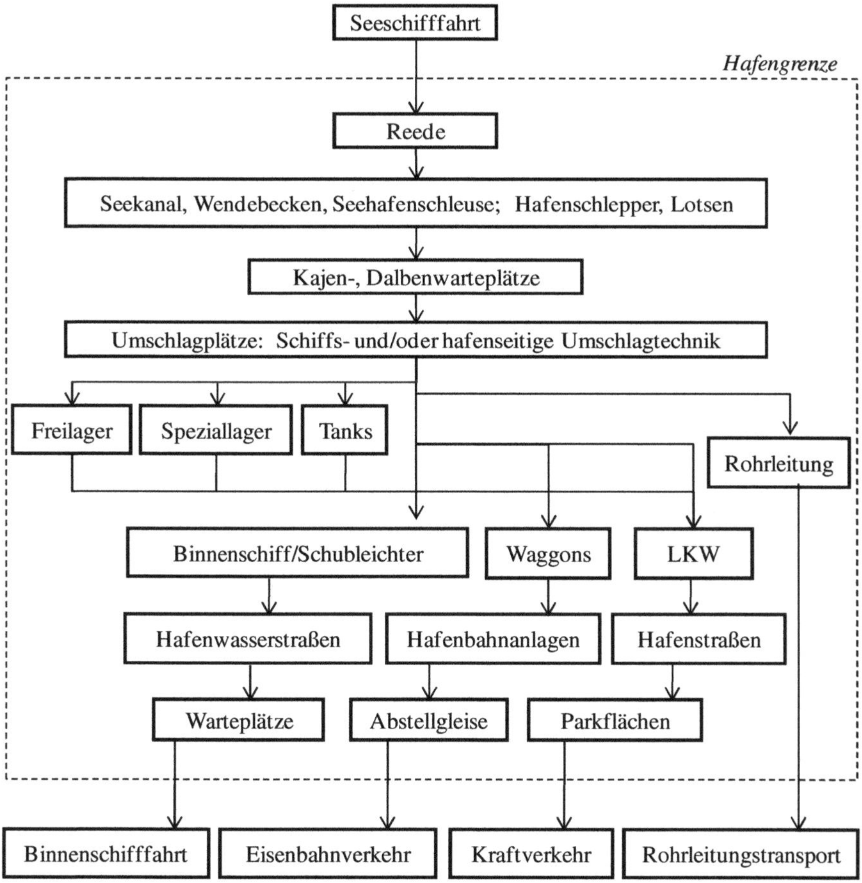

Abbildung 47: Ablauf der Transport- und Umschlagprozesse im Seehafen[578]

Die Dauer der Liegezeit auf Reede oder am Dalben ist von der Kapazität des Hafens und seiner Auslastung abhängig.[579] Durch Lotsen und ein oder mehrere Schlepper wird ein Schiff dann an den Umschlagplatz gebracht.[580] Eine ankommende Ladung kann entweder im Direktumschlag auf Eisenbahn, Straßenfahrzeug

578 Eigene Darstellung in Anlehnung an Lüsch, J. (1985), S. 92.

579 Die Reedeliegezeit ist Ausdruck einer momentanen Überbeanspruchung vorhandener Liegekapazitäten des Hafens. Vgl. Schönknecht, R. (1985), S. 153.

580 Hinzu kommen administrative Maßnahmen der Hafenbehörde, des Zolls, des medizinischen Dienstes usw. Der Umschlag der Kohle aus den Bulkern erfolgt i.d.R. an der Kaje. In einigen Fällen wird dieser an Ladebojen, die innerhalb oder außerhalb des Hafengebietes liegen und an denen das Schiff festmacht, durchgeführt. Vgl. z.B. o.V. (2002), S. 22 ff.

oder Binnenschiff verladen werden oder zunächst auf Lager gehen und später abtransportiert werden (indirekter Umschlag).

Wichtige Kennzahlen für den Kohleumschlag und -transport im Hafen sind:

- Größenrestriktionen für die Seeschiffe aufgrund der Revierfahrt oder im Hafengebiet selbst (Abladetiefe)
- Anzahl und Länge der Kajen
- Suprastruktur
  - Leistungsfähigkeit, Art und Dimensionierung der Umschlaganlagen Seeschiff-Binnenschiff, Schiff-Land, Schiff-Schiene und Schiff-Lager
  - Maximale Umschlagkapazität/Jahr
  - Maximale Rückverladung (Kohle)/Tag auf Bahn
  - Maximale Rückverladung (Kohle)/Tag auf Binnenschiff
  - Lagerfazilitäten und -kapazitäten
- Infrastrukturanbindung
  - Schiene (technische Parameter der Trassen)
  - Binnenwasserstraße (Wasserstraßenklassifikation etc.)
  - (Straße)
- Interne Infrastruktur
  - Reede- und Liegeplätze für die Binnenschiffe
  - Gleisanlagen: Länge (Notwendigkeit der Teilung von Ganzzügen), Möglichkeiten für ein Zwischenparken von Zügen bei Bedarf
  - (Straßen, Parkflächen)
- Verfügbarkeit
  - Zeitfenster für die Be- oder Entladung am Terminal
  - Kompatibilität der Zeiten mit den Trassenverfügbarkeitszeiten
  - Dauer der Ladevorgänge
  - Erforderliche Wartezeiten für die Verkehrsträger
  - Betriebszeiten

Bei einer Betrachtung der Hafenkapazitäten für den Kohleumschlag ist zwischen öffentlichen und kraftwerkseigenen Häfen zu unterscheiden. Während bei kraftwerkseigenen Häfen über die vorhandenen Fazilitäten frei verfügt werden kann, sind bei öffentlichen Häfen für die Ermittlung frei verfügbarer Kapazitäten die aktuellen und zukünftigen Umschlagvolumina anderer Kunden zu berücksichtigen.[581] Die prognostizierten Umschlagmengen müssen mit den Kapazitäten der

581 Grundlage hierfür kann die Seeverkehrsprognose sein, die die Verkehrsentwicklung diverser Nordsee-, Ostsee- und Rheinmündungshäfen bis in das Jahr 2025 nach zehn Hauptgütergruppen ausgibt. Vgl. Planco (2007).

vorhandenen und zusätzlich geplanten Infra- und Suprastrukturen für relevante Betrachtungsjahre abgeglichen und bewertet werden.

Für den Einsatz von Seeschiffen für den Kohletransport wurden in Kapitel 3.2.1 diverse mathematische Ansätze vorgestellt. Diese greifen immer wieder auf die **Kennzahl „Kapazität der Seeschiffe“** zurück. Nach Biebig, Althof und Wagener ergibt sich die Jahreskapazität N eines Seeschiffs zu: [582]

$$N = D_W * v_D * C * k_d * k_v * k_c \quad [\text{tkm/y}]$$

D_W: Tragfähigkeit des Schiffs [t]

v_D: Dienstgeschwindigkeit des Schiffs [km/h]

C: Zeitfonds des Jahres (Zeitraum, in dem das Schiff zur Verfügung steht) [h/y]

k_d: Ausnutzungsfaktor der Tragfähigkeit[583]

k_v: Ausnutzungsfaktor der Geschwindigkeit

k_c: Ausnutzungsfaktor des Jahreszeitfonds

Die Kapazität eines Schiffes ist somit vom Kapazitätsquerschnitt (D_W), der Einsatzzeit (C), der Intensität der Nutzung (v_D) und dem Nutzungsgrad (k_d, k_v, k_c) abhängig.[584]

4.2.3.2 Schienenverkehr

Das in den vorhergehenden Kapiteln beschriebene Vorgehen für die Binnenschifffahrt ist auch für den Schienenverkehr anwendbar. Für die Abbildung zusätzlicher Kohleverkehre auf der Schiene kann analog dem Ablaufdiagramm in Abbildung 39 vorgegangen werden: Nach einer Abbildung sämtlicher Güter- und Personenverkehre auf dem Schienennetz kann eine Umlegung der geplanten Steinkohletransporte auf die verbleibenden Netzkapazitäten (sofern möglich) erfolgen. Aus diesem Grunde wird im Folgenden auf wesentliche Aspekte dieses Verkehrsträgers eingegangen.

Die **Kapazität einer Strecke** ergibt sich aus der möglichen Anzahl an Zügen je Stunde und deren Tragfähigkeit. Diese ist von einer Reihe von Parametern der Trassen und des rollenden Materials abhängig:

- Strecke
  - Länge und Beschaffenheit der Gleise

582 Vgl. Biebig, P./Althof, W./Wagener, N. (2008), S. 296 ff.

583 Vgl. den Zusammenhang zwischen Staufaktor und Räumte, Kapitel 2.4.2.1.

584 Vgl. Kapitel 3.4.1.

  - Anzahl der parallelen Gleise
  - Länge der Blockstrecken und Signaltechnik: Diese beeinflussen den erforderlichen Abstand zwischen zwei Zügen.[585]
  - Länge und Abstände der Überhol- und Abstellgleise: Diese begrenzen die möglichen Zuglängen und die Überholvorgänge.
  - Zulässiges Gesamtgewicht der Züge
  - Elektrifizierung: Bei elektrifizierten Strecken kann eine E-Lok eingesetzt werden. Diesel-Loks können nur bedingt genutzt werden, da diese im Normalfall eine geringere Geschwindigkeit erreichen und somit evtl. nicht die zugeteilten Trassenzeiten einhalten können.
  - Topographie (Steigung): Im Zusammenhang mit den zulässigen Gewichtsbelastungen der Schiene durch Züge bestimmt die Streckentopographie die notwendige Leistungsstärke der Lok bzw. die Geschwindigkeit (Fahrzeit).
  - Lichtraumprofile und Zugsicherungssysteme
  - Streckenklassen der Gleise: Diese Werte stellen eine Kombination aus maximaler Achslast und maximaler Meterlast dar.

- Knotenpunkte
  - Kapazitäten in Knotenpunkten wie Bahnhöfen und Terminals (Anzahl und Längen der Lade-, Abstell- und Rangiergleise etc.)
  - Vorhandene Bahninfrastruktur der Häfen, wenn hier rollendes Material abgestellt werden muss.[586]
  - Entsprechende Rangier- und Pufferflächen, wenn direkt am Kraftwerk keine Gleisharfen zur Verfügung stehen.

- Organisation des Schienenbetriebs:
  - Maximal zulässige Geschwindigkeiten
  - Mitbenutzung oder Kreuzen von Gleisen der Gegenrichtung
  - Zugartenmischung (schnelle und langsame Züge), Homogenität der genutzten Zugtypen (Personen- und Güterzüge)

- Verfügbarkeit:
  - Bei betriebsbedingten Unterbrechungen des Transports sind Abstellmöglichkeiten für den Zug erforderlich.
  - Zuverlässigkeit (Abweichungen vom Fahrplan, Störanfälligkeit der Strecke)
  - Verspätungshäufigkeit (Größe der erforderlichen Pufferzeiten)

---

585 Jede Bahnstrecke ist aus Sicherheitsgründen in Blockabschnitte unterteilt. Ein fahrender Zug belegt den Abschnitt, auf dem er sich gerade befindet sowie den vor- und nachgelagerten Abschnitt. In diesen Bereich darf kein anderer Zug einfahren.

586 Die Störungen im Bereich der Containerbeförderung während des Bahnstreiks im Jahr 2007 haben gezeigt, dass, sobald nicht verladen werden kann, die Gleise wegen des fehlenden Abflusses und gleichzeitigem Zulaufen von weiteren Warenströmen verstopfen.

Auch das rollende Material hat Einfluss auf die Kapazitäten des Schienenverkehrs:

- Die Antriebsstärke der Lokomotive ist insbesondere für die Beschleunigungsfähigkeit des Zuges wichtig.
- Waggonkapazitäten, -eigengewichte und zulässige Geschwindigkeiten
- Bremseigenschaften der Züge
- Zuglängen: Aus kapazitätsbemessender Sicht sind durch die begrenze Anzahl an Zügen, die auf einer Strecke fahren können, die maximalen Zuglängen von hoher Relevanz. Diese sind sowohl länder- als auch streckenspezifisch geregelt. In Deutschland beträgt die maximale Zuglänge 700 m; aufgrund zu kurzer Abstellgleise messen Züge in der Praxis aber oft nur 600 m oder 650 m.[587]
- Lichtraumprofil: Hinsichtlich des zulässigen Profils der Trasse müssen Tragwagen eingesetzt werden, die das Lichtraumprofil einhalten.

Restriktionen, die sich aus der Infrastruktur ergeben, können somit in den Strecken und Knotenpunkten, in der Organisation des Schienenbetriebs sowie in den Verfügbarkeiten liegen. Der Engpass eines Netzes und damit Verursacher von Stauerscheinungen ist der Abschnitt mit der geringsten Leistungsfähigkeit. Es ist offensichtlich, dass eine hohe Auslastung zu einer geringen Flexibilität bei der Erstellung der Fahrpläne und der Zuweisung von Trassen führt.

Für die **Ermittlung der Menge an benötigtem rollenden Material** kann analog zu dem beschriebenen Verfahren für die Binnenschifffahrt vorgegangen werden. Die benötigte Anzahl an täglichen Zugankünften für ein Kraftwerk ergibt sich aus den nachgefragten Mengen an deutscher Steinkohle, Importkohle und Nebenstoffen, die per Schiene transportiert werden sollen sowie der Transportkapazität eines Zuges. Bei den Umlaufdauern sind neben den reinen Umschlag-, Transport-, Ausfall- und Verzögerungszeiten auch mögliche Fahrtrichtungs- und Traktionswechsel zu berücksichtigen. Wartezeiten, die einen Rundlauf erheblich verlängern können, ergeben sich, wenn ein Kraftwerk aufgrund genehmigungsrechtlicher Regulierungen nur tagsüber angefahren werden kann. Die Umleitung von Zügen auf weniger belastete, aber längere Nebenstrecken kann zu längeren Transportzeiten führen. Maßnahmen, die die Umlaufzeit erhöhen, sowie eine mögliche Reserve an Waggons, resultieren in einem steigenden Bedarf an rollendem Material.

587 In Ostdeutschland sind daher selten 700 m möglich. Vgl. Frass, J. et al. (2006), S. 15. In Holland, Belgien und der Schweiz sind die Zuglängen auf 600 m begrenzt. In Belgien werden außerhalb der Verkehrszeiten des Schienenpersonenverkehrs auch Züge bis zu 700 m Länge akzeptiert. Dies muss dann jedoch im Einzelfall geprüft werden.

4.3 Mikromodell: Entwicklung eines Modells zur Planung gestaltbarer Umschlagkapazitäten

Für die Verknüpfung der See- und Binnentransporte mit dem Kraftwerk sind die unmittelbar angrenzenden Verkehrswege innerhalb einer festzulegenden Betrachtungsgrenze sowie die Anschlüsse, Umschlaganlagen und Lager zu berücksichtigen (vgl. Abbildung 48).

Im Rahmen einer Störkantenbetrachtung des Schiffsverkehrs sind potenzielle Hindernisse für die den Kraftwerksstandort anlaufenden Schiffe zu untersuchen. Mögliche Behinderungen oder Einschränkungen durch begrenzte Schlepper- oder Lotsenkapazitäten, Instandhaltungs- oder Baumaßnahmen im Bereich der angrenzenden Wasserstraßen sowie Reihenfolge- oder Begegnungsregelungen bei einlaufenden Schiffen, Wartepositionen und die Dauer der Revierfahrt können Auswirkungen auf die Kohleversorgung haben.[588] In der Regel stellen jedoch insbesondere die vorhandenen Wassertiefen im Bereich der Zufahrt zum Kraftwerk, Wasserstandsschwankungen, Varianzen in den Ankunftszeiten der Seeschiffe sowie konkurrierende Schiffsverkehre[589] Restriktionen dar, die in Bezug auf die Umschlagprozesse an der Kaje und den Siloauslastungen zu analysieren sind. Für die Dimensionierung der Kraftwerksanlagen und der Bemessungsschiffe ist eine statische Betrachtung i.d.R. nicht hinreichend, so dass die Hafenprozesse zu simulieren sind.[590]

588 Vgl. hierzu auch Kapitel 4.2.3.

589 Bei der Betrachtung vorhandener Schiffsbewegungsdaten ist eine Analyse und Auswertung der Transportmengen, sowohl im Segment des Container- und Stückguts als auch im Bereich des Massenguts, erforderlich. Die Hochrechnung der zukünftigen Schiffsbewegungen in einem Hafen oder auf einer Wasserstraße kann auf Prognosen der Umschlagmengen nach Umschlagkategorien sowie einer Einschätzung der Entwicklung der eingesetzten Flotte erfolgen. Mögliche Datenquellen für den Status Quo stellen Hafen- oder Lotsstatistiken dar.

590 Auch bei der Bewegung von Binnentransportmitteln auf dem Kraftwerksgelände können Störgrößen einen reibungslosen Verkehrsablauf behindern. Hierzu zählen u.a. der Zulauf der LKW, Wartepositionen, Park-, Lade- und Rangierflächen.

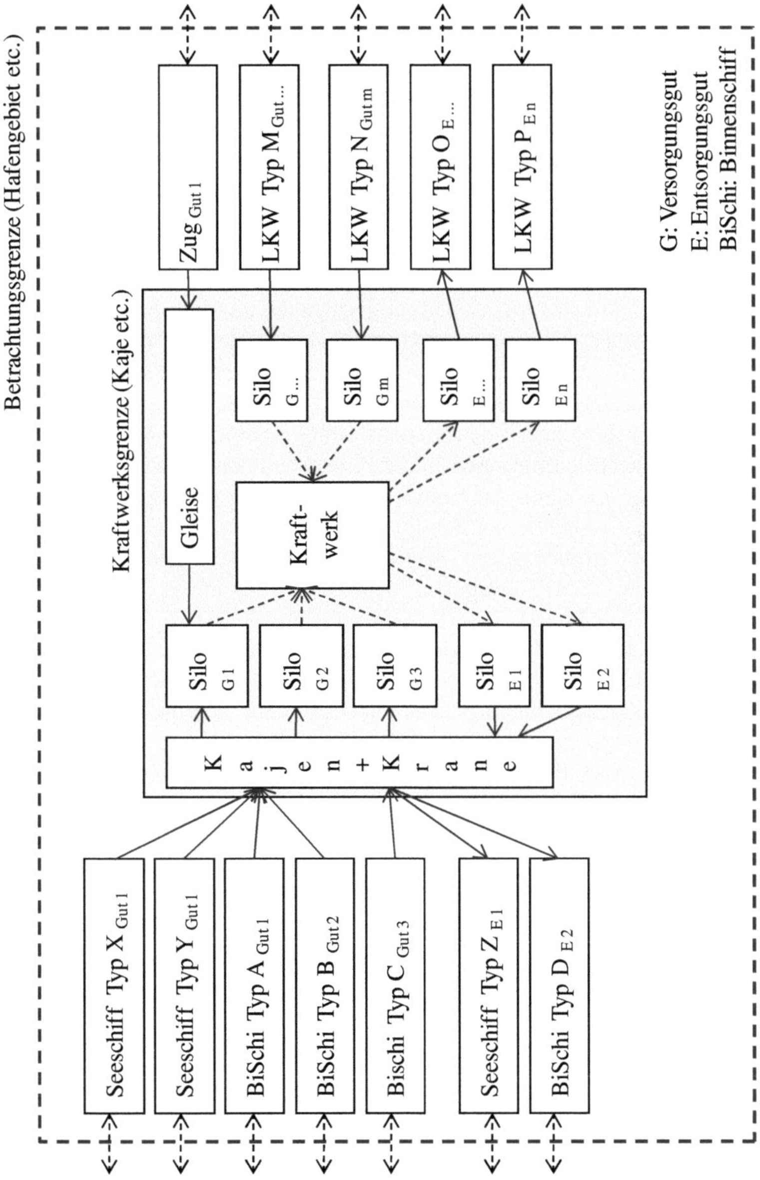

Abbildung 48: Logistische Prozesse an der Kraftwerksgrenze (Mikromodell)

4.3.1 Allgemeine Beschreibung der Struktur des Mikromodells

Ziel des Mikromodells ist die Engpassgestaltung kraftwerkseigener Umschlag- und Lagerinfrastrukturen. Ist die Möglichkeit der Beförderung der Stoffmengen mittels der eingeplanten Verkehrsträger durch das Makromodell nachgewiesen, erfolgt im Mikromodell die Kapazitätsfestlegung und Dimensionierung der kraftwerkseigenen Infra- und Suprastrukturen sowie die Ermittlung der einzusetzenden Verkehrsmittel und derer Fahrpläne. Diese Objekte können (in gewissen Grenzen) frei durch ein Energieversorgungsunternehmen festgelegt werden.

In einem iterativen Prozess sind die endogenen und exogenen Parameter sowie die Vielzahl der möglichen Logistikstrategien abzugleichen (vgl. Abbildung 49), um geeignete Fahrpläne für alle Ver- und Entsorgerschiffe zu erhalten. Ein Fahrplan wird als geeignet angesehen, wenn die Zielgrößen Wartezeiten der Schiffe, Silobestandsschwankungen und Kajenauslastung akzeptable Werte erreichen.

Exogene Randbedingungen sind z.B. Wasserstandsschwankungen, Varianzen der Schiffsankünfte, nautische Restriktionen und vorhandene Schiffsverkehre, die bei der Logistikplanung berücksichtigt werden müssen, auf die das Kraftwerk aber keinen Einfluss nehmen kann. Auf die Problematiken, die sich aufgrund von Wasserstandsschwankungen ergeben, wird ausführlich in Kapitel 4.3.2.1 eingegangen.

Endogene Randbedingungen beinhalten die Infra- und Suprastrukturen wie Krane, Silos und Liegebeckentiefen sowie die Laststrategie des Kraftwerks. Diese sind zwar vorgegeben, könnten aber ebenfalls vom Energieversorger beeinflusst werden. Diese Bedingungen werden in Kapitel 4.3.2.2 beschrieben.

Unter Berücksichtigung der exogenen und endogenen Randbedingungen des Mikromodells sowie der Bedingungen des Makromodells können die Abmessungen und die Tragfähigkeiten der **Bemessungsschiffe** festgelegt werden.

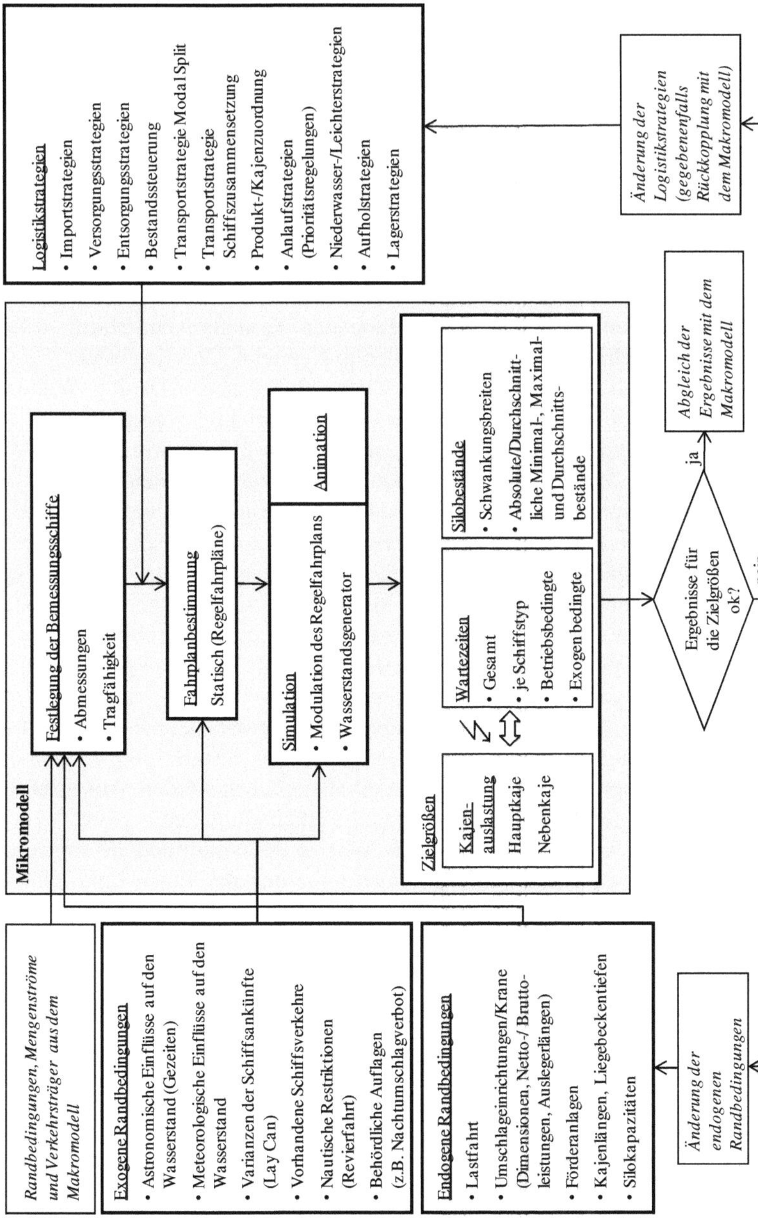

Abbildung 49: Mikromodell: Untersuchung der Logistikprozesse für die Engpassgestaltung an der Kraftwerkskaje

Für die Bestimmung eines **Regelfahrplans** sind die **Logistikstrategien** für alle Ver- und Entsorgungsprodukte zu definieren. Diese vielfältigen Strategien, die bei der Planung des Supply Chain Designs zu berücksichtigen sind, werden in Kapitel 4.3.2.4 beschrieben.

Die Regelfahrpläne können aufgrund von Wasserstandsschwankungen, Verzögerungen der Schiffsankünfte etc. in der Praxis nicht eingehalten werden, vielmehr kann es zu erheblichen Varianzen in den Schiffsankünften kommen. Durch einen „Wasserstandsgenerator", der zufällig ausgewählte Zeitreihen real eingetretener Wasserstände einliest und das Einlaufen von Schiffen nach einer Tiefgangsprüfung zulässt oder ablehnt, können Unsicherheiten ermittelt und veranschaulicht werden. Die **Prozessdiagramme** der **strategiebezogenen Fahrplanermittlung** sowie der **Simulation der Schiffsabfertigung** werden in Kapitel 4.3.2.5 dargestellt.

Anschließend ist sind die Werte der **Zielgrößen** Kajenauslastung, Wartezeiten und Silobestände zu beurteilen. Hierauf wird in Kapitel 4.3.2.6 eingegangen.

Zielkonflikte, wie eine hohe Kajenauslastung bei gleichzeitig geringen Wartezeiten der Schiffe, sind abzuwiegen. Anhand dieser Werte ist zu entscheiden, ob die gewählten Bemessungsschiffe und Logistikstrategien geeignet erscheinen oder ob diese variiert werden sollen. Im Rahmen eines iterativen Prozesses können die Strategien sukzessive geändert und somit weitere Szenarien generiert werden. Gegebenenfalls ist, z.B. bei einer Änderung des Modal Split, zunächst im Makromodell zu untersuchen, ob ein solcher Shift zulässig ist oder ob es hierdurch zu kapazitativen Engpässen in den Verkehrsinfrastrukturen kommt. Als weitere Option ist es möglich, auch die endogenen Randbedingungen zu ändern.

Wenn für alle Ver- und Entsorgungsprodukte passende Fahrpläne gefunden sind, kann das ermittelte Supply Chain Design und die festgelegten Verkehrsmittel durch eine Rückkopplung zum Makromodell abgeglichen werden. Auf diese Weise werden nur zulässige Bemessungsschiffe und Verkehrsmittel eingeplant.

Im Folgenden wird auf die einzelnen Aspekte des Mikromodells eingegangen. Wasserstandsschwankungen und die Dimensionierung der Kajen- und Umschlagfazilitäten haben einen großen Einfluss auf die Wahl des Bemessungsschiffs. Zudem sind hierbei diverse Strategien aufeinander abzustimmen. Nach einer Erläuterung der Outputdaten erfolgt zum Abschluss des Kapitels eine Darstellung der Prozessdiagramme der Fahrplanerstellung und der Steuerung der Schiffsankünfte.

4.3.2 Beschreibung der einzelnen Modellschritte

Der Struktur des Mikromodells folgend, werden in diesem Kapitel Aspekte, die einer genaueren Betrachtung bedürfen, beschrieben. Dies sind die exogenen und endogenen Randbedingungen, die Ermittlung des Bemessungsschiffs, die logistischen Strategien für die Ver- und Entsorgung sowie die Zielgrößen des Modells.

4.3.2.1 Untersuchung der exogenen Randbedingungen

Die Schwankungen der Hochwasserstände stellen einen kritischen Faktor dar, der bei der Entwicklung eines Supply Chain Designs für ein Kohlekraftwerk unbedingt zu berücksichtigen ist. In der Regel ist eine Simulation unabdingbar, um die Effekte unterschiedlicher Tiefgänge auf die Versorgungssicherheit bzw. die Wartezeiten zu analysieren.

Die vorhandene Wassertiefe hat einen Einfluss auf die zulässige Eintauchtiefe und somit der möglichen Zuladung eines Schiffs. Bei der geforderten Keelclearance, welche den Abstand des tiefsten Punkts des Schiffs zum Grund bezeichnet, wird wegen des hydrodynamischen Absunks (Squat), welcher insbesondere bei Trockenmassengutschiffen nicht zu vernachlässigen ist, zwischen Schiffen mit Fahrt durchs Wasser (FdW) und Schiffen ohne FdW unterschieden. Darüber hinaus ist bei der Angabe des Tiefgangs zwischen Frischwassertiefgängen und Salzwassertiefgängen zu unterscheiden.[591] Die zulässige Eintauchtiefe führt, je nach Versorgungsstrategie, zu Restriktionen bei der Wahl der Schiffe, die ein Kraftwerk anlaufen können.

Die Variation der Wasserstände ergibt sich zum einen aus den **astronomischen Einflüssen**, durch die Spring-, Mitt- und Nipptiden entstehen. Die mittlere Hochwasserhöhe (MHWH) bzw. mittlere Niedrigwasserhöhe (MNWH) ist der Wasserstand, den das Hochwasser (das Niedrigwasser) *im Mittel* einnimmt; es kann jedoch auch höher oder niedriger ausfallen.[592] Die Differenz zwischen Hoch- und Niedrigwasser wird als Tidenhub bezeichnet (vgl.

Abbildung 50). Diese Wasserstände sind langfristig berechenbar und werden alljährlich in Gezeitenkalendern veröffentlicht.[593] Zum anderen spielen **meteorologische Einflüsse** eine Rolle, die zu örtlichen Abweichungen vom mittleren Hoch- bzw. Niedrigwasser führen. **Diese sind nur kurzfristig abschätzbar, können aber erhebliche Auswirkungen auf den tatsächlich eintretenden Wasserstand haben** und sind bei einer Wasserstandsbetrachtung unbedingt zu berücksichtigen.

591 Der Frischwassertiefgang bezieht sich auf den Tiefgang eines Schiffs in Süßwasser. Dieser weicht aufgrund der geringeren Dichte des Frischwassers von dem Tiefgang in Salzwasser ab.

592 Zu Springzeiten fällt das MTHW höher und das MTNW niedriger aus. Dieses ist bei der Ermittlung der verfügbaren Wassertiefen zu berücksichtigen.

593 Vgl. z.B. Bundesamt für Seeschifffahrt und Hydrographie, www.bsh.de.

Bei der Analyse von Wasserstandsaufzeichnungen ist auf das Bezugssystem von Pegeldaten und Wassertiefen zu achten (vgl. Abbildung 50).[594] In den deutschen Gebieten der Nordsee war ein Bezug des Seekarten-Nulls (SKN) auf die mittlere Spring-Niedrigwasserhöhe (MSpNWH) üblich. Zum Jahr 2005 erfolgte im Rahmen einer internationalen Angleichung eine Umstellung des SKN auf die niedrigste astronomische Niedrigwasserhöhe (Lowest Astronomical Tide, LAT).[595]

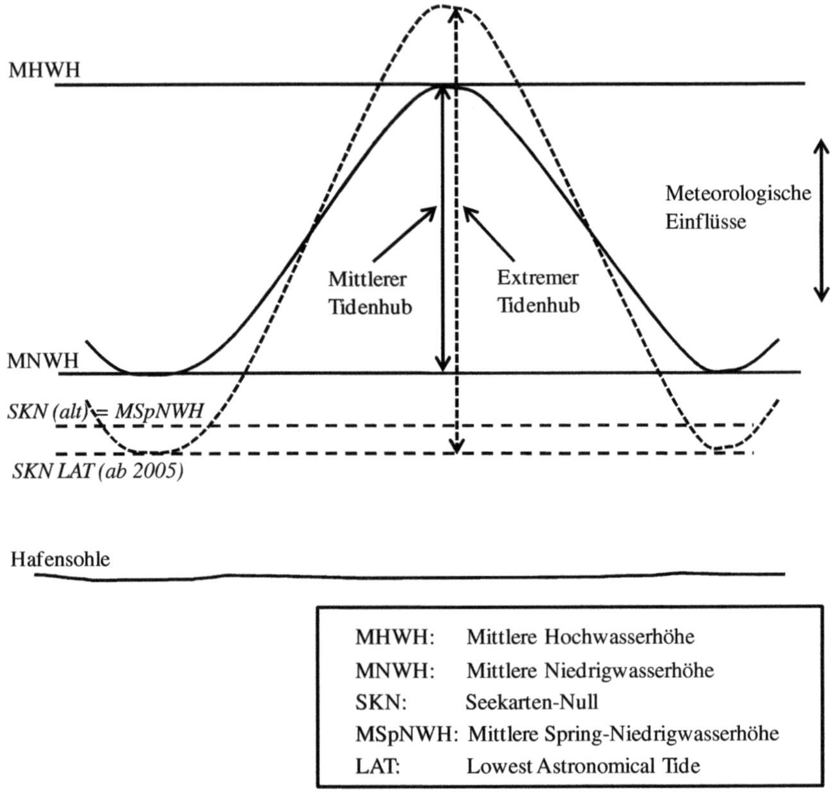

Abbildung 50: Wassertiefen und Bezugssysteme

---

594 Statistiken zu Wasserständen werden z.T. von den WSDen zur Verfügung gestellt.

595 SKN LAT liegt 0,50 m unter dem SKN MSpNW. Die Umstellung des Bezugssystems führt zu einer Verringerung der Tiefenangaben in den Seekarten; an den tatsächlichen Wassertiefen hat sich jedoch nichts geändert. Die Angaben zu den Höhen der Suprastrukturen (Krane) beziehen sich im Gegensatz hierzu auf Normal-Null, wie es bei landseitigen Vermessungen üblich ist.

Bei einer Analyse der Auswirkungen der Wasserstandsschwankungen auf die seeseitige Ver- und Entsorgung von Kohlekraftwerken muss die vorhandene Wassertiefe mit der erforderlichen Wassertiefe für eine sichere Schiffspassage abgeglichen werden. Hierzu sind die Pegelstände sowie die Solltiefen an kritischen Stellen auf die MNWH umzurechnen und um den Tidenhub und mögliche sonstige Abweichungen zu ergänzen. Die erforderliche Wassertiefe ergibt sich aus der Summe von Tiefgang und Keelclearance[596] (vgl. Abbildung 51).

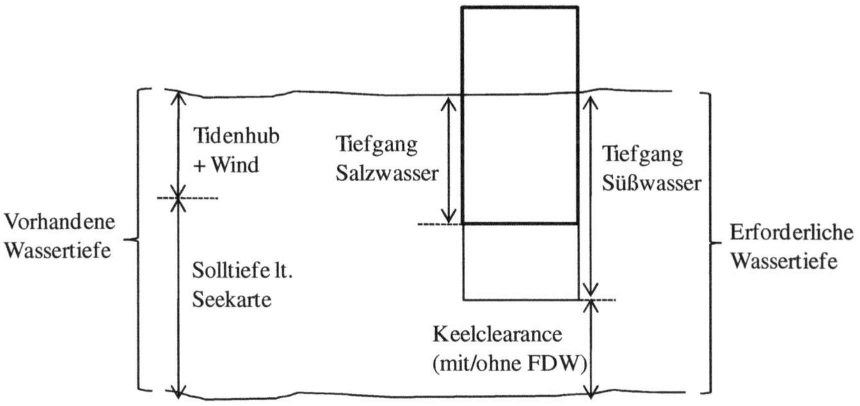

Abbildung 51: Vorhandene und erforderliche Wassertiefen für ein Bemessungsschiff

Zu analysieren ist, wie oft die erforderliche Wassertiefe bei Hochwasser nicht erreicht wird. Hierbei ist nicht nur die prozentuale Häufigkeit des Eintretens gewählter Niederwasserstände zu berücksichtigen. Auch die mögliche Anzahl von direkt aufeinanderfolgenden zu niedrigen Hochwasserständen ist für eine Simulation aufzunehmen.

Eine weitere exogene Einflussgröße auf die Verteilung der Schiffsankünfte am Kraftwerkshafen stellen die Unsicherheiten im Tramp-Verkehr bei Trockenmassengutschiffen dar. **Lange Liegezeiten (lay can) und Überliegezeiten** im Beladungshafen und variierende Transportdauern auf See können je nach Relation zu erheblichen Variationen der geplanten Ankünfte führen.

4.3.3.2 Untersuchung der endogenen Randbedingungen

Wenn im Rahmen der Simulation trotz einer Anpassung der logistischen Strategien keine geeigneten Fahrpläne erstellt werden können, kann eine Änderung der den endogenen Randbedingungen erfolgen. Hierzu zählen neben der Laststrategie die

596 Die Keelclearance gibt den minimal einzuhaltenden Abstand zwischen Schiffsboden und Hafensohle an. Sie ist abhängig vom Schiffstyp, vom Fahrtzustand (mit/ohne Fahrt durchs Wasser) und ob Schiffe mit eigener Kraft fahren oder bugsiert werden.

Kajenlängen und Liegebecken sowie die Anzahl und Leistungsfähigkeit der landseitigen Krane, Förderanlagen und Silos.

Aus der **Last**, mit der das Kraftwerk fährt, ergibt sich jährliche Stromerzeugung, die die benötigten Verbrauchsmengen an Eingangsstoffen sowie die Volumenströme der Entsorgungsprodukte bestimmt. In Abhängigkeit von der Laststrategie kommt es zu unterschiedlichen Kohlebedarfen über das Jahr. Für eine Simulation der Kohlebedarfsmengen kann in dem entwickelten Modell das Jahr in Jahreszeiten (z.B. Winter/Sommer) eingeteilt werden, innerhalb derer für jeden Tag die gleichen gemittelten Lastverläufe angenommen werden. Auch eine Differenzierung in Wochen- und Wochenendtage ist denkbar.

Für die Wahl des Bemessungsschiffs sind neben den Wasserverhältnissen die Begrenzungen, die sich aus der Kajenlänge ergeben sowie die Umschlaganlagen von Relevanz. Die **Dimensionierung der Kaianlagen** in Bezug auf die Länge der Kaimauern und die Tiefe des Hafenbeckens ist bestimmend für die maximale Größe der abzufertigenden Schiffe. Bei Schiffen mit großem Tiefgang ist eine hinreichende Löschleistung Voraussetzung, um ein Unterschreiten der Keelclearance bei Niedrigwasser auszuschließen.[597] Die **Kapazität eines Kajenabschnitts** $\boldsymbol{C_{Kaje}}$ ergibt sich aus der Anzahl der technologischen Linien (Kran- und Förderanlangen) n, der Leistungsfähigkeit einer technologischen Linie L, dem Zeitfonds des Jahres C und dem Ausnutzungskoeffizient des Zeitfonds k_c:[598]

$$C_{Kaje} = n * L * C * k_c$$

Die Werte für die (Netto-) **Leistungsfähigkeit** $\boldsymbol{L}$ liegen in der Planungsphase nicht vor, dennoch ist es wichtig, mögliche Verzögerungen und Totzeiten für die Umschlag- und Kajenprozesse abzuschätzen. Die nominelle Umschlagleistung $q_{h\,Kran}$ beim Kranumschlag ergibt sich aus der Dauer des Kranspiels T_K [s] und der Hievmasse M [t]:[599]

$$q_{h\,Kran} = \frac{3600*M}{T_K} \quad [t/h]$$

Diese Umschlaggeschwindigkeit bei der Schiffsabfertigung ist von Bedeutung, da alle anderen Prozesse landseitig davon abhängig sind bzw. kapazitativ darauf abgestimmt sein müssen, damit es zu keinem Engpass kommt, der die Umschlagprozesse an der Kaikante behindert. Die Schiffsbe- bzw. -entladeanlage wird oft als das kapazitätsbestimmende Element angesehen, da es im Allgemeinen die höchsten spezifischen Betriebskosten aufweist. Alle weiteren Elemente, wie z.B. die Lagerfazilitäten, können entsprechend überdimensioniert sein, um die Arbeit des aufwendigsten Elements nicht zu behindern.[600]

597 Die Tiefe der Liegebecken ist entsprechend auszulegen.

598 In Anlehnung an Biebig, P./Althof, W./Wagener, N. (2008), S. 298.

599 In Anlehnung an Neukirchen, H. (1970), S. 57.

600 Vgl. Lüsch, J. (1985), S. 93 und S. 194.

Der diskontinuierliche Kranumschlag wird mit kontinuierlich arbeitenden Abräum-/Förderbandstrecken verbunden. Die auf die Stunde bezogene Förderleistung (Abzugsleistung) $q_{h\,Ab}$ bei Stetigförderern wird über die spezifische Fördergutmasse m_q [t/m] und die Fördergeschwindigkeit des Bandes v_b [m/s] ermittelt:[601]

$$q_{h\,Ab} = 3600 * m_q * v_b \quad [t/h]$$

Die nominellen Umschlagleistungen der Umschlaganlagen können in der Praxis nicht realisiert werden. Während des Umschlags sind Trimm- und Verholvorgänge sowie Restleerungsarbeiten in Laderäumen zu berücksichtigen. Unter Trimmen wird das Hinzufügen, Reduzieren oder Verlagern von Gewicht in einem Schiff verstanden, um die verlangten vorderen und hinteren Tiefgänge zu erreichen.[602] **Abbildung 52 zeigt, dass die Umschlagzeit eine Funktion der Ladungsmenge und der Güterart ist.** Insbesondere bei der Schüttgut-Entladung ist zu erkennen, dass die Entladeleistung am Ende erheblich abnimmt. Für den Umschlag der Kohle werden i.d.R. kraftwerkseigene Kaikrane eingesetzt. Gegen Ende des Löschens wird der Umschlag durch den Einsatz von Radladern durchgeführt, die im Laderaum der Seeschiffe die Kohle zusammenschieben. Dieser zeitaufwändige Vorgang reduziert die nominelle Leistung der Krane erheblich. Neukirchen gibt für die optimale zeitliche Auslastung der Krananlagen einen Wert von 30 % bis 40 % an. „Eine höhere Auslastung mag für den Hafen günstig erscheinen, führt aber zu Verzögerungen im Schiffsumlauf."[603] **Somit kann die nominelle Umschlagleistung nicht direkt in die Simulation Eingang finden; vielmehr ist ein Abschlag für diese Zusatzzeiten zu berücksichtigen.** Für die Reduzierung der Nennleistung der wasserseitigen Umschlageinrichtungen können je nach Schiffsgröße Abschläge von 25 % bis 50 % (inklusive Anlegezeit, Reinigung etc.) angenommen werden.

Zum Erreichen einer erforderlichen Nettolöschleistung sind entsprechend hohe nominelle Löschkapazitäten erforderlich. Sind diese für die geplanten Umschlagvolumina nicht ausreichend, ist gegebenenfalls eine Erhöhung der Kapazität durch eine Anpassung der Einsatzzeit, der Intensität oder des Kapazitätsquerschnitts zu prüfen.[604]

---

601 Vgl. Lüsch, J. (1985), S. 97.

602 Bei der Beladung eines Schüttgutschiffs wird unter Trimmen die Abtragung der Schüttkegel und das vollständige Ausfüllen des Laderaums verstanden. Bei älteren Schiffen kann der Trimmaufwand zu erheblichen Verlängerungen der Beladezeiten führen; bei selbsttrimmenden Schiffen sind keine bzw. nur geringfügige Trimmarbeiten erforderlich. Vgl. Laue, U. (1985), S. 164 ff. Beim Löschen der Ladung bezeichnet Trimmen das "shoveling or sweeping up of smaller quantities of the cargo in the holds by mechanical means (such as bulldozers) or other means to place them in a convenient position for discharge". IMO (2008), S. 4.

603 Neukirchen, H. (1970), S. 80.

604 Vgl. Kapitel 3.4.1.

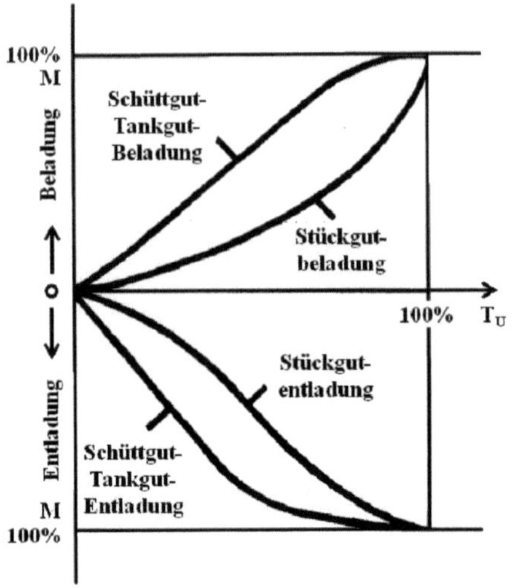

Abbildung 52: Mengen-Zeit-Kurven bei der Schiffsbe- und -entladung[605]

Der **Zeitfonds *C*** ist abhängig von kraftwerkseigenen und extern vorgegebenen Regulierungen. So können bei den Entladezeiten Nacht- oder Sonn- und Feiertagsumschlagverbote zu berücksichtigen sein, wenn aus genehmigungsrechtlichen Gründen ein Umschlag nur an Werktagen innerhalb festgelegter Zeiten zulässig ist. In solchen Fällen muss die erforderliche Menge in weniger verfügbarer Zeit umgeschlagen werden.[606] Die Leistungsfähigkeit ist entsprechend auszulegen. Sie ist abhängig von der Art der umzuschlagenden Güter und dem Schiffstyp.

4.3.2.3 Festlegung der Bemessungsschiffe

Bei der Wahl geeigneter Bemessungsschiffe sind neben der Wassertiefe auch derzeitige und zukünftige Beschränkungen hinsichtlich der Länge und der Breite zu berücksichtigen. Diese Restriktionen können sich sowohl aus der seeseitigen Zufahrt (Untiefen, Verkehrsbreitenregelungen, Brückendurchfahrten, Seeschleusen, Wendekreise, Passagen über den Achtersteven) als auch der Dimensionierung der Kaje und der Krane des Kraftwerks ergeben. „Infolge der Dynamik der Schiffsgrößenentwicklung stellt die Wahl des Regelschiffs die wichtigste Entscheidung für die Dimensionierung eines Hafens dar.“[607] Eine mehrdimensionale Analyse der vorhandenen Weltflotte bezüglich der Tragfähigkeiten und Abmessungen der vorhandenen Massengutschiffe ist unabdingbar, um realistische Bemessungsschiffe für

605 Schönknecht, R. (1985), S. 191.

606 Dies kann z.B. dazu führen, dass der Kraftwerksbedarf für 365 Kalendertage an nur 300 Tagen umgeschlagen werden muss.

607 Lüsch, J. (1985), S. 93.

die Simulation festlegen zu können. Grundlage für die folgenden Schritte ist die ISL-Flottendatenbank (basierend auf LR/Fairplay) mittels der eine Analyse von Seeschiffen nach Länge, Breite, Tiefgang, Tragfähigkeit, Baujahr u.a. erfolgen kann.

In einem ersten Schritt sind die für den Kohletransport einsetzbaren Schiffe[608] aus der weltweiten Flotte der Seeschiffe für eine weitere Analyse herauszufiltern. Anschließend können sukzessive die exogen vorgegebenen Restriktionen, die sich aus den Vorgaben der seeseitigen Zufahrt sowie den Angaben der Lotsen und Schlepper etc. ergeben, berücksichtigt werden. Meist ist der zulässige Tiefgang der limitierende Faktor. Auf diese Weise reduziert sich der Anteil der Bulk Carrier, die für die Versorgung des Kraftwerks in Frage kommen.

In einem weiteren Schritt können in einem iterativen Prozess die Abmessungen des zu ermittelnden Bemessungsschiffs an die Anforderungen der Kraftwerksanlagen angepasst und der Einfluss dieser zusätzlichen Restriktionen auf die noch verbleibende Flotte ermittelt werden. Hierbei sind **Sprungstellen** zu beachten, die bei einer Nichtberücksichtigung zu einer erheblichen Reduzierung der Schiffsanzahl führt, die das Kraftwerk anlaufen können. Dies soll an einem Beispiel verdeutlicht werden:

Die Schiffsabmessungen und die Auslegung der technischen Parameter der Umschlaggeräte sind aufeinander abzustimmen. Ein Kriterium ist die **Breite des Seeschiffs**, die von der **Länge des Kranauslegers** an der Kaje restringiert wird. Je länger der Kranausleger ist, desto größer sind die Investitionskosten in die Anlage. Gleichzeitig steigt aber auch der Anteil der Flotte, der durch das Umschlaggerät abgefertigt werden kann, was wiederum zu günstigeren Frachtraten führt.[609] Eine Darstellung der Bulk Carrier-Flotte nach Konstruktionstiefgang[610] und Breitenklassen[611] in 50 cm-Schritten zeigt Abbildung 53. Eine sehr große Zahl an Schiffen liegt in dem Breitenintervall von 32,01 m bis 32,50 m. Dieses Phänomen lässt sich durch die Breite des Panamakanals erklären. Dieser, bzw. die Schleusen, ermöglichen die Durchfahrt von Schiffen mit einer Breite bis zu etwa 32,30 m. Dies entspricht der Breite der Panamax-Schiffe, welche in ihren Abmessungen so ausgelegt sind, dass sie gerade noch den Panama-Kanal passieren können. Diese Schiffe haben einen Tiefgang von weniger als 15 Metern.

---

608 Vgl. Kapitel 2.4.2.1.

609 Vgl. Kapitel 2.4.2.1.

610 Die Tiefgangsklassen sind wie folgt definiert:
Klasse 11,5: Schiffe mit Konstruktionstiefgängen bis 11,50 m;
Klasse 12: Schiffe mit einem Konstruktionstiefgang von 11,51 m bis 12,00 m;
Klasse 13: Schiffe mit einem Konstruktionstiefgang von 12,01 m bis 13,00 m etc. Klasse 20: Schiffe mit einem Konstruktionstiefgang größer als 19,01 m.

611 Die Breitenklasse 32,5 enthält z.B. alle Schiffe mit einer Breite zwischen 32,01 m und 32,50 m.

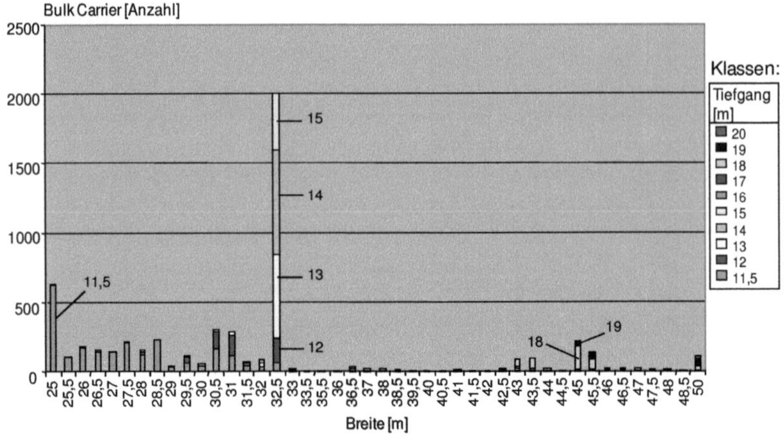

Abbildung 53: Konstruktionstiefgänge und Breiten der Bulk Carrier[612]

Eine weitere Anhäufung ist, wenn auch in dieser Darstellung nicht so ausgeprägt erkennbar, bei dem Breitenintervall von 45,01 m bis 45,50 m zu sehen. Schiffe mit diesen Abmessungen sind so ausgelegt, dass die Restriktionen bei dem Anlaufen einiger europäischer Häfen optimal ausgenutzt werden können. Eine beispielhafte Untersuchung der nordeuropäischen Häfen ergab, dass die Standardbreite für Schiffe in Nordeuropa bei 45,05 m liegt.[613] Hier handelt es sich um Capesize-Schiffe.

Eine Auslegung eines Kranauslegers auf eine Schiffsbreite von etwas unter 32,5 m oder 45,5 m wäre unter dem Gesichtspunkt der Flexibilität bzgl. der einsetzbaren Schiffstypen als sehr ungünstig zu bewerten, da bei der Charter Seefrachtzuschläge wegen Hafenbeschränkungen berechnet werden. Je restriktiver die Anforderungen an die Abmessungen eines Seeschiffs sind, desto geringer ist die Zahl der möglichen Schiffe, die ein Reeder einsetzen kann. Dies führt zu steigenden

612 Schiffe ab 300 gt. Eigene Darstellung, Daten aus der ISL-Flottendatenbank (basierend auf LR/Fairplay), Stand Oktober 2007.

613 So sind in Dünkirchen, dem wichtigsten Hafen für Erz- und Kohleumschlag in Frankreich, die Abmessungen für die Schiffe, die den Osthafen anlaufen, aufgrund der Kammer der größten der drei Schleusen, der „De Gaulle Schleuse", beschränkt. Die zulässige Breite beträgt 45,05 m. In Amsterdam bestimmen die Schleusen bei Ijmuiden die maximale Größe der den Hafen anlaufenden Schiffe. Unter Berücksichtigung des Manövrierraums, den die Schiffe in der Schleuse benötigen, werden laut der Ijmuiden-Schleuse Schiffe mit einer maximalen Breite von 45,06 m zugelassen. (Telefonat mit Port of Amsterdam (ehemals Amsterdam Port Authority) vom 05.07.2006). Dies ist die Standardbreite für Schiffe in Nordeuropa.

Frachtraten.[614] Eine Erweiterung des Auslegers geht mit einer Transportkostenreduktion einher.

Diese Darstellung bezieht allerdings die gesamte Flotte der Bulk Carrier ein und umfasst sowohl die große Zahl an kleinen Schiffen, die eine geringe Tragfähigkeit haben, als auch die Capesize-Schiffe, die aufgrund weiterer Nebenbedingungen einen Hafen möglicherweise nicht anlaufen können. In Abhängigkeit von der Problemstellung und den Restriktionen ist eine weitere Auswertung der Bulk Carrier-Flotte nach folgenden Merkmalskombinationen erforderlich:

1. Tragfähigkeit/Konstruktionstiefgang
2. Tragfähigkeit/Breite
3. Konstruktionstiefgang/Breite
4. Konstruktionstiefgang/Länge

Hier ist gegebenenfalls ein iterativer Prozess zu durchlaufen, in dem bestimmte Restriktionen verschärft oder relaxiert werden können.

4.3.2.4 Definition der Logistikstrategien für die Ver- und Entsorgung von Kraftwerken

Nach der Bestimmung der Bemessungsschiffe, die sich aus den exogenen und endogenen Randbedingungen ergeben, sind für die Ver- und Entsorgung des Kraftwerks Entscheidungen bezüglich der folgenden logistischen Strategien zu treffen:

Importstrategie:

Der Bezug der Kohle kann aus einer Vielzahl von Ländern erfolgen (vgl. Kapitel 2.2.2). Die Qualität der Kohle und somit die Volumina der Ver- und Entsorgungsströme sind von der Wahl der Zulieferer abhängig.[615] Zudem ergeben sich unterschiedlich lange Transportwege und je nach Hafen abweichende Verzögerungen bei der Abfertigung des Schiffs, die im Mikromodell zu berücksichtigen sind.

Versorgungsstrategien:

Bei der **Versorgung des Kraftwerks** besteht das Ziel, ausreichende Mengen an Steinkohle, aber auch an den anderen Verbrauchsgütern am Standort zu lagern. Das Ziel der Versorgungssicherheit und das Vorhalten von ausreichenden Beständen steht in der Kohlelogistik i.d.R. vor dem Ziel der Lageroptimierung, das eine Reduzierung der Bestandskosten vorsehen würde.

---

614 Vgl. Kapitel 2.4.2.1. Es ist üblich, dass ein Verlader, der Capesize-Schiffe abfertigen kann (auch wenn nur teilbeladen), für Panamax-Schiffe ebenfalls die reduzierte Capesize-Frachtrate bezahlen muss.

615 Vgl. Kapitel 2.1.1 und 2.1.3.

Entsorgungsstrategien:

Grundsätzlich wird versucht, die Bestände an **Entsorgungsstoffen** möglichst gering zu halten. Bei einem Abtransport per LKW und einem Fahrverbot am Wochenende kann es jedoch zu wöchentlichen Schwankungen kommen. Variationen des Lagerbestands ergeben sich auch aus den Anforderungen der Kunden (z.B. Bauindustrie), die die Stoffe zu bestimmten Zeiten oder in bestimmten Mengen abnehmen. Wegen der **Saisonalität** des Baugewerbes können Entsorgungsstrategien auch einen **Entsorgungsstopp im Winter** vorgeben, der mit einem Abbau des Lagerbestands in den Sommermonaten einhergeht. Eine **temporäre Reduzierung der Entsorgungsmengen** kann bis zu einem bestimmten Zeitpunkt oder bis zu einem bestimmten Silobestand vorgegeben werden (vgl. Kapitel 3.4.2).

Steuerungsstrategien der Bestände:

Die Steuerung der Bestände kann verbrauchsorientiert oder programmbezogen erfolgen (vgl. Kapitel 3.4.2). Bei der Anwendung des Modells für die logistischen Prozesse an der Kraftwerkskaje wurde folgende Steuerung realisiert: Der Transport der mittels **LKW** beförderten Güter wurde **über den Bestand geregelt**. Sobald eine Menge, die der Kapazität eines LKW entsprach, erreicht wurde, erfolgte ein Transport. (Es sei denn, eine Entsorgungsstrategie verbot dies.) Für die **Schiffe** wurden in Abhängigkeit von der geplanten Laststrategie und unter Berücksichtigung aller logistischen Strategien **Fahrpläne** entwickelt, die sämtliche Ankünfte bereits am Anfang des Jahres festlegten und eine sichere, überschneidungsfreie An- und Ablieferung der Güter (ohne Berücksichtigung von Unsicherheiten) vorsahen.

Transportstrategien (Modal Split):

Für jeden Ver- und Entsorgungsstoff sind Annahmen bezüglich der Anteile, die per Seeschiff, Binnenschiff, Zug oder LKW befördert werden sollen, zu treffen.

Transportstrategien (Schiffszusammensetzung):

Für jeden Stoffstrom, der per Schiff befördert werden soll, sind die gewünschten **Bemessungsschiffe** zu wählen. Hierbei kann entweder ein Schiffstyp bestimmt oder eine anteilige Beförderung des Volumenstroms auf **mehrere Schiffstypen** festgelegt werden, die sich in der Größe und dem Tiefgang (tideabhängig/tideunabhängig) unterscheiden. Je nach Entsorgungsstrategie bieten sich z.B. wenige große oder viele kleine Schiffe für den Abtransport an.

Produkt-/Kajenzuordnung:

Ist die Anzahl der per Schiff zu transportierenden Produkte größer als die Anzahl der Kajen, ist festzulegen, **welche Stoffe an welcher Kaje umgeschlagen werden**.

In Abbildung 48 ist beispielhaft ein Fall dargestellt, bei dem das Gut 1, das sowohl von See- als auch von Binnenschiffen transportiert wird, an dem oberen Teil der Kaje angeliefert wird. Weitere Ver- und Entsorgungsstoffe werden von See- und Binnenschiffen an dem unteren Teil der Kaje umgeschlagen. Je nach Zusammensetzung der Schiffstypen für jedes Gut kann es zu unterschiedlichen Behinderungen und Wartezeiten kommen.

Anlaufstrategien:

Aufgrund der Variationen in den Schiffsankünften kann es dazu kommen, dass eine Kaje belegt ist und mehr als ein Schiff wartet, um be- oder entladen zu werden. Neben einer einfachen First-Come-First-Served-Regel, nach der die Schiffe in der Reihenfolge ihres Ankunftstermins abgefertigt und Überholvorgänge implizit ausgeschlossen werden, können weitere **Prioriätsregeln** zu besseren Ergebnissen führen (vgl. hierzu ausführlich Kapitel 3.4.3).

Niederwasser-/Leichterstrategien:

Fällt der Wasserstand für das Schiff zu klein aus, muss dieses vor der Wasserstraße warten, wenn keine Leichterstrategien vorgesehen sind.

Aufholstrategien:

Um geringe Silobestände wieder aufzufüllen, kann eine schrittweise Verkürzung der Schiffsankünfte im Regelfahrplan erfolgen. Die sich hieraus ergebenden zusätzlichen Wartezeiten sind zu bewerten.

Lagerstrategien:

In Abhängigkeit von den Kraftwerksanforderungen und -prozessen ist festzulegen, ob eine gemischte Lagerung oder eine Trennung der Güter nach Chargen erfolgen soll. Im zweiten Fall sind tendenziell höhere Lagerkapazitäten vorzuhalten, wenn Lieferungen nicht bei bereits vorhandenen Beständen zugemischt werden dürfen.

Aus der Kombination und Variation dieser Strategien kann eine Vielzahl von Szenarien für die Simulation der Ver- und Entsorgungslogistik eines Steinkohlekraftwerks aufgestellt werden. Wesentliche Outputgrößen des Mikromodells werden im Folgenden beschrieben.

4.3.2.5 Prozessdiagramme der Fahrplanerstellung

Wesentliche Aspekte bei der Erstellung des Simulationsmodells sind die produktionsprogrammbezogene Fahrplanerstellung für die Ver- und Entsorgungsschiffe sowie ihre Steuerung nach der Ankunft an der Warteposition. Bei den folgenden Diagrammen deuten gstrichelt umrahmte Kästchen darauf hin, dass auf diese Werte durch das Energieversorgungsunternehmen Einfluss genommen werden kann. Klein gestrichelte Kästchen symbolisieren exogene Parameter. Diese können nicht modifiziert werden.

Vor der Simulation der Kraftwerks- und Umschlagprozesse sind für alle Transportgüter geeignete Fahrpläne zu generieren. Das Ablaufdiagramm hierzu zeigt Abbildung 54. Mehrere hintereinander abgebildete Kästchen symbolisieren, dass diese Schritte für jedes Transportgut durchlaufen werden müssen.

Aus der Laststrategie des Kraftwerks ergeben sich die täglich benötigten bzw. anfallenden Mengen an zu transportierenden Stoffen. Für diese ist der Modal Split und somit das Beförderungsaufkommen je Verkehrsträger zu bestimmen.

Die maximalen Abmessungen und Abladetiefen und die sich daraus abgeleiteten Kapazitäten der Schiffe ergeben sich aus den exogenen und endogenen nautischen und infrastrukturellen Restriktionen. Im Rahmen der Transportstrategie sind dann je Transportgut unter Berücksichtigung der zu befördernden Mengen ein oder mehrere Bemessungsschiffe und gegebenenfalls ihre Zusammensetzung zu bestimmen. Aus der benötigten Anzahl an Schiffsankünften je Schiffsgröße kann unter Berücksichtigung der Ver- und Entsorgungsstrategie für jedes Gut ein vorläufiger Regelfahrplan für ein Kalenderjahr generiert werden.

Sieht eine Kajenstrategie den Umschlag von mehr als einem Gut an derselben Kaje vor, sind die vorläufigen Regelfahrpläne der entsprechenden Schiffe abzugleichen, damit sich keine regulären Überschneidungen von Schiffsankünften ergeben.

Nach diesen Modifikationen muss für alle Güter ein realisierbarer Fahrplan vorliegen. Ist eine Generierung eines durchführbaren Fahrplans schon jetzt nicht möglich, muss der gesamte Prozess erneut durchlaufen werden, wobei an allen endogenen Größen Variationen durchgeführt werden können.

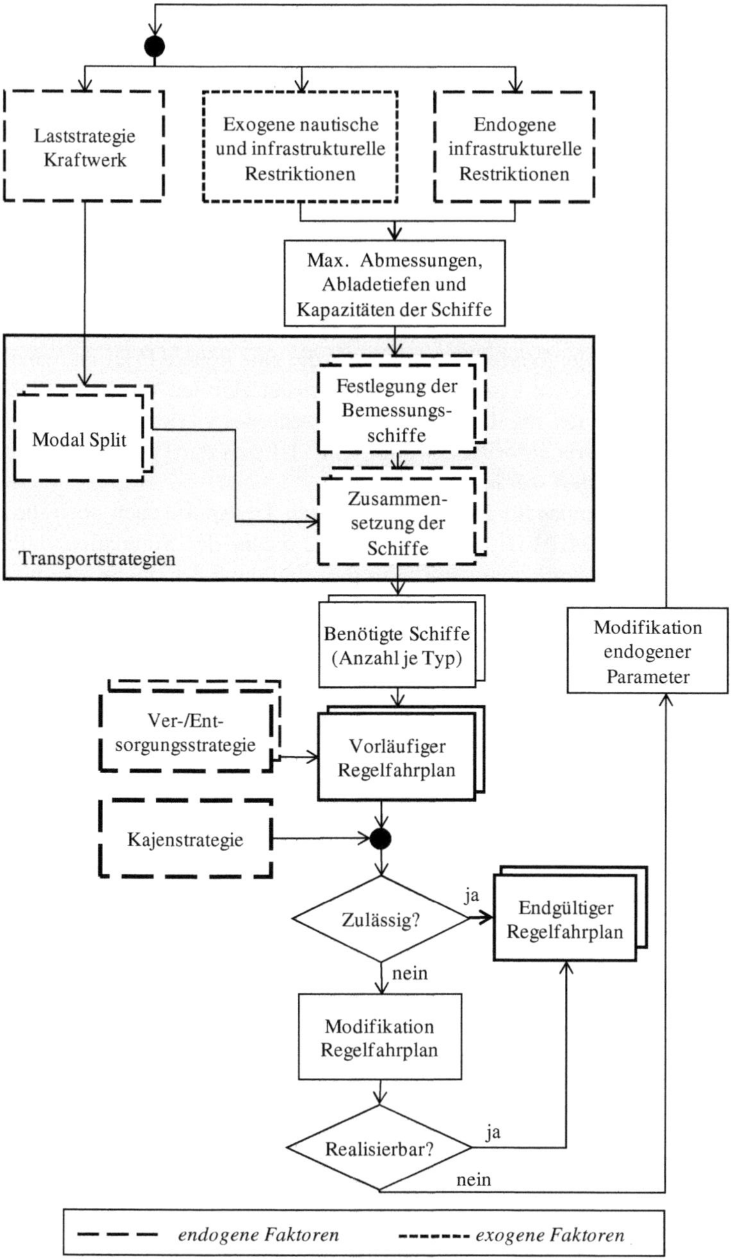

Abbildung 54: Strategiebezogene Fahrplanerstellung im Mikromodell

Die extern erzeugten Fahrpläne werden anschließend in die Simulation eingelesen (vgl. Abbildung 55). Hier erfolgt zunächst eine Manipulation der Regelfahrpläne gemäß der angenommenen stochastischen Verschiebungen der Ankunftstermine der Schiffe. Entsprechend dieser Fahrpläne, die die Varianzen enthalten, werden von dem Programm im Zeitablauf eines Jahres Ver- und Entsorgungsschiffe an den Wartepositionen generiert. Für die Freigabe der Ansteuerung des Kraftwerks sind für jedes Schiff diverse Voraussetzungen zu erfüllen.

Befindet sich bereits ein Schiff auf der Anfahrt zur Kraftwerkskaje oder hat dort angelegt, muss das neu erzeugte Schiff halten, bis vorangehende Schiffe gelöscht worden sind. Hierdurch entstehen Wartezeiten, die über alle Schiffe je Transportgut aufsummiert werden. Im Anschluss prüft das Programm, ob noch weitere Schiffe an der Warteposition liegen, die eine höhere Priorität haben und zu bevorzugen sind. Zudem kann ein Vorschaufenster aktiviert werden, mittels dessen geprüft wird, ob in der regulären Abfertigungszeit des wartenden Schiffs ein anderes Schiff mit höherer Priorität erwartet wird. Ist dies der Fall, kann ebenfalls die Weiterfahrt verweigert werden.

Grundsätzlich muss für die tidenabhängigen Transporte auch noch die mittlere Hochwasserhöhe (MHWH) beachtet werden, die in der Simulation durch einen Niederwassergenerator erzeugt wird. Für die Abbildung der Hochwasserhöhen wird hierzu eine zufällige Zeitreihe aus empirisch ermittelten Werten ausgewählt. Auch die Beschränkung durch das tiefgangsabhängige Tidenfenster, in dem die Schiffe auf der Flutwelle ein Kraftwerk anlaufen können, wird in der Simulation abgebildet. Der Tiefgang des wartenden Schiffs wird mit der eingetretenen Hochwasserhöhe abgeglichen; das Anlaufen des Kraftwerks bei nicht ausreichender Wasserhöhe ist nicht möglich. Die Wartezeit auf das erste Tidenzeitfenster wird dabei nicht gewertet, da die Schiffe ihre Fahrt so anpassen können, dass sie zu Beginn des Zeitfensters an der Halteposition ankommen. Der Messwert „Wartezeit Tide“ bezieht sich auf Wartezeiten auf das nächste Tidenfenster, wenn zuvor die Kaje belegt war.

Bekommt das wartende Schiff die Freigabe, erfolgt die Ansteuerung des Kraftwerks; in Abhängigkeit von der geladenen Menge und der Kapazität der Umschlageinrichtungen wird der Kajenplatz für diese Zeit belegt, so dass keine weiteren Schiffe einlaufen können. Die Silobestände werden entsprechend dem Umschlag an der Kaje sowie den durch den Kraftwerksprozess induzierten Mengen im Zeitablauf angepasst. Nach vollendeter Schiffsabfertigung wird die Kaje wieder für das nächste Schiff freigegeben.

Je nach Wahl der Bemessungsschiffe, der Anlaufstrategien und der Festlegung der Umschlagleistungen setzen sich die Wartezeiten der Schiffe aus unterschiedlichen Anteilen zusammen. Auf der rechten Seite der Abbildung 55 sind Änderungsmöglichkeiten aufgezeigt, mit denen diese Zeiten beeinflusst werden können. Anschließend ist, je nach Änderung, gegebenenfalls der gesamte Prozess der Fahrplanerstellung und der Simulation der Schiffsabfertigung erneut zu durchlaufen.

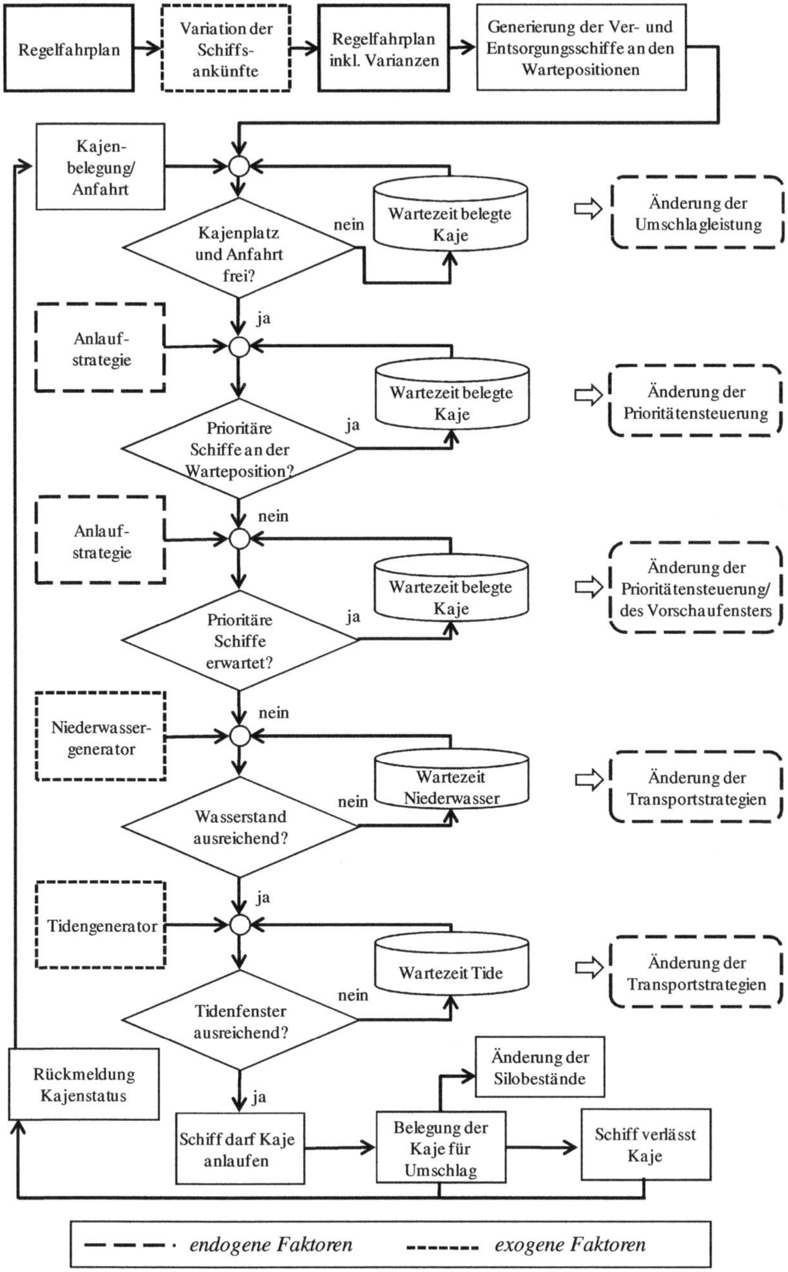

Abbildung 55: Simulation der Schiffsabfertigung im Mikromodell

4.3.2.6 Zielgrößen für die Bewertung eines Supply Chain Designs

Mittels der Zielgrößen Wartezeiten, Kajenauslastung und Silobestände können die Fahrpläne der Schiffe für die Ver- und Entsorgungsstoffe bewertet werden. Da diese Zielgrößen konfliktär sind, sind diese gegeneinander abzuwägen. Eine mögliche Hierarchie könnte z.B. sein:

1. Vermeidung des Leerlaufens der Kohlesilos und der anderen Silos[616]
2. Vermeiden des Überlaufens der Entsorgungssilos
3. Reduzierung der Wartezeiten der Seeschiffe
4. Reduzierung der Wartezeiten der Binnenschiffe
5. Angleichung der Auslastung unterschiedlicher Kajen

Diese ist, je nach Anwendungsfall, zu bestimmen.

4.3.2.6.1 Wartezeiten

Obwohl die Fahrpläne der Schiffe so gestaltet werden können, dass es im Soll keine Überschneidungen gibt, treten aufgrund der Verfrühungen bzw. Verspätungen der Schiffe sowie der Abweichungen der Wasserstände von der mittleren Hochwasserhöhe z.T. erhebliche Wartezeiten auf.

Wartezeiten, die sich aufgrund **belegter Kajen** bzw. durch zuvor angekommene Schiffe, die sich bereits auf der **Warteposition** befinden, ergeben, entstehen durch die angenommenen Schwankungsintervalle der Ankunftstermine der Schiffe und die dadurch bedingten Überschneidungen. Bei einer zukunftsorientierten Prioritätensteuerung verlängert sich die Wartezeit für nicht priorisierte Schiffe noch zusätzlich um die Einlaufzeit der **priorisierten Schiffe**. Zudem ergeben sich Verzögerungen aus **Niederwasserständen**, die sich über längere Zeiträume erstrecken können.

Gezeitenabhängige Wartezeiten ergeben sich aus dem Zeitfenster, in dem tideabhängige Schiffe in eine Wasserstraße einlaufen (respektive auslaufen) dürfen. Je größer der Schiffstiefgang, umso kleiner ist das mögliche Zeitfenster, welches einzuhalten ist. Tideunabhängige Schiffe mit einem „Jederzeit-Tiefgang" können unabhängig von den Gezeiten verkehren.

Auftretende Wartezeiten hängen von diversen Faktoren ab:

- Mit steigender Auslastung der Kaje nimmt die Wahrscheinlichkeit, dass ein Schiff warten muss, zu. Die Kajenauslastung verhält sich annähernd umgekehrt proportional zu einer Leistungsminderung der Umschlaggeräte. **Die Wartezeiten der Schiffe hingegen steigen überproportional an.**

616 Kohlekraftwerke haben relativ hohe Kapitalkosten, wohingegen die Brennstoffkosten im Vergleich zu anderen Brennstoffen (wie z.B. Erdgas) gering sind. Vgl. Jolley, A. (2006), S. 7.

- Die Anzahl und die Liegedauern der an der Kaje abgefertigten Schiffe sowie der bereits wartenden Schiffe bestimmen die erforderliche Wartedauer ankommender Schiffe.
- Zusammensetzung der Schiffstypen. (Größere Schiffe liegen länger an der Kaje.)
- Prioritätsregeln und Vorschauzeiten wirken sich auf das Auftreten von Wartezeiten nachrangig abgefertigter Schiffe aus. (Der Einsatz kleinerer Schiffe führt tendenziell zu geringeren Wartezeiten, da durch das kürzere Vorschaufenster eher eine ausreichend große Lücke für die benötigte Löschdauer des wartenden Schiffs gefunden wird.)
- Astronomische Gegebenheiten (Wasserstände, Gezeiten, Zeitfenster)
- Berücksichtigung oder Vernachlässigung meteorologisch bedingter Wasserstandsabweichungen

4.3.2.6.2 Kajenauslastung

Die Kajenliegezeit T_{Kaje} eines Schiffs setzt sich aus der Vorliegezeit an der Umschlagstelle (Lade- und Löschklarmachen, Einrichtung der Umschlaganlagen) T_{VL}, der Lade- und Löschzeit T_{LL}, den Ausfallzeiten an der Umschlagstelle T_A[617] und der Nachliegezeit (Seeklarmachen) T_{NL} zusammen.

Neben der reinen Kajenliegezeit kann noch die Zeit an der Reede/Warteposition T_{Reede}, die Zeit T_{An} für die Zuführung eines Schiffs von der Warteposition zur Kaje (Revierfahrt, Seeschleusen, Manöver, z.B. Wenden, Festmachen etc.) sowie die Zeit für das Verlassen der Umschlagstelle bis zum Hafenausgang T_{Aus} anfallen.[618] Je nach geographischen Gegebenheiten sind auch diese Zeiten zu berücksichtigen, wenn sich Bulker z.B. aufgrund von nautischen Restriktionen nicht beim Ein- und Auslaufen begegnen können. Die gesamte Hafenzeit T_H ergibt sich aus der Summe aus Reede-, Anlauf-, Kajen- und Auslaufphase:

$$T_H = T_{Reede} + T_{An} + T_{Kaje} + T_{Aus} \quad [h]$$

$$T_H = T_{Reede} + T_{An} + (T_{VL} + T_{LL} + T_A + T_{NL}) + T_{Aus} \quad [h]$$

Für die **Kapazitätsbetrachtung an der Kaje** sind insbesondere die ersten beiden Phasen relevant. Ist eine längere Revierfahrt T_{An} zwischen Reede und Kraftwerk erforderlich, kann es bei dem Einsatz tideabhängiger Schiffe zu längeren Leerlaufzeiten an der Kaje kommen, wenn ein Schiff nur bei Hochwasser und einem freien Liegeplatz den Hafen ansteuern darf.

---

617 Ausfallzeiten sind Stillstandszeiten, die sich aus störungsbedingten Anlagenausfällen ergeben. Schimmelpfeng zählt hierzu ebenfalls die Umrüstzeiten. Vgl. Schimmelpfeng, K. (1997), S. 314. Für eine kennzahlenbasierte Verfügbarkeitsanalyse von Betriebsmitteln vgl. zudem Schimmelpfeng, K. (2004), S. 83 f.

618 In Anlehnung an Biebig, P./Althof, W./Wagener, N. (2008), S. 296 f. und Schönknecht, R. (1985), S. 152.

Die Zeitdauer des Einsatzes der Umschlaganlagen ($T_U = T_{LL} + T_A$) macht nur einen Teil der Liegezeit des Schiffs an der Kaje ($T_{Kaje} = T_{VL} + T_{LL} + T_A + T_{NL}$) aus. Dies ist bei der Bewertung der Kajenbelegung zu berücksichtigen. Für die Betrachtung der Hafenprozesse können folgende Kennzahlen gebildet werden:[619]

$$C_{Kaje} = \frac{T_{Kaje}}{T_H}$$

Der Koeffizient C_{Kaje} ergibt sich aus dem Verhältnis von Kajenliegezeit zu Hafenzeit. Kleine Werte weisen auf geringes Kapazitätsangebot des Kraftwerkshafens bzw. lange Zeiten für den Reedeaufenthalt und die Revierfahrten hin.

$$C_{ges} = \frac{T_{LL}}{T_H}$$

Der Koeffizient C_{ges} stellt die reguläre produktive Lade- und Löschzeit der gesamten Hafenzeit eines Schiffs gegenüber.

Die Kajenauslastung gibt die Belegung der Kaje an. Hierbei ist in dem Modell ein Kajenabschnitt zu 100 % ausgelastet, wenn ein Schiff an ihm liegt. **Da bei den Schiffen Unsicherheiten bei der Ankunftszeit herrschen, kann eine hohe Kajenauslastung nur zusammen mit hohen Wartezeiten erkauft werden.** Bei den Großschiffen (hier insbesondere den Kohlebulkern) führen diese Wartezeiten aber zu hohen (Charter-) Kosten. Aus Praxissicht ist eine Auslastung von ca. 33 % üblich.

Die Kajenauslastung kann über die Löschleistung der Schiffsumschlageinrichtungen beeinflusst werden. Die Auslastung verhält sich annähernd umgekehrt proportional zu einer Leistungsminderung der Umschlaggeräte. **Eine Änderung der Prioritätsregeln führt zwar zu variierenden Wartezeiten, hat aber auf die Kajenauslastung keinen Einfluss, da alle Schiffe nach wie vor abgefertigt werden müssen.**

4.3.2.6.3 Silobestände

Die Silobestände setzen sich aus Vorratslagern und Dispositionslagern zusammen. Die gesetzliche Bevorratungspflicht sieht z.B. einen **Mindestvorrat** an Kohle in Höhe des 30-fachen Volllast-Tagesbedarfs vor. Auch für andere Güter können Mindestbestände vorgegeben werden. **In Abhängigkeit von den gewählten Strategien kommt es zu unterschiedlich stark schwankenden Beständen,** die durch ausreichend groß dimensionierte Silos aufzufangen sind. **Der kritische Parameter für die Bestandsauffüllung ist die Wiederbeschaffungszeit.** Wenn Bestände schnell und zuverlässig aufgefüllt bzw. entsorgt werden können, kann die Lagerkapazität entsprechend klein gehalten werden.[620]

619 In Anlehnung an Schönknecht, R. (1985), S. 190 ff.

620 Vgl. Brady, T. F./Pfitzer, C. M. (2007), S. 23.

Durch eine Simulation ist es möglich, die Bestandsverläufe und die Kennzahlen zu Anfangs-, Durchschnitts-, Minimal- und Maximalbestand aufzunehmen. Bei einem mehrfachen Simulationslauf können zudem die durchschnittlichen Werte und Schwankungsbreiten aufgezeigt.

4.4 Modellanwendung und Ausblick

Die in der Arbeit entwickelten Modelle wurden für zwei Anwendungsfälle eingesetzt, in denen es um die Überprüfung von geplanten Supply Chain Design-Varianten für Steinkohlekraftwerke ging. Diese Fallbeispiele führten zu weiteren Fragestellungen, die im Anschluss in dem Kapitel „Weiterer Forschungsbedarf" beschrieben werden.

4.4.1 Fallbeispiele

Im Folgenden werden die beiden Fallbeispiele kurz dargestellt. Im ersten Anwendungsfall liegt der Schwerpunkt auf der Engpassermittlung von Verkehrsinfrastrukturen im Hinterland; im zweiten Fall geht es um die Betrachtung der Umschlagprozesse an einer Kraftwerkskaje.

<u>1. Engpassermittlung der Verkehrsinfrastrukturen im Hinterland für die Versorgung einer Vielzahl deutscher Steinkohlekraftwerke</u>

Im ersten Fallbeispiel erfolgte die Untersuchung des Korridors zwischen den ARA-Häfen und dem Rheingebiet mit seinen angrenzenden Wasserstraßen auf mögliche kapazitative Engpässe, die sich aus einer Steigerung der vorhandenen Basislastströme sowie aus der Umstrukturierung der Kohleströme ergeben können.[621] Ziel der Untersuchung der vorhandenen und geplanten Verkehrsinfrastrukturen war die Identifizierung von Engpässen in allen Betrachtungsjahren bis zum Jahr 2020. Für die Lösung der Fragestellung wurde anhand des im Kapitel 4.2 entwickelten Makromodells vorgegangen.

Hierzu wurde im Rahmen eines Projektes am Institut für Seeverkehrswirtschaft und Logistik (ISL) ein Simulationsmodell in erster Linie durch die Autorin erstellt. Es wurde mit dem Simulationstool Networkbuilder, mit dem multimodale Verkehre abgebildet werden können und welches ebenfalls am ISL entwickelt wurde, umgesetzt.[622]

In einem graphischen Editor kann das Verkehrsnetz, welches sich aus Knoten und Kanten zusammensetzt, erfasst werden. Knoten repräsentieren Quellen (Seehä-

621 Vgl. ISL (2007b).
622 Vgl. ISL (2007a).

fen und Bergwerke), bimodale Umschlagterminals im Binnenland, Schleusen oder Senken (Kraftwerke etc.). Diese werden durch ein manuell zu erstellendes Transportnetzwerk, welches aus den möglichen Verkehrswegen Schiene und Binnenwasserstraße besteht und durch Kanten dargestellt wird, verbunden. Jeder zu berücksichtigende Verkehrsweg und jeder Knoten ist zu parametrisieren (Geschwindigkeiten, Kapazitäten, Kosten). Genau hier ergibt sich die Frage nach der Messung der Kapazität von Verkehrsinfrastrukturen. **Da in der vorhandenen Literatur kein geeignetes Konzept für die Kapazitätsbestimmung vorliegt, welches sämtliche relevante Faktoren berücksichtigt, ist das in dieser Arbeit beschriebene Makromodell entwickelt und eingesetzt worden.**

Die Transportaufträge, die die Strukturänderungen der Kohleströme abbilden, sind für die jeweilig betrachteten Jahre manuell zu erstellen. Aus diesen Angaben wird eine Simulation generiert, die unter Berücksichtigung des vorhandenen Verkehrsnetzes und der vorgegebenen Verkehrsträger der einzelnen Transportaufträge die Güter auf das Netz legt. Ist die Kapazitätsgrenze eines Verkehrswegs erreicht, können die Aufträge nicht oder nur teilweise ausgeführt werden.[623]

Die Simulation ermöglicht die Analyse unterschiedlich konfigurierter Szenarien bzgl. der Kapazitäten der Infrastrukturen (abweichende Fertigstellungstermine von Ausbaumaßnahmen), der Festlegung der Anteile des Modal Split sowie der Angebots- und Nachfragestruktur (variierende Schließungstermine und Angebotsmengen einzelner Bergwerke, Änderung der nachgefragten Kohlemengen, Kraftwerksneubauten und Abnehmerstrukturen). Pessimistische Szenarien können sich aus Kombinationen von frühen Bergwerksschließungen, einer zukünftig steigenden Kohlenachfrage durch Kraftwerksneu- und -ausbauten, hohen Transportanteilen der Binnenschifffahrt und nicht zeitgerechten Fertigstellungsterminen von Ausbaumaßnahmen der Wasserstraßeninfrastrukturen zusammensetzen. Optimistische Szenarien hingegen können eine zukünftig geringer steigende Brennstoffnachfrage, eine kleinere anteilige Auslastung der Binnenschifffahrt gegenüber dem Schienentransport und termingerechte Ausbaumaßnahmen vorsehen.

Die Aufbereitung der Simulationsergebnisse zeigt die über jeden Knoten und jede Kante transportierten bzw. umgeschlagenen Ladungseinheiten und hierdurch entstandene Engpässe auf.[624] Ergebnis ausgewählter pessimistischer Szenarien des

---

623 Im Gegensatz zu mikroskopischen Modellierungen, bei denen die Bewegungen von Einzelfahrzeugen betrachtet werden, basiert der Networkbuilder auf einer makroskopischen Modellierung, bei der der Verkehrsfluss durch Mittelwerte für Geschwindigkeit und Kosten beschrieben wird. Die Transportströme sowie die Kapazitäten der Kanten und Knoten werden in Tonnen und nicht in einzelnen Verkehrsmitteln angegeben. Diese Volumenströme werden in Paketen, die der Kapazität des Bemessungsschiffs (bzw. eines Zuges) entsprechen, auf das Netz gelegt. Zur mikroskopischen und makroskopischen Modellierung vgl. ausführlich Schütt, H. (1990), S. 1 ff.

624 Ein Export der Daten zur Weiterverarbeitung in dem Simulationstool TRIPS (Round Trip Simulation System), einem mikroskopischen Modellierungssystem zur Abbildung multi-

Fallbeispiels ist, dass diverse Schleusen kapazitätstechnisch als kritisch einzustufen sind, da die prognostizierten Güter- und Kohleströme nicht bewältigt werden können. **Mit Hilfe der Simulation konnten somit eindeutige Engpassbereiche im Verkehrsnetz der Binnenwasserstraßen für den Kohletransport identifiziert werden.** Eine genaue Analyse der Schieneninfrastruktur war aufgrund der Datenlage nicht möglich, da die DB Netz keine Daten über Kapazitäten oder Auslastungen ihrer Strecken zur Verfügung stellt.[625] Eine Auswertung der Verkehrsträgerstatistik des Statistischen Bundesamts zeigt jedoch, dass auch die Relationen auf der Schiene zwischen den ARA-Häfen, den Standorten am Rhein und dem Saarland stark frequentiert sind.

2. Engpassgestaltung der logistischen Prozesse an der Kraftwerkskaje

Für die Entwicklung eines geeigneten Supply Chain Designs für ein Steinkohlekraftwerk ist die Erstellung und Untersuchung von sicheren Ver- und Entsorgungsplänen unter Beachtung der spezifischen Rahmenbedingungen von besonderer Bedeutung. Im zweiten Fallbeispiel lag der Schwerpunkt auf der Betrachtung der Prozesse an der Kaje und der Anbindung eines Kraftwerks an die angrenzenden Wasserstraßen.[626] Ziel der Untersuchung war die Beantwortung der Fragestellung, ob bei gegebener Krandimensionierung und Silokapazität für die zu untersuchenden Stoffströme der Kraftwerksbetrieb aus logistischer Sicht machbar ist. Zielgrößen waren die Schiffswartezeiten, die sich aus einer belegten Kaje oder aus zu geringen Wasserständen ergeben, die Auslastung der Kaje sowie die Schwankungen der Silobestände. Für die Untersuchung der Fragestellungen wurde anhand des im Kapitel 4.3.1 vorgeschlagenen Mikromodells vorgegangen.

Für die Berücksichtigung von Nebenläufigkeiten, synchronen Prozessen und insbesondere von stochastischen Einflüssen wurden die Stoffströme des Kraftwerks mit einem mikroskopischen Simulationsmodell untersucht, bei dem die Bewegungen von Einzelfahrzeugen betrachtet werden konnten. Dieses basiert auf dem Simulationstool Plant Simulation (ehemals eM-Plant), welches den Kraftwerksbetrieb und die Ver- und Entsorgung mit Lkw und Schiff beschreibt. Besondere Beachtung fanden die Umschlagaktivitäten an der Kaje, da die großen Varianzen in den

---

modaler Verkehrsträger- und Ladungsbewegungen, ist möglich. Dieses Simulationstool wurde ebenfalls am Institut für Seeverkehrswirtschaft und Logistik (ISL) entwickelt.

625 Die Deutsche Bahn hält die Netzdaten geheim. Der Wissenschaft und anderen externen Personen ist es somit nicht möglich, Aussagen zu vorhandenen oder geplanten Kapazitäten von Schienenwegen zu treffen. Vgl. u.a. Netzwerk Privatbahnen (2008b), S. 15. Laut Angaben der deutschen Bahn sind die prognostizierten Güterströme auf der Schiene realisierbar. Auch in den USA gibt es Studien, die den Schienentransport von Kohle untersuchen. Hier besteht ebenfalls die Problematik, dass Schienenunternehmen ihre Daten nicht veröffentlichen, um ihre Wettbewerbspositionen nicht zu gefährden. Vgl. McCollum, D. L. (2007), S. 35.

626 Vgl. ISL (2006).

Schiffsanläufen zu schwankenden Silobeständen am Kraftwerk sowie zu langen Schiffswartezeiten aufgrund belegter Kajen führen. Bei der Simulation der Umschlagprozesse wurde der Einsatz von Prioritätsregeln notwendig. Obwohl die Regelfahrpläne der Schiffe so gestaltet waren, dass es keine Überschneidungen gab, traten aufgrund der angenommenen Verfrühungen bzw. Verspätungen der Schiffe bzgl. des ETA (Estimated Time of Arrival = Fahrplan-Soll Ankunftszeitpunkt) z.T. erhebliche Wartezeiten durch belegte Kajen auf.

Für die Analyse der Kraftwerkslogistik wurden diverse Szenarien entwickelt und hinsichtlich eines gesicherten kontinuierlichen Kraftwerksbetriebs getestet. Insbesondere die Vielfalt möglicher logistischer Strategien führte zu einer großen Anzahl an alternativen Ver- und Entsorgungsszenarien. Diese unterschieden sich u.a. hinsichtlich der Größe der gelieferten Kohlechargen und der hierfür eingesetzten Bemessungsschiffe. **Durch die Simulationen konnten Engpässe an der Kaje identifiziert sowie alternative Lösungen durch eine Variation der beeinflussbaren Randbedingungen und Logistikstrategien aufgezeigt werden.**

Ein Ergebnis ist, dass astronomisch und meteorologisch bedingte Wasserstandsvariationen sowie die sich aus dem Hafengebiet ergebenden Restriktionen wichtige Einflussgrößen bei der Wahl des Bemessungsschiffs sind. Hierbei ist die Zusammensetzung der Schiffsgrößen bei der Dimensionierung der Kajen- und Krananlagen zu berücksichtigen. **Ein weiteres Ergebnis dieser Simulationen ist, dass durch den Einsatz kleinerer Schiffe für die Nebenstoffe die Vorgänge an der Kaje entzerrt werden und sich die Wartezeiten über alle Schiffe reduzieren.**

Es zeigte sich ebenfalls, dass die großen Varianzen in den Schiffsankünften eine exogene Randbedingung darstellen, die eine Herausforderung bei der Planung der Kajenprozesse ist. Dieser kann mit Regeln der Prioritätensteuerung, die vorherrschend in der Werkstattfertigung zum Einsatz kommen, begegnet werden. **Eine Übertragbarkeit dieser Regeln der Ablaufplanung auf die Abfertigung der Schiffe an der Kaje konnte nachgewiesen werden.**

Durch die beiden Fallbeispiele wurde bewiesen, dass die Modelle für die Untersuchung aktueller Fragestellungen bezüglich logistischer Anforderungen praxisnah einsetzbar sind. Insbesondere die Problematik im Bereich der maritimen Transporte ist aufzeigbar. Somit können belastbare Aussagen für die Planung der Ver- und Entsorgungslogistik von Steinkohlekraftwerken getroffen und klare Handlungsempfehlungen gegeben werden.

Zu bedenken ist, dass die Realisierung kapazitätssteigernder Maßnahmen lange Planungs- und Bauzeiten in Anspruch nimmt und eine kurzfristige Erweiterung der Infrastrukturen und der Verkehrsmittel nicht möglich ist. Ein Kraftwerksstandort muss hinsichtlich möglicher Restriktionen der Ver- und Entsorgung hinreichend geprüft werden, um einen zuverlässigen Kraftwerksbetrieb *langfristig* sicherzustellen.

4.4.2 Weiterer Forschungsbedarf

Aus den Fallbeispielen ergeben sich mögliche Erweiterungsfelder des Modellrahmens. Diese ergänzenden logistischen Aspekte werden im Folgenden kurz aufgezeigt. Sie sind ebenfalls von hoher Relevanz und stellen mögliche Gesichtspunkte einer zukünftigen Forschung im Bereich der Entwicklung eines Supply Chain Designs von Steinkohlekraftwerken dar.

Steigende Transportvolumina der Kohlenwirtschaft können bei dem Erreichen von Kapazitätsgrenzen eine Erweiterung vorhandener Ressourcen erforderlich machen. Dies betrifft zum einen die Zahl und die Art der Verkehrsmittel, die für eine zunehmende Beförderung vorgehalten werden müssen. Zu untersuchen ist, ob diese Investitionen durch ein Energieversorgungsunternehmen selbst oder durch externe Unternehmen getätigt werden sollten. Zudem wird auf die absehbare Problematik der fehlenden Auslastung der Binnenschiffe auf der Talfahrt (Rückladung) eingegangen. Zum anderen können neben den Verkehrsmitteln auch Investitionen in Infra- und Suprastrukturen erforderlich werden. Hier könnten Kooperationen mit privaten oder öffentlichen Institutionen zu Synergieeffekten führen.

Outsourcing oder Insourcing von Transportleistungen

Bei der Entwicklung eines Supply Chain Designs für ein Kraftwerk stellt sich die Frage, ob ein Energieversorgungsunternehmen die Erstellung der Logistikdienstleistungen im Selbsteintritt durchführt oder fremdvergibt. Da diese oftmals nicht als Kernkompetenzen angesehen werden, tendieren Unternehmen zunehmend zu einem Fremdbezug und einer Auslagerung von einst selbst erstellten Transportleistungen. Im Bereich des Kohletransports hat sich z.B. die Ruhrkohle AG 2005 von ihren Bahn- und Hafenbetrieben getrennt. Der Transport der Kohle wurde augenscheinlich nicht als Kernkompetenz angesehen. Diese strategische Unternehmensentscheidung darf jedoch nicht nur auf einen reinen Kostenvergleich reduziert werden.[627]
Mögliche Ansatzpunkte für Effizienzgewinne durch eine Fremdvergabe von Logistikdienstleistungen für ein Kraftwerk sind kritisch zu hinterfragen:

Ein Ziel der Fremdvergabe von Transporten ist die Senkung der Stückkosten durch Skaleneffekte, wenn die Beförderung von kleineren Gütern durch einen Dienstleister gebündelt werden kann. Bei Ganzladungen wie dem Kohletransport werden diese Kostenvorteile nicht ausgeprägt sein. Ein Logistikdienstleister kann oftmals Auslastungsrisiken, die sich z.B. aus kampagnengeprägten Supply Chains ergeben, durch eine Vielzahl von Kunden kompensieren. Die Realisierung dieses Effekts ist in der Praxis jedoch umso schwieriger, je größer das am Markt zu platzierende Volumen ist. Die für die zusätzlichen Kohletransporte erforderliche große Zahl an Transportmitteln wird kaum für eine andere Verwendung genutzt werden können.

627 Vgl. Bretzke, W.-R. (1998), S. 393.

In der Variabilisierung der Fixkosten liegt nur dann ein Vorteil, wenn es wirklich zu einer Senkung der Stückkosten kommt. Hat ein Dienstleister aber spezielle Kapazitäten neu zu errichten, reduziert sich die Flexibilität, da dieser längere vertragliche Bindungsfristen fordern wird, die den Abschreibungsfristen seiner Investition entsprechen. Das Problem des Energieversorgers liegt zudem in der Abhängigkeit zum Dienstleister, einem möglichen Wissensverlust und steigenden Transaktionskosten.[628] Der Abbau der eigenen Dienstleistungstiefe muss mit dem Aufbau einer Einkaufsfunktion bezahlt werden.

Weiterer Forschungsbedarf wird bezüglich der Fragestellung gesehen, inwieweit das Outsourcing von Transportdienstleistungen der Kraftwerksver- und -entsorgung zu Kosteneinsparungen und einer Leistungsverbesserung führt, oder ob womöglich das Insourcing bereits vergebener Transportdienstleistungen zu einer langfristigen Sicherung von Kapazitäten wirtschaftlich sinnvoller erscheint.[629]

Insbesondere vor dem Hintergrund diverser Bergwerksschließungen im Jahr 2012 zeichnet sich ein erheblicher sprunghafter Anstieg des Bedarfs an Transportkapazitäten ab. Zudem entspricht der Strukturwandel der Schiffsgrößen nicht dem Bedarf an Schiffsraum für die Versorgung von Kraftwerken, die nicht an einer Wasserstraße der Klasse VI liegen. Die derzeit temporär verminderte Nachfrage nach Transportdienstleistungen hat zu einer Kapazitätsreduzierung durch Abwrackungen geführt. Im Gegensatz dazu müssten, vor dem Hintergrund der Bauzeiten für neue Binnenschiffe und der Ausbildungszeiten von Personal, zusätzliche Kapazitäten rechtzeitig aufgebaut werden, um einen zukünftigen Versorgungsengpass sowohl bei der Binnenschifffahrt als auch bei dem Schienenverkehr zu vermeiden.[630]

Bei knappen Transportkapazitäten im Schienen- und Binnenwasserstraßentransport besteht ein strategisches Risiko in der Vergabe von Transportfunktionen auf externe Dienstleister. In Abhängigkeit von Angebot und Nachfrage könnten Engpässe an Transportmitteln und einhergehende Preissteigerungen nicht auszuschließen sein. Mit zunehmendem Volumen der benötigten Logistikdienstleistungen wird die Eigenerstellung gegenüber dem Outsourcing tendenziell an Vorteilhaftigkeit gewinnen, da mit dem Erreichen einer wirtschaftlichen Betriebsgröße Investitionen in Transporttechnologien für das eigene Unternehmen rentabel wer-

628 Diese lassen sich in Anbahnungs-, Verhandlungs-, Entscheidungs-, Vereinbarungs-, Kontroll-, Anpassungs- und Beendigungskosten gliedern. Vgl. hierzu ausführlich Nebl, T. (2008), S. 251 ff. Zu Transaktionskostentheorie in Bezug auf die Logistik vgl. Isermann, H./ Lieske, D. (1998), S. 409 ff.

629 Der entgegengesetzte Fall, also die Reintegration von Leistungen in das eigene Unternehmen, wird als Insourcing bezeichnet. Vgl. Binner, H. F. (2002), S. 31 ff.

630 Die derzeitige Situation des Konjunkturabschwungs erschwert für Reedereien und Partikuliere Investitionsentscheidungen zum Aufbau neuer Kapazitäten. Im Bereich der Bahnkapazitäten sind Engpässe im Personal (die Dauer der Lokführerausbildung beträgt 3 Jahre) und in den Lieferzeiten für Lokomotiven zu sehen (derzeit 3-4 Jahre, Tendenz steigend).

den.[631] Eine hybride Strategie, die eine fest eingeplante Basislast mit eigenen Logistikkapazitäten abdeckt und nur den Spitzenbedarf fremd vergibt, könnte eine gangbare Lösung sein.

Rundläufe und Rückladung

Bei einem steigenden Volumen von Kohleströmen stellt sich die zunehmende Problematik möglicher Rückladungen. **Die bereits heute ausgeprägte Unpaarigkeit der Verkehre zeichnet sich in der Binnenschifffahrt durch einen hohen Anteil an Leerfahrten auf dem Rückweg in Richtung der Seehäfen aus. Dieser wird bei steigenden Kohletransporten je nach Relation erheblich zunehmen.** Wenn die Binnenschiffer auf der Talfahrt regelmäßig keine Erlöse generieren können, sind sie gezwungen, steigende Frachtraten auf der Bergfahrt zu verlangen.

Mögliche Rückladungen der Kohleschiffe wären Stahl, Halb- oder Fertigprodukte, Schwergut, Baustoffe, Kies/Sand/Splitt, Schrott/Recycling/industrielle Nebenprodukte, Eisenoxid, Dünger, Holz und saisonal anfallende Agrarprodukte. Eine Möglichkeit von Rundläufen und der Bündelung von solchen Verkehren wären zu prüfen. Es ist jedoch davon auszugehen, dass diese Ströme nicht immer in die gewünschte Richtung laufen. Regional gesammelter und gebündelter Schrott wird z.B. per Binnenschiff zu den deutschen Stahlwerken distribuiert, hat somit das gleiche Ziel wie die Kohletransporte und ist ihnen nicht entgegengesetzt.[632]

Eine weitere Möglichkeit wäre, die im Kraftwerksprozess anfallenden Nebenstoffe wie Gips, Asche und Schlacke mit den Kohleschiffen abzutransportieren und so eine (zumindest geringe) Rückladung zu sichern. Gips und Asche sind zwar Trockengüter, werden aber aufgrund ihrer kleinen Körnung pneumatisch verladen. Für ihren Transport werden unabhängig vom Verkehrsträger Silofahrzeuge verwendet, eine Nutzung von konventionellen Binnenschiffen ist nicht möglich. Eine Ausnahme sind speziell für diesen Zweck konstruierte Schiffe, die sowohl als Trockenmassengutschiff als auch als Siloschiff eingesetzt werden können.[633]

Beim Schienentransport verkehren die Ganzzüge im Massengutverkehr üblicherweise als Pendelzüge mit planmäßigen Leerfahrten in der Gegenrichtung. Aufgrund der hohen Spezialisierung der Waggons ist eine Rückladung geeigneter Güter auf der gleichen Relation in der Regel nicht vorhanden.[634]

Nicht nur bei den Hinterlandverkehren, auch bei der Seeschifffahrt besteht das Problem fehlender Rückladungen. In der Regel sind in gegenläufiger Richtung keine Schüttgüter zu transportieren, so dass die auf diese Gutart spezialisierten Frach-

631 Vgl. Vahrenkamp, R./Siepermann, C. (2007), S. 388 ff.

632 Vgl. LNC (2008), S. 35 f.

633 Ein solches speziell ausgerüstetes Schiff bietet die OTS On Time Shipping GmbH an, welches für den Transport von trockener Flugasche und Baustoffen geeignet ist. Die Abmessungen der MS Peludos betragen L = 85 m, B = 8,20 m und T = 2,72 m, DW = 1.278 t). Weitere solcher Spezialschiffe sind nicht bekannt.

634 Vgl. Planco/BfG (2007), S. 34.

ter nach einer Ladungsreise oft eine ausschließlich kostenverursachende Leerfahrt ausführen.[635]

Kooperationen bei Infrastrukturerweiterungsmaßnahmen

Für die Inbetriebnahme eines neuen Kraftwerks oder die Vergrößerung einer bestehenden Anlage sind ausreichende Transport- und Umschlagkapazitäten sicherzustellen. Ein Ausbau bestehender Verkehrsinfrastrukturen kann Anpassungen von Hafenanlagen oder Fahrwassern erforderlich machen. Nicht nur in der See- und Binnenschifffahrt, sondern auch im Schienenverkehr können Kapazitätserweiterungen notwendig sein.

Der Ausbau einer frei zugänglichen Verkehrsinfrastruktur generiert positive externe Effekte auch für andere Nutzer und kann zu einem Trittbrettfahrerverhalten führen. Hier ist im Vorfeld zu prüfen, ob die Möglichkeit der gemeinsamen Nutzung durch weitere Unternehmen gegeben ist und inwieweit auch potenzielle Wachstumseffekte für die Region (Unternehmensansiedlungen, Beschäftigung, induzierter Konsum, Steuereinnahmen, intermodale Verkehrsverlagerungen) zu erreichen sind.[636]

Unter der Berücksichtigung möglicher Gütergruppen und Industriezweige sind Szenarien zu entwickeln, die auf die Stärkung bestehender und dem Ausbau weiterer Industriezweige abzielen. Neben der Abschätzung der Entwicklung vorhandener Transportströme sollte versucht werden, Güter zu identifizieren, die das bestehende Portfolio eines Hafens erweitern und die für die Region von Bedeutung sind. Ziel dieser Untersuchungen ist das Auffinden von Kooperationspartnern, mit denen Synergieeffekte bei der Planung, dem Ausbau und der Finanzierung von Infrastrukturen realisiert werden können.

---

635 Vgl. Schönknecht, R./Laue, U. (1988), S. 67.

636 Für positive Effekte, die für eine Region, einen Hafen und eine Stadt aufgrund von Wasserstraßenausbaumaßnahmen generiert werden können, vgl. z.B. LNC (2008). Neben positiven Effekten sind jedoch auch negative externe Effekte zu berücksichtigen. Zu den regionalen Auswirkungen von Staubemissionen durch Umschlag, Transport und Lagerung von Kohle sowie möglichen Reduktionsmaßnahmen vgl. z.B. Hatch, C. (2008).

5 Zusammenfassung und wissenschaftliche Erkenntnisse

Der sich abzeichnende Strukturwandel des deutschen Steinkohlenmarktes von einer derzeit z.T. noch nationalen und kontinentalen Beschaffung hin zu einem globalen Brennstoffbezug führt zu längeren und störanfälligeren Transportketten und einem steigenden logistischen Aufwand bei den Ver- und Entsorgungsprozessen eines Kraftwerks. Vor dem Hintergrund des geplanten Neubaus zusätzlicher Kraftwerke stellt sich zudem die Frage hinreichender Kapazitäten der Verkehrsinfrastrukturen und Verkehrsmittel.

Globale maritime Transportketten, die die Beförderung der Kohle von den Bergwerken über Export-, Import- und Binnenhäfen bis zum Kraftwerk beinhalten, sind durch den Einsatz von Seeschiffen, Binnenschiffen und Zügen gekennzeichnet. Die anderen für den Kraftwerksbetrieb relevanten Ver- und Entsorgungsströme beschränken sich i.d.R. auf kürzere nationale oder kontinentale Transporte. Bei der Wahl des Verkehrsmittels sind, neben verkehrspolitischen Rahmenbedingungen, die jeweiligen transporttechnologischen Spezifika der Stoffe zu beachten, aus denen sich Anforderungen bezüglich der Umschlag- und Transportmittel ergeben. Für die Gestaltung eines Supply Chain Designs für die Kraftwerksver- und -entsorgung ist es unabdingbar, die Einflussfaktoren, Restriktionen und Eigenschaften der einzelnen Verkehrsträger zu kennen, um diese hinreichend realitätsgetreu abbilden zu können. Hierzu wurde in dieser Arbeit ein umfangreicher Modelrahmen entwickelt, in dem eine **Kombination makro- und mikrologistischer Fragestellungen** erfolgt.

Der Fokus des **Makromodells** liegt auf der kapazitativen Betrachtung der Verkehrsinfrastrukturen, die für das Supply Chain Design des Kraftwerks genutzt werden sollen. Ziel ist die Ermittlung von Engpässen bestehender und potenzieller Infrastrukturen und Verkehrsmittel, die für die Ver- und Entsorgungsströme relevant sind. Zu untersuchen ist, ob die sich aus der Laststrategie des Kraftwerks ergebenden Transportvolumina überhaupt mit den jeweiligen Verkehrsträgern befördert werden können. Hierzu ist eine Vielzahl von exogenen Randbedingungen zu beachten, auf die in der Arbeit ausführlich eingegangen wurde. Die entwickelte Systematik wurde für die Bewertung der Binnenschifffahrt detailliert ausgearbeitet, sie ist aber auch auf die anderen Verkehrsträger übertragbar. Aus diesem Grund wurden ebenfalls wichtige Randbedingungen und Prozesse der Seeschifffahrt sowie des Schienenverkehrs in entsprechender Kürze dargestellt. Grundidee des Modells ist, unter Berücksichtigung der infrastrukturellen Gegebenheiten und der eingesetzten Verkehrsträger, zunächst die derzeitigen und zukünftigen Belastungen durch die sogenannte Basislast zu bestimmen. Die vorhandenen (ebenfalls zu ermittelnden) gesamten Kapazitäten der Engstellen sind um das Basislastaufkommen zu reduzieren, bevor eine Bewertung der noch freien Kapazitäten in Bezug auf die geplanten

Ver- und Entsorgungsströme eines Kraftwerks erfolgen kann. Dieses Vorgehen wurde anhand der Untersuchung von Schleusen aufgezeigt.

Im **Mikromodell** wurde untersucht, ob die im Makromodell festgelegten Mengenströme und Verkehrsträger je Transportgut am Kraftwerk umgeschlagen und abgefertigt werden können. Der Fokus liegt auf der Anbindung eines Kraftwerks an die überregionalen Verkehrsnetze und der Analyse der logistischen Kraftwerksprozesse. Hierzu sind diverse exogene und endogene Randbedingungen sowie die Ausgestaltung der Logistikstrategien zu berücksichtigen. Die exogenen Randbedingungen beinhalten u.a. die nicht beeinflussbaren Wasserstandsschwankungen und Varianzen in den Schiffsankünften, die zu erheblichen Verzögerungen von geplanten Abfertigungsterminen führen. Die kraftwerkseigenen Umschlagkapazitäten, Kajenabmessungen und Bemessungsschiffgrößen stellen z.B. endogene Randbedingungen dar. Neben der Ermittlung dieser Restriktionen sind für die Untersuchung der kajenbezogenen Prozesse logistische Strategien zu formulieren, die z.B. Prioritätsregelungen und Bestandsstrategien beinhalten und die ausführlich dargestellt wurden. Für die Bewertung eines Supply Chain Designs sind die Zielgrößen Wartezeiten der Verkehrsmittel, Silobestandsschwankungen und Auslastungsgrade der Umschlageinrichtungen zu berücksichtigen. Schwerpunktmäßig wurden in dieser Arbeit die Problemstellungen im Bereich der Schifffahrt, der Umschlagprozesse an der Kaje und den sich hieraus ergebenden Konsequenzen für die Silokapazitäten und -bestände betrachtet.

Für die Planung der Ver- und Entsorgungslogistik für Steinkohlekraftwerke wurde gezeigt, dass sowohl eine verkehrsträgerübergreifende Engpassermittlung vorhandener Trasseninfrastrukturen als auch eine Engpassgestaltung beeinflussbarer Umschlaginfrastrukturen unter Beachtung exogener und endogener Randbedingungen erforderlich ist, um ein realisierbares Supply Chain Design zu erstellen. Aus den in dieser Arbeit durchgeführten Untersuchungen und dem entwickelten Modell lassen sich folgende Erkenntnisse ableiten:

Die Problemstellungen im Bereich der Kraftwerkslogistik weisen oft eine so **hohe Komplexität** auf, dass, selbst ohne Berücksichtigung stochastischer Einflüsse und ohne Beachtung der Hinterlandtransporte, eine Darstellung mit herkömmlichen Ansätzen der mathematischen Programmierung nicht möglich ist. Deshalb werden in vorhandenen Modellen in der Literatur zum einen teilweise genetische Algorithmen eingesetzt, um überhaupt Lösungen für eine Problemstellung zu finden. Zum anderen werden Annahmen und Vereinfachungen getroffen, die die Übertragbarkeit dieser speziellen Modelle auf ähnliche Fragestellungen und Anwendungsfälle stark eingrenzt. Die Beschränkung auf lediglich einen Teil der Restriktionen hilft zwar zur Modellvereinfachung, bildet die Realität aber nicht hinreichend ab, um belastbare Aussagen für die Entwicklung eines Supply Chain Designs in der maritimen Logistik zu treffen.

In den in dieser Arbeit entwickelten Modellen wurde bewusst ein **Fokus auf die nautischen Restriktionen** bei der Entwicklung eines Supply Chain Designs für ein Kohlekraftwerk gelegt. Genau hier besteht der Schwachpunkt existierender Modelle, die sich immer nur auf ausgewählte Aspekte beziehen und unter Berücksichtigung dieser Auswahl eine Optimierung eines Logistiksystems anstreben. Dieses Vorgehen ist aber für die Kraftwerksplanung nicht immer hinreichend. Eine Beachtung lediglich einzelner Teilaspekte zulasten weiterer relevanter Faktoren kann zu einem logistischen Konzept führen, welches in der Realität nicht umsetzbar ist. **Aus diesem Grund wurde in dieser Arbeit auf die vielfältigen Bedingungen und Restriktionen der See- und Binnenschifffahrt eingegangen, die die Ver- und Entsorgungslogistik erheblich beeinträchtigen können und deswegen bei der Modellierung von Coal Supply Chains zu beachten sind.**

Mit einer auf dem Mikromodell beruhenden Simulation konnte gezeigt werden, dass der meteorologische Einfluss auf die eintretenden Wasserstände in Tidengewässern ein geplantes Supply Chain Design für die Kraftwerkslogistik zunichte machen kann. Für die Schifffahrt ist die Kalkulation mit den in den Tidenkalendern angegebenen Wasserständen nicht hinreichend, wenn diese durch weitere Effekte überlagert werden. Ein weiteres Ergebnis im Bereich der Schifffahrt ist, dass das Rechnen mit theoretischen Schleusungsdauern zu erheblichen Abweichungen zu den in der Realität erreichbaren Zeiten führt und somit eine zu optimistische Bewertung von Logistikkonzepten zur Folge haben kann.

Zudem darf bei der verkehrsübergreifenden Modellierung eines Coal Supply Chain-Netzwerkes bei Engpässen in den Verkehrsinfrastrukturen kein uneingeschränkter **Modal Shift** auf andere Transportträger erfolgen. Eine Güterstromoptimierung im Sinne einer (kosten-)optimalen Aufteilung der Lieferungen auf mögliche Verkehrsträger bzw. die Substituierbarkeit von Verkehrsträgern spielt, im Gegensatz zu anderen Transportplanungsproblemen, in der Kohlelogistik eine untergeordnete Rolle.

Vorhandene Modelle blenden zudem die **Vielzahl der Stoffströme eines Kraftwerks** aus und betrachten lediglich den Materialfluss der Kohle. In einer Simulation, die auf dem in dieser Arbeit entwickelten Mikromodell basiert, konnte jedoch nachgewiesen werden, dass eine simultane Berücksichtigung aller Stoffströme des Kraftwerksbetriebs für die Gestaltung der Abfertigungsprozesse unabdingbar ist. Zudem ist eine Beachtung der transporttechnologischen Eigenschaften der unterschiedlichen Schüttgüter wichtig, da die einzusetzenden Transport- und Umschlagmittel hiervon abhängig sind.

Ein weiterer Punkt, der bei der Gestaltung eines Supply Chain Designs für Steinkohlekraftwerke von ausschlaggebender Bedeutung ist, ist die Frage nach der **Bewertung der Kapazitäten von Infrastrukturen**. Vorhandene Publikationen ordnen den Kanten von Netzwerken zwar eine Kapazität c zu, wie diese Zahl aber hergeleitet wird, geht nicht aus diesen Veröffentlichungen hervor. Eine ausführliche Literaturrecherche hat ergeben, dass es keinen generellen Maßstab für die Bewertung der Kapazität von Infrastrukturen gibt; die Begriffe Kapazität, Leistungsfähigkeit, Durchlassfähigkeit und Qualität werden in diesem Zusammenhang nicht eindeutig abgegrenzt und zum Teil synonym verwendet. Gerade dieser Wert ist aber bei der Planung eines Logistikkonzeptes für Kraftwerke von herausragender Wichtigkeit, da der Produktionsfaktor Verkehrsinfrastruktur für ein Kraftwerk ein limitationaler Einsatzfaktor ist, der nicht durch andere Produktionsfaktoren substituiert werden kann. Eine konkurrierende Nutzung dieser begrenzten Kapazitäten durch eine Vielzahl von Akteuren kann zu einer übermäßigen Nachfrage führen. Die Forschungslücke bestehender Veröffentlichungen in den Methoden für die Messung der Kapazität der Infrastrukturen sowie der Bewertung, inwiefern diese für die erwarteten Ver- und Entsorgungsströme ausreichend sind, wurde im Rahmen dieser Arbeit geschlossen.

Bei den maritimen Coal Supply Chains erweisen sich insbesondere die großen Varianzen in den Schiffsankünften als Herausforderung. Es konnte gezeigt werden, dass eine Übertragung der Regeln der Ablaufplanung, die vorherrschend in der Werkstattfertigung genutzt werden, auf die Abfertigung der Schiffe an der Kaje möglich ist. Durch den Einsatz von **Prioritätsregeln** können die Wartezeiten der Schiffe erheblich reduziert werden, die Auslastung der Krananlagen verändert sich hingegen nicht. Bei einer zeitlichen Verlagerung der Schiffsabfertigungstermine bei gleich bleibenden Umschlagdauern handelt es sich immer nur um eine Verschiebung entlang der Zeitachse, nie aber um eine Veränderung der Kapazitätsauslastung insgesamt.

Es wurde verdeutlicht, dass **klassische Bestandsmodelle für die Lagerhaltung der Kohle** aufgrund der langen Wiederbeschaffungszeiten bei einer globalen Versorgung nicht anwendbar sind. Fehlkosten beim Kraftwerksbetrieb sind prohibitiv hoch und unter allen Umständen zu vermeiden. In dem Mikromodell wird diese Bestellmengenproblematik durch die Steuerung der Silobestände über iterativ zu erstellende Fahrpläne für die jeweiligen Schiffstypen gelöst.

Um der Problematik, die sich aus den z.T. erheblichen Varianzen in den Schiffsankünften ergibt, begegnen zu können, wurden in dieser Arbeit diverse **Logistikstrategien** entwickelt, die einen großen Einfluss auf die Realisierbarkeit eines Supply Chain Designs haben. Zudem kann mit einer Simulation die Wirkung von Änderungen der Leistungen der Umschlaginfrastrukturen (Kranleistungen, Kajenbelegungspläne) auf die Wartezeiten von Schiffen aufgezeigt werden.

Durch die Modellierung und Simulation eines geplanten Logistikkonzeptes können die **Auswirkungen der logistischen Strategien** und die Änderung der endogenen Parameter auf die Zielgrößen Schiffswartezeiten, Kajenauslastung und Silobestände analysiert werden. Auf diese Weise ermöglicht das Mikromodell den Vergleich verschiedener Szenarien, die sich u.a. aus variierenden Transport-, Bestandssteuerungs-, Anlauf- und Umschlagstrategien zusammensetzen.

Letztendlich ist eine Aussage über die Versorgungssicherheit des Kraftwerks in Bezug auf das Supply Chain Design möglich. In der Literatur wird die Versorgungssicherheit von Kraftwerken oder von Ländern zumeist in Bezug auf physische, geopolitische und ökonomische Aspekte bewertet. Verkehrswege und -mittel finden keine tiefergehende Beachtung. Die **logistische Versorgungssicherheit** spielt eine erhebliche Rolle bei der Standortwahl eines Kraftwerks sowie der Energiestrategie eines Landes. Mit dem hier ausgearbeiteten Makromodell ist eine Aussage über die logistische Versorgungssicherheit möglich.

Die entwickelten Modelle wurden im Rahmen zweier Anwendungsfälle eingesetzt, die die Untersuchung von Fragestellungen im Rahmen der Kraftwerkslogistik zum Thema hatten. Im ersten Fall erfolgte die Überprüfung des Korridors zwischen den ARA-Häfen und dem Saargebiet auf mögliche kapazitative Engpässe, die sich aus einer Steigerung der vorhandenen Basislastströme sowie den zukünftigen Transporten der Energiewirtschaft ergeben können. Anhand der Simulation diverser Versorgungsszenarien, konnten potenzielle Engpässe in einigen Betrachtungsjahren klar nachgewiesen werden.

Thema des zweiten Anwendungsfalls war die Untersuchung der Prozesse an der Kaje und der Anbindung eines Kraftwerks an die angrenzenden Wasserstraßen. Für die Ver- und Entsorgungslogistik sind insbesondere die Auslegung der Kajen- und Krananlagen, die Bestimmung von Bemessungsschiffen sowie die Silokapazitäten relevant. Ergebnis ist, dass astronomisch und meteorologisch bedingte Wasserstandsvariationen sowie die sich aus dem Hafengebiet ergebenden Restriktionen wichtige Einflussgrößen bei der Wahl des Bemessungsschiffs sind. Es zeigte sich, dass ebenfalls die großen Varianzen in den Schiffsankünften eine exogene Randbedingung darstellen, die bei der Planung der Kajenprozesse zu berücksichtigen ist. Dieser kann mit Regeln der Prioritätensteuerung, die vorherrschend in der Werkstattfertigung zum Einsatz kommen, begegnet werden. Eine Übertragbarkeit dieser Regeln der Ablaufplanung auf die Abfertigung der Schiffe an der Kaje konnte nachgewiesen werden.

Die beiden **Anwendungsfälle** bestätigen, dass die Modelle für die Untersuchung aktueller Fragestellungen bezüglich logistischer Herausforderungen praxisnah einsetzbar sind. Es können belastbare Aussagen für die Planung der Ver- und Entsorgungslogistik von Steinkohlekraftwerken getroffen und klare Handlungsempfehlungen gegeben werden. Auch eine Übertragbarkeit der Modelle auf andere Branchen, in denen Massengüter in großen Mengen zu befördern sind, ist denkbar. Hier wird insbesondere eine Anwendung im Bereich der Stahlindustrie gesehen, bei der große Mengen an Eisenerz und Kohle für den Produktionsprozess erforderlich sind und die ebenfalls durch hohe Ausfallkosten gekennzeichnet ist.

Der Modellrahmen bietet eine belastbare Planungsgrundlage für die Entwicklung eines sicheren Supply Chain Designs für einen langfristigen Planungshorizont und integriert verkehrsträgerspezifische Restriktionen, konkurrierende Güterströme, die Besonderheiten des maritimen Transports, die Spezifika des Kraftwerksprozesses und die vielfältigen logistischen Strategien.

Die in dieser Arbeit durchgeführte Untersuchung zu internationalen Kohle-Supply Chains zeigt, dass die Beherrschung der Komplexität, die sich aus den stochastischen Einflüssen und den begrenzten Infrastrukturkapazitäten ergibt, einen wesentlichen Erfolgsfaktor darstellt, der in der wissenschaftlichen Literatur noch nicht betrachtet worden ist. Ein adäquates Modell für die Entwicklung eines Supply Chain Designs für Steinkohlekraftwerke unter Berücksichtigung der vielfältigen Spezifikationen der Kraftwerkslogistik sowie der Ermittlung von Engpässen in Verkehrsinfrastrukturkapazitäten, die belastbare Aussagen für die Planung ermöglicht, existiert derzeit noch nicht. Diese Forschungslücke wurde im Rahmen dieser Arbeit geschlossen.

Literaturverzeichnis

Aberle, G. (1989): Engpässe und Finanzierung, in: Zeitschrift für Verkehrswissenschaft, 60. Jg. (1989), H. 1, S. 28 ff.

Aberle, G. (1998): Verkehrsinfrastruktur und deren Auswirkungen auf die Unternehmenslogistik, in: Isermann, H. (Hrsg.): Logistik, Gestaltung von Logistiksystemen, Landsberg/Lech 1998, S. 109 ff.

Aberle, G. (2003): Transportwirtschaft: einzelwirtschaftliche und gesamtwirtschaftliche Grundlagen, in: Woll, A. (Hrsg.): Wolls Lehr- und Handbücher der Wirtschafts- und Sozialwissenschaften, 4. Auflage, München 2003. (Neue Auflage: 5. Auflage, München 2009)

Aberle, G. (2009): Katastrophenszenarien in 2009 völlig unangebracht, in: Internationales Transportwesen, 61. Jg. (2009), H. 1+2, S. 3.

Aberle, G./Hennecke, R./Eisenkopf, A. (1999): Ordnungs- und finanzpolitische Rahmenbedingungen für den Wettbewerb zwischen Eisenbahn und Binnenschiffahrt im Güterverkehr, Studie im Auftrag des Bundesverbandes der Deutschen Binnenschiffahrt e. V., Gießen 1999.

acatech (2006): Mobilität 2020: Perspektiven für den Verkehr von morgen; Schwerpunkt: Straßen- und Schienenverkehr, Stuttgart 2006.

Aden, D. (2008): Seehäfen: Logistische Netzknoten der Globalisierung, in: Baumgarten, H. (Hrsg.): Das Beste der Logistik: Innovationen, Strategien, Umsetzungen, Berlin u.a. 2008, S. 391 ff.

AGEB (2009a): Pressedienst: Konjunktur bremst Energieverbrauch: Arbeitsgemeinschaft Energiebilanzen passt Prognose an/Industrie reduziert Bedarf, Stand 16.02.2009, http://www.ag-energiebilanzen.de/viewpage.php?idpage=7, Abruf 13.06.2009.

AGEB (2009b): Energieverbrauch sinkt konjunkturbedingt deutlich: Arbeitsgemeinschaft Energiebilanzen berechnet Verbrauch für die ersten drei Monate, Stand 06.05.2009, http://www.ag-energiebilanzen.de/viewpage.php?idpage=7, Abruf 13.06.2009.

AGEB (2010): Stromerzeugung nach Energieträgern von 1990 bis 2008 (in THh) Deutschland insgesamt, Stand 13.09.2010, http://www.ag-energiebilanzen.de/viewpage.php?idpage=65, Abruf 26.09.2010.

Alderton, P. M./Rowlinson, M. (2010): The economics of shipping freight markets, in: Grammenos, C. Th. (Hrsg.): The Handbook of Maritime Economics and Business, 2. Auflage, London 2010, S. 194.

Alvarez Laita, F. J./Medina Arnaiz, M. L. (2005): Los grandes sistemas de navegación fluvial en Europa, in: Marina Civil, Nr. 79, H. 4, S. 43 ff.

Armbrecht, H. et al. (2008): Verkehrsinfrastruktur-Benchmarking in Europa: Infrastrukturausstattung und verkehrspolitische Rahmenbedingungen, in: Internationales Verkehrswesen, 60. Jg. (2008), H. 6, S. 228 ff.

Auswärtiges Amt (2006): Das Kyoto-Protokoll – derzeit wichtigstes globales Umweltabkommen, 08.11.2006, http://www.auswaertiges-amt.de/diplo/de/Aussen-politik/InternatOrgane/VereinteNationen/Schwerpunkte/VN-Klima-Kyoto.html, Abruf 14.04.2009.

Backes, H.-P./Brandenburger, D./Meißner, M. (2005): Modernes Baustoffmanagement am Beispiel von Steinkohlenflugasche, in: VGB Power Tech, 85. Jg. (2005), H. 12, S. 1 ff.

BAFA (2010): Drittlandkohlebezüge und durchschnittliche Preise frei deutsche Grenze für Kraftwerkssteinkohle, Stand 26.09.2010, http://www.bafa.de/bafa/de/energie/steinkohle/statistiken/index.html, Abruf 26.09.2010.

BAG (2005a): Marktbeobachtung Güterverkehr: Binnenschiffsgüterverkehr auf Mosel und Saar, Köln 2005.

BAG (2005b): Marktbeobachtung Güterverkehr: Jahresbericht 2004, Köln 2005.

BAG (2006): Marktbeobachtung Güterverkehr: Sonderbericht: Eineinhalb Jahre streckenbezogene Lkw-Maut: Auswirkungen auf das deutsche Güterverkehrsgewerbe, Köln 2006.

BAG (2007): Marktbeobachtung Güterverkehr: Sonderbericht zur Entwicklung des Seehafen-Hinterlandverkehrs, Köln 2007.

BAG (2008): Marktbeobachtung Güterverkehr: Jahresbericht 2007, Köln 2008.

BAG-SPNV (2007): Stellungnahme der BAG-SPNV: Anforderungen an Leistungs- und Finanzierungsvereinbarung (LuFV) und zum Infrastrukturzustands- und -entwicklungsbericht 2006 (Netzzustandsbericht), Berlin 2007.

Bakken, B. H./Streng Velken, I. von (2008): Linear Models for Optimization of Infrastructure for CO_2 Capture and Storage, in: IEEE Transactions on Energy Conversion, 23. Jg. (2008), H. 3, S. 824 ff.

Ball, A. (2003): China´s changing coal industry: Implications and outlook, abare eReport 03.3, Canberra 2003.

Barrio, M. et al. (2004): Ship based transport of CO_2, in: Proceedings of the 7th International Conference on Greenhouse Gas Control Technologies, 5.-9. 09.2004, Vancouver 2004.

Baumgarten, H. et al. (1991): Entwicklung und Optimierung eines Logistik-Systems für den deutschen Steinkohlenbergbau: im Rahmen des BMFT-Verbundforschungsvorhabens "Kostenoptimales Grubengebäude", Berlin 1991.

Bausch, D. O./Brown, G. G./Ronen, D. (1998): Scheduling short-term marine transport of bulk products, in: Maritime Policy & Management, 25. Jg. (1998), H. 4, S. 335 ff.

BDI (2007): Ergebnisbericht der BDI-Präsidialgruppe „Internationale Rohstofffragen", in: BDI (Hrsg.): Rohstoffsicherheit – Anforderungen an Industrie und Politik, Berlin 2007, S. 53 f.

Belter, B. (2007): Masterplan Seehafenhinterlandanbindungen: Unterausschuss Eisenbahninfrastruktur des Verkehrsausschusses des Deutschen Bundestages, Präsentation der DB Netz AG, 08.11.2007, Frankfurt 2007.

Belter, B. (2008): Masterplan Seehafenhinterlandverkehr: Anforderungen an die Schieneninfrastruktur, Präsentation auf dem 1. DVWG-Infrastrukturforum: Droht der Kollaps im Seehafenhinterlandverkehr?, DB Netz AG, Hamburg, 09.04.2008.

Belter, B./Fricke, E. (2008): Nutzen für Häfen und Bahnen: Das Projekt Masterplan Seehafenhinterlandanbindung, in: Eisenbahntechnische Rundschau (ETR), 57. Jg. (2008), H. 4, S. 174 ff.

Bender, C. (2008): Einkaufs- und Beschaffungsstrategien – Sourcing Strategien, in: H. H. (Hrsg.): Intensivtraining Produktion, Einkauf, Logistik und Dienstleistung, Mit Aufgaben und Lösungen, Wiesbaden 2008, S. 55 ff.

Bensel, N. (2008): Multimodale Transport- und Logistikketten unter besonderer Berücksichtigung der Schiene, in: Baumgarten, H. (Hrsg.): Das Beste der Logistik: Innovationen, Strategien, Umsetzungen, Berlin u.a. 2008, S. 219 ff.

Berger, U. E. (2000): Engpässe bei Verkehrs-Infrastrukturen, Dissertation Universität Hohenheim, in: Broermann, J. (Hrsg.): Volkswirtschaftliche Schriften, Heft 503, Berlin 2000.

Bergerson, J. A./Lave, L. B. (2005): Should We Transport Coal, Gas, or Electricity: Cost, Efficiency, and Environmental Implications, in: Environmental Science & Technology, 39. Jg. (2005), H. 16, S. 5905 ff.

BET (2006): Neue Kraftwerke an Küstenstandorten: Anforderungen und Auswirkungen auf den Netzanschluss und den Netzzugang, Aachen 2006.

BfS (2008): Erfassung und Dokumentation der in den deutschen Kernkraftwerken erzeugten Strommengen, 23.04.2008, http://www.bfs.de/kerntechnik/strommengen.html, Abruf 13.04.2009.

BGL (2009): Kostenentwicklung im Güterverkehr, http://www.bgl-ev.de/web/initiativen/kosten_entwicklung.htm, Abruf 15.04.2009.

Biebig, P. (1985): Organisation der Schiffsabfertigung, in: Schönknecht, R. (Hrsg.): Seeverkehr: Charakteristik der Transportgüter und der Arbeitsmittel, Transporttechnologische Prozesse, Technologie im Seetransport und in den Seehäfen, Berlin 1985, S. 203 ff.

Biebig, P./Althof, W./Wagener, N. (2004): Seeverkehrswirtschaft: Kompendium, 3. Auflage, München u.a. 2004.

Biebig, P./Althof, W./Wagener, N. (2008): Seeverkehrswirtschaft: Kompendium, 4. Auflage, München u.a. 2008.

Biebig, P. et al. (1980): Hafenwirtschaft: Grundlagen, Berlin 1980.

Biendl, P. (1984): Ablaufsteuerung von Montagefertigungen: Heuristische Reihenfolgeplanung vergierender Auftragsstrukturen mittels Prioritätsregeln; Computergestützte Simulationsstudien der Werkstattfertigung, in: Böcker, F. et al. (Hrsg.): Regensburger Beiträge zur betriebswirtschaftlichen Forschung, Schriftenreihe des Instituts für Betriebswirtschaftslehre der Universität Regensburg, Bern u.a. 1984.

Binner, H. F. (2002): Unternehmensübergreifendes Logistikmanagement, in: Conrad, K.-J. (Hrsg.): Organisationsmanagement und Fertigungsautomatisierung, München u.a. 2002.

Birn, K. (2005a): Verkehrsträgerspezifische Ergänzungen, Teil III A: Verkehrsträger Schiene, in: BMVBW (Hrsg.): Bundesverkehrswegeplan 2003: Die gesamtwirtschaftliche Bewertungsmethodik, Bonn 2005, S. 100 ff.

Birn, K. (2005b): Fallbeispiele, Teil IV A: Schiene, in: BMVBW (Hrsg.): Bundesverkehrswegeplan 2003: Die gesamtwirtschaftliche Bewertungsmethodik, Bonn 2005, S. 245 ff.

BMJ/juris (1998): Binnenschiffahrtsstraßen-Ordnung (BinSchStrO), http://bundes recht.juris.de/binschstro_1998/index.html#BJNR314810998BJNE01320032 8, Abruf 25.05.2009.

BMJ/juris (2007): Gesetz zur Finanzierung der Beendigung des subventionierten Steinkohlenbergbaus zum Jahr 2018 (Steinkohlefinanzierungsgesetz), 20.12.2007. http://www.gesetze-im-internet.de/steinkohlefing/index. html, Abruf 25.05.2009.

BMU (2010): Erneuerbare Energien in Zahlen: Nationale und internationale Entwicklung, (Stand: Juni 2010), Bonn.

BMVBS (2006): Bericht zum Ausbau der Schienenwege 2007 (Stand: 31. Dezember 2006), Bonn.

BMVBS (2007): Investitionsrahmenplan von 2006 bis 2010 für die Verkehrsinfrastruktur des Bundes (IRP), Bonn, S. 3 ff.

BMVBS (2008): Bundeswasserstraßen – Klassifizierung der Binnenwasserstraßen des Bundes, http://www.wsv.de/service/karten/bundeseinheitlich/pdf/w161k _A3.pdf, Abruf 13.04.2009.

BMVBW (2002): Güterverkehrsdichte der See- und Binnenschifffahrt 2000 auf dem Hauptnetz der Bundeswasserstraßen, http://www.wsv.de/service/karten/ bundeseinheitlich/pdf/w172b.pdf, Stand 2000, Abruf 13.04.2009.

BMVBW (2003): Bundesverkehrswegeplan 2003: Grundlagen für die Zukunft der Mobilität in Deutschland, Bonn 2003.

BMWA (2003): Forschungs- und Entwicklungskonzept für emissionsarme fossil befeuerte Kraftwerke: Bericht der COORETEC-Arbeitsgruppen; Kurz- und Langfassung, Dokumentation Nr. 527, Bonn, Dezember 2003.

BMWi (2002): Reserven, Ressourcen und Verfügbarkeit von Energierohstoffen 2002, Dokumentation Nr. 519/2002.

BMWi (2007): Der Bergbau in der Bundesrepublik Deutschland 2006: Bergwirtschaft und Statistik, 58. Jahrgang 2007, Dokumentation Nr. 568, Berlin 2007, S. 50.

BMWi (2008): Kohlepolitik, Stand 20.07.2008, http://www.bmwi.de/BMWi/Navigation/Energie/kohlepolitik.html, Abruf 20.06.2010.

BMWi (2009): Energie in Deutschland: Trends und Hintergründe zur Energieversorgung in Deutschland, Aktualisierte Ausgabe April 2009, Berlin 2009.

BMWi (2010): Energiedaten: Zahlen und Fakten: Nationale und Internationale Entwicklung, Berlin 2010, Stand 07.09.2010, Abruf 26.09.2010.

BMWi/BMU (2006): Energieversorgung für Deutschland: Statusbericht für den Energiegipfel am 3. April 2006, Berlin, März 2006.

Böhmer, S. et al. (2001): Mitverbrennung von Klärschlamm in kalorischen Kraftwerken, Umweltbundesamt, UBA-BE-194, Wien 2001.

Böse, J. W./Daduna, J. R. (2008): Kapazitätsengpässe in Seehäfen und dem Hinterland verhindern, in: Internationales Verkehrswesen, 60. Jg. (2008), H. 10, S. 413 f.

Brady, T. F./Pfitzer, C. M. (2007): A Prescriptive Analysis of the Indiana Coal Transportation Infrastructure, Final Report, West Lafayette 2007.

Bräuninger, M./Kriedel, N./Schröer, S. (2007): Power für Deutschland – Energieversorgung im 21. Jahrhundert, Hypo Vereinsbank (Hrsg.), Hamburg. http://www.hwwi.org/fileadmin/hwwi/Leistungen/Gutachten/Power-fuer-Deutschland.pdf, Abruf 08.03.2009.

Breese, H./Beerheide, A./Steller, I. (2008): Stahl und Binnenschifffahrt: Bewährte Partnerschaft mit Perspektive: Positionspapier der Stahlindustrie in Deutschland, Wirtschaftsvereinigung Stahl, Abteilung Beschaffung und Logistik, Düsseldorf, 02.01.2008, http://www.stahl-online.de/wirtschaft_und_politik/

wirtschaft_und_handelspolitik/Logistik/PositionspapierStahlundBinnenschiff fahrt.pdf, Abruf 28.04.2009.

Bretzke, W.-R. (1998): „Make or buy" von Logistikdienstleistungen: Erfolgskriterien für eine Fremdvergabe logistischer Dienstleistungen, in: Isermann, H. (Hrsg.): Logistik, Gestaltung von Logistiksystemen, Landsberg/Lech 1998, S. 393 ff.

Brown, G. G./Graves, G. W./Ronen, D. (1987): Scheduling Ocean Transportation of Crude Oil, in: Management Science, 33. Jg. (1987), H. 3, S. 335 ff.

Brunekreeft, G./Twelemann, S. (2004): Institutionelle Reformen und Versorgungssicherheit: Status Quo und Perspektiven der deutschen Stromwirtschaft, in: Zeitschrift für Energiewirtschaft, 28. Jg. (2004), H. 3, S. 163 ff.

Buck Consultants International et al. (2004): PINE – Prospects of Inland navigation within the enlarged Europe, Brüssel 2004.

Bundesregierung (2008): Masterplan Güterverkehr und Logistik, Berlin 2008.

Bundestag (2002): Gesetz zur geordneten Beendigung der Kernenergienutzung zur gewerblichen Erzeugung von Elektrizität vom 22. April 2002, Bundesgesetzblatt Jg. 2002 Teil I Nr. 26, 26.04.2002, Bonn 2002.

Bundestag (2009): Ausstieg aus dem Atomausstieg? Bundestag debattierte über das "Nein" zur Nutzung der Kernkraft, Stand 24.03.2009, http://www.bundes tag.de/aktuell/archiv/2009/23866757_kw12_atomausstieg/index.html, Abruf 13.04.2009.

BVL (2008a): Zu langsam bei der Hafenerweiterung, in: LOG.: Logistik auf den Punkt, P. Verhoeven, o. Jg., H. 2, S. 46.

BVL (2008b): Die Infrastruktur setzt dem Verkehrswachstum Grenzen, in: LOG.Letter, H. 4, 02.04.2008, S. 6 f.

Cho, S.-C./Perakis, A. N. (2001): An improved formulation for bulk cargo ship scheduling with a single loading port, in: Maritime Policy & Management, 28. Jg. (2001), H. 4, S. 339 ff.

Christiansen, M. et al. (2007): Maritime Transportation, in: Barnhart, C./Laporte, G. (Hrsg.): Handbooks in operations research and management science, Volume 14, Amsterdam 2007, S. 189 ff.

Christiansen, M./Fagerholt, K./Ronen, D. (2004): Ship Routing and Scheduling: Status and Perspectives, in: Transportation Science, 38. Jg. (2004), H. 1, S. 1 ff.

Christiansen, M./Nygreen, B. (1998a): A method for solving ship routing problems with inventory constraints, in: Annals of Operations Research, 81. Vol. (1998), S. 357 ff.

Christiansen, M./Nygreen, B. (1998b): Modelling path flows for a combined ship routing and inventory management problem, in: Annals of Operations Research, 82. Vol. (1998), S. 391 ff.

Clausen, U./Kraft, V. (2004): Status und Perspektive von Telematikanwendungen, in: Logistik Management, 6. Jg. (2004), H. 4, S. 12 ff.

Clausen, U./Kraft, V. (2008): Entsorgung und Kreislaufwirtschaft, in: Arnold, D. et al. (Hrsg.): Handbuch Logistik, 3. Auflage, Berlin u.a. 2008, S. 487 ff.

Corsten, H./Gössinger, R. (2009): Produktionswirtschaft: Einführung in das industrielle Produktionsmanagement, 12. Auflage, München u.a. 2009.

DB AG (2007): Masterplan Schiene: Seehafenhinterlandverkehr, Berlin 2007.

DB Netz AG (2008): Das Trassenpreissystem der DB Netz AG, gültig vom 14. Dezember 2008 bis 13. Dezember 2009, Frankfurt a. M. 2008.

dena (2008): Kurzanalyse der Kraftwerks- und Netzplanung in Deutschland bis 2020 (mit Ausblick auf 2030), 15.04.2008, Berlin 2008.

Deutsches Institut für Normung (1989): Deutsche Norm, DIN 30 781: Transportkette (Teil 1): Grundbegriffe, Berlin 1989.

Doctor, R. et al. (2005): Transport of CO_2, in: Metz, B. et al. (Hrsg.): IPCC Special Report On Carbon Dioxide Capture And Storage: Special Report of the Intergovernmental Panel on Climate Change, Cambridge, New York 2005, S. 179 ff.

DOE/EIA (2008): International Energy Outlook 2008, DOE/EIA-0484(2008), Washington 2008.

Dütemeyer, G./Adami, C. (2006): WESKA 2006: Europäischer Schiffahrts- und Hafenkalender, Verein für europäische Binnenschiffahrt und Wasserstraßen

e. V., 73. Jg. (2006), Essen 2006. (Neueste Auflage: WESKA 2009, 76. Auflage).

duisport (2003): Tarif über Hafen- und Ufergeld der Duisburger Hafen AG vom 25.09.2006, gültig ab 1. Januar 2007. http://www.duisport.de/de/logistik_transport/transport_segmente/short_sea_schifffahrt/hafenentgelte/Hafenund Ufergeld2007de.pdf, Abruf 13.03.2009.

Duisportal (2008): Massengutumschlag via Duisport: Think big!, http://www.duisport.de/de/logistik_transport/logistik_segmente/gueterbereich_massen gut/index.php, Abruf 10.12.2008.

ECORYS Transport/METTLE (2005): Charging and pricing in the area of inland waterways – Practical guideline for realistic transport pricing, final report, Rotterdam 2005, S. 104. http://ec.europa.eu/transport/iw/doc/2005_08_04_charging_ and_princing_study.pdf, Abruf 28.04.2009.

Elsässer, R. F. (2006): Zur Diskussion gestellt: Die Politik muss den stabilen Rahmen schaffen, in: Ifo-Schnelldienst 59. Jg. (2006), H. 3, S. 6 ff.

Enzensberger, N./Fichtner, W./Renz, O. (2004): Kernenergienutzung und Klimaschutz: Ein modellbasierter Analyseansatz zu Emissionsminderungsstrategien des europäischen Energiesektors, in: Energiewirtschaftliche Tagesfragen, 54. Jg. (2004), H. 1/2, S. 66 ff.

Ernst, S. (2008): Energieträger: Heimischer Rohstoff Kohle, in: Bundeszentrale für politische Bildung (bpb), http://www.bpb.de/themen/IY9TG3,0, Heimischer_Rohstoff_Kohle.html, Stand 05.09.2008, Abruf 12.04.2009.

EurActiv (2008): CO2-Abscheidung und -speicherung: Gemischte Reaktionen auf Vorschläge [DE], EU News, Policy Positions & EU Actors online, 28.01.2008, http://www.euractiv.com/de/klimawandel/co2-abscheidung-speicherung-gemischte-reaktionen-vorschlage/article-169897?_print, Abruf 13.04.2009.

Europäische Kommission (2001): Weißbuch – Die europäische Verkehrspolitik bis 2010: Weichenstellungen für die Zukunft, Luxemburg 2001.

Europäische Kommission (2006): Grünbuch: Eine europäische Strategie für nachhaltige, wettbewerbsfähige und sichere Energie, KOM(2006) 105 endgültig, 08.03.2006, Brüssel 2006.

European Commission (2010): EU Energy and Transport in Figures, Statistical Pocketbook 2010, Luxemburg 2010.

EUtech/Greenpeace (2007): Klimaschutz: Plan B: Nationales Energiekonzept bis 2020 (Kurzfassung), Hamburg 2007.

EWI/Prognos (2005): Die Entwicklung der Energiemärkte bis zum Jahr 2030: Energiewirtschaftliche Referenzprognose, Energiereport IV, Kurzfassung, Dokumentation Nr. 545, Hrsg: Bundesministerium für Wirtschaft und Arbeit, Berlin 2005.

Fagerholt, K. (2001): Ship scheduling with soft time windows: An optimisation based approach, in: European Journal of Operational Research, 131. Jg. (2001), H. 3, S. 559 ff.

Fenner, W./Naumann, P./Trinckauf, J. (2003): Bahnsicherungstechnik: Steuern, Sichern und Überwachen von Fahrwegen und Fahrgeschwindigkeiten im Schienenverkehr, 2. Auflage, Erlangen 2003.

Fichtner, W. (2005): Emissionsrechte, Energie und Produktion: Verknappung der Umweltnutzung und porduktionswirtschafltiche Planung, Berlin 2005.

Fichtner, W. (2007): Der CO_2-Emissionsrechtehandel im Zentrum der umweltpolitischen Diskussion, in: Zeitschrift für Umweltpolitik & Umweltrecht, 30. Jg. (2007), H. 2, S. 149 ff.

Fichtner, W./Göbelt, M./Rentz, O. (2002): Ein Modell zur strategischen Investitions- und Produktionsplanung bei Energieversorgern unter Berücksichtigung von Unsicherheiten, in: Zeitschrift für Energiewirtschaft, 26. Jg. (2002), H. 3, S. 181 ff.

Fichtner, W./Pforte, R. (2008a): Energiewirtschaftliche Herausforderungen vor dem Hintergrund aktueller energie- und umweltfreundlicher Rahmenbedingungen, in: John, D. (Hrsg.): Wachstumsschranken durch schwindende Rohstoffreserven: Beiträge zum 5. Chemnitzer Symposium „Europa und Umwelt“, Frankfurt a.M. 2008, S. 15 ff.

Fichtner, W./Pforte, R. (2008b): Zur Analyse energiewirtschaftlicher Herausforderungen, in: Fichtner, W. (Hrsg.): Die Zukunft der Stromwirtschaft, Berlin 2008, S. 117 ff.

Fichtner, W./Rentz, O. (2004): Energiewirtschaft und Emissionsrechtehandel, in: Energiewirtschaft im Wandel: Dieter Schmitt zum 65. Geburtstag, Münster 2004, S. 203 ff.

Fitschen, A. (2009): Verkehrsentwicklung auf Bundesfernstraßen 2007, BASt-Bericht V 178, Bremerhaven 2009. http://www.bast.de/nn_42254/DE/Publikationen/Berichte/unterreihe-v/2009-2010/v178.html.

Fortmann, K.-M./Kallweit, A. (2007): Logistik, 2. Auflage, Stuttgart 2007.

Frass, J. (2006): Kapazitätsanalyse von Hinterlandverbindungen ausgewählter europäischer Seehäfen, in: Die Professoren des Instituts für Transportwirtschaft und Logistik (Hrsg.): Schriftenreihe des Instituts für Transportwirtschaft und Logistik, Nr. 4 (2006 VER), Wien 2006.

Freischlad, H. et al. (2008): Vergleich von Heizkraftwerksvarianten für die Stadt Kiel: Technische, wirtschaftliche und ökologische Bewertung, Aldenhoven u.a., Februar 2008.

Fricke, E. (2008): Masterplan Seehafenhinterlandverkehr: Entwicklung des Schienengüterverkehrs national und international, Präsentation auf dem 1. DVWG-Infrastrukturforum: Droht der Kollaps im Seehafenhinterlandverkehr?, Railion Deutschland AG, 09.04.2008, Hamburg 2008.

Frondel, M./Schmidt, C. M. (2008a): Die Sicherheit der Energieversorgung in Deutschland: eine empirische Analyse, in: Energiewirtschaftliche Tagesfragen, 58. Jg. (2008), H. 4, S. 8 ff.

Frondel, M./Schmidt, C. M. (2008b): Measuring Energy Security: A Conceptual Note, in: Bauer, T. K. et al. (Hrsg.): Ruhr Economic Papers, Nr. 52, RWI, Essen 2008.

Frontier Economics/Consentec (2008): Notwendigkeit und Ausgestaltung geeigneter Anreize für eine verbrauchsnahe und bedarfsgerechte Errichtung neuer Kraftwerke: Ein Gutachten für das Bundesministerium für Wirtschaft und Technologie, London 2008.

Giesa, F./Kopfer, H. (2000): Management logistischer Dienstleistungen der Kontraktlogistik, in: Logistik Management, 2. Jg. (2000), H. 1, S. 43.

Graage, K.-D./Enthaler, E. (1998): Handbuch Güterverkehr Binnenschiffahrt, Forschungs- und Entwicklungsvorhaben FE-Nr. 30288/95, LUB Consulting

GmbH (Dresden) und Dornier SystemConsult GmbH (Friedrichshafen), 2. Auflage, Hrsg: Bundesministerium für Verkehr, Bonn 1998.

Groschke, M. et al. (2009): Neue Anforderungen an optimierende Energiesystemmodelle für die Kraftwerkseinsatz- und Zubauplanung bei begrenzten Netzkapazitäten, in: Zeitschrift für Energiewirtschaft, 33. Jg. (2009), H. 1, S. 14 ff.

Guanghua Liu, G. (2005): China's coal dilemma, in: International Bulk Journal, o. Jg., H. 1, S. 40 ff.

Günther, H.-O. (1991): Bestellmengenplanung aus logistischer Sicht, in: Zeitschrift für Betriebswirtschaft, 61. Jg. (1991), H. 5/6, S. 641 ff.

Günther, H.-O./Tempelmeier, H. (2005): Produktion und Logistik, 6. Auflage, Berlin u.a. 2005.

Gutenberg, E. (1979): Grundlagen der Betriebswirtschaftslehre, Band 1: Die Produktion, in: Lerche, P./Nörr, D. (Hrsg.): Enzyklopädie der Rechts- und Staatswissenschaft, 23. Auflage, Berlin u.a. 1979.

GVSt (2007): CO_2-Abscheidung und -Speicherung (CCS) - (k)ein realistischer Beitrag zur Erreichung der Klimaziele, 27.08.2007, http://www.presseportal.de/pm/54802/1038918/gvst_gesamtverband_steinkohle, Abruf 13.04. 2009.

GVSt (2008): Steinkohle Jahresbericht 2008, Essen 2008.

Haasis, H.-D. (1994): Planung und Steuerung emissionsarm zu betreibender industrieller Produktionssysteme, in: Müller, W.A./Schuster, P. (Hrsg.): Umwelt und Ökonomie, Band 8, Heidelberg 1994.

Haasis, H.-D. (2004): Nachhaltige logistische Systeme, in: Schwarz, E. J. (Hrsg.): Nachhaltiges Innovationsmanagement: Heinz Strebel zum 65. Geburtstag, Wiesbaden 2004, S. 105 ff.

Haasis, H.-D. (2008): Produktions- und Logistikmanagement: Planung und Gestaltung von Wertschöpfungsprozessen, Wiesbaden 2008.

Haasis, H.-D. (2009): Logistik im Spannungsverhältnis zwischen Bestands- und Prozessmanagement, in: Haasis, H.-D./Plöger, M. (Hrsg.): Flexible Lagersysteme: Von der Bestandshaltung zur produktionssynchronen Versorgung,

Reihe Wertschöpfungsmanagement, Band 6, Frankfurt am Main u.a. 2009, S. 11 ff.

Haasis, H.-D./Szafera, S. (2005): Supply Chain Management und intermodale logistische Korridore, in: Ehrig, D./Staroske, U. (Hrsg.): Dimensionen angewandter Wirtschaftsforschung: Methoden, Regionen, Sektoren: Festschrift für Heinz Schaefer zum 65. Geburtstag, Hamburg 2005.

Halsband, E./Hofmann, E. (2008): Störungen der Verfügbarkeit von Straßenverkehrsinfrastruktur – Status Quo, Perspektive und Handlungsmöglichkeiten für Transportnetzbetreiber, in: Pfohl, H.-C./Wimmer, T. (Hrsg.): Wissenschaft und Praxis im Dialog: Robuste und sichere Logistiksysteme, Hamburg 2008, S. 377 ff.

Hansmann, K.-W. (2006): Industrielles Management, 8. Auflage, München u.a. 2006.

Hartwig, K.-H. (2005): Infrastrukturpolitik in der Diskussion, in: Hartwig, K.-H./Knorr, A. (Hrsg.): Neue Entwicklungen in der Infrastrukturpolitik, Beiträge aus dem Institut für Verkehrswissenschaft an der Universität Münster, Heft 157, Göttingen 2005, S. 7 ff.

Hartwig, K.-H. et al. (2007a): Verkehrsinfrastruktur-Benchmarking Europa: Verkehrsinfrastrukturausstattung und verkehrspolitische Rahmenbedingungen in ausgewählten europäischen Staaten, ifmo-Studien, Berlin 2007.

Hartwig, K.-H. et al. (2007b): Anlage zur Studie: Verkehrsinfrastruktur-Benchmarking Europa: Verkehrsinfrastrukturausstattung und verkehrspolitische Rahmenbedingungen in ausgewählten europäischen Staaten, ifmo-Studien, Berlin 2007.

Hatch, C. (2008): Barney Point Coal Terminal Dust Benchmarking Study: Gladstone Port Coal Dust Study; Gladstone Ports Corporation, Spring Hill, Queensland, 14.07.2008.

Hauff, M. von/Kluth, K. (2008): Die energiewirtschaftliche Situation und Stand der Versorgungssicherheit in Deutschland während der Trockenperiode 2003, Diskussionsbeitrag 22-06, Kaiserslautern 2008.

Hauk, W. (1972): Beitrag zur Lösung des Reihenfolgeproblems bei der Auftragsplanung, Dissertation, Bremen 1972.

Hecht, M. et al. (2008): Das System Bahn: Handbuch, Hamburg 2008.

Heidmeier, S./Siegmann, J. (2008): Eisenbahngüterverkehr, in: Arnold, D. et al. (Hrsg.): Handbuch Logistik, 3. Auflage, Berlin u.a. 2008, S. 750.

Hein, K. R. G. et al. (1996): Verfeuerung von Biomasse als Option zur Minderung der energieverbrauchsbedingten CO_2-Emissionen, in: Wechselwirkungen, Jahrbuch aus Lehre und Forschung der Universität Stuttgart, online-Ausgabe, http://www.uni-stuttgart.de/wechselwirkungen/ww1996/hein.htm, Abruf 13.04.2009.

Heitmann, K. (2008): Wie können die deutschen Seehäfen die Zukunft bewältigen? Präsentation auf dem 1. DVWG-Infrastrukturforum: Droht der Kollaps im Seehafenhinterlandverkehr, Zentralverband der Deutschen Seehafenbetriebe (ZDS), 09.04.2008, Hamburg 2008.

Helfer, M. (2008): Perspektiven der Steinkohle im 21. Jahrhundert, in: Geographische Rundschau, 60. Jg. (2008), H. 1, S. 32 ff.

Helmke, B. (2008): Tiefensees zwei Probleme, in: LOG.: Logistik auf den Punkt, o. Jg., H. 3, S. 52 f.

Hertz, A./Werra, D. de (1990): The Tabu Search Metaheuristic: How We Used It, in: Annals of Mathematics and Artificial Intelligence, 1. Jg. (1990), H. 1-4, S. 111 ff.

Heuser, T./Reh, W. (2007): Die Bundesverkehrswegeplanung, in: Schöller, O./Canzler, W./Knie, A. (Hrsg.): Handbuch Verkehrspolitik, Wiesbaden 2007.

Heuser, H. H./Renner, V. (2007): 50 Jahre Schubschifffahrt in Europa: Forschung und Entwicklung in Deutschland verhalfen zum Durchbruch und sichern die Zukunftschancen, Duisburg 2007.

Hoffmann, J./Kumar, S. (2010): Globalisation – The maritime nexus, in: Grammenos, C. Th. (Hrsg.): The Handbook of Maritime Economics and Business, 2. Auflage, London 2010, S. 35.

Homburg, C. (1995): Single Sourcing, Double Sourcing, Multiple Sourcing...? Ein ökonomischer Erklärungsansatz, in: Zeitschrift für Betriebswirtschaft, 65. Jg. (1995), H. 8, S. 813 ff.

Hyde, M. M. (1988): Optimizing Plant and System Coal Inventories, in: IEEE Transactions on Power Systems, 3. Jg. (1988), H. 1, S. 337 ff.

IBM (2007): Liberalisierungsindex Bahn 2007: Marktöffnung: Eisenbahnmärkte der Mitgliedstaaten der Europäischen Union, der Schweiz und Norwegens im Vergleich, Studie der IBM Global Business Services in Zusammenarbeit mit Prof. Dr. Dr. Christian Kirchner, Humboldt-Universität zu Berlin, 17.10.2007, Brüssel 2007.

Ihde, G. B. (2001): Transport, Verkehr, Logistik: gesamtwirtschaftliche Aspekte und einzelwirtschaftliche Handhabung, 3. Auflage, München 2001.

IMO (2008): BLU Manual: Manual on loading and unloading of solid bulk cargoes for terminal representatives, London 2008.

Inderfurth, K. (1998): Beschaffungskonzepte, in: Isermann, H. (Hrsg.): Logistik, Gestaltung von Logistiksystemen, Landsberg/Lech 1998, S. 197 ff.

Inderfurth, K. (2008): Lagerbestandsmanagement, in: Arnold, D. et al. (Hrsg.): Handbuch Logistik, 3. Auflage, Berlin u.a. 2008, S. 153 ff.

Inderfurth, K./Jensen, T. (2008): Lagerbestandsmanagement, in: Arnold, D. et al. (Hrsg.): Handbuch Logistik, 3. Auflage, Berlin u.a. 2008, S. 153 ff.

Isermann, H. (1998): Grundlagen eines systemorientierten Logistikmanagements, in: Isermann, H. (Hrsg.): Logistik, Gestaltung von Logistiksystemen, Landsberg/Lech 1998, S. 21 ff.

Isermann, H./Houtman, J. (1998): Entsorgungslogistik in Industrieunternehmen, in: Isermann, H. (Hrsg.): Logistik, Gestaltung von Logistiksystemen, Landsberg/Lech 1998, S. 303 ff.

Isermann, H./Lieske, D. (1998): Gestaltung der Logistiktiefe unter Berücksichtigung transaktionskostentheoretischer Gesichtspunkte, in: Isermann, H. (Hrsg.): Logistik, Gestaltung von Logistiksystemen, Landsberg/Lech 1998, S. 109 ff.

ISL (2006): Logistikstudie zur Ver- und Entsorgung des Steinkohlekraftwerks Moorburg, Bremen 2006 (unveröffentlicht).

ISL (2007a): NetWorkBuilder: Manual, Bremen 2008.

ISL (2007b): Studie über die Beschaffungslogistik von Kohle auf der Basis von Simulationen für Güterstromnetze und einer korrespondierenden Engpassanalyse, Bremen 2007 (unveröffentlicht).

ISL (2010): Shipping Statistics and Market Review, 54. Jg. (2010), H. 4.

Jansson, J. O./Shneerson, D. (1982): The optimal ship size, in: Journal of Transport Economics and Policy, 16. Jg. (1982), H. 3, S. 217 ff.

Jiang, H./Zhou, M./Meng, J. (2007): The Study on Structure and Characteristics of Coal Supply Chain, in: Service Operations and Logistics, and Informatics, 2007. SOLI 2007. IEEE International Conference, Philadelphia, 27.-29. August 2007, Institute of Electrical and Electronics Engineers (IEEE), 2007.

Jolley, A. (2006): The Supply of Fossil Fuels: Climate Change Working Paper No. 9, in: Climate Change Project Working Paper Series, Melbourne 2006.

Jung, C. (2005): Leistungsfähige Hinterlandsysteme sind entscheidender Wettbewerbsfaktor: Boom im internationalen Containerverkehr stellt die Seehäfen vor Abfertigungsprobleme, in: Internationales Verkehrswesen, 57. Jg. (2005), H. 9.

Kaltschmitt, M./Thrän, D. (2006): Logistik für die Versorgung von Anlagen zur energetischen Nutzung biogener Festbrennstoffe: Anforderungen und Randbedingungen, in: Zeitschrift für Energiewirtschaft, 30. Jg. (2006), H. 4, S. 247 ff.

Kießling, F. et al. (1998): Fahrleitungen elektrischer Bahnen - Planung, Berechnung, Ausführung, 2. Auflage, Stuttgart (1998).

Klaus, P. (2008): Märkte für logistische Leistungen, in: Arnold, D. et al. (Hrsg.): Handbuch Logistik, 3. Auflage, Berlin u.a. 2008, S. 947 ff.

Kleemeyer, J. (2006): Steinkohlelogistik für Kraftwerke im Ruhrgebiet, Vortrag im Rahmen der InterPorts-Veranstaltung „Logistikketten über Binnenhäfen – Erfolgreiche Beispiele aus der Praxis", 08.06.2006, Esens 2006.

Kleinwächter, L. (2007): Energie-Außenpolitik, in: Kleinwächter, L. (Hrsg.): Deutsche Energiepolitik, Band: Internationale Probleme und Perspektiven 16, Brandenburgische Landeszentrale für politische Bildung, Potsdam 2007.

Klingst, A. (1979): Optimale Lagerhaltung: Wann und wieviel bestellen? Würzburg u.a. 1979.

Knebel, B. (2008): Neue Blütenträume an der Ruhr: Die RAG sieht Chancen für eine Renaissance der Steinkohle – ganz ohne Subventionen, HAZ, o. Jg., H. 171, 23.07.2008, S. 13.

Koerner, R. J. (1998): The influence of *sogo shosha* companies on contract bargaining in the Pacific metallurgical coal trade, in: Resources Policy, 24. Jg. (1998), H. 3, S. 167 ff.

Kohler, S. (2008): Die Stromlücke wird kommen, bne-Fachtagung, Berlin, 12.06.2008.

KombiConsult/Kessel + Partner (2004): Study On Infrastructure Capacity Reserves For Combined Transport By 2015, Final Report, Freiburg/Frankfurt am Main/Paris, Mai 2004, S. 10, www.uic.asso.fr/download.php/tc/uic_finalreport.pdf, Abruf 26.05.2009.

Konstantin, P. (2009): Praxisbuch Energiewirtschaft: Energieumwandlung, -transport und -beschaffung im liberalisierten Markt, 2. Auflage, Berlin, Heidelberg 2009.

Kopal, C. (2007): Entwicklung und Perspektive von Angebot und Nachfrage am Steinkohlenweltmarkt, in: Zeitschrift für Energiewirtschaft, 31. Jg. (2007), H. 1, S. 15 ff.

Kopfer, H. (1992): Konzepte genetischer Algorithmen und ihre Anwendung auf das Frachtoptimierungsproblem im gewerblichen Güterfernverkehr, in: OR Spektrum, 14. Jg. (1992), H. 3, S. 137 ff.

Kriedel, N./Schröer, S. (2008): Die Auswirkungen des Kernenergieausstiegs auf die Stromerzeugung: Szenarien bis 2020, in: Energiewirtschaftliche Tagesfragen, 58. Jg. (2008), H. 7, S. 50 ff.

Kritzinger, S./Riedle, H./Rommerskirchen, S. (2001): Erarbeitung von Entwürfen alternativer verkehrspolitischer Szenarien zur Verkehrsprognose 2015, Projekt-Nr. 96.579/1999, Europäisches Zentrum für Wirtschaftsforschung und Energieberatung prognos, im Auftrag des BMVBW, Basel 2001.

Kubenz, M. (2008): Straßengüterverkehr: Bedeutung, Probleme und innovative Konzepte, in: Baumgarten, H. (Hrsg.): Das Beste der Logistik: Innovationen, Strategien, Umsetzungen, Berlin u.a. 2008, S. 229 ff.

Kuby, M. et al. (1995): Planning China´s Coal and Electricity Delivery System, in: Interfaces, 25. Jg. (1995), H. 1, S. 41 ff.

Kuby, M./Ratick, S./Osleeb, J. (1991): Modeling U.S. Coal Export Planning Decisions, in: Annals of the Association of American Geographers, 81 (4), 1991, S. 627 ff.

Lamprecht, P. (2008): Bergbau beschädigt Häuser im Revier, in: weltonline, 06.04.2008, http://www.welt.de/wams_print/article1874570/Bergbau_beschaedigt_Haeuser_im_Revier.html, Abruf 06.03.2009.

Lange, K. (2007): Barrieren und Innovationsansätze im grenzüberschreitenden Schienenverkehr, in: Haasis, H.-D. (Hrsg.): Nachhaltige Innovation in Produktion und Logistik, Wertschöpfungsmanagement, Band 1, Frankfurt a. M. u.a. 2007, S. 141 ff.

Lange, K. (2009): Nachhaltige Effekte auf eine Region durch Ansiedelung produktionssynchroner Fertigungsverbünde, in: Haasis, H.-D./Plöger, M. (Hrsg.): Flexible Lagersysteme. Von der Bestandshaltung zur produktionssynchronen Versorgung, Frankfurt am Main 2009, S. 49 ff.

Laue, U. (1985): Binnentransportmittel, in: Schönknecht, R. (Hrsg.): Seeverkehr: Charakteristik der Transportgüter und der Arbeitsmittel, Transporttechnologische Prozesse, Technologie im Seetransport und in den Seehäfen, Berlin 1985, S. 88 ff.

Lawrence, S. A. (1974): International Sea Transport: The years ahead, Lexington, MA 1972.

Lemper, B. (2010): Trügerische Ruhe? – Lage und Trends auf den Massengutmärkten, in: ISL maritime Conference [2010], 28.09.2010, Bremen, 2010.

Li, Y./Li, R. (2008): Simulation and Optimization of the Power Station Coal-Fired Logistics System Based on Witness Simulation Software, in: Luo, Q./Zheng, W. (Hrsg.): 2008 Workshop on Power Electronics and Intelligent Transportation System: PEITS 2008, Proceedings, (4./5. August 2008, Guangzhou,

China), Institute of Electrical and Electronics Engineers (IEEE), Los Alamitos, Washington, Tokyo, 2008, S. 394 ff.

Liu, C.-M./Sherali, H. D. (2000): A coal shipping and blending problem for an electric utility company, in: Omega: The International Journal of Management Science, 28. Jg. (2000), H. 4, S. 433 ff.

LNC (2008): Modul II: Ausbau des Stichkanals Linden (SKL): Mikro- und makroskopische Standortanalyse zum Wirtschafts- und Logistikstandort Hafen Linden sowie zur Region Hannover für die städtischen Häfen Hannover sowie die Region Hannover: Endbericht, Hannover 2008.

Loreck, C. (2008): Atomausstieg und Versorgungssicherheit, Umweltbundesamt Dessau-Roßlau, März 2008, http://www.umweltbundesamt.de/uba-info-presse/hintergrund/atomausstieg.pdf, Abruf 08.03.2009.

Lorenz, W. (2005): Leitfaden für Spediteure und Logistiker in Ausbildung und Beruf: Band 1, 20. Auflage, Hamburg 2005.

Lübke, R. (2006): Die Zukunft der Kohle in Deutschland, in: Glückauf, 142. Jg. (2006), H. 9, S. 406-410.

Lüsch, J. (1985): Seehäfen, in: Schönknecht, R. (Hrsg.): Seeverkehr: Charakteristik der Transportgüter und der Arbeitsmittel, Transporttechnologische Prozesse, Technologie im Seetransport und in den Seehäfen, Berlin 1985, S. 90 ff.

Maak, H. (2010): Einsatzfeld der Eisenbahnen im Transportmarkt, in: Internationales Verkehrswesen, 62. Jg. (2010), H. 7+8, S. 10 ff.

Maichel, G./Drasdo, P. (2004): Energiepolitik im Spannungsfeld zwischen Markt und Staat, in: Grewe, J./Flandrich, D./Ellwanger, N. (Hrsg.): Energiewirtschaft im Wandel: Dieter Schmitt zum 65. Geburtstag, Münster 2004, S. 34 ff.

Marte, G. (2002): Die schöngerechnete Bundesverkehrswegeplanung, Bremen 2002, S. 1. Aus: http://www.suedtangente.de/download/Marte-bvwp201202.pdf, Abruf 19.02.2009.

Marte, G. (2004): Die schöngerechneten und weich kritisierten Straßenbauprojekte, Bremen 2004, http://www.verkehrswissenschaftler.de/pdfs/Marte%20-

%20Die%20schoengerechneten%20und%20weich%20kritisierten%20Strassenbauprojekte.PDF, Abruf 19.02.2009.

Mayer-Spohn, O. et al. (2006): Logistik der CO_2-Sequestrierung – Option für den CO_2-Transport, in: Chemie Ingenieur Technik, 78. Jg. (2006), H. 4, S. 435 ff.

Mayer-Spohn, O. et al. (2007): Update of LCI Background Data Exemplified for the German Steam Coal Supply Chain, in: Institut für Energiewirtschaft und Rationelle Energieanwendung (IER), online-Veröffentlichungen des IER, http://www.ier.uni-stuttgart.de/publikationen/pb_pdf/2007_05_19_Paper_LCA_ Mayer_Spohn.pdf, Abruf 22.02.2009.

Mc Collum, D. L. (2007): Future Impacts of Coal Distribution Constraints on Coal Cost, Dissertation, Davis/California 2007.

Mc Collum, D. L./Ogden, J.M. (2009): Future impacts of coal distribution constraints on coal cost, in: Transportation Research Part E: Logistics and Transportation Review, 45. Jg. (2009), H. 3, S. 460 ff.

Mehrez, A./Hung, M. S./Ahn, B. H. (1995): An Industrial Ocean-Cargo Shipping Problem, in: Decision Sciences, 26. Jg. (1995), H. 3, S. 395 ff.

Meister, U. (2008): Strategien für die Schweizer Elektrizitätsversorgung im europäischen Kontext, Avenir Suisse, Zürich 2008.

Mélanie, J. et al. (2002): Global coal markets: Prospects to 2010, Abare Research Report 02.2, Canberra 2002.

Meller, E. et al. (2008): Jahrbuch 2009: Jahrbuch der europäischen Energie- und Rohstoffwirtschaft, 116. Jg., Essen 2008.

Metz, K. (2004): Standortbestimmung aus der Praxis: Liberalisierung des Bahngüterverkehrs und Verkehrsverlagerung durch die Schweizer Alpen, Bern (2004).

Meyer, H.-J. (2008): Die Ausbau-/Neubaustrecke Hamburg/Bremen – Hannover (Y-Trasse). Basis für die Weiterentwicklung der Wirtschaft und Verkehrsinfrastruktur in Norddeutschland, Hannover 2008.

Meyer, M./Kopfer, H. (2008a): Lenk- und Ruhezeiten im Personen- und Güterverkehr: Vergleich der neuen Verordnung (EG) Nr. 561/2006 mit der alten

Verordnung (EWG) Nr. 3820/85, in: Internationales Verkehrswesen, 60. Jg. (2008), H. 1+2, S. 32 ff.

Meyer, M./Kopfer, H. (2008b): Formeln für logistische Entscheidungen, in LOG.: Logistik auf den Punkt, o. Jg., H. 2, S. 52 f.

Moll, S./Weidmann, U. (2009): Anreizwirkung und Harmonisierung von Trassenpreissystemen, in: Internationales Verkehrswesen, 61. Jg. (2009), H. 11, S. 430 ff.

Moselkommission (2009): Festlegung der Schleusensperrzeiten auf der Mosel von 2009-2019, Stand 18.12.2008, http://www.moselkommission.org/online_dokumente/sperrzeiten_d.pdf, Abruf 25.05.2009.

Müller, F. (2005): Geopolitische Marktstörungen bei endlichen Ressourcen, in: Zeitschrift für Energiewirtschaft, 29. Jg. (2005), H. 3, S. 197 ff.

Müller, U./Pasche, M./Irrek, W. (1992): Energiestrategien aus Sicht des Systemmanagements, Diskussionspapier Nr. 168, Fachbereich Wirtschaftswissenschaften, Universität Hannover, Hannover 1992.

Müller, W. (2005): Importabhängigkeit Deutschlands bei Kohle, in: BDI (Hrsg.), BDI-Kongress: Rohstoffsicherheit – Herausforderung für die Industrie, 08.03.2005, Dokumentation, BDI-Drucksache Nr. 365, Berlin 2005.

MW (2007): Hafenkonzept Niedersachsen, 20.02.2007, Hannover 2007.

Nebl, T. (2008): Produktionswirtschaft, 6. Auflage, München u.a. 2008.

Neidhardt, U. (2007): Einsatz von Prioritätsregeln zur Erreichung ökonomischer Zielstellungen, in: Nebl, T. (Hrsg.): Betriebswirtschaft: Schriftenreihe des Institutes für Produktionswirtschaft der Universität Rostock, Dissertation, Aachen 2007.

Netzwerk Privatbahnen (2005): Pressemitteilung 08/05: Zustand des deutschen Schienennetzes besorgniserregend, 31.10.2005, Berlin 2005.

Netzwerk Privatbahnen (2007a): Der Auftrag der Bahnreform ist nicht erfüllt! Stellungnahme zur Halbjahresbilanzpressekonferenz 2007 am 23. August 2007 der Deutschen Bahn AG, Positionspapier zur Kapitalprivatisierung der Deutschen Bahn AG Nr. 1, Berlin 2007.

Netzwerk Privatbahnen (2007b): Pressemitteilung 4/2007: Zustand des Schienennetzes verschlechtert sich weiter, Berlin 2007.

Netzwerk Privatbahnen (2008a): Vernichtendes Urteil über die Investitionspolitik der Bahn, Presseerklärung 4/08 vom 31.10.2008, Berlin 2008.

Netzwerk Privatbahnen (2008b): Netz 21: Verbale Aufgeschlossenheit bei überwiegender Verhaltensstarre: Die Netzstrategie der Deutschen Bahn, 20.09.2008, Berlin 2008.

Neukirchen, H. (1970): Handbuch Seeverkehr: Band 3, Berlin 1970.

Nickel, M. (2009): BDEW: Sitzung der Arbeitsgemeinschaft Energiebilanzen am 17. Dezember 2009.

Nijkamp, P. et al. (1994): Missing Transport Networks in Europe, Newcastle 1994.

OECD/IEA (1985): Moving Coal: A Study of Transport Systems by the Coal Industry Advisory Board, Paris 1985.

OECD/IEA (2007): World Energy Outlook 2007, China and India Insights, Paris 2007.

Oldenburg, B. (2008): Freie Terminalkapazitäten entscheiden den Wettbewerb: Hamburg und Bremerhaven wachsen beim Containerumschlag am schnellsten, in: Internationales Verkehrswesen, 60. Jg. (2008), H. 6, S. 249 f.

Osborne, D. G. (1997): Kontinuierliche Schiffsentlader für Kohle: Der Weg in die Zukunft, in: Schiff und Hafen, 49. Jg. (1997), H. 11, S. 108 ff.

Osborne, D. G./Graham, J. M./Elliott, L. K. (1996): New Coal Utilization Technologies, in: Minerals Engineering, 9. Jg. (1996), H. 2, S. 215 ff.

Osborne, D. G./Hughes-Narborough, C. (1998): Economics of Coal Preparation of Indian Coals for Power Generation, in: Energy Sources, Part A: Recovery, Utilization, and Environmental Effects, 20. Jg (1998), H. 6, S. 483 ff.

Osleeb, J. et al. (1986): Evaluating Dredging and Offshore Loading Locations for U.S. Coal Exports using the local Logistics System, in: Annals of Operations Research, 6 (1986), S. 163 ff.

o.V. (2002): Kohleumschlag auf offener See, in: Hansa, 139. Jg. (2002), H. 12, S. 22 ff.

o.V. (2004a): Binnenschifffahrt und Importkohlen: eine starke Kombination, in: Schiffahrt und Technik, 23. Jg. (2004), H. 3, S. 23.

o.V. (2004b): Brüssel macht´s möglich, in: Internationale Transport Zeitschrift, 66. Jg. (2004), H. 10, S. 74.

o.V. (2006): Durchfahrt verboten, LOGISTIK inside, 09/2006, S. 22 ff.

o.V. (2007a): Handbuch für Transport und Logistik, 47. Auflage, Hamburg 2007.

o.V. (2007b): Leo Delwaide: „Antwerpener Hafen eine vorteilhafte Alternative", in: Antwerp Port News, 10. Jg. (2007), H. 48, Januar-Februar-März 2007, S. 4 ff.

o.V. (2008b): Großbulker koppeln sich ab: Engpässe in chinesischen und australischen Häfen binden Tonnage, in: DVZ H. 67, 03.06.2008, S. 4.

o.V. (2009): Frachtenspiegel, in: Zeitschrift für Binnenschifffahrt, 64. Jg. (2009), H. 4, S. 2.

Panwalkar, S. S./Iskander, W. (1977): A survey of scheduling rules, in: Operations Research, 25. Jg. (1977), H. 1, S. 45 ff.

Pehnt, M. et al. (2007): Das Steinkohle-Kraftwerk Hamburg Moorburg und seine Alternativen, Heidelberg u.a. 2007, http://www.ifeu.org/energie/pdf/IFEU%20Arrhenius%20_2007_%20-%20BUND%20Alternativkraftwerk%20final%20V3.pdf, Abruf 07.03.2009.

Pesch, E. (1998): Einlastungsstrategien in der Werkstattfertigung, in: Isermann, H. (Hrsg.): Logistik, Gestaltung von Logistiksystemen, Landsberg/Lech 1998, S. 353 ff.

Pfohl, H.-C. (2004): Logistiksysteme: Betriebswirtschaftliche Grundlagen, 7. Auflage, Berlin u.a. 2004.

Planco (2003): Potenziale und Zukunft der deutschen Binnenschifffahrt: Schlussfolgerungen und Empfehlungen für das Bundesministerium für Verkehr, Bau- und Wohnungswesen, Essen 2003.

Planco (2006a): Entwicklungspotenziale von Güterschiffen über 110m Länge (Langfristprognose 2025) und Bewertung erwogener Ausbaumaßnahmen am Neckar (Schleusenkammerverlängerung) für die Wasser- und Schifffahrtsdirektion Südwest, Schlussbericht Teil 1: Entwicklungspotenziale von Güterschiffen über 110m Länge, Essen 2006.

Planco (2006b): Entwicklungspotenziale von Güterschiffen über 110m Länge (Langfristprognose 2025) und Bewertung erwogener Ausbaumaßnahmen am Neckar (Schleusenkammerverlängerung) für die Wasser- und Schifffahrtsdirektion Südwest, Schlussbericht Teil 2: Prognosen und Bewertungsrechnung Neckar, Essen 2006.

Planco (2007): Prognose der deutschlandweiten Verkehrsverflechtung: Seeverkehrsprognose (Los 3), Endbericht, Auftraggeber: BMVBS, Essen 2007.

Planco (2008a): Modul I: Nutzen-Kosten-Untersuchung für einen Ausbau des Stichkanals Hannover-Linden für das Großmotorgüterschiff für die städtischen Häfen Hannover sowie die Region Hannover: Endbericht, Essen 2008.

Planco (2008b): Ausbau des Stichkanals Linden (SKL): Standortanalyse, regionalwirtschaftliche Bedeutung und Nutzen-Kosten-Untersuchung für einen weiteren Ausbau des Stichkanals: Kurzfassung für die städtischen Häfen Hannover sowie Region Hannover, Essen u.a. 2008.

Planco/BfG (2007): Verkehrswirtschaftlicher und ökologischer Vergleich der Verkehrsträger Schiff, Straße, Schiene: Zusammenfassung der Untersuchungsergebnisse, Planco Consulting GmbH/Bundesanstalt für Gewässerkunde in Auftrag der WSD-Ost, Essen 2007.

Planco/BfG (2008): Verkehrswirtschaftlicher und ökologischer Vergleich der Verkehrsträger Straße, Bahn und Wasserstraße, in: Zeitschrift für Binnenschifffahrt, H. 6, S. 12 ff.

Pohl, M. (2008): Seehafenhinterlandverkehr: Neue Anforderungen an Strecken und Knoten der DB Netz AG, in: Eisenbahntechnische Rundschau (ETR), 57. Jg. (2008), H. 4, S. 196 ff.

Polatschek, K. (2008): Kampf ums Streckennetz, in: Frankfurter Allgemeine Sonntagszeitung, Nr. 40, 05.10.2008, S. 70 f.

Prognos (2006): Variantenvergleich Küste versus Binnenland: Ein volkswirtschaftlicher Vergleich der Kosten, Versorgungssicherheit und Umweltverträglichkeit von Kraftwerksstandorten, Endbericht, 29.11.2006, Basel u.a. 2006.

Pulham, S. (2008): Ermittlung des Materialbedarfs, in: Wannenwetsch, H. H. (Hrsg.): Intensivtraining Produktion, Einkauf, Logistik und Dienstleistung, Mit Aufgaben und Lösungen, Wiesbaden 2008, S. 8 ff.

Rademacher, M. (2008): Development and Perspectives on Supply and Demand in the Global Hard Coal Market, in: Zeitschrift für Energiewirtschaft, 32. Jg. (2008), H. 2, S. 67 ff.

Rempel, H. (2008): Globale Verfügbarkeit nicht-erneuerbarer Energierohstoffe, in: Geographische Rundschau, 60. Jg. (2008), H. 1, S. 22 ff.

Rempel, H./Schmidt, S./Schwarz-Schampera, U. (2008): Reserven, Ressourcen und Verfügbarkeit von Energierohstoffen 2006, Kurzstudie, Jahresbericht 2006, Stand 31.12.2006, Hrsg.: Bundesanstalt für Geowissenschaften und Rohstoffe (BGR), Hannover, Fassung vom 23.11.2007, korrigiert am 15.04.2008.

Rempel, H./Schmidt, S./Schwarz-Schampera, U. (2009): Reserven, Ressourcen und Verfügbarkeit von Energierohstoffen, Kurzstudie 2009, Stand 31.12.2008, Hrsg.: Bundesanstalt für Geowissenschaften und Rohstoffe (BGR), Hannover, Fassung vom 01.12.2009.

Renner, V./Bialonski, W. (2004): Technische und wirtschaftliche Konzepte für flußangepaßte Binnenschiffe, Forschungsbericht FE-Nummer: 30.0328/ 2003, Im Auftrag des Bundesministers für Verkehr, Bau- und Wohnungswesen, Schlußbericht, Juli 2004, Europäisches Entwicklungszentrum für Binnen- und Küstenschiffahrt, Versuchsanstalt für Binnenschiffbau e.V., Duisburg 2004.

Rieken, P. (2005a): Grundlagen der Methodik, in: BMVBW (Hrsg.): Bundesverkehrswegeplan 2003: Die gesamtwirtschaftliche Bewertungsmethodik, Bonn 2005, S. 21 ff.

Rieken, P. (2005b): Verkehrsträgerspezifische Ergänzungen: Verkehrsträger Wasserstraße, in: BMVBW (Hrsg.): Bundesverkehrswegeplan 2003: Die gesamtwirtschaftliche Bewertungsmethodik, Bonn 2005, S. 212 ff.

Rieken, P. (2008): Emissionen der Binnenschifffahrt: Aktueller Stand und Perspektiven, in: Präsidium DVWG (Hrsg.): DVWG 100 Jahre, 1908-2008 Jubiläumsband, Hamburg 2008, S. 90 ff.

Ritschel, W./Schiffer, H.-W. (2007): Weltmarkt für Steinkohle, Ausgabe 2007, RWE (Essen), http://www.rwe.com/generator.aspx/verantwortung/energie-und-klima/versorgungssicherheit/erzeugungsmix/property=Data/id=640092/weltmarkt-2007.pdf, Abruf 11.01.2009.

Robinson, R. (2007): Regulating efficiency into port-oriented chain systems: export coal through the Dalrymple Bay Terminal, Australia, in: Maritime Policy & Management, 34. Jg. (2007), H. 2, S. 89 ff.

Roeser, M. (2008): Trendsetter in Rot: Eisenbahn, in: Log.: Logistik auf den Punkt, H. 4, S. 44 ff., Hamburg 2008.

Rogers, P./Strange, J./Studd, B. (1997): Coal Carriage by Sea, 2. Auflage, London u.a.1997.

Rohde, B. (2004): Straße und Schiene: Partner zur Sicherung der Mobilität: Daten und Fakten, Entwurf, Bundesvereinigung der Straßenbau- und Verkehrsingenieure e.V., Hannover 2004.

Ronen, D. (1983): Cargo Ship routing and scheduling: Survey of models and problems, in: European Journal of Operational Research, 12. Jg. (1983), H. 2, S. 119 ff.

Ronen, D. (1986): Short-Term Scheduling of Vessels for Shipping Bulk or Semi-Bulk Commodities Originating in a Single Area, in: Operations Research, 34. Jg. (1986), H. 1, S. 164 ff.

Ronen, D. (1993): Ship scheduling: The last decade, in: European Journal of Operational Research, 71. Jg. (1993), H. 3, S. 325 ff.

Ronen, D. (2002): Marine inventory routing: shipments planning, in: Journal of the Operational Research Society, 53. Jg. (2002), H. 1, S. 108 ff.

Sakautzky, D. (2008): Schiff und Ladung: Grundwissen, Lernhilfe, Sicher in die Schiffsmechanikerprüfung, Berlin 2008.

Schär, C./Jendritzky, G. (2004): Hot news from summer 2003, in: Nature, Vol. 432, S. 559 f.

Schappei, A. (2008): CO_2-Abscheidung und -Speicherung (CCS) – (k)ein realistischer Beitrag zur Erreichung der Klimaziele? in GVSt (Hrsg.): Die deutsche Steinkohle: Fakten, Analysen, Argumente, FAA 42, August 2007, Essen. http://www.gvst.de/dokumente/fakten/Argumente42_CCS.pdf, Abruf 13.04. 2009.

Schieck, A. (2008): Internationale Logistik: Objekte, Prozesse und Infrastrukturen grenzüberschreitender Güterströme, München 2008.

Schiemann, W. (2002): Schienenverkehrstechnik – Grundlagen der Gleistrassierung, Stuttgart u.a. (2002).

Schiffer, E. (2009): Strategische Kapazitätsentwicklung über Hinterlandhubs: Kapazitäten im Seehafen als Engpassfaktor? Präsentation auf dem Forum des BÖB: Möglichkeiten und Grenzen der Vernetzung von See- und Binnenhäfen zu einem logistischen System, transport logistic 2009, 13.05.2009, München 2009.

Schiffer, H.-W. (2004): Langfristige Sicherheit der Energieversorgung, in: Zeitschrift für Energiewirtschaft, 28. Jg. (2004), H. 3, S. 191 ff.

Schiffer, H.-W./Kopal, C. (2005): Beitrag des Steinkohlen-Welthandels zur Sicherung der Energieversorgung, in: Zeitschrift für Energiewirtschaft, 29. Jg. (2005), H. 3, S. 171 ff.

Schimmelpfeng, K. (1997): ZP-Stichwort: Total Productive Maintenance, in: Zeitschrift für Planung, 8. Jg. (1997), H. 3, S. 313 ff.

Schimmelpfeng, K. (2004): Sicherung der Erfolgspotenziale hochautomatisierter Produktionssysteme, in: Braßler, A./Corsten, H. (Hrsg.): Entwicklungen im Produktionsmanagement, München 2004.

Schmidt, S. (2009): Kohle, in: Energierohstoffe 2009: Reserven, Ressourcen, Verfügbarkeit, Hannover 2009, S. 116 ff.

Schneider, K. (2004): China´s Energy Sector: recent developments and outlook, in: Australian Commodities, 11. Jg. (2004), H. 2, S. 299 ff.

Schönknecht, A. (2009): Maritime Containerlogistik: Leistungsvergleich von Containerschiffen in intermodalen Transportketten, Berlin u.a. 2009.

Schönknecht, R. (1985): Aufgaben der Transporttechnologie, in: Schönknecht, R. (Hrsg.): Seeverkehr: Charakteristik der Transportgüter und der Arbeitsmittel, Transporttechnologische Prozesse, Technologie im Seetransport und in den Seehäfen, Berlin 1985, S. 18 ff.

Schönknecht, R./Laue, U. (1988): Hochseefrachter der Weltschiffahrt: Fähren, Spezialtransporter, Tanker; Band 2, Berlin 1988.

Schreckenberg, M. (2006): Neue Perspektiven des Verkehrsmanagements mit Blick auf das Nutzerverhalten, in: Pfohl, H.-C./Wimmer, T. (Hrsg.): Wissenschaft und Praxis im Dialog: Steuerung von Logistiksystemen auf dem Weg zur Selbststeuerung, 3. Wissenschaftssymposium Logistik in Dortmund der Bundesvereinigung Logistik (BVL), Hamburg 2006, S. 454.

Schröer, S. (2008): Atomausstieg und Versorgungssicherheit: Existiert eine Stromlücke?, in: Wirtschaftsdienst 2008, H. 7, S. 474 ff.

Schütt, H. (1990): Entwicklung und Erprobung eines sehr schnellen, bitorientierten Verkehrssimulationssystems für Straßennetze, Dissertation, Hamburg 1990.

Schulten, R. (2004): Liberalisierung – eine Zwischenbilanz, in: Grewe, J./Flandrich, D./Ellwanger, N. (Hrsg.): Energiewirtschaft im Wandel: Dieter Schmitt zum 65. Geburtstag, Münster 2004, S. 66 ff.

Schwarz, F. (2009): Modellierung und Analyse trimodaler Seehafenhinterlandverkehre unter Einsatz eines intermodalen geographischen Informationssystems, in: Buchholz, P./Clausen, U. (Hrsg.): Große Netze der Logistik: Die Ergebnisse des Sonderforschungsbereichs 559, Berlin u.a. 2009, S. 381 ff.

Seefeldt, F./Wünsch, M./Schlesinger, M. (2007a): The Future Role of Coal in Europe, Final Report, Prognos AG, Basel et al. 2007.

Seefeldt, F./Wünsch, M./Schlesinger, M. (2007b): Die Zukunft der Kraftwerkskohle in Europa, in: Energiewirtschaftliche Tagesfragen, 57. Jg. (2007), H. 9, S. 38 ff.

Seitz, M. (2005): Handbuch der Donauschifffahrt, Wien 2005.

Shapiro, J. F./White, D. E. (1982): A Hybrid Decomposition Method for Integrating Coal Supply and Demand Models, in: Operations Research, 30. Jg. (1982), H. 5, September/Oktober 1982, S. 887 ff.

Shih, L.-H. (1997): Planning of fuel coal imports using a mixed integer programming method, in: International Journal of Production Economics, 51. Jg. (1997), H. 3, S. 243 ff.

Shiromaru, I./Inuiguchi, M./Sakawa, M. (2000): Theory and methodology: A fuzzy satisficing method for electric power plant coal purchase using genetic algorithms, in: European Journal of Operational Research, 126. Jg. (2000), H. 1, S. 218 ff.

Siefer, T. (2008): Kollabiert der Schienengüterverkehr im Hafenhinterland? Präsentation auf dem 1. DVWG-Infrastrukturforum: Droht der Kollaps im Seehafenhinterlandverkehr, Zentralverband der Deutschen Seehafenbetriebe (ZDS), 09.04.2008, Hamburg 2008.

Siefer, T./Kollenberg, C. (2007): Ertüchtigung des norddeutschen Eisenbahnnetzes für den wachsenden Schienengüterverkehr, Hannover 2007.

Silver, E. A./Vidal, R. V. V./Werra, D. de (1980): A tutorial on heuristic methods, in: European Journal of Operational Research, Band 5 (1980), H. 3, S. 153.

Statistik der Kohlenwirtschaft e.V. (k.A.): Internationale Klassifikation der Kohle, http://www.kohlenstatistik.de/ftp/Kohlearten.pdf, Abruf 13.06.2009.

Statistisches Bundesamt (2006): Verkehr: Eisenbahn und Binnenschifffahrt 2005, CD-ROM, Wiesbaden 2006.

Statistisches Bundesamt (2008a): Eisenbahnverkehr, Betriebsdaten des Schienenverkehrs 2007, Fachserie 8, Reihe 2.1, Wiesbaden 2008.

Statistisches Bundesamt (2008b): Verkehr: Regionalverzeichnis für die Verkehrsstatistik, Verzeichnis der Verkehrsgebiete und Verkehrsbezirke, erschienen am 21.03.2005, Wiesbaden 2008.

Statistisches Bundesamt (2009a): Verkehr: Güterverkehrsstatistik der Binnenschifffahrt 2008, Fachserie 8, Reihe 4, Wiesbaden 2009.

Statistisches Bundesamt (2009b): Güterverkehr 2008, CD, Wiesbaden 2009.

Statistisches Bundesamt (2010): Statistisches Jahrbuch 2010: Für die Bundesrepublik Deutschland mit »Internationalen Übersichten«, Wiesbaden 2010.

Steffen, R./Schimmelpfeng, K. (2002): Produktions- und Kostentheorie, 4. Auflage, Stuttgart 2002.

Stopford, M. (2009): Maritime Economics, 3. Auflage, London u.a. 2009.

Stopford, M. (2010): Shipping Market Cycles, in: Grammenos, C. Th. (Hrsg.): The Handbook of Maritime Economics and Business, 2. Auflage, London 2010, S. 247 f.

Strauß, K. (2006): Kraftwerkstechnik zur Nutzung fossiler, nuklearer und regenerativer Energiequellen, 5. Auflage, Berlin et al. 2006.

Strecker, E. (2007): Energiediskussion – Informationen und Adressen, in: Kleinwächter, L. (Hrsg.): Deutsche Energiepolitik, Band: Internationale Probleme und Perspektiven 16, Brandenburgische Landeszentrale für politische Bildung, Potsdam 2007.

Sulamith, A. (2008): Transportsysteme, in: Wannenwetsch, H. H. (Hrsg.): Intensivtraining Produktion, Einkauf, Logistik und Dienstleistung, Mit Aufgaben und Lösungen, Wiesbaden 2008, S. 111 ff.

Suntum, U. van et al. (2008): Bedeutung der Infrastrukturen im internationalen Standortwettbewerb und ihre Lage in Deutschland: Gutachten im Auftrag des Bundesverbandes der Deutschen Industrie (BDI), Endbericht vom 21.05.2008, Münster 2008.

Svensson, R. et al. (2004): Transportation systems for CO_2 – application to carbon capture and storage, in: Energy Conversion and Management, 45. Jg. (2004), H. 15/16, S. 2343 ff.

Tempelmeier, H. (2008): Materiallogistik: Modelle und Algorithmen für die Produktionsplanung und -steuerung in Advanced Planning-Systemen, 7. Auflage, Berlin u.a. 2008.

Ten Hompel, M./Heidenblut, V. (2008): Taschenlexikon Logistik: Abkürzungen, Definitionen und Erläuterungen der wichtigsten Begriffe aus Materialfluss und Logistik, 2. Auflage, Berlin u.a. 2008.

Teurelincx, D. (2008): Port Congestion and Infrastructure Needs, Vortrag in: ISL Maritime Conference „Trends in Container Shipping“, 9./10.12.2008, Bremen 2008.

Thumann, J. R. (2005): Rohstoffsicherheit – Herausforderung für die Industrie, in: BDI (Hrsg.): BDI-Kongress: Rohstoffsicherheit – Herausforderung für die Industrie, 08.03.2005, Berlin 2005, S. 10 ff.

Tietze-Stöckinger, I./Fichtner, W./Rentz, O. (2004): Techno-ökonomische Analyse einer Kooperation zur Errichtung und zum Betrieb eines Gemeinschaftskraftwerks, in : Zeitschrift für Energiewirtschaft, 28. Jg. (2004), H. 3, S. 201 ff.

UIRR (2004): Qualität, Bahnpakete und Euro-Container, in: Internationale Transport Zeitschrift, 66. Jg. (2004), H. 29-30, S. 34.

Vahrenkamp, R./Siepermann, C. (2007): Logistik: Management und Strategien, 6. Auflage, München u.a. 2007.

Vahrenkamp, R./Siepermann, C. (2008): Produktionsmanagement, 6. Auflage, München 2008.

Vakhtel, S. (2002): Rechnerunterstützte analytische Ermittlung der Kapazität von Eisenbahnnetzen, Veröffentlichung des Verkehrswissenschaftlichen Institutes der RWTH Aachen, Heft 59, Aachen 2002.

Vastag, A./Klukas, A. (2008): Weite Wege für knappe Rohstoffe, in: Logistik entdecken, Magazin des Fraunhofer Instituts für Materialfluss und Logistik IML Dortmund, Nr. 5, S. 14 f.

VBW (1985): Fahrtzeiten der Binnenschiffe, Duisburg-Ruhrort 1985.

VBW (1990): Bedarfsgerechte Schleusenbetriebszeiten, Duisburg-Ruhrort 1990.

VBW (1999): Internationale Verlade- und Transportbedingungen für die Binnenschifffahrt (IVTB) des Fachausschusses für Binnenschiffahrtsrecht des VBW, Stand 23.06.1999, Duisburg. http://izd-online.net/download/ivtb.pdf, Abruf 28.04.2009.

VDKI (2007): Jahresbericht 2006, Hamburg.

VDKI (2008): Jahresbericht 2008: Fakten und Trends 2007/2008, Hamburg.

VDKI (2010): Annual Report 2010: Facts and Trends 2009/2010, Hamburg.

VDV (2007): Investitionsbedarf für das Bundesschienenwegenetz aus Sicht der Nutzer, Oktober 2007, Köln 2007, http://www.vdv.de/medienservice/stellungnahmen_entry.html?nd_ref=4370, Abruf 08.03.2009.

VDV (2008): Handbuch Schienengüterverkehr 2008, Hamburg 2008.

Walter, K. (2005): Intermodale Verkehre: Motor aller Verkehrsträger, in: Internationales Verkehrswesen, 57. Jg. (2005), H. 10, S. 457 ff.

Wannenwetsch, H. (2007): Integrierte Materialwirtschaft und Logistik: Beschaffung, Logistik, Materialwirtschaft und Produktion, 3. Auflage, Berlin u.a. 2007.

Wellmer, F.-W. (2005): Verfügbarkeit von Rohstoffen, in: BDI (Hrsg.), BDI-Kongress: Rohstoffsicherheit – Herausforderung für die Industrie, 08.03.2005, Dokumentation, BDI-Drucksache Nr. 365, Berlin 2005, S. 41 ff.

Willeke, R. (2003): Bundesverkehrswegeplan: Eine kritische Bestandsaufnahme, in: Internationales Verkehrswesen, 55. Jg. (2003), H. 11, S. 525 ff.

Wissel, S. et al. (2008): Stromerzeugungskosten im Vergleich, Arbeitsbericht/Working Paper, Bericht Nr. 4, Institut für Energiewirtschaft und Rationelle Energieanwendung (IER), Stuttgart 2008.

Wodopia, F.-J. (2006): Kommt „König Kohle" zurück? – Perspektiven der Steinkohle, in: Energiewirtschaftliche Tagesfragen, 56. Jg. (2006), H. 7, S. 33 ff.

Wodopia, F.-J. (2008): IEA: Versorgungssicherheit muss wieder auf die Tagesordnung, in GVSt (Hrsg.): Die deutsche Steinkohle: Fakten, Analysen, Argumente, FAA 46, Juni 2008, Essen, http://www.rag-deutsche-steinkohle.de/medien/pdf/T-1233828728.pdf, Abruf 11.04.2009.

Wodopia, F.-J. (2009a): Kein ausgewogener Energiemix ohne heimische Kohle, in GVSt (Hrsg.): Die deutsche Steinkohle: Fakten, Analysen, Argumente, FAA 47, Februar 2009, Essen, http://www.rag-deutsche-steinkohle.de/medien/pdf/T-1233829335.pdf, Abruf 11.04.2009.

Wodopia, F.-J. (2009b): Angebotsengpässe werden langfristig zu steigenden Kohlepreisen führen, in Energie Informationsdienst EID, 03/09, S. 4.

Wodopia, F.-J. et al. (2008): Steinkohle 2008: Kompetenz in Sachen Kohle, Essen 2008.

World Coal Institute (Weltkohleinstitut) (2006): Kohle als Ressource: Ein umfassender Überblick über Kohle, London, URL: http://www.worldcoal.org/assets_cm/files/PDF/coal_resource_german_translation.pdf, Abruf 11.01.2009.

WSD Südwest (2008): Tarif für die Schifffahrtsabgaben auf der Mosel zwischen Thionville (Diedenhofen) und Koblenz (Coblence) in der Fassung des VI. Nachtrags vom 13. November 2008, Herausgegeben im Auftrag des Bundesministeriums für Verkehr, Bau und Stadtentwicklung, Mainz 2008.

WSD Südwest (2009): Tarif für die Schifffahrtsabgaben auf den süddeutschen Bundeswasserstraßen, in der Fassung des XIX. Nachtrags vom 10.03.2009, Mainz 2009. http://www.wsv.de/Schifffahrt/abgaben/pdf-Container/Sueddeutscher-Tarif-XIX-01042009.pdf, Abruf 11.06.2009.

WSD Südwest/WSA Trier (2006): Planfeststellung: Maßnahmen an der Mosel: Bau der 2. Schleuse Trier – Erläuterungsbericht, Anlage 1, 28.12.2006, Trier 2006, http://www.wsd-sw.wsv.de/planfeststellung/zweite_schleuse_trier/planunterlagen/pdf/Anlage-1.pdf.

WSV (2006): Verkehrsbericht WSD Südwest 2005: Ober- und Mittelrhein - Neckar - Mosel - Saar, Mainz 2006.

WSV (2010): Zentrale Binnenschiffsbestandsdatei: Veränderung des Schiffsbestandes der deutschen Binnenflotte im Jahr 2009, Mainz 2010, http://www.elwis.de/Verkehrsstatistik/zbbd/2009/Entwicklung-Binnenflotte.pdf, Abruf 11.06.2010.

Wu, T.-H./Huang, K.-I./Chen, W. (1995): Optimal scheduling plan for a coal shipment problem: An efficient approach, in: Computers & Industrial Engineering, Proceedings of the 17th International Conference on Computers and Industrial Engineering, Vol. 29, Issues 1-4, September 1995, S. 489 ff.

Xinlian, X./Tengfei, W./Daisong, C. (2000): A dynamic model and algorithm for fleet planning, in: Maritime Policy & Management, 27 Jg. (2000), H. 1, S. 53 ff.

Zachcial, M. (1998): Güterverkehrssysteme im Seeverkehr und in der Binnenschiffahrt, in: Isermann, H. (Hrsg.): Logistik, Gestaltung von Logistiksystemen, Landsberg/Lech 1998, S. 139 ff.

Zachcial, M. (2008): New Buildings, market trends and development, BIMCO 39 Annual Conference Day, 28./29.05.2008, Hamburg 2008.

Zahn, E./Schmid, U. (1996): Produktionswirtschaft I: Grundlagen und operatives Produktionsmanagement, in: Bea, F. X./Dichtl, E./Schweitzer, M. (Hrsg.): Grundwissen der Ökonomik: Betriebswirtschaftslehre, Stuttgart 1996.

Zahoransky, R. (2007): Energiewirtschaft: Systeme zur Energieumwandlung. Kompaktwissen für Studium und Beruf, 3. Auflage, Wiesbaden 2007.

ZKR (2008a): Marktbeobachtung der Europäischen Binnenschifffahrt 2007-2: Marktbeobachtung Nr. 6, Konjunkturbericht Ende 2007, Anfang 2008, Straßburg 2008.

ZKR (2008b): Verordnung über die Patente für die Schifffahrt auf dem Rhein (Patentverordnung Rhein – PatV-Rhein) 2007, Inkrafttreten: 1. April 2008, zuletzt geändert am 29. Mai 2008, Straßburg 2008.

ZKR (2009): Europäische Binnenschifffahrt: Marktbeobachtung, Nr. 7: Situation von Angebot und Nachfrage im Jahr 2007 und Analyse der Konjunktur Ende 2008, Straßburg 2009.

Maritime Logistik / Maritime Logistics

Herausgegeben von Prof. Dr. Hans Dietrich Haasis, Prof. Dr. Burkhard Lemper
und Prof. Dr. Frank Arendt

Ziel dieser Schriftenreihe des *Instituts für Seeverkehrswirtschaft und Logistik (ISL)* ist es, Aspekte und Entwicklungen aus den verschiedenen Bereichen der maritimen Logistikbranchen aufzugreifen und aktuelle Trends und Perspektiven zu diskutieren. Dabei meint Maritime Logistik – Maritime Logistics nicht nur die klassischen Bereiche wie Schifffahrt, Häfen, Schiffbau oder Verkehrspolitik, sondern schließt auch die Betrachtung der vielen weiteren Akteure in den globalen Transportketten ein, die direkt oder indirekt an den Logistikprozessen der maritimen Wirtschaft beteiligt sind.

Aufgegriffen werden logistische Fragestellungen zu Themen wie z.B. Hinterlandverkehr und intermodale Verkehre, Mesologistik und regionale Netzwerke wie GVZ und Logistikzentren, nachhaltige Geschäftsmodelle und Ressourceneffizienz oder Supply Chain Controlling. Im Mittelpunkt der Reihe *Maritime Logistik – Maritime Logistics* stehen aber auch informationslogistische Themen wie die Planung und Überwachung intermodaler Transportketten durch ein aktives Supply Chain Event Management, die Sicherheit und Transparenz im internationalen Containerverkehr oder die Planungsunterstützung und Optimierung logistischer Prozesse in Häfen und Terminals mit Hilfe quantitativer Methoden.

Band 1 Burkhard Lemper / Manfred Zachcial (eds.): Trends in Container Shipping. Proceedings of the ISL Maritime Conference 2008. 9th and 10th of December, World Trade Center Bremen. 2009.

Band 2 Hans-Dietrich Haasis / Holger Kramer / Burkhard Lemper (Hrsg.): Maritime Wirtschaft – Theorie, Empirie und Politik. Festschrift zum 65. Geburtstag von Manfred Zachcial. 2010.

Band 3 Kerstin Lange: Engpassorientierte Analyse der Ver- und Entsorgungslogistik von Steinkohlekraftwerken. Unter besonderer Beachtung der maritimen Logistik. 2011.

www.peterlang.de